U0451158

深圳市宝安区"薪火计划"中小学骨干教师素养提升工程系列成果

弘文励教 薪火心传
——小学语文教育教学论文集

深圳市宝安区教育局
北京师范大学文学院 主编

中国社会科学出版社

图书在版编目(CIP)数据

弘文励教　薪火心传:小学语文教育教学论文集/深圳市宝安区教育局,北京师范大学文学院主编. —北京:中国社会科学出版社, 2020.12
ISBN 978-7-5203-7523-8

Ⅰ.①弘… Ⅱ.①深…②北… Ⅲ.①小学语文课—教学研究—文集 Ⅳ.①G623.202-53

中国版本图书馆 CIP 数据核字(2020)第 236125 号

出 版 人	赵剑英	
责任编辑	吴丽平	
责任校对	张雪娇	
责任印制	李寡寡	

出　　版	中国社会科学出版社	
社　　址	北京鼓楼西大街甲 158 号	
邮　　编	100720	
网　　址	http://www.csspw.cn	
发 行 部	010-84083685	
门 市 部	010-84029450	
经　　销	新华书店及其他书店	
印　　刷	北京明恒达印务有限公司	
装　　订	廊坊市广阳区广增装订厂	
版　　次	2020 年 12 月第 1 版	
印　　次	2020 年 12 月第 1 次印刷	
开　　本	710×1000　1/16	
印　　张	28	
插　　页	2	
字　　数	402 千字	
定　　价	158.00 元	

凡购买中国社会科学出版社图书,如有质量问题请与本社营销中心联系调换
电话:010-84083683
版权所有　侵权必究

丛书总编委会名单

顾　问：蔡英权
主　编：范燕塔
副主编：郭杜宁
编　委：（按姓名拼音排序）
　　　　陈小光　彭茂发　温福华

本书编委会名单

主　编：郭杜宁　王立军
编　委：陈小光　古练灵　刘文超　陈慧华　唐宝成
　　　　陈国富　孙银新　任　翔　康　丽　张国龙
　　　　李小龙　周剑之　刘　倩　向　飞　张　帆
　　　　秦中慧　王延荣　牛学娇　樊俐俐　高　雅
　　　　王梓睿

目　录

一　课改前沿

以培训助力青年教师专业发展的区域经验

　　——以深圳市宝安区小学语文"薪火计划"为例 ………… 陈慧华（3）

理念、策略与实践：民间文学走进语文课堂 …………………… 王　琼（9）

民俗文化在小学语文课程资源中的开发和运用 ……………… 康　玲（15）

传统入课堂　润心学楹联

　　——语文教学中的楹联学习实践 ……………………… 雷丽琼（22）

缘起缘来缘定"民俗"

　　——由《"玩"转对联》引发的思考 …………………… 刘晓芳（33）

民俗传统文化渗透小学语文教学的思考

　　——以深圳饮食文化与语文课堂教学融合实践为例 …… 乐　园（39）

普及书法教育　落实"立德树人"

　　——黄埔小学全面普及书法教育的实践探索 ………… 曾贤晃（47）

唯有不失，方得真实

　　——浅谈小学语文课堂教学的"虚假繁荣"及应对策略 …… 龚明超（55）

"预学单"，预则立

　　——关于小学语文"预学单"设计的几点思考 ………… 杨艳苑（62）

生命教育视域下的小学语文教学探微……………………翁丽娟（69）
浅议句子成分分析在小学语文句式变换教学中的运用………曹　坤（75）
小学低年级句子教学方法的探究……………………………周惠静（83）
整体把握读写融合定向评价
　　——例谈统编小学语文五年级下册第五单元习作
　　　板块化教学…………………………………………冯仁飞（90）
《新唐书》之奸臣书写………………………………………张　衡（100）

二　识字教学

凸显字理　体会意蕴　提高效率
　　——小学语文低年级识字教学例谈 ………………张　燕（111）
基于汉字学的小学语文低年级识字教学策略探究…………李　帆（117）
小学低年段汉字文化教学的实践研究………………………陈晓婵（122）
小学低年级识字教学中的文化传承…………………………吴　祥（128）
以汉字文化为线索的小学中年段批量识字教学法研究……毛丹仪（136）
小学字理识字教学的问题和对策……………………………蔡凤玲（145）
小学低年级利用语文活动减少错别字的实践研究…………张　琼（154）

三　阅读教学

浅谈主题阅读教学的策略研究………………………………王金杰（165）
浅析绘本阅读教学中教师提问的有效性……………………谢　伟（170）
小学语文低段课外阅读卡的开发与运用……………………魏锦珠（176）
怀真抱素，乐读经典…………………………………………刘丽君（185）
中英两国小学阅读教育的比较研究
　　——以阅读课程标准为例……………………………吴育燕（191）
阅读，从推荐开始……………………………………………熊艳丽（200）

对当前小学语文阅读教学的再思考 …………………………… 赖祥胜（206）

小学语文教学中"读"的教学方法初探 ………………………… 黄　丽（213）

小学语文阅读陌生化教学策略探析 ……………………………… 屈卫峰（219）

"图解"文本，解读文本的另一种"工具"

　　——思维导图在小学语文阅读教学中的应用探究 ……… 张　波（226）

小学语文高年段阅读教学中语用教学设计的基本原则 ……… 林　巧（237）

神话文本在小学阶段的教学价值及实现路径探析 ……………… 蔡小鹏（245）

神话与语文核心素养渗透：民俗传统对学生语言、思维、

　　审美与传承实效的建构 …………………………………… 范彬华（252）

比较文学视角下的童话故事教学

　　——以《灰姑娘》中美教学对比为例 …………………… 古添香（258）

小学低年级现代儿童诗教学策略研究 …………………………… 庄玉芳（267）

基于文体意识的儿童诗教学探讨

　　——以孙双金儿童组诗教学为例 ………………………… 范国强（277）

叙述性散文教学须有的放矢

　　——以统编语文教材《北京的春节》为例 ……………… 杨自成（287）

比较文学视角下小学语文高年级外国整本书阅读的教学策略

　　——以《鲁滨逊漂流记》的教学为例 …………………… 李淑君（294）

小学语文名著趣味引读与校本教材开发实践研究

　　——以《西游记》为例 …………………………………… 梁敏瑜（300）

跟着诗词去旅行

　　——小学中高段古诗词主题式教学研究 ………………… 崔利纯（307）

小学语文阅读教学中古典小说的价值及施教策略 …………… 彭　飓（313）

追寻一首词的前世今生

　　——《渔歌子》文本解读 ………………………………… 李海蓉（321）

基于"还原"特征的古诗词教学实践初探

　　——以《渔歌子》为例 …………………………………… 曾定辉（325）

小学高段古诗体验式教学策略探析 …………………………… 陈玉姣（333）

小学高段古诗词主题阅读
　　——以苏轼主题阅读为例 …………………… 夏　萍(340)
试论"意象"在小学古诗词教学中的作用 ………… 杨木易(348)
基于小专题形式的古诗词教学初探 ………………… 吴永冬(354)
"知人论世"法运用于小学高年级古诗词教学的
　　实践研究 …………………………………… 周艳桃(366)
浅谈诗教对小学生品格浸润的重要性 ……………… 周　瑶(375)

四　听说教学

提高小学语文朗读能力的实践研究
　　——以深圳市宝安区宝民小学为个案 ……… 陈颖琪(389)
语文教学必须加强朗读训练
　　——浅谈新课改下语文教学中有效提升朗读能力的
　　重要性 ……………………………………… 李　辉(405)
浅谈指向口语表达的低年级阅读教学策略 ………… 王　爽(412)

五　作文教学

低段写话引导式教学的实践与探索 ………………… 舒菊香(421)
以文学作品为范本,引导个性化的习作表达
　　——以小学三—六年级作文教学为例 ……… 曾文花(428)

一

课改前沿

以培训助力青年教师专业发展的区域经验
——以深圳市宝安区小学语文"薪火计划"为例

陈慧华

（深圳市宝安区教师研修学院）

摘　要：青年教师已能站稳讲台，具备娴熟的教育教学技能，在教学上能独当一面，甚至在一些教学比赛中开始崭露头角。但处于这一阶段的青年教师在专业发展方面也常常面临着许多困境。为解决这些发展困境，深圳市宝安区启动了培训周期持续3年的中小学"薪火计划"骨干教师素养提升项目，用以培训助力区域青年教师的专业发展与成长，并取得了较为明显的实践效果。

关键词：教师专业发展；青年教师培训；薪火计划；小学语文

入职5年后的青年教师已经站稳讲台，具备娴熟的教育教学技能，在教学上能独当一面，有些甚至参加过市、区教学比赛，拿过各种奖项，可谓崭露头角。但是，处于这一个阶段的青年教师在专业发展方面也常常面临一些困境。如：由于课程针对性不强，拼盘式的研训课程不能满足青年教师专业成长的需求，而时间短、碎片化的研训时间就像蜻蜓点水，不能持续为青年教师专业成长提供动力，导致平时研训活动缺乏体系，对其专业发展起不到推动作用。[①] 加上学校除教学以外的工作多而琐碎，磨掉了青年教师专业成长的时间和精力。教师疲于应付完各项工作

---

① 程明喜：《改革开放以来我国中小学教师培训课程价值取向研究》，博士学位论文，东北师范大学，2019年。

后，很难静下心来潜心学习和思考。① 同时，由于缺少良好的竞争机制，也容易滋生惰性，不少青年教师安于现状，不会主动寻求专业发展。② 基于此，为破除这些青年教师专业发展遇到的困境，深圳市宝安区于2017年启动了培训周期持续3年的中小学"薪火计划"骨干教师素养提升项目，小学语文是首批参与实践的学科之一。笔者作为该项目的具体负责教师，基于对该项目的组织与实施经验，尝试总结与反思其培训组织架构、运作方法及实施效果等，以期与业界同行更好地交流青年教师成长与培训经验，共同助力青年教师发展。

一 "薪火计划"小学语文骨干教师培训的实践模式

"薪火计划"小学语文项目，主要是依托对口高校的系统培训课程体系，着力于一线教育教学实际，开展有针对性的专业研修。在3年的项目实施时间里，通过高校的优质资源，对培养对象的课堂教学、教育科研等方面展开专业指导。和传统的师资培训相比，该项目更强调学科性、系统性和专业性。因此在选拔培养对象时，我们是在教龄有5年到10年，具备一定的专业素养和培养潜力的小学语文青年教师中择优录取。力求经过3年的培养，帮助骨干教师成长为区域学科带头人或名师，带领其他教师开展校本教研或工作室活动，起到辐射引领的效果，促进区域教师专业发展。项目组合作双方经过前期的课堂教学观摩、项目学员访谈以及对区域教师专业发展整体规划目标，形成为期3年、按模块分段实施的"薪火计划"小学语文骨干教师素养提升项目培养方案，共四个模块（见表1）。

（一）集中研修，确定研究方向

61名"薪火计划"学员教师到合作高校参加为期2周的集中研修。

---

① 冯海洋、宋崔：《中小学教师专业发展影响因素之探析》，《教师教育论坛》2014年第2期。
② 邓泽军、符淼、陈磊：《成渝试验区农村教师专业发展问题分析及政策建议——以城乡教育统筹为视角》，《教师教育研究》2014年第2期。

这一模块邀请高校各研究方向最资深的教学名师为学员教师授课，通过对古代汉语、现当代文学、文艺学、古代文学、语文教育、民间文学、比较文学与世界文学、教育学、心理学等不同方向课程的安排，学员能够迅速找到自己感兴趣的研究方向，为之后两年的项目学习奠定深厚的基础。

表1　"薪火计划"小学语文骨干教师素养提升项目培养方案

模块	时间	培养目标	培养方式
1	2周	全面提升学员教师的专业教学及科研素质；培养学员教师全局教育意识，全方位提升教师教育视野；帮助教师深层次地理解语文学科，形成初步的学科研究认知，能够在培养后初步形成教学科研的重点方向	集中培训培养
2	2年	根据兴趣专长，基于学科理解及自身实际，教师明确研究方向及问题；在导师的指导下，形成教师研究成果；能够形成公开发表的学科论文或其他成果	导师制培养
3	2周	根据课题研究情况，选择相关领域名校进行交流学习、跟岗实践，保证研究内容的实操性；提升教师教育理解力与全局观，体会一流名校的教育理念	名校跟岗实践
4	1年	论文出版，形成系统的教学理论内容；举办教学论坛，到民办校支教，教师上优质示范课，加强辐射引领作用	研修成果展示

（二）制订导师制学习计划，开展一对一个性化指导

集中研修结束后，学员教师返回工作岗位边进行教学实践，边确定今后两年的教学专业研究方向。合作高校根据教师们初步确定的研究方向和主观需求，组建6—8人的研究小组，各组分别是古代汉语组、现代汉语组、古代文学1组、古代文学2组、现当代文学组、民俗与民间文学组、比较与世界文学组。每个研究小组安排一名学术导师，一名实践导师和一名科研助教进行专业指导。学术导师从高校文学院各系所中最适合担任导师的教学骨干中邀请，主要负责学员教师的专业素养和学术研究能力的提升；实践导师从高校所在城市的小学语文一线教师中能力最为突出的老师中邀请，主要负责学员教师教学能力和学校活动能力的提升；同时，邀请各学术导师的优秀研究生来担任助教，负责安排小组内的教研活动及基本学术问题的解答。在为期两年的导师制培养模块中，

导师团队通过线上线下开展学术、教学指导活动,学员教师在导师指导下备课、授课、观课、议课,讨论课题研究问题,专业理论和教学实践得到迅速提升。

(三) 跟岗实践,感受当地名校教学特色

根据学员教师课题研究方向,分组安排到当地6所名校进行9天的跟岗实践。学员在跟岗学校全程参与科组教研活动、学校社团活动,感受校园文化,分享上课、观课心得。学员通过和跟岗学校老师的互动交流,对当地教育产生更深的认识,有助于启发教育智慧,拓宽教育视野,提炼自己的教育思想。

(四) 示范教学,发挥辐射引领作用

学员教师经过两年多的学习和实践,积累沉淀了相当丰富的教学知识和经验,个人的教学风格也在逐步形成阶段。为促使学员提升研究能力,同时也为凝练和生成系列研究成果,在相关部门和学校的支持下,要求每位学员教师至少进行一次区域范围优质课示范展示、学科讲座,到薄弱民办学校支教,成立个人"薪火计划"工作室,以点带面,发挥"薪火计划"骨干教师辐射引领作用。

二 "薪火计划"小学语文骨干教师培训的实施效果

项目实施以来,模块化的培训课程受到学员教师的极大欢迎,主要原因在于:课程依据该项目教师发展规划要求与学员自身发展需求量身定制;每个模块目标明确,针对性强,每完成一个模块,学员一方面的技能与能力得到有效提升;每个模块有机组合,协调发展,理论与实践紧密结合,激发了学员学中用、用中学的积极性。每个模块有较长的学习或实践周期,学员能得到较系统和充分的指导。经过近3年的培养,学员教师反馈个人专业素养和综合能力得到质的提升,教育视野更加开放,真正从课程层面、核心价值素养方面重新建构语文教学观,课堂教学更加扎实,个人教学风格趋向成熟。

(一) 助推教师走上专业发展的道路

项目课程的第一模块是帮助学员教师确定课题的研究方向，作为有着数年教学经验的青年教师，他们在选题之时往往会联系平时教学实践中经常出现的教学问题或困扰，然后以问题为导向，确定研究课题。在本项目开始之前，许多学员教师并没有真正独立开展过教学研究，对教育科研的态度也是敬而远之，但是参加了"薪火计划"项目后，在任务驱动下，学员教师能从自身兴趣和教学实践出发，开展课题研究，大部分学员在课题研究过程中，阅读了专家导师推荐的专业书籍，开展课堂实践，案例论述、课题研究的过程也是解决问题的过程，到了课题研究后半时期，学员不仅发现自己的教学问题迎刃而解，而且也获得做科研的方法和乐趣，提升自我成就感，助推教师走上专业发展的道路。

(二) 构建教师学习共同体

"薪火计划"项目选拔的学员来自区内各个学区不同学校，这些学员平时除了参加教研培训活动能见面交流外，其他时间大都忙于教学和处理事务，没有更多机会沟通。项目开展后，每年组织的1—2周的集中研修和跟岗实践，给学员教师提供了充分交流学习的空间和时间。教育专家、一线名师和学员教师一起构建成一个学习共同体，通过线上线下的讨论和互动，在很大程度上能起到启发学员思维、点亮教育智慧的作用。此外，学员还通过班级、小组微信群、QQ群分享学习资源、讨论平时的教学问题、上传学习成果，通过这些方式，学员之间能关注彼此的学习成果，互相鼓励评价，发挥了教师学习共同体的互联互动作用，积极促进教师不断成长。

学员在感悟中也提到，结识一批热爱小学语文教育的人，他们的坚定与执着，他们的睿智与灵动，他们勤奋与刻苦都深深打动着我影响着我；与康震、李小龙、李山、吴中豪等著名教授面对面交流并聆听他们的教诲，这是千载难逢的机会；与王文丽、张学青、张聪、管建刚、丁慈矿等一线语文名师同台上课，深入交流，对学员来说，感受颇深，受益匪浅。他们给了学员一个共同的信念：那就是把教育当成自己的信仰，做一名勤于读书、善于思考的教师。

（三）发挥骨干教师引领辐射作用

"薪火计划"项目的初衷是培养区内青年教师成长为骨干教师和学科带头人，让教育精髓薪火相传，带动区域整体教师队伍发展。直至目前，学员在《教育学》《小学语文教学》《广东教育》《小学教学设计》等国家、省级杂志发表论文十余篇，学员主持或参与国家级课题1项，省市级8项。在新冠肺炎疫情期间，学员发挥引领作用，带动科组团队录制的视频网课成为市、区空中课堂优质资源，内容丰富，涵盖朗诵教学、整本书推荐阅读、古诗词、绘本等多种课型微课，促进区域教师专业发展。除此之外，项目组还通过到薄弱民办学校支教、成立个人薪火工作室等方式加强学员教师辐射引领作用，促进更多教师提高教学水平，以此提升区域整体教学质量。

理念、策略与实践：民间文学走进语文课堂

王 琼

[深圳市宝安中学（集团）]

摘 要：把民间文学引入小学语文课堂，充分利用丰富的民间文学资源，用民间小故事、民间民俗文化等表现形式，不仅可以丰富语文课堂教学，而且为学生写作提供丰富的资源，民间文学走进语文课堂，也可为师生搭建一个良好的对话平台，培养学生的合作意识、创新能力，实现语文课合理有效的拓展，使课内外有机地融为一个整体。

关键词：民间文学；小学语文课堂；引进；方式方法

民间故事在我们当下的小学语文教学中是耳熟能详的，但是，在我们的小学语文课中，民间文学却离得比较远，使得我们的学生对本土文化了解不多，对民族历史知之甚少。而培养学生热爱家乡，热爱自己民族的思想感情，培养学生完整的文学素养，是我们的语文教学必须要完成和重视的。

《课程标准》在"课程的基本理念"中对语文教育的特点有这样一段表述："语文课程丰富的人文内涵对人们精神领域的影响是深广的，学生对语文材料的反应又往往是多元的。因此，应该重视语文的熏陶渐染作用，注重教学内容的价值取向，同时也应尊重学生在学习过程中的独特体验。"我们语文老师要善于挖出语文课中的文化内蕴，滋养我们的学子。而民间文学作为语文教学的一个重要组成部分，它蕴含着丰富的人

文内涵。

一　初识民间文学

（一）什么是民间文学

民间文学是广大劳动人民口头创作的。民间文学在广大人民群众中相传，主要反映人民的生活和思想感情，表现他们的审美和艺术情趣，具有自己的艺术人文特色。

（二）民间文学的特点

（1）口头性。在以往很长一段时期中，广大劳动人民的所谓文学创作，一般只能用自己熟悉的口头语言，甚至用方言去表现和传播。（2）集体性。一般就是群众集体的创作。（3）变异性。我们知道口头语言是不稳定的，所以产生的作品在流传中，常常会因时间、地方的不同，以及传播者的主观理念和听众的主观接纳变化等因素，而有所变异。（4）传承性。民间文学是永恒的。因为它的表现媒介是最普通和最生动并富于活力的口头语言。只要语言存在，就会存在和传承下去。（5）艺术性。民间文学是一种独特的文学，一种用语言以及多元方式表演的艺术。

二　民间文学走进小学语文课堂中的意义

充分利用民间文学资源，不仅可以丰满我们的语文课堂教学，促进学生写作兴趣的提高，培养学生语文学习的兴趣，加大师生对话的力度，培养学生的合作意识、创新能力，而且对于整合民间文学素材，实现语文课合理有效的拓展，使课内外有机地融为一个整体，无疑都是极具价值的。

《课程标准》中规定，语文教学中要注重知识之间、能力之间，以及知识、能力、情意之间的联系。大多数人在课堂教学中，只注重书本知识的传授，对在广大人民群众中有生命活力的语文素材没有考虑。他们的教学方法是只讲课本，不讲课外内容，认为引入了课外内容，浪费了教学时间。陈鹤琴根据陶行知批判传统教育"教死书，死教书，教书死；读死书，死读书，读书死"的名言，提出了"教活书，活教书，教书活；读活书，活读书，读书活"的主张。在教学中引入了富有生命力的、有趣味性的材料，这样不仅能培养学生的学习兴趣，而且有助于学生更好地掌握难以理解的课本知识。

民间文学植根于生活，与社会生活密切关系，是广大人民长期社会生活的产物，有着广泛的群众基础、沐浴千年文化积淀，是促进学生作文兴趣提高的宝贵资源。民间文学是生根于人民群众之中，具有鲜活生命力的，生动、活泼、有趣的材料。将这些引入小学语文课堂之中，会起到事半功倍的作用。

三　如何在小学语文课堂引入民间文学

1. 巧用民间小故事

孩子们都喜欢听故事，用故事激励学生的学习兴趣，启发学生的思维和想象力。对于那些故事性强或有典故可引的教材作品，我们教师可先引用与课文中的一些情节或与作者、作品中的人物有关的故事。

比如在讲《回乡偶书》这首诗时，开课伊始，我就带给孩子们贺知章和李白认识的一个小故事，故事新颖，趣味性强，学生会带着强烈的兴趣想去了解诗人贺知章，从而对后面的诗中人物的理解更加深刻，对学生学习课文起到很好的引导促进作用。又比如在学习《乞巧》时，我让孩子们自己讲了解到的民间传说和小故事，并在课堂上开展小舞台表演，孩子们在学习中体验民俗文化。

2. 给作文教学提供丰富的写作资源

语文的学习是无止境的，也是宽广的，作文的写作更是涉及方方面面，民间文化的介入让学生有迹可循，有处下手，抓住关键，并由此入手，思想得以熏染，情感得以陶冶，思路得以开阔，文章得以大的改观，学生的作文就可以在原来的基础上得以升格，其语文的能力在原来基础上大幅度地提高了。学生得益于民间文学，善于抓住关键写文章，平时作文情感出天然，下笔成文章，我校一名老师在教如何写好一个热闹场景的写作课上，就先渗透端午节的划龙舟一个片段场景：

> 每只船可坐十二个到十八个桨手，一个带头的，一个鼓手，一个锣手。桨手每人持一支短桨，以鼓声缓促为节拍，把船向前划去。坐在船头上，头上缠裹着红布包头，手上拿两支小令旗，左右挥动，指挥船只的进退。擂鼓打锣的，多坐在船只的中部，船，一划动便即刻蓬蓬锵锵把锣鼓很单纯地敲打起来，为划桨水手调理下桨节拍。
> ……

多么热闹，多么有趣，多有民间特色！看了这样的文字后，也可能触发你要写一写你家乡的事吧？

那么，有哪些民间文化资源可以为我们的作文利用呢？

一是传统的文化现象，如饮食文化、花文化、茶文化、对联文化、酒文化等。这些都渗透在我们生活的方方面面，在有关的书本中也反复地出现。比如，说到园林文化，你也必定会想起你家乡有哪些园林，想起北京的颐和园、圆明园、北海公园、中山公园等；你还可以探究中国园林艺术的历史、中国园林的特征、中国园林的文化意味等。这些内容，都可以成为写作的题材。

二是传统的民间节日，如春节、元宵节、清明节、端午节、七夕节、中秋节、重阳节等。你可能不会都知道这些节日的来历，有什么风俗，但作为中国人，你至少应该知道一点儿你家乡有哪些民间节日，乡亲们是怎么过的。在这些节日里，你曾经有过怎样的独特体验。这些同样是写作的好材料。

第三是民间工艺、地方美食等。中国地大物博，各地民间工艺各有特色。杭州的绸缎、苏州的刺绣、无锡的泥人、景德镇的瓷器、北京的景泰蓝等，这些民间工艺，世代流传，有着深广的文化内涵。那么，你家乡一定也有享誉远近的民间工艺，你也许还知道北京的烤鸭、天津的狗不理包子、四川的火锅、陕西的羊肉泡馍、新疆的烤馕等，这些美食，历史悠久，各有传说，你了解过吗？尝过其中的几味吗？你的家乡又有哪些你喜欢的美食？有什么典故？代表了家乡人的什么情怀？这些都可以进入你的作文。

当学生们在为无事可写而苦恼时，不妨引导他们向作家学习，主动去开发"民间资源"，它会让我们在写作的"山重水复疑无路"之时，突然有一种"柳暗花明又一村"之感。

四　民间文学以何种形式走进小学语文课堂

（一）以课本中的民间文学作品为引子，加深学生对民间文学的理解

现在的语文课本引用了部分关于民间文学的资源，在开发和利用语文课程资源方面进行了有益的引导。比如二年级课本中有介绍能歌善舞的维吾尔族人豁达乐观的性格特征及许多饶有趣味的风俗，如《葡萄沟》，在开展这课的教学时，我先在开课伊始播放了一段极具特色的维吾尔族歌舞，调动孩子们想走进课文了解这个民族的兴趣，在了解了维吾尔族老乡的热情好客后，我设计情境，让孩子们扮演老乡，招呼远道的客人；而在《口语交际·习作》中围绕着不同的民族、不同的风俗，我让学生收集、整理调查了解到的自己家乡的风俗风情并形成作文。这些学习设计，激发了孩子们学习语文的兴趣，也丰富了课堂教学内容。

（二）开展多种形式的民间文学阅读体验活动，提高学生对民间文学的兴趣

1. 通过阅读课引导学生在阅读过程中发挥自己的主观能动性，重视自己的独特感受和体验。同时，教师也要以文本和学生中介的身份，创造出有趣的阅读情境来调动学生的思维和想象力。

2. 结合读书月等活动，设计主题活动，搭建展示舞台，帮助学生通过阅读民间文学作品来陶冶情操，发展个性，并在活动中加强亲子关系；如在我校"陪伴是最长情的告白"亲子展演活动中，一系列以民间民俗为主题的亲子节目丰富多彩，让所有孩子有所体验和展示，更加深了对

民间文学的了解。

3. 通过家校互动，向家长宣传有效开展民间文学阅读活动的益处，纠正家长对民间文学阅读活动存在的错误认识，以赢得家长对开展民间文学阅读活动的支持，为学生创造一个良好的阅读环境。

（三）鼓励课余时间积累民间文学作品，真正让民间文学走近学生生活

在课余时间里，布置和鼓励以不同形式去收集和整理有关民间文学的资料，如民间故事、民间谚语、民间俗语、民间戏曲等。学生们在课内课外互相展示和交流，发挥学生的自主学习能力，从而使学生学习语文的兴趣大增，叙事的能力得以提高。

在实际交往中积累，这样，他们的语言能力才会成熟、鲜活起来，民间文学作为我们语文教学的一个巨大资源宝库，其不仅精粹、鲜活、富有魅力，而且具有机智、幽默、情趣无限的特点，是对学生进行语言训练的绝妙材料。让学生与民间文学亲密接触，感受民间文学语言的无限魅力，让民间文学真正走进我们的语文教学。

民俗文化在小学语文课程资源中的开发和运用

康 玲

[深圳市新安中学（集团）第一实验学校]

摘 要：民俗文化是一种历史悠久的文化遗产，反映了民众的风俗生活和审美情趣，具有深厚的文化内涵和鲜明的艺术特色。在小学语文教学中，教师要努力挖掘和运用民俗文化资源丰富语文课程，以提升学生的语文核心素养为目标，通过合理有效的知识拓展，使课内外学习有机地融为一个整体，激发学生学习的兴趣，滋养学生的心灵，培养学生对中华传统文化的热爱。

关键词：民俗文化；课程资源；开发与运用

新课标指出："小学生要认识中华文化的丰厚博大，吸收民族文化智慧。关心当代文化生活，尊重多样文化，吸取人类优秀文化的营养。"语文教学作为传承中华民族优秀文化的主要方式及手段，对民俗文化的传承具有不可推卸的责任。因此，语文教师要有强烈的资源意识，努力开发、积极利用民俗文化资源，丰富语文课堂的教学内容。

一 民俗文化在小学语文课程资源中的开发

（一）用好教材

部编版小学语文教材增加了大量凸显"中华优秀传统文化"的内容，

渗透到教科书的各个组成部分之中。将贴近生活、符合学生年龄心理特点的民俗内容选入教材，可以有效地激发学生的阅读兴趣；将具有本土特色的民俗内容选入教材，可以维护民族特色文化的传承；将具有教育意义的民俗内容选入教材，可以使民间文学自然融入校园主流文化，给学生真善美的熏陶。[①] 因此，用好教材中的民俗文化资源非常重要。在教材中，含有民俗文化的内容主要分为三类。

1. 民间故事类

入选小学语文教材的民间文学作品很多，有民间神话故事，如《盘古开天地》《女娲补天》《羿射九日》《精卫填海》《夸父逐日》《普罗米修斯》等；有民间传说，如《猎人海力布》《牛郎织女》《文成公主进藏》《武夷山和阿里山的传说》等；有民间寓言，如《守株待兔》《池子和河流》《陶罐和铁罐》《自相矛盾》《坐井观天》等，使学生感受民间文学的神奇魅力。

2. 民风民俗类

二年级下册第三单元围绕"传统文化"主题编排了《神州谣》《传统节日》《"贝"的故事》《中国美食》四篇课文，便于学生在不同的语境中识字学词，激发学生的识字兴趣，感受中华优良传统文化；六年级下册第一单元以"民风民俗"为主题，选编了《北京的春节》《腊八粥》《藏戏》《古诗三首》四篇文体和题材不同的课文，让学生充分体会民族文化的博大精深。

3. 短语俗语类

语文园地的"日积月累"栏目，安排了楹联、成语、谚语、歇后语、蒙学读物等传统文化内容，让学生去积累、理解并运用。

教材中精心挑选的文本材料具有典型性，我们要认真研读教材，揣摩编写意图，充分利用教材提供的丰富鲜活的素材，挖掘民俗文化资源，激发学生的学习兴趣和探究欲望。对于课中的思考题和课后的练习题，

[①] 温小军：《基于中华优秀传统文化视角的"部编本"语文教材》，《课程教学研究》2017年第5期。

可以根据教学的需要，进行适度的加工和延伸，使之为教学服务。

(二) 联系生活

美国教育家华特曾经说过："语文学习的外延与生活的外延相等。"我们现在也提倡"大语文"观：生活即语文，语文即生活。因此，教师要引导学生广泛搜集和了解资源，拓宽学习的路径，不断挖掘生活中的民俗文化资源。渗透在我们生活中的民俗文化大致分为五类：(1) 传统文化现象，如园林文化、饮食文化、梅文化、菊文化、茶文化、酒文化、匾文化等；(2) 传统的民间节日，如春节、元宵、寒食、清明、端午、七夕、中秋、重阳、冬至、腊八、除夕等；(3) 各有特色的民间工艺、地方美食等；(4) 民间文艺形式，如民歌、民谣、地方戏、相声等；(5) 乡土文化，如本土的历史文化、社交礼仪文化、婚丧庆典文化等。[①] 开发生活中的民俗文化资源可通过以下几种途径。

1. 阅读

向学生推荐民间文学类书籍，有目的、有计划地组织学习，进行阅读，拓宽学生对民俗文化的认知领域。

2. 讲座

开设民俗文化专题讲座，向学生介绍某一特色的民间文化或习俗，学生可结合自己的思考和专家进行面对面的交流。

3. 体验

鼓励学生通过生活体验了解民风民俗，积极主动地体验富有地方特色的民俗活动，组织学生参观民俗博物馆、参加美食会等，开展以节日为主线的系列活动，在体验中加深了解。

4. 采访

对于一些学生怀有好奇心又不甚了解的民俗文化，可多向长者或资深人士咨询。有条件的话，组织学生进行"田野作业"，通过采访他人、查阅地方志资料等形式，挖掘更多的民俗文化资源。

---

① 何锦莲：《论民间文学与小学语文教学》，https://wenku.baidu.com/view/71c5f06152d380eb63946d26。

5. 网络

信息时代，网络资源广而全。引导学生分小组围绕某一个主题搜集民俗文化资料，学习引用资料的方法及注明资料出处的格式。在搜集资料的过程中，培养学生浏览和筛选信息、主动探究的能力。

此外，我们还可整合其他学科来开发民俗文化教学资源，利用音体美老师的特长，开展戏剧、武术、剪纸、木刻等进课堂的活动，使学生在多元化学习中领略到民俗文化的魅力。

二　民俗文化在小学语文课程中的运用

（一）民俗文化在小学语文课堂教学中的运用

民间文学作品是对学生进行陶冶情操的好教材，培养能力的好素材，锤炼语言的好范本。新课标指出："学生生理、心理以及语言能力的发展具有阶段性特征，不同内容的教学也有各自的规律，应该根据不同学段学生的特点和不同的教学内容，采取合适的教学策略，促进学生语文素养的整体提高。"因此，在教学民间文学作品时，教师应该根据不同的材料采用不同的教学方法。下面以在课堂教学中的实际操作为例来进行阐述。

1. 故事教学

民间故事是口耳相传的经典，老百姓智慧的结晶。教学时按照"听故事—读故事—讲故事—写故事"的步骤进行，不仅能让学生了解故事的内容和运用的写作手法，更能激发学生去阅读更多民间故事的兴趣。其中，讲故事对学生的要求很高，不仅要对语言材料理解，还要吸收、存储、内化、整理才能进行表达。我在教学五年级上册中的民间故事《猎人海力布》时，采取的教学策略是改变人称复述故事，即让学生设想成故事中的人物，如海力布、小龙女、乡亲们，以他们的口吻来复述故事。角色互换，让学生有身临其境的感觉，加深了对故事的理解。教学《牛郎织女》时，我主要训练学生进行"添油加醋"的创造性复述，通过想象添加合理的情节，如人物神态、动作、语言、心理或周围环境，把故事内容讲得更生动、具体，更吸引人。在故事教学中，教师以课堂为平台，以故事内容为媒介，教给学生复述故事的方法，使学生的理解、思维、口头表达能力得以提升。

2. 诗歌教学

诗歌不是无情物，字字句句吐衷肠，教学中要引导学生多读多悟才能让诗情在孩子们心中产生共鸣。含有民俗特色的诗歌，相对其他写景抒情的诗歌来说，更能激发学生学习古诗的兴趣。《乞巧》是一首想象丰富、广为流传的诗篇，涉及家喻户晓的神话故事。三年级孩子对"乞巧"这个节日很陌生，所以，在课前布置学生搜集和"乞巧节"相关的资料。课中播放学生喜爱的神话传说《牛郎织女》动画片，让学生领悟"牵牛织女渡河桥"的来由，体会它千古传颂的魅力。继而让学生交流收集关于"乞巧节"的资料，从而了解"乞巧节"的由来和习俗。通过创设情境多种形式朗读，帮助学生深入感悟诗歌的含义、诗人的情感。诗歌言有尽而意无穷，资料的适当补充，充分的读与思，诗歌的含蓄隽永之美深深地烙在学生脑海之中。

3. 写作教学

作文是语言的艺术，重在积累和锤炼。民间故事中或简练或形象生动的语言，常用到比喻、排比、夸张等修辞手法，曲折离奇的情节，都可以使学生汲取营养，受到写作的启发，学生在续写和改写故事时也常常能迁移运用；俗语通俗易懂，反映人民生活的经验，含有深刻的哲理，具有高度的概括性，如"三百六十行，行行出状元""少壮不努力，老大徒伤悲"，这些句子在作文中经常被学生引用，能起到以一当十的作用；谚语、对子、歇后语等内容，让学生以多种形式读一读，互相考一考，举事例说一说，积累后可以成为写作的好素材。总之，民间文学作品是学生学习写作的范本，用民俗语言"润色"过的文章往往能给人耳目一新之感。

（二）民俗文化在小学语文活动中的运用

俗话说："兴趣是最好的老师。"活动在语文学习过程中起重要的辅助作用，开展和民俗文化相关的活动，可以提升语文学习的吸引力，激发学生的创造力，而兴趣与创造力又能助推语文教学的发展。

1. 充分利用课前活动

如何培养学生学习语文的兴趣，使学生变被动为主动，变"要我学"为"我要学"？那就从语文课前三分钟开始吧！我通过游戏和比赛的方式利用课前时间组织学生背诗词、唱歌谣、对对子，开展成语接龙、说笑话、讲故事等形式多样的活动，简单易操作，学生积极参与、兴趣盎然。富有民俗文化元素的课前活动为学生搭建了展示自我的平台，增添了语文学习的活力。

2. 充分利用学科周活动

很多学校都有语文节、读书节等学科周活动，为了推崇民俗文化，传承经典，教师可组织学生开展"读经典""书经典""画经典""演经典"的活动，其中"演经典"最具创意。我在班上开展过"民间故事展演"活动，学生们选择《钻木取火》《桃园三结义》《后羿射日》等喜闻乐见的民间故事精心编排，再加上服饰、道具，演得惟妙惟肖。有的小组还邀请家长参与表演，其乐融融。在活动中，学生的表现力和创造力得到发挥，形成自己对作品的独特感受，增加了语文学习的乐趣。

（三）民俗文化在小学语文拓展课程中的运用

语文是一门学习语言文字的综合性、实践性课程，为了让学生在课内求知识、方法的同时，在课外进行拓展和发展，我专门开设了"民俗文化体验"校本课程，使学生在了解民俗文化知识的同时能获得丰富而深刻的体验。

1. 内容广泛，形式创新

课程根据学生的年龄特点，选择适合小学生学习的民俗文化知识，涵盖传统节日、传统美德、传统艺术等。讲授和体验相结合，每次选一个小的民俗文化题材，如风筝文化、脸谱文化、皮影文化等，让学生在初步了解的基础上去体验：穿汉服、学礼仪；丢沙包、放风筝、玩蹴鞠；画脸谱、做生肖头饰……学生乐此不疲。这样的学习模式，拓展了知识，延伸了课堂，充分展现学习内容的真实性。

2. 合理设计，实践推广

课程结合中国传统节日和地方风俗习惯，设计丰富多彩的活动，如"中秋节"前让学生了解"中秋"的来历，诵读相关的古诗，讲述和中秋有关的故事，一起品尝月饼；"母亲节"为学生讲述"二十四孝"故事，制作感恩小卡片；"端午节"邀请家长一起来校做香包、包粽子……通过活动，学生在实践中锻炼，在生活中成长。活动的内容和成果通过校园广播、网络、班级黑板报等文化载体进行宣传，使民俗文化在学校、家庭、社会进一步得到推广和传承。

中国是世界文明古国，民俗文化资源博大精深，也是语文课程建设取之不尽、用之不竭的文化源泉。语文教师应当以学生发展为基础，在小学语文课程中开发和利用好民俗文化资源，让学生受到优秀传统文化的熏陶，为提升语文教学质量打下坚实的基础。

传统入课堂　润心学楹联
——语文教学中的楹联学习实践

雷丽琼

（深圳市宝安区滨海小学）

摘　要：楹联是中国的传统文化之一，又称对联或对子，是写在纸、布上或刻在竹子、木头、柱子上的对偶语句。对仗工整，平仄协调，是一字一音的中华语言独特的艺术形式[1]，是中国传统文化之瑰宝。楹联作为祖国语言大花园中的一朵奇花，值得继承和传播。故此在语文教学过程中，一是巧用课堂，让"楹联种子"在学生心中生根发芽；二是活用故事，扶"楹联小苗"在学生心中悄然生长；三是善用节令，使"楹联大树"在学生心中开花结果；四是借用问题，使"楹联文化"在学生心中发扬光大。总之力求通过简单易行、行之有效的方法，让学生认识中华文化的博大精深，感受楹联文化的独特魅力，从而达到"教书育人"的目的。

关键词：楹联教学；传统文化；教书育人

楹联，作为中国文化宝库里一颗璀璨夺目的明珠，以它独特的形式存在上千年。同时，它作为传统文化教学"法宝"，曾有一段时间被人们忽视。现在，随着国人文化意识的加强，特别是部编版教材对祖国传统

---

[1] 罗维扬：《中华楹联写作》，岳麓书社2004年版。

文化的重视，其中涉及"楹联"的内容也越来越多，楹联逐渐走进现代人的学习与生活。那么，如何使传统文化快速走进学生的心灵，并更好地将其传承呢？文化得以传播最广的是学校，知识得以传播最快的是课堂。为此，结合学校、语文教学以及学生的实际，我成立了"趣味楹联社团"，并从以下几个方面对"楹联文化"进行了积极的探索和研究。

一 巧用课堂，让"楹联种子"在学生心中生根发芽

《小学语文新课程标准》中提道："语文课程应培育学生热爱祖国语文的思想感情，指导学生正确地理解和运用语言文字，丰富语言的积累……"[1]楹联在众多的文学艺术门类中，是最能体现汉字神奇特点的一种文学形式，也是学生最感兴趣的民俗文化之一。基于楹联艺术本身特有的属性，通过学习可以全面提高学生的语文综合素养，增强其民族自豪感。因此我巧借课堂教学，让"楹联种子"落地生根于学生心灵。

人教版语文教材四年级和五年级上册的"日积月累"，用生动精练的语言介绍了形式多样的楹联——回文联、叠字联、顶针联、谐音双关联等。针对这部分内容，我设计了一堂好玩有趣的"楹联活动课"，学生初次接触"楹联"就被它独特的魅力深深吸引。课前的"试试吧"教学环节，我以1932年清华大学招生考试，当时著名史学家陈寅恪所出的一道国文试题对对子为例："上联是'孙行者'，要求对出下联。结果出现了'韩退之、祖冲之、王引之、胡适之'等不同的答案，你认为哪个比较好？如果你是阅卷的老师，哪个答案能给满分？"[2] 以此来激发学生的好奇心。同学们对"楹联"的兴趣一下子被调动起来了，课堂也因此进入"未成曲调先有情"的氛围。接下来，同学们对"可以顺着读，也可以倒着读"的回文联；"含有叠字"的叠字联；"有特别规律"的顶针联……充满了更加浓厚的兴趣。大家各抒己见地谈论着这些对联的特点和规律。在"仿写吧"教学环节，学生更是跃跃欲试。当谢

---

[1] 小学语文新课程标准：《义务教育语文课程标准》2019 年最新修订版。
[2] 罗志田：《1932 年清华大学入学考试的对对子风波》，《文史知识》2008 年第 8 期。

婉云同学作出"身体好，学习好，品行更要好　作业难，考试难，认真都不难"对联时，全班同学都开怀大笑。"才女"——谢嘉烨——更是不甘示弱，站起来一气呵成"钉锤锤钉，钉等锤，锤下钉入　灯罩罩灯，灯配罩，罩落灯出"这样的顶针联时，全班同学不约而同掌声四起。此课在同学们一次次交流、碰撞、品味楹联文化中达到了高潮。课堂结束之时，"小机灵"詹文熙同学提出了疑惑：这么有意思的楹联，除了书中的这几种类型，还有其他的类型吗？引起了同学们的思考。借此给学生布置了一个拓展作业——请你通过网络和查阅相关书籍资料，收集更多的楹联类型并归纳它的特点，下节课再与同学们分享。此时愉悦的 40 分钟虽已结束，但我想那颗叫"楹联"的"种子"，在学生肥沃的心灵土壤中已成功播种。

二　活用故事，扶"楹联小苗"在学生心中悄然生长

基于小学生的心智特点，在楹联教学过程中，我充分利用生动有趣的小故事激发学生的兴趣。谈到楹联的起源时：我和学生分享了有关诸葛亮的"千古绝对"。有人出示用数字作诸葛亮一生的上联"收二川，排八阵，六出七擒，五丈原前，点四十九盏明灯，一心只为酬三顾"让人来对。但很久无人能对，成为有名的"绝对"。经过多少年代，许多人曾去研究，终无结果。直到清代，一秀才姓伍，仍以诸葛亮一生业绩，用五方五行对了出来：取西蜀，定南蛮，东和北拒，中军帐里，变金木土爻草卦，水面偏能用水攻。"绝对"逢生，传为佳话。[①]

在学习楹联上下联字数相等这个特点时：我适时补充"民犹是也，国犹是也，何分南北；总而言之，统而言之，不是东西。横批：旁观者清！"这样的对联无情地讽刺了袁世凯的卖国行为；在讨论谐音楹联时：我用简单易懂的"缺一（衣）少十（食）"小故事让学生感受谐音楹联之趣味。这些丰富有味的小故事就像"养分"一样，悄然滋养着"楹联

---

① 《中国趣味对联故事汇集》，爱问共享资料网（http://ishare.iask.sina.com.cn/f/1qmqKDZy06jt.html）。

小苗"，使学生在学习楹联途中，感受到祖国传统文化之精髓，从而深深地爱上博大精深的楹联文化，为"楹联小苗"的生长获得充分的阳光、水分和氧气。

三 善用节令，使"楹联大树"在学生心中开花结果

学习楹联，不仅使楹联文化由远及近，更让学生领略到楹联文化在现代生活中同样焕发着迷人的色彩。因此，开展丰富多彩的活动，可以让"楹联"这棵大树枝繁叶茂，花美果实。

（一）利用重大节日开展撰联活动，使楹联之花与节日寓意同驻孩子心间

9月10日教师节。作为德育工作者，我组织全校同学以"又是一年教师节，写副楹联送老师"为主题，让莘莘学子尽情地抒发情感，为辛勤付出的老师们送上一副楹联。"给学生一个舞台，将还你一个惊喜。"你看，这一副副对仗工整、简洁精巧的楹联，那一句句深情动人、感人至深的话语，无不表达我校学生对老师们的深情厚谊。

致语文教师：

1. 论学问，四书五经样样通晓；
   讲口才，三言两语句句精妙。
2. 学富五车，通晓诗书礼易；
   才高八斗，熟习琴棋书画。
3. 朝花夕拾，秋月春风莫等闲；
   古训今闻，宋词元曲要记牢。

致数学教师：

1. 尺子一把，心中自有曲直；
   粉笔几支，眼前早有横竖。

2. 寥寥线条，勾勒智慧人生；
　　小小平面，铺就美好前程。

致英语教师：

1. 心比天高，教两国语言培桃李；
　　志同海大，育一代栋梁兴中华。
2. 喜怒哀乐，舍弃过去时；
　　酸甜苦辣，把握将来态。

致科学教师：

　　杯中冰水，水结冰冰温未降；
　　盘内水冰，冰化水水温不升。

致美术教师：

　　调配色彩，展现亮丽图景；
　　勾勒线条，描绘精彩场面。

致音乐教师：

　　灵喉送韵歌声悦耳；
　　巧手奏曲旋律动人。

致体育教师：

　　扣篮板，伸手赶超火箭队；

踢足球，迈脚夺取世界杯。①

同时我还充分利用清明节、端午节、中秋节等传统佳节，让学生积极参与楹联创作。特别是春节到来之前，我所在的德育处鼓励全校学生参加各社区的"写春联赠送"活动，让学生根据居民的职业、需要来书写楹联，让传统文化之精华与传统佳节之寓意同时进驻孩子们的心间。

（二）结合重要事情开展征联比赛，实现"楹联之花"与"教书育人"有机融合

开展丰富多彩的征联活动是有效提升楹联教学的"灵丹妙药"。在课堂学习之外，我多次组织各级各类征联比赛，利用"孝亲敬老"活动让学生用父母、长辈的名字作嵌字联；组织六年级毕业班的同学写励志联；还充分利用2018年寒假深圳市宝安区教育局组织的"健康生活，绿色无毒"楹联比赛活动，号召四到六年级的学生积极参加亲子楹联创作比赛。假期结束之后，学生交上来不少优秀的楹联作品。

此类活动，不仅提高了少年儿童的禁毒意识和防毒能力，还传播了中华优秀传统文化，使学生在获得艺术享受的同时，思想情操也潜移默化地得到了熏陶（见图1、图2、图3、图4）。

为了更好地普及楹联文化，特别是能更好地利用家长中楹联爱好者的力量，我校结合"深圳市争创第六届全国文明城市"活动，举办了教师、学生和家长共同参与的大型征联活动。② 三到六年级的学生以及全体教师，还有部分家长参加了比赛，共收集到教师作品26副，学生作品52副，家长作品18副，其中不少作品堪称佳作。此次活动既让大家感受到楹联之魅力，也是对我校楹联文化教育的一次深度检阅，如：

刘朋洋同学写下：

---

① 《东城文库》，http://www.bjdcfy.com/qita/jsktcyjcyl/2017-8/972793.html。
② 梁智华：《让楹联春风化雨般浸润学生的心田》，《东城教研》2006年1月，http://www.bjdcfy.com/qita/xxsqwdl/2016-1/703488.html。

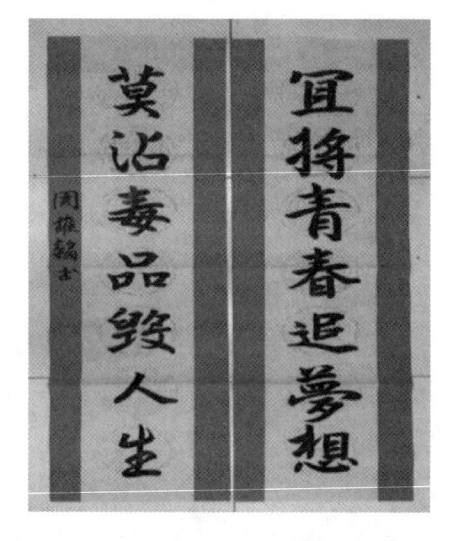

图1　自古红颜薄命　如今白粉无情
　　　［六（2）班　王睿鹏］

图2　宜将青春追梦想　莫沾毒品毁人生
　　　［六（4）班　周维翰］

图3　何愁家族不团圆　但愿世间无毒影
　　　［六（1）班　于政达］

图4　吸毒害人害己　抽烟毁家毁业
　　　［五（6）班　谢嘉桐］

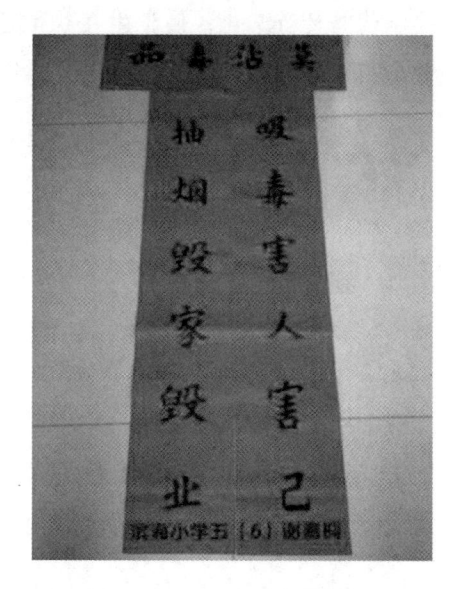

创建文明城市我争先；
造就幸福生活君为伍。

柳淇瀚家长写下：

倡文明城市建设日日好；
树正气市民素质节节高。

颜以文老师写下：

创建文明城　喜看繁花似锦；
编织璀璨梦　欣迎盛世如春。

此举将楹联文化与"教书育人"无缝对接，让楹联走进了课堂，深入了学生生活，净化了学生的心灵，不愧是一件正能量满满、意义深远的活动。

四　借用问题，使"楹联文化"在学生心中发扬光大

（一）存在的主要问题

经过近两年楹联文化的探索，师生收获颇丰。但经过问卷调查，也发现存在一些问题（见图5、图6、图7）。

第一，学生楹联创作氛围不浓，对楹联文化内涵理解不透彻。从学生调查反馈情况来看，学生认为创作的时间太少，对"楹联"传达的内涵理解不够深入透彻。

第二，教师课程教学的辐射力度太小，对楹联的研究和探索还不够深入。现在，学生学习楹联的主要渠道还局限于课堂或网络，没有很好地将楹联教学拓展到课堂之外，对怎样指导学生开展楹联探究性学习还在积极尝试和探索中。

14. 你对楹联所表达的内涵理解吗?
更多详细信息
- 理解　　　　　　　11
- 部分理解　　　　　79
- 不理解，晦涩难懂　10

19. 你觉得平时社团课创作楹联的时间充裕吗?
更多详细信息
- 很充裕　　10
- 一般　　　31
- 不充裕　　59

图 5　学生楹联问卷调查统计（截图 1）

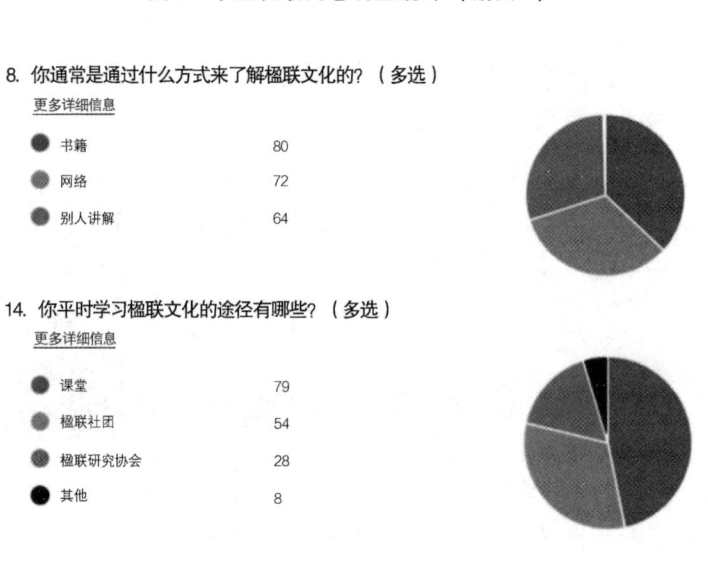

8. 你通常是通过什么方式来了解楹联文化的?（多选）
更多详细信息
- 书籍　　　80
- 网络　　　72
- 别人讲解　64

14. 你平时学习楹联文化的途径有哪些?（多选）
更多详细信息
- 课堂　　　　　79
- 楹联社团　　　54
- 楹联研究协会　28
- 其他　　　　　8

图 6　学生楹联问卷调查统计（截图 2）

第三，楹联文化的学习和研究形式比较单一，希望能得到楹联研究专家的指导。

（二）下阶段的设想

1. 将楹联文化学习常态化

目前，对楹联文化的学习和研究形式还有一定的局限性，后期我们将把楹联文化与日常积累相结合，让每日一联、课前一诵，楹联诵读和

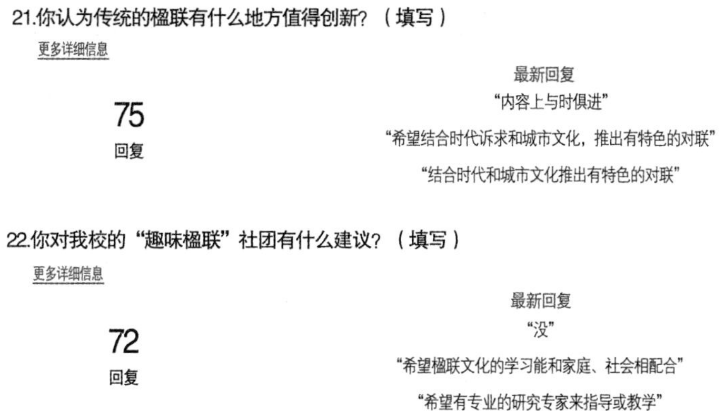

21.你认为传统的楹联有什么地方值得创新？（填写）

更多详细信息

75
回复

最新回复
"内容上与时俱进"
"希望结合时代诉求和城市文化，推出有特色的对联"
"结合时代和城市文化推出有特色的对联"

22.你对我校的"趣味楹联"社团有什么建议？（填写）

更多详细信息

72
回复

最新回复
"没"
"希望楹联文化的学习能和家庭、社会相配合"
"希望有专业的研究专家来指导或教学"

图 7　学生楹联问卷调查统计（截图 3）

写作指导，"古诗词楹联"诵读等诸多活动常态化。还将在"艺术节"时，利用楹联文化使各项体艺活动提升艺术品位；借助楹联"避灾需冷静，逃生要及时"，提升安全教育层次；等等。总之，以生为本，创设学生更多机会接触楹联，激发学生更多灵感创作楹联。

2. 增进交流，改进教法

我们要组织学生多方收集积累诗词楹联文化资源，把诗词楹联教育有效地延伸到课外。同时，采用"走出去，请进来"的方式，开展与相关楹联教育基地以及兄弟学校之间的交流，提高师生的楹联创作水平。[①]

3. 注重家校协作

虽然学校教育是弘扬和传承传统文化的主渠道，但学校教育若能与家庭、社会教育形成三位一体，有机结合，则可更高效地推进传统文化教育。所以引导家长关心、支持学校的楹联教育教学活动，将楹联文化与校外实践、家庭相结合，让学生走出校园，广泛接触楹联文化，是每个教育工作者的使命。

总之，传统入课堂，润心学楹联。在语文教学中，楹联相当于一味开胃药，能激发学生学习的兴趣，为学生提供表现自我、张扬个性的舞

---

① 孙立：《开发楹联校本课程　推进民族精神教育》，《教育探索》2006 年第 8 期。

台。经过对楹联的学习和研究，学生不但对楹联知识有了更全面的认识，而且利用楹联知识优化了语文学习，提高了学生的语文素养。楹联习俗在华人乃至全球，与汉语汉字有文化渊源的民族中传承、流播，对于弘扬中华民族文化有着非常重要的社会价值和现实意义。

缘起缘来缘定"民俗"

——由《"玩"转对联》引发的思考

刘晓芳

（深圳市宝安区坪洲小学）

摘 要：对联，我国独有的传统文化之精华。能写景状物，能抒情言志，能说古道今，亦能褒贬讽喻。它要求以最少的字句，最简练的形式，唤起人们最浓郁的美感，给人以最丰富的启迪，使人玩味深思，受到教益。小学阶段对联教学研究，须立足于学生实际，先以激趣为先；而后以探究为法；继而再学用结合，通过"一字法""探究屋"，将对联与一线学习与生活适时糅合，感受传统文化之魅！

关键词：对联；民俗；语文实践活动

对联是我国独有的传统文化之精华。它源远流长，丰富多彩；它灵活鲜明，雅俗共赏，历来受到人们的喜爱。它能写景状物，能抒情言志，能说古道今，能褒贬讽喻。它要求以最少的字句，最简练的形式，唤起人们最浓郁的美感，给人以最丰富的启迪，使人玩味深思，受到教益。针对对联文化的来源、分类、趣味性、社会功效和特点，结合小学生的实际情况，我们开展了对对联趣味性研究。

一 缘起——从迷茫走向实际

"薪火"计划，顾名思义，自然是希望借"薪火"之力，引领和带动更多人的成长与发展。历年来深圳市宝安区教育局在教师培养与培训方面，力度非常大。我们的"薪火"计划，就是在这样一个温暖的怀抱中诞生了。

北京师范大学开班集训后，"薪火"计划团队迅速进行专业分组，要求每个"薪火"成员明晰自己的研究方向。很幸运，我被分到了"民俗文化组"。紧接着，我们开始进行线上线下的三定交流（定时定点定对象）。

如何在教学实际中将民俗文化引入？我很迷茫。2018年10月，康丽导师亲临深圳。通过上课、评课、反思、交流，在她的耐心指导下，我们将研究点聚焦于"对联"。课例——《"玩"转对联》就这样应运而生。

说起玩，相信没有人会对它说"不"！可见，在我们的生命历程中，"玩"的地位之高、分量之重！如何把对联知识融入"玩"的世界中？如何在"玩"的世界里增加民俗元素？这课，是不是有点意思？

带着这样一种"天真而又异想天开"的想法，我们开始用心琢磨"对联课"。初始，课题定为"趣学对联"。细细思量之下，又觉不妥。后来，康丽导师点拨我：你不是想培养孩子们的学习兴趣吗？在孩子的世界里，玩占鳌头。你为何不将玩字渗透于你的课堂中，让玩成为你课堂的主纽带？民俗本来没有那么高深，咱们别把简单的事情复杂化！一语惊醒梦中人！对啊，何不让学生们动脑动手"玩民俗"？

想法有了，要将想法付诸实践，当然不简单！

为了上好这一节课，我们进行了为期一周的线下调研。我们发现，对于民俗文化，学生之中，知其然而不知其所以然者微乎其微。个别知晓者，也是在学校、教师、家长的"平时点滴渗透"中稍有"耳闻"！根本谈不上喜欢。

在此基础上，我们小组成员也对附近其他几所学校进行踩点式调研。通过和学生们的交流，我们发现，孩子们在心底里对民俗文化并不排斥，导致目前这个局面，最大的问题是，他们的身边，没有人系统性地对其进行引导与学习。因此，他们错误地认为，这样"高大上"的知识，应该要到高中、大学之后，才会接触。

鉴于此，我们在研究思维上迅速做了调整。试想：立足课堂，通过对"对联的学习与探究"，唤起学生对民俗文化的关注意识，继而培养他们的兴趣，是不是很有意思？

发心有了，于是，在"对联"课的设计上，我们颇花心思。几易其稿，最后在临上课的前一晚，方遂我愿。

因为设计紧扣学生年龄特点，又是以学生最热衷的行动——"玩"——为指南。果不其然，从激趣识对联，到我们的重轴大戏——玩对联，到最后的实践运用——写对联，学生们紧紧跟随着老师，一步一步，从对对联的一无所知，到最后的脱口而出！切切实实，让我真正地感受到了对联在课堂上的无限魅力！也让我真真切切地明白了大道至简的道理——民俗，不是水中月镜中花，它与我们的生活、学习息息相关，有温度，触手可及！

康丽教授回北京后，我在思考：激趣易，维持趣味性，却很困难。何况我们的主体对象还是一群仅七八岁的可爱萌娃呢？

是啊，要想让学生们在对联的世界里真正"玩"起来，"玩"出点名堂，咱们接下来的路，应该如何走下去？如何才能让学生在对联的世界里、在民俗文化的殿堂里自由徜徉呢？

二　缘来——由课例走向课题

我们百思不得其解、顾虑重重的问题，在导师的耐心引导下，慢慢变得清晰起来。通过"玩"转对联这样一个实实在在的课例，我们对传统文化进校园、对民俗文化乃至对对联在学生的学习与生活中的意义，均有了新的理解，这份理解，虽初浅，但弥足珍贵！

首先，是对文化的理解。

文化是什么？文化本身是一个比较大的概念。笼统地说，文化是一种社会现象，同时又是一种历史现象，是社会历史的积淀物。确切地说，文化是指一个国家或民族的历史、地理、风土人情、传统习俗、生活方式、文学艺术、行为规范、思维方式、价值观念等。

其次，民族文化，重在文化。通过查阅大量资料，我们发现，中华传统文化首先应该包括思想、文字、语言，之后是六艺，即礼、乐、射、御、书、数，再后是生活富足之后衍生出来的书法、音乐、武术、曲艺、棋类、节日、民俗等。由此，我们可以推断，民俗文化，即现在的民间文化，它就是与我们生活息息相关的，融入我们生活的，世代相传、较为稳定的文化事项。现在的我们，享受它而不自知其为谁，岂不是太遗憾？我们熟知的对联，就是其中的一小部分。

明晰了这些关键的含义，在导师的指导与大力支持下，我们结合课例，联系学生、学校实际情况，迅速进行资源整合。很快，课题"对联的趣味性研究""出台"了。我们迅速成立了课题研究小组，分工明确，责任落实到个人，确保每一步都力求走得稳当与踏实。

三 缘定——由责任走向担当

如何激发学生对民俗文化的趣味性？如何在现有学生水平的基础上，切实做好课题研究的把关工作？一个又一个的问题，如潮水般涌向我们。

此时此刻，我们要面对的不是一堂简简单单的课，我们引导的不是一个个懵懂无知的孩子！如何悉心浇水施肥让他们茁壮成长？环境、专业性的引领迫在眉睫、至关重要！

（一）深入宣传，营造良好氛围

根据学校读书月活动总方案，我们迅速围绕对联文化开展了一系列活动。结合全校举行的读书月开幕式，发放"走近对联"学习资料、各班召开以"我身边的对联文化"为主题的班会、布置"花样对联中国情"的主题黑板报、夯实班级图书角，为每个班级购买有关对联的书籍、各班学生开展"争做小书虫"活动、举行"谁是故事大王"比赛等，鼓励孩子们阅读、演讲、分享对联故事等。

近两年的时间，我们举办了5场对联文化分享活动，安排了10位教师上了交流研讨课，邀请了16位来自社区的对联兴趣爱好者赴校参与研讨。一句话，多渠道宣传并实践对联文化的重要意义，让师生切切实实感受到对联文化亦如我们的老友，就在身边！

(二) 精心设计，踏踏实实做研究

1. 一字点睛，跟着对联来一次文化旅行

课堂是激发学生兴趣最好的地方。鉴于我们研究的主体校学生虽然年龄小，但正值喜玩好玩的好时光，因此，我们不轻易放过每一节与学生相处的时光。在进行全校课程编排时，从每周的语文课中，特意抽出一节，进行对联趣味性研究学习。

低年级的学生接触对联仅仅在课文中，但那也只限于会读会背。如何在有限的时间里，最大限度地调动学生对对联的兴趣，继而爱上民俗文化，在未来愿意去推广和继承呢？

我们决定采用"一字法"，即从对联中的一个关键字入手。一个汉字，就是一部微型的文化史。我们引导学生先细察此字的变化，再将整副对联巧妙引入学习。整个过程，不仅让学生了解了汉字演变的历程、知晓对联的特点，也让学生深深感受到了中华民俗文化的魅力。

2. 探究小屋，带着真切情感做思维体操

对联，是中国传统文化的瑰宝。对联内容丰富、技法精妙、流传深远。节日庆典、祝寿乔迁、婚丧嫁娶、各地寺庙处处皆可见对联。如何引导学生深入研究对联呢？我们创设了多间探究小屋，借助每周一节对联课，引导学生带着真切情感做思维体操。

在"乘着桃符去穿越"的探究小屋里，我们与学生一起了解对联的由来，通过举办"对联对决赛"的活动，引入"对奇联巧拜师""书生星夜过桥巧对"等有趣的故事，让学生对对联由初始的懵懂，慢慢变得喜欢。

在"对联中学算术"的探究小屋里，我们将"李自成、纪晓岚、乾隆、孔明、周瑜"等历史名人引入，既满足了学生的求知欲望，同时也多角度地解析了对联，让学生对对联的认识更上一层楼。

在"谐音谐趣开口笑"的探究小屋里，我们摆台设擂，将"樵夫对乾隆""朱元璋巧对句""东坡与佛印"等经典故事"搬"上舞台。在师生同演的过程中，把对联牢记于心！

在"改联断句两重天"的探究小屋里，孩子们感受到了一字之差、一符之位是多么的重要！在"牧童发难李大人""巧联惩恶""读书人巧断句"等脍炙人口的故事中，充分领略到了学习的重要性！

类似这样的探究小屋的研讨还有很多，在研讨的过程中，发生了很多精彩有趣的故事，我们用心地一一记录下来，并汇编成四本校本成果集，与全校师生分享。

通过走近对联，继而引导学生亲近民俗，我们将研究前后的数据、学生的变化、老师的感触进行了对比。

（1）学生对民俗文化关注的意识增强了。在生活中、学习中，会不自觉地根据所学去关注它，并把自己所学自然而然地传递给身边的人。这是非常可喜的。当然，这也是我们最期待的。

（2）学生对民俗文化的兴趣增强了。曾经对对联一无所知的孩子，在老师的引导下，均可以尝试着在节假日创对联、贴对联。我们有多位学生在对联征集比赛中频频获奖。

（3）有了民俗文化元素的引入，我们惊喜地发现，语文课的趣味感增强了！很多孩子感叹，语文课越来越好"玩"了。随之而来的，各班学生的语文成绩较之前平均提升了2—4分！研究前，二（1）班学生的写话水平较低，每次写话训练，很多学生无话可写。然而通过对联探究学习后，该班语文老师惊喜地发现，孩子们有话可写了！字数增加了，大部分学生从一开始的10—20个字，写到了60—80个字！质量也发生了明显的变化，有个别孩子甚至在自己的写话内容中，居然可以正确地引用对联的内容！

掩卷长思。走近对联，走进民俗文化的世界，虽然，我们尚在路上，但我想，当我们领着孩子读着有趣的对联故事，吟咏着唇齿留香的文字，或是一时兴起偶作一联时，我们的胸中便不知不觉装满了万千世界、朗朗乾坤！

这样有意义的研究，值得一辈子坚持！

民俗传统文化渗透小学语文教学的思考
——以深圳饮食文化与语文课堂教学融合实践为例

乐 园

[深圳市新安中学（集团）第一实验学校]

摘 要：加强中华民族传统文化教育，引导学生树立文化自信是现阶段中国教育的重中之重。在小学阶段，对学生进行传统教育，树立文化自信的主阵地就是语文课堂。但近30年来，深圳在城市化、工业化和现代化进程的冲击下，物质民俗、社会民俗、精神民俗和语言民俗都受到了冲击，许多深圳外来移民普遍不了解深圳传统的民俗文化，因此文化认同感不强。没有了传统，没有了文化，没有了乡愁，没有了精神家园，更无从谈起"民族自信""文化认同"。因此，趁着传统文化还未消失殆尽，选择学生最喜欢、操作较方便的饮食文化入手，结合小学语文教学中所涉及的内容，带领学生走进生活居住的城市，了解深圳的历史，引导学生接受且形成一致的民风习惯，从而影响他们的心理和行为，形成基本的地方文化自信，是小学语文教学的重要内容之一。

关键词：饮食文化；文化自信；开放式课程；实践体验

饮食，不仅是人类生理和生存的需要，而且是人们精神层面上的需求和享受。

俗话说："一方水土，养一方人。"一个地方的饮食文化，积淀着这个地方长久以来形成的文化和习惯，也是自始至终影响人一生的因素。

深圳作为沿海经济发达城市，仅仅用了 30 多年，便从一个 30 多万人口的边陲农业县，迅速崛起为一座拥有 1000 多万人口的现代化城市。在这一历史变革中，深圳传统的物质民俗、社会民俗、精神民俗和语言民俗无不受到冲击，许多习俗文化和民间艺术，也随着现代生活发展而逐渐消落。加之深圳外来移民较多，普遍不了解深圳传统的民俗文化，因此文化认同感不强。就拿笔者所在的学校来说，90%以上的学生来自除深圳以外的地方。在笔者任教的班级中调查了解到，大部分学生甚至连自己家乡的风土人情都不清楚，更不要说了解深圳的民俗传统文化了。

习近平总书记在"七一"重要讲话中对文化自信加以特别的阐释："文化自信，是更基础、更广泛、更深厚的自信"，可见文化自信本质上是一种价值观导向，是其他三个自信的必然结果与目标所在。特别是在当今世界复杂的、多元的文化体系共存的现状下，正确地认识中国现阶段发展实际，把握时代需求，对各种不同文化的本质进行科学的辨识与把握，对传统文化与外来文化进行理性的扬弃，实现对文化的理性自觉与自信，有着非常重要的现实意义。

综合可见，在中小学教育中加入中国传统文化教育，特别是地方民俗传统文化，从而树立"民族自信"是非常有必要的。通过多种方式对中小学生进行民俗传统文化的熏陶，让学生了解地方历史、走进地方民俗、尝试地方传统工艺、品尝地方地道美食，能更好地加深学生与地方传统文化之间的"情谊"，潜移默化地把对家乡文化、地方文化的深情转化为对国家的热爱，从而建立起深厚的"民族自信"。

在小学阶段，对学生进行传统教育，树立文化自信的主阵地就是语文课堂。特别是新改版的部编本小学语文教材中，以一年级为例，每册都编排了 8 个单元，两册书共计 16 个单元，其中有 15 个单元与我国传统文化相关，占一年级教材的 93.75%。如：在识字单元中渗透汉字文化，体现汉字规律；在课文单元中设计"伙伴""家人"等单元主题。这些单元中，从不同的角度及不同的板块（语文园地、快乐读书吧等），从不同的文化类型（汉语言文字、古典文学文化、传统民俗文化、传统艺术文化等）渗透我国优秀的传统文化。但要想让学生真正走进、了解并践行传统文化，单单靠坐在课堂读写背练的40分钟语文课，是远远不够的，而要将学生的所学、所思深入亲身实践之中，使"意""象""虚""实""情""境"相融合，使得"心物交融"，从而"物色之动，心亦摇焉""情以物迁，辞以情发""感物吟志，莫非自然"。因此，语文课堂，除了要教好语文课本上的知识，还要结合书本开展一系列丰富多彩、活泼有趣的语文活动课，把它作为语文学科课程的重要补充形式，让"它的整个过程都贯穿着发挥学生主体性这一基本思想""在语言实践的活动中，尊重学生兴趣、爱好的需要，增强学生主体意识，发展学生主体能力，塑造学生主体人格"[①]。因此，在这样的文化要求和时代背景下，更要求我们中小学语文课堂要多开展一些"语文开放式课程"，不再拘泥于传统的"你教我看"的教学方式，而是要把单纯的字词句段落篇章的讲读训练拓展为结合情景、亲身感受的综合性学习，将抽象的、枯燥的思想、概念转化为具体的、可感的形象事物，要多带领学生走出校园，走进社会，去了解当地的饮食文化：亲耳听一听，亲眼看一看，亲自做一做，亲口尝一尝，从饮食文化入手，多方面感官地去认识家乡、了解家乡，从而建立深厚的文化认识和文化认同。

通过查找资料、调查了解，为了让众多移民到深圳的孩子能够走进、了解深圳——这个第二"家乡"，根据三年级学生阅读量得到一定的提升，注意力持久性逐步增强，作文教学开始起步，思维逐步向抽象化发展这些特点，选择了从"饮食文化"这个学生感兴趣、动手实践多的角度出发，多方面感官地去认识深圳、了解深圳，从而热爱深圳这座我们一直生活的南粤都市。

经过前期的多次商讨，师生共同制订了语文活动计划（见表1），将整个实践内容按月份，结合节气、节日、课文进行设定，分主题、按计

---

① 张云鹰：《开放式活动课程》，教育科学出版社2015年版，第1页。

划进行学习实践。

表 1 "粤"美深圳——有滋有味的深圳饮食文化活动安排

活动对象	学生特点	时间	内容安排	相关课文	活动方式
三年级学生	阅读量得到一定的提升，注意力持久性逐步增强，作文教学开始起步，思维逐步向抽象化发展。因此，结合民间风俗和民间美味的介绍，初步了解、感受深圳独特的民间习俗	一月	沓饼声声迎新年	《元日》	查找资料 交流分享
		三月	童年味道的云片糕	口语交际：春游去哪里玩	邀请嘉宾
		四月	清明"鸡屎藤"粄	《清明》	动手实践 快乐分享
		五月	五月节与"粽"不同	《端午粽》	动手实践 快乐分享 小小日记
		六月	钵仔糕今昔	综合性学习：中华传统节日	动手实践 快乐分享
		九月	春夏秋冬话煲汤	《听听秋的声音》	动手实践 快乐分享 小小日记
		十月	乡间糍粑香	《秋天的雨》	查找资料 交流分享
		十一月	百年小食云片糕	习作例文：我爱故乡的杨梅	查找资料 交流分享
		十二月	西乡蒸冬饺	习作：那次玩得真高兴	动手实践 快乐分享

三月，在语文活动课上，结合"口语交际：春游去哪里玩"这个主题，邀请杨欣蕊的爷爷来到班级，结合自己的故事，为大家介绍"云片糕"的来历、品种和售卖的过程。通过活动，学生们知道了云片糕作为广东的传统糕点，许多来广的旅客都会买上几包云片糕当作手信送给亲友。当地精明的食客，为辨明是否真正的深圳云片糕，除了拿出一块看是否像四川灯影牛肉干那样透出影来外，还会掏出火柴，"咔嚓"一声划亮后去点云片糕，一边看着它"滋滋"地烧着，一边就竖起大拇指连声赞叹。学生们在品尝云片糕的同时，感受到了深圳渔村人孩提时代的童趣。

在四月，围绕着"清明节"，结合第三单元《清明》这首诗，开展了

"细雨绵绵话思亲"的语文活动。通过此次活动学生们了解了不同地方的清明习俗，积累了名诗名句，并用图文并茂的手抄报形式，记录下了清明时节悠长的思念（见图2）。原本计划制作清明节时广东的传统食物"鸡屎藤"粄，可是由于重要的制作食材——鸡屎藤无法购买，制作手艺流失等原因，因此只能临时取消。大家在遗憾无法品尝到传统美食的同时，也暗暗为传统文化的消逝感到担忧。

端午节，结合《端午粽》这篇课文的学习，开展了"金粽迎端午，粽香情意浓"的语文活动。同学们在学习、了解端午节来历，端午习俗，端午故事、诗歌和端午歌曲的基础上，还纷纷邀请爸爸妈妈来到教室一起包粽子，并将亲手包好的粽子分享给老师、同学。学生们在动手实践、积极分享之中，感受到屈原对祖国的一片赤诚忠心和人与人之间绵绵的情意（见图1）。

图 1

同样的担忧在后面的实践活动中再次出现。在进行"综合性学习：中华传统节日"的语文活动中，当讲到二十四节气与传统节日的区别，打算近距离了解地方特有小吃——钵仔糕的时候，却发现在市面上早已找不到它的踪迹，也极少有人了解它的来历、尝过它的味道。取而代之的，是随

图 2

处可见、口味咸重的碳烤鱿鱼、油炸牛肉丸……吸取了之前制作"鸡屎藤"粄时的经验教训,大家纷纷想办法:虽然无法品尝到传统的钵仔糕,但是我们可以自己做呀!于是,大家根据查找到的资料,用果冻粉、仙草粉、陶瓷碗代替原材料,做出了自己独特的"改良"版钵仔糕。

回顾这一年的语文活动实践,虽付出了很多努力,但由于前期民族传统文化的学习还不够,相关铺垫也不够足,因此学生在深入体会地方民俗文化方面仍然有困惑的地方。可见,将民俗传统文化渗透到小学语文教学的过程,并不是一个简单、独立的部分,而应将它看作完整、统一、有梯度的螺旋式上升过程。具体可以从以下几方面入手。

1. 由浅入深,结合课程,加强传统文化知识的铺垫和积累。要在低年段开始,结合语文、品德与社会、音乐、美术、班队会等相关课程,由浅入深,加强传统文化知识的铺垫和积累。如一年级时,可引导孩子朗读背诵《三字经》《弟子规》等适合儿童的蒙学经典,并借助其中寓意深刻的故事,如《黄香温席》《孔融让梨》等,让学生直观、生动地认识到中国"孝父母""爱手足""守诚信"等优秀的传统美德。为今后了解民族历史、民族气节、民族风骨、民俗特点打下扎实基础。

2. 推荐书籍，鼓励阅读，引导学生从阅读中了解中国传统文化。根据学生的年龄特点、性格特点，为其推荐和传统文化相关的、不同种类的书籍，鼓励他们扩大阅读面，在阅读中自读自悟，向中国古今圣贤讨教，以他们的品行为道德榜样，以他们的言行为行为准则。如，一、二年级学生可以推荐阅读《中国传统节日故事》《小学生连环画》系列课外读本，三、四年级学生可以推荐阅读《中国神话故事》《中国民俗故事》《中国成语故事》等课外读本，五、六年级学生可以推荐阅读《诸神的奇迹》《写给孩子的传统文化——博悟之旅》系列丛书等。

3. 古诗入手，融情于境，纵向感知中国传统文化脉络。诗歌，是古代文人思想的直接反映，其中饱含着丰富的传统民俗文化。因此，可以结合语文书中的古诗词进行梳理、归类和拓展，以诗歌创作背景，诗人的生平、主张及思想变化为主要抓手，深入了解诗歌文字之下所蕴含的人生哲理及传统文化。

4. 回归当下，结合实际，多种形式走进地方文化。中小学语文课堂上的传统民俗文化教育，通常会采用"你教我看"的教学方式，往往成为枯燥的说教。为了保证传统民俗文化（特别是地方民俗文化）的鲜活，我们可以采用分组查阅资料、实地走访、亲手实践等方式，通过语文活动课、拓展课等课程，亲身参与、体会实践，让中国传统文化、地方民俗文化以一种更鲜活、更灵动、更具创造性的方式，走进学生的生活，真正成为他们生活的一部分。

"教育的真谛乃是文化的自我创生"，朱永新教授这样说道，"教育的过程也是文化'选编'的过程。一种合宜的教育，在这个意义上，就是梳理自身的文化，对文化进行辨别、抉择，把文化中的创造部分、开放包容部分，传授给下一代，让文化成为他们的生存方式，让文化借他们得以更新、重新显现上述的这些根本精神"[①]。

---

① 朱永新：《新教育》，漓江出版社2014年版，第61页。

正是基于这些，一年来，各项语文活动精心策划，鼓励学生积极参与。在"有趣的探访""美味的享受""多彩的画笔"等一系列丰富多彩的交流分享与拓展实践活动中，学生们带着好奇和欣喜，走进了和我们早已渐行渐远的深圳传统民俗文化之中，逐渐转变了一直以来的"外来人"定位，将自己视作城市的一员，产生了对深圳，这座"移民城市"的归属感。同时，在了解、品尝美食的过程中，在实践、探究和反思中，深深感受到了这些年来深圳飞速的发展与变化。相信结合此次的实践活动，在不断思考、改进的基础上，开展一系列融入民间传统文化的语文活动课，将会让所有学生感受到根植在深圳老一辈人心中的"故乡情""家乡味"，对民间习俗、地方文化有了自己的理解和思考，对深圳产生更多的了解与爱，从而在保留传统文化的同时，更加尽心尽力地去建设、经营我们生长、奋斗的"第二故乡"。

普及书法教育　落实"立德树人"
——黄埔小学全面普及书法教育的实践探索

曾贤晃

（深圳市宝安区黄埔小学）

摘　要：立德树人是学校教育教学的根本任务，黄埔小学以书法教育为切入口，不断创新与实践，总结出一套行之有效的普及书法教学策略——统一一个认识，打造两支队伍，注重三个抓手，全面落实"四个一"。提炼"立德"素材，深化"树人"内涵，取得了较好的办学效益，在提升学校教育教学质量的同时，彰显了学校的办学特色，落实了"立德树人"的根本任务。

关键词：立德树人；书法教育；办学特色

国无德不兴，人无德不立。育人之本，在于立德铸魂。党的十八大报告首次提出"把立德树人作为教育的根本任务，培养德智体美全面发展的社会主义建设者和接班人"。党的十九大报告强调落实立德树人根本任务。怎样让"立德树人"落地生根，很多学校都做了有益的探索。深圳市黄埔小学就以书法教育为切入口，走上了一条特色办学之路。

一　统一一个认识——书法教育是"立德树人"的重要落脚点

（一）书法教育站上教改的"风口"

近年来，教育部为推进书法教育相继发布数个文件，如《义务教育语文课程标准》(2011年版)指出:"按照规范要求认真写好汉字是教学的基本要求,练字的过程也是学生性情、态度、审美趣味养成的过程。"《教育部关于中小学开展书法教育的意见》指出,"书法是中华民族的文化瑰宝,是人类文明的宝贵财富,是基础教育的重要内容"。由教育部于2013年1月18日发布的《中小学书法教育指导纲要》则强调"书法教育对培养学生的书写能力、审美能力和文化品质具有重要作用"。一系列政策、纲要为学校大力开展书法教育提供了有力的政策依据和理念基础。

(二) 书法是中华民族传统文化的智慧结晶

德国哲学家黑格尔认为,"中国书法最鲜明地体现了中国文化的精神"[①];著名法籍华人艺术家、哲学家熊秉明视中国书法为"中国文化核心的核心"[②];中国现代画家、散文家、美术教育家和音乐教育家丰子恺强调"中国人都应该学习书法,须知中国的民族精神,寄托在这支毛笔里头"[③]。因此,书法教育深入中国文化的内核,对于中小学生而言,它是传承中华民族文化和艺术精神的最佳载体。

(三) 书法教育是"立德树人"的落脚点

书法教育涵盖德育、智育、体育、美育、劳动教育,是"五育"的重要途径,它直接指向学生的核心素养提升。正如许石林先生所言:"书法课程其实不单单是书法课,或强化书写那么简单。习字需要心态、需要方法、需要时间、需要领悟,练字其实就是通过写字修炼一个人的身心。"[④] 韩盼山教授也说:"书法艺术教育重在教育,书法艺术本质则是一种媒介或手段,意在通过它使受教育者得到审美享受,提高审美境界,陶冶性情,净化心灵。"[⑤] 所以,书法教育带给孩子们的,不仅是能写好看的字,而且它对提高学生素质、促进学生身心健康有着重要影响,对

---

① 葛兆光:《中国思想史导论——思想史的写法》,复旦大学出版社2001年版,第10—11页。
② 熊秉明:《书法与中国文化》,文汇出版社1999年版,第62页。
③ 丰子恺:《略谈书法》,江苏美术出版社2000年版,第34页。
④ 许石林:《书法课是教育改革的一个突围》,《内蒙古教育》(综合版)2012年第2期。
⑤ 韩盼山:《书法艺术教育》,人民出版社2001年版,第19页。

学生意志的磨炼、情操的陶冶、良好习惯的形成、意志的培养、文化自信的提升、想象力和创造力的开发都会产生潜移默化的作用，它是"立德树人"的最佳落脚点之一。

二　打造两支队伍——以点带面促进全面发展

"学高能为师，德高方为范。"清代刘熙载在《艺概·书概》中就说过："书，如也。如其学，如其才，如其志，总之曰，如其人而已。"这里所说的"志"，就是指一个书家的人品道德和志向。因此，学校在打造两支书法教学队伍的时候，除了考查师生的书法水平，更重要的是考查老师师德是否高尚，学生品行是否端正。

（一）教师书法的生力军——教师书法俱乐部

学校对全校教师实行书法教育全员培训，通过"师德过关、系统培训、专家引领、评价跟进"来开展校本培训。

1. 师德过关是基础

常言道"字如其人"，人品决定书品，书法教育关乎习惯的养成，个性的濡养，只有师德高尚的老师才能成为其他师生学习的榜样。

2. 系统培训是关键

成立教师书法俱乐部，由学校专职书法老师对全体教师进行每月一次的全方位的培训，内容涉及钢笔字基础、毛笔字基础、粉笔字基础、线条的变化、各种笔画书写技巧、笔法及章法、集字与创作等。

3. 专家引领促提升

学校与宝安区书法协会常年保持联系，定时请专家到校给老师们进行书法专题培训，内容涵盖书法鉴赏，书法与文学、哲学、美学、韵律之间的关系等。

4. 评价跟进助持续

书法学习的持续性很重要。评价具有导向与诊断作用，在给老师们进行全员培训时，学校的评价机制也是配套而行，有奖励措施也有相应惩罚规则。学校建立了完善的师生作品评价体系，教师批改作业也同时采用两项指标：其一是正确率，其二是书写。因为有了评价的导向，黄埔师生把"人人要写好一手字"化为自己的自觉行动。

（二）学生书法的领头羊——小书法家协会

小书法家协会是黄埔校园名气最响的学生社团之一。在老师的指导下，酷爱书法的"小书协"成员刻苦训练，积极参赛，他们是黄埔校园里"最靓的仔"。

1. 以教代练可以帮助孩子们尽快成长

学校鼓励"小书协"参加各种活动，例如在全校午间习字的时候让他们走进各个教室做"小老师"，手把手帮助同学练习书法，对同伴的书法作品进行点评分析。为了做好"小老师"，"小书协"的训练更加刻苦，进步更加明显。

2. 以赛代培更是孩子们成长的催化剂

"小书协"在老师的辅导下积极参加各级各类书法展赛，他们争金夺银，为学校增添了许多荣誉，仅在2019年，"小书协"就在省级、市级和区级获奖162人次。更重要的是他们把学习书法的热情和方法传递给其他同学，在学生中掀起人人学书法、练书法的热潮。

三 注重三个抓手——提炼书法教育中的"立德"素材

（一）营造"润物细无声"的书法教育氛围

为了营造一种爱书法、学书法的浓郁氛围，黄埔的校园文化独具匠心：校园里精心布置了300多幅精美的师生书法作品，教室内外、楼层连廊、空层大厅、会场处室，师生佳作随处可见；"法书轩""智慧舱""水写台""刻石"墨香四溢，已成为校园最美的景点；每个教室的外墙都巧妙地设置成"书法墙"，每个学生的作品都有机会展示，每面书法墙都是学生书法的"展览馆"，是学生练习书法的"加油站"……

黄埔是书香校园，学校经常开展读书活动，校园中的"法书轩"不仅是练习书法的场所，更是读书的好地方：如王羲之每天"临池学书"，清水池变"墨池"的事例让孩子们懂得勤奋；书法家智永大师在永欣寺楼上刻苦学书三十年，用秃无数支笔的故事让学生明白什么是专注；大书法家颜真卿为国殉难的传说让孩子们领悟什么是爱国……书中有真义，孩子们在读书交流中领会到书法的意趣，纯净了自己的心灵。

（二）提升课堂教学的育人功效

问渠那得清如许，为有源头活水来。书法课堂的活水来源于书法中蕴藏的文化，这活水可以用节奏韵律来解读，也可以用线条粗细来表现，还可以用具体的文字去描绘。学校要求每一位书法老师精心上好每一堂书法课，把书法课当作实施书法教学的主阵地，注重趣味，注重方法，让书法课堂成为精品课堂，成为智慧课堂，成为快乐课堂。经过数年实践，学校已经初步形成了"激趣—探究—临习—赏析"的书法课堂教学方式，并总结出一些独具特色的经典课例。如：低年级执笔教学中的"大手帮小手"；中年级线条训练的"线条漫步"；高年级书法创意教学的"我会画瓦当"……"轻松、快乐"是书法课堂的主基调，孩子们在轻松、愉悦的课堂环境中，大胆地表达，书出真正属于他们的童真童趣，也写出他们的阳光自信。

书法课堂不仅是传授书法要领，更要滋养人文情怀。汉字文化神奇美妙，博大精深，书法教学要善于发掘其中的家国情怀和做人道理：如指导"疆"的书写，可以从"祖国的疆土寸土不让"中发掘出爱国要素，提醒学生注意写好"疆"左下部的"土"，在孩子心中播下爱国的种子；指导"和"的书写要让孩子们把左边"禾"字最后一笔由捺改成点，在礼让中感受和谐和美好。

（三）建构书法教育的多元联动

1. 师生联动

黄埔有着浓郁的人文情怀，孩子们站在学校的中央，老师是孩子们学习的好伙伴。在书法教育上这点表现得更为明显——老师指导孩子学习书法，学生也督促老师临帖创作。学校的每一次书法教学活动都鼓励师生共同参加：课间习字师生共同练习；优秀作品展师生共同展示；义写春联活动师生共同参与……学校在"书法普及"的理念下，体现了具有黄埔特色的"教学相长"。

2. 校际联动

书法教育为黄埔与其他学校的交流搭建了桥梁。在深圳市教育局组织的"百校扶百校"活动中，黄埔小学先后与翠竹外国语学校、厚德学校等学校结对子，学校之间经常开展书法教育交流活动；学校也经常派出老师到兄弟学校做书法教学的分享交流；学校还承办了深圳市中小学硬笔书法教学研讨会、宝安区书法教学比赛等大型书法教学活动，在宝安区中小学第三届"新课程·新理念"教学大赛中，全区 100 多名中小学书法教师到我校参加了书法教学观摩活动。

3. 家校联动

学校教育与家庭教育密切结合，会增强教育的合力。黄埔一向注重加强家校合作，要求家长们大力支持学校的书法教学工作，还引导家长提升书法兴趣，提高书法水平，参加书法活动。家委会还成立了黄埔小学家长书法俱乐部，这些书法爱好者的身影经常活跃在学校的书法教学活动之中。

4. 幼小联动

好的开始是成功的一半，针对不少孩子刚升入小学就出现坐姿不正、握笔姿势错误等现象，黄埔小学定期派出书法老师，对所在片区的幼儿园老师进行写字"双基"培训，帮助孩子们从"第一次拿笔"开始，就能得到正确的引导，完美解决书法教学的幼小衔接问题。

四　全面落实"四个一"——让活动深化"树人"的内涵

活动是促进书法教育教学前进的动力，多彩的教学活动会使书法学习产生无穷的魅力。"四个一"活动是黄埔的"招牌菜"，即每天认真习字一刻钟、每周一份书法作业、每月一次书法习作展、每年一次"义写春联"活动。

义写春联活动至今已有十年，社会影响日益扩大。2020 年 1 月 17 日黄埔小学在学校大操场举办的以"翰墨书春意，慧心送福祥"为主题的慈善进校园暨义写春联新春游园活动更是盛况空前，校园装扮喜气洋洋，数千师生、家长齐聚操场，书法大咖现场挥毫，各路书法爱好者前来捧场，百米金"福"震撼亮相，慈善拍卖完美收场。在活动中，孩子展现出来的不仅仅是才情，更绽放出一种发自内心的阳光自信；送出的不仅仅是春联，更是黄埔小学全体师生和书法家们的一片真情；慈善拍卖卖出的不仅仅是一件作品，更是传递浓浓的玫瑰香韵……有位家长朋友现场为学校赋了一首藏头诗：

点睛能使蛟龙醒，
彩笔善绘儿童心。
智囊解惑助远行，
慧眼育才崇个性。
立意高远理念新，
德才兼备守初心。
树高千丈根基稳，
人本校园黄埔兴。

书法教育已经成了黄埔小学最闪亮的一张名片。黄埔小学被评为宝安区书法特色学校，成为宝安区书法家协会教学基地。"提笔即是练字时"已经成为黄埔师生的自觉意识，每天定时练书法、每星期更换书法墙等已经成了黄埔学子的良好习惯，学生的书法水平提升明显，各级各类比赛成绩硕果累累；在书法等传统文化的熏陶下，我们黄埔的孩子们阳光健康，积极进取，后劲十足，在社区和周边中学都有很好的声誉，黄埔小学的教育教学质量也在学区名列前茅；在练好书法的同时，学生的文化素养、审美素养、创造能力、合作能力等明显提升，在艺术教育和科技创新等方面大放异彩。2018 年，黄埔小学被深圳市教育局评为深圳市中小学生小课题研究示范校。

小学教育是根的事业，它应该有更高远的立意和追求。从 15 年前与书法教育的结缘到今天的书法特色，从最初的特长生培养到今天的全面普及，从当年的单纯书法练习到今天的学科整合和文化渗透，从重视习惯的养成到尊重个性的成长，从当年的一枝独秀到今天的群芳争艳，黄埔小学经历了一个漫长的脱茧过程。今天的黄埔从立德树人的高度重新审视书法教育，赋予了书法教育更深刻的教育内涵和更大的发展空间，也对学校发展提出了更高的要求。基于对教育、对书法、对传统文化发自内心的热爱，黄埔将坚守"立德树人"的教育初心，不断创新和实践，用书法为孩子打好中国底色，帮助他们心怀家国，放眼世界，在未来的人生道路上书写个性的精彩。

唯有不失，方得真实

——浅谈小学语文课堂教学的"虚假繁荣"及应对策略

龚明超

（华中师范大学宝安附属学校）

摘 要：随着课改的深入，小学语文教学观念、教学方法、评价方式，也呈现百花争艳的态势，但在语文教学百花争艳中，也存在相应的浮夸、片面、粗浅。本文引用真实的教学案例，简要归纳并引出相关应对策略，力求厘清如何从抓住生成、理解文本、了解学生的角度出发，让课堂真诚、饱满、充实。

关键词：教学评价；教学生成；文本主题；宽度教学；真实

《义务教育语文课程标准》（2011年版），在第二部分课程目标与内容中这样指出：在发展语言能力的同时，发展思维能力，学习科学的思想方法，逐步养成实事求是、崇尚真知的科学态度。同时，在这一部分的学段目标与内容第三学段（5—6年级）关于习作方面指出：能写简单的记实作文和想象作文，内容具体，感情真实。在第三部分实施建议的教学建议中，谈到写作教学时，这样建议：在写作教学中，应注重培养学生观察、思考、表达和创造的能力，要求学生说真话、实话、心里话，不说假话、空话、套话。"求真务实"，这是语文教学一贯的态度。

随着课改的深入，小学语文教育理念、方法、评价方式，也呈现百花争艳的态势:"以人为本""教材仅仅是个例子""学生的主体地位""要把课堂还给学生"各种提法层出不穷。与此同时,各种各样的提问方式、学习方法也在课堂上流行开来,例如"用你喜欢的方法读一下这个段落""请你来评价一下这个人""我们来表演一下这个段落的情境""请你与同学合作学习这篇课文"等我们都耳熟能详。从表面上看,课堂很"自主",有时甚至高潮迭起,但细看,教学仍停留在表面。

一 评价失真,要重视生成与年段特征

语文教学的艺术在很大程度上是语言的艺术,恰当的课堂教学语言不仅能营造出浓郁的学习氛围,还能引导学生的思维向文本深入。而在过度追求热闹和表演效果的课堂中,教师的教学语言逐渐走向夸张、牵强,有的甚至为了迎合学生,出现评价的虚假。且看这样的教学片断:

在深圳宝安某学校一次公开课上,教师执教五年级《威尼斯的小艇》,从学生的入场、课前谈话看得出,该班学生思维活跃、谈吐大方,知识积累比较丰富。

片断一:

师:同学们,我的板书有什么问题吗?
生:老师,你把艇写成船了。
师:哦,你们看,老师都容易写错,你们也可能会写错吧?请大家拿起笔,将艇字认真地写两遍。
(老师边板书"艇"字,边讲解写这个字哪些笔画要注意)

可以看出,老师很机智,巧妙化解笔误(课后评课时老师坦诚这里不是预设的教学环节,确实是笔误)。接下来,老师为了体现对学生的尊重和鼓励,以及与学生的互动,便走入学生中巡视并评价。

（走到一学生前，低头看一下）师：哎呀，你写的字真漂亮，你是班上的小小书法家吧？

（有几个学生开始窃笑）

（走到另一学生前，低头看一下）师：你的字真好看，是班上写得最好的吧？

生：不是，×××写得最好看。

师：（无语）

……

这是教学评价语言虚假、不切实际的典型体现。教师要始终记住：教学评价的目的是改进学生的语文学习、完善教学过程，从而有效地促进学生发展。如果这位教师注意评价语的真实、具体，也许会收到意想不到的效果。如：

（走到一学生前，低头认真观察一下）师：这个同学写的"艇"字右边部分很规范。

这里，"认真观察"会让评价有理有据，具体指出"右边部分很规范"，让评价有指向性，既是对这个学生这个字的具体点评，同时也是一种导向，间接告诉其他学生：这个字的右边部分写法要注意规范。

（走到另一学生前，假装皱眉，看一下）师：嗯，你写的也和刚才那位同学的不相上下。

老师上课应该是一种全身心的投入，"皱眉"是一个思考的状态，间接告知学生：我在认真对待。比较式的评价也能让学生向上发展"有据可循"。

教育评价的目的在于促进学生的发展，空泛、盲目鼓励甚至不假思索的评价，会使学生无法看清努力的方向和前进的目标，既不能给学生有效的激励也不利于学生改进学习。我们常说，教师在课堂上既是导演又是演员，那么，要如何锤炼教学评价语言，才能让课堂这出戏剧走向真呢？

掌握学生的年段特征，特别是学生的年段心理特征，至关重要。具体来说，心理学认为，低段学生（一、二年级）对学习和生活有新鲜感，对成功的喜悦和失败的痛苦都表现得很强烈，他们往往会非常在意外界对他们的各种评价；中段学生（三、四年级）自我意识逐渐发展，道德感、正义感开始萌芽，但道德认知水平仍较低，有一定辨别是非的能力，但不强；高段学生（五、六年级）自我意识进一步发展，自尊心进一步增强，自主性要求日趋强烈，判断能力增强。所以，教师在课堂上表达什么以及如何表达，在很大程度上是根据学生的心理特征而定。比如，低段学生喜欢一些夸张语言，诸如："看谁读得又快又好""你真棒"等，高段学生则喜欢老师的表达有据可循，也就是每句话都能落到实处，中段学生则介于两者之间。

教师情感融入课堂，教学内容自内心流出，是避免教学语言失真的最好方法。汉扬雄在《法言·问神》中提道："故言，心声也；书，心画也。"这说的是言语是内心和思想的反映，从一个人的话里可以知道他的思想感情。人们常说：我口说我心。其实，落到语文教学中亦如此，教师的每一句话，都是文本、受众在你心中过滤、沉淀后的结晶，只有将文本和学生放在心中，课堂教学语言的表达和评价才不会"言不由衷"。

二 方法失"适"，要重视文体形式与课文主题

剧，本身是文艺的一种形式，是作家把一定的主题编出来，利用舞台由演员化装演出的。课本剧则是根据课本内容，结合剧本应有的一些特征，改编的用于学生课堂表演的形式，它是一项综合实践性很强的活动。

小学语文教材中文体形式丰富，特别是许多故事性强的叙事性文章，经过合理的改编，适合学生表演。也有助于拉近学生与文本、与人物的

距离，增强对故事的体验，提高学习的兴趣。但是，尽管如此，课本剧逐渐成为教学的新宠，还是值得警惕。

因为，学生表演课本剧是基于认为这一方式新奇的心理，难免带着"玩"的心理。所以，在日常的教学中（长久而充分的准备除外），选择哪些课文进行编演时，一定要慎重。

至少对于表现重要的历史事件或者伟大历史人物的课文，因为其特有的严肃而庄重的意义，除非编排非常充分，否则不适合课本剧的编演。比如：《十六年前的回忆》《狼牙山五壮士》《毛主席在花山》等。

诚然，传统的语文教学在欣赏文学作品时，以指导、分析、品读为主，缺少体验，缺少学生参与，让学生自己组织改编、演出课本剧，可以使学生对课文有更深入的感知、深刻的理解。但是，如果对课文主题把握不明，甚至对原文的毫无根据地篡改，不但无法让学生从中活跃思维，获得情感愉悦和审美享受，更有甚者会严重误导学生的世界观和价值观。

三 理解失"全"，要重视宽度拓展与多元理解

小学语文教材是一种特殊的出版物，是对学生进行祖国语言文字熏陶、道德品质教育、正确世界观和价值观养成的基本工具。因此，语文教材的选编，既包含着编者的意图，也含有价值导向。也正因为如此，在语文教材成长的百年历程中，争论、质疑、批判之声一直不断。可以说，20世纪90年代后期"误尽天下苍生是语文"的论调将这场争论推向了高潮。人们无疑都围绕着课文内容的真实、教材选编如何遵循孩子的身心发育规律和认知能力、什么是经典、如何在课本中落实爱国主义教育等问题展开，这其中，又尤其对教材内容的真实、什么是经典探讨得尤为热烈。在笔者看来，所谓经典，就像卡尔维诺所表述的："经典作品是一些产生某种特殊影响的书，它们要么本身以难忘的方式给我们的想象力打下印记，要么乔装成个人或集体的无意识隐藏在深层记忆中。"[①]

---

① ［意］伊塔洛·卡尔维诺：《为什么读经典》，黄灿然、李桂蜜译，译林出版社2006年版，第3页。

课文内容的改编，一定要尊重原创者的创作意图，并且符合社会规律和自然规律，也就是经得起来自各方面的考验。

要改变以上所述状况，除了诉诸教材编写之外，教师如何把握教材、解读文本，也是一种另辟蹊径的做法。崔峦在全国第六届青年教师阅读教学观摩活动上的总结发言中提到：准确地解读文本，是上好阅读课的前提。对文本的解读有四忌：忌浅——浅尝辄止；忌搬——急于看教参中的"教材分析"，用别人的理解代替自己的研读；忌偏——不能正确理解和把握文本的价值取向；忌泛——不把功夫用在吃透课文上，而是漫天里找相关资料，找到之后爱不释手，这就导致了上课撇开文本、大量补充图文资料现象的出现，造成了"泛语文"的偏向。[①] 也正是因为对文本的解读浅、搬、偏、泛，造成文本理解不厚实。笔者结合我校"宽度语文"理念，认为如果要解决这一问题，可以从以下方面入手。

（一）拓宽教学视野

人们常说，生活处处皆语文，语文教学可以向生活视野拓宽，这不但有利于让学生感受语文，同时，还可以从生活的感受中体会语文之妙，更甚者，可以激发学生思考文本、质疑文本，培养学生的钻研精神。

例如，人教课标版小学语文教材第九册第五组综合性学习主题是"遨游汉字王国"，其中有一部分内容讲错字、别字。这部分内容的教学完全可以放手让学生搜集街头巷尾常见的错字、别字，让学生拍成照片，在课堂中展示，并进行纠错，老师最后总结。又如，人教课标版小学语文教材第七册《鸟的天堂》，1924年著名作家巴金来到这里游览后，有感而发，写出了这篇脍炙人口的散文，巴金先生将鸟的天堂描绘得如此美丽壮观，但对于广东的小学生来说，许多人都去过那个地方，并且发现现在的鸟的天堂并不如巴金先生描绘得那么美、那么壮观。于是，在学文之余，可以鼓励同学们展开对鸟的天堂的变迁的探讨。这也是一种在生活中学习语文的方法，同时也避免了文本内容向学生的强加。

---

① 陈白华：《钻研教材深，领悟道理透》，《新语文学习》（教师版）2009年第2期。

除此之外，语文教学还可以将年段视野拓宽。语文教学中，加强和注重学科内部不同年段内容的整合，是加深文本理解、厚实课堂的又一途径。

（二）包容多元理解

要在语文教学中体现"真实"，避免爱国主义、价值观和意识形态的强加，那么就要在课堂教学中注重对文本认识的包容性，允许出现不同的声音。只要是立足文本，结合历史和现实，对课堂内容产生多元认识，都应该支持和鼓励。例如，人教课标版小学语文教材第十册《草船借箭》一课，文中刻画了几个典型的人物形象：周瑜嫉贤妒能，鲁肃忠厚老实，诸葛亮神机妙算，曹操生性多疑。这也是教学参考对几个人物的定性。但有学生举出曹操爱惜人才、文采飞扬的事例，认为以单一的"生性多疑"来评价曹操是不公平的，更有同学搬出了苏轼的《念奴娇·赤壁怀古》，质疑为何苏轼词中周郎形象和《三国演义》里有差别。

凡此种种，都是学生的思维由文本发散开来的结果，他们的观点虽然有点"不入流"，但这才是真正的思想的流淌，要防止文本解读的淡薄，就要包容和鼓励思想的碰撞。

无论在教学实践中小学语文教材的改编何去何从，我们都得遵循当下教材的编写规律，正如美国批判教育学家阿普尔曾说："学校知识体系接纳或排斥某些内容，通常服务于意识形态的目的，因而正式的学校知识体系能成为一种社会和经济控制的形式，因为它们保存和分配了被知觉为的'合法的知识'——这是我们所有人所必须具有的知识。"只是作为教师，我们要站在更高的视角，利用自身条件，在教学允许的范围内，尽可能地避免浅、搬、偏、泛，就课文教课文现象发生。

"预学单",预则立

——关于小学语文"预学单"设计的几点思考

杨艳苑

(广东省深圳市宝安区福永小学)

摘　要：预学单是指教师依据学生的年龄特征和认知特点,为达成学习目标而设计的呈现在纸上的课文预习条目。预学单的使用,有利于教师以生为本、以学定教;有助于学生提高自主学习能力。预学单依据小学语文学科特质、年段特点、小学生的心理特征及学习规律来进行设计。一是形式多样化,激预学之趣;二是内容精简化,立语用之根;三是语言具象化,引方法之路。

关键词：预学单；形式；内容；语言

　　美国著名心理学家桑代克提出学习的三大定律：准备律、练习律和效果律。就语文学习而言,"准备律"表现为课前预学,具体指学习者在学习开始时的预备定势。"在学习者有准备的情况下施以活动则感到满意,学习者无准备而强制以活动则感到苦恼"[1],足见预学的重要性。笔者在经历了两年的预学设计与使用后,对预学单的设计有了一些个人浅见,下面将从"形式多样化、内容精简化和语言具象化"三个方面来展开阐述。

---

[1]　汪潮：《语文学习的心理学原理》,浙江大学出版社2013年版,第4页。

一　形式多样化，激预学之趣

兴趣是最好的老师。笔者发现，目前使用的预学单存在模式化的弊端，几乎是以表格的形式呈现，千篇一律，缺乏个性，模式化倾向严重。表格式预学单，会使预学成为一种程序化、形式化的行为，使学生逐渐丧失预学兴趣，降低预学效果。因此，在设计预学单时，应充分考虑预学单的呈现形式，做到灵活多样、不拘一格，以调动和保持学生预学的积极性和主动性。

预学单要充分考虑学生的年龄及心理特点。在低段可采用"毛毛虫图、连连看、走迷宫、诗配画"等样式；在中高段可采用"书签、大转盘、鱼骨图、思维导图"等样式。如可爱的"毛毛虫"卡通图式，适用于低段进行简单的信息提取，把文中写了哪些人或物填在毛毛虫一个圆圈接一个圆圈的身体上，以图文并茂的方式激发低段孩子的预学兴趣；再如"转盘"图式，适用于中高段对人物性格或形象的把握：如《凤辣子初见林黛玉》中，利用本图式找出表现王熙凤性格特点的相关词句进行概括与分析，有利于全面把握凤姐泼辣张狂、善于阿谀奉承、见风使舵等多面、复杂的性格特点；还有其他图式：如定义一件事时采用圆圈图，进行分类和归纳时用树状图，描述事物性质和特征时用气泡图，对人物进行比较和对照时采用双重气泡图，移步换景式的游记类文章或厘清事情的先后顺序可采用流程图，分析事物因果关系时采用多重流程图，等等。

丰富预学单的呈现样式，可以让预学更有趣、有效。既要避免预学单流于纸笔抄写，或因每课预学单雷同产生厌倦心理，又要注意不能步入形式主义的误区，不能为了形式而形式。总之，不管选用何种样式，都要因课而定，因文而异，明确形式是为内容服务的宗旨。

二　内容精简化，立语用之根

"语文课要培养学生具有运用语言文字主动学习的意识；培养学生运用语言文字学会学习的能力；培养学生不断地丰富自己的语言积累，提高自己的语言运用能力，形成终身学习的意识和习惯。"① 但有些预学单存在习题化的倾向，如沈红霞就认为预习单是"教师根据每一课的教学目标、重难点，结合课文内容设计的预习题"②。如果预学单成为习题单，势必成为学生新的负担，极大地抑制和削减学生主动预学的积极性。并且习题化的预学单只关注到"写"，而忽视了对"听、说、读"等方面的语言文字应用能力的培养，背离了新课标全面培养能力的要求，也不符合语文学习的特点和规律。《义务教育语文课程标准》（2011年版）多次强调："提倡少做题，多读书""引导学生多读书，多积累""注重读书、积累和感悟""改变机械、粗糙、烦琐的作业方式。"可见，预学单（尤其是低段）应重点落实"读"而不是"写"，但一定的关注语言训练点的习题又是必不可少的，因此，设计预学单时要遵循少而精的原则，在充分"读"的基础上，去粗取精，精简内容，落脚"语言训练"点，引领学生进行相关的语言实践。

（一）把握文体特征，体现学段特点

预学单应基于课文的文体特征来设计。小学的课文有童话、诗歌、记叙文、说明文等不同的文体类型，每种文体都有其独特的文化风格，文章也是各具特色，具有不同的学习价值，相应的预学要求也要有所不同，即便是同一文体的预学单，不同学段的侧重点也是不同的。如果用一种固定的、模式化的预学单来应对各种文体的预学，显然是不可取，也是不明智的。

预学单还应充分考虑学段特点。以"阅读"的学段目标为例：低段要求"学习用普通话正确、流利、有感情地朗读课文。学习默读"；中段要求"用普通话正确、流利、有感情地朗读课文，初步学会默读，做到不出声，不指读。学习略读，粗知文章大意"；高段要求"能用普通话正确、流利、有感情地朗读课文。默读有一定速度，默读一般读物每分钟

---

① 教育部基础教育课程教材专家工作委员会组织编写：《义务教育语文课程标准（2011年版）解读》，高等教育出版社2012年版，第38页。

② 沈红霞：《浅谈小学语文预习单的设计和使用策略》，《江苏教育研究》2011年第36期。

不少于300字。学习浏览，扩大知识面，根据需要搜集信息"。可见，学段目标不同，预学的广度和深度也有所不同。如低段的预学单，应以"读"为重，宜采用图文并茂的方式提示学生借助插图和拼音进行朗读，以激发和调动学生的朗读兴趣；中段的预学单，除要求学生进行"感情朗读"外，也需要有意识地引导学生运用"默读"和"略读"这两种不同的阅读方式；高段的预学单，则在中段的基础上，还对默读的速度提出一定要求。同理，"识字和写字"的预学单也需体现学段特点，遵守"循序渐进"的原则：低段要求"多认少写""能借助汉语拼音认读汉字"；中段要求"有初步的独立识字能力"；高段则要求会认会写，且"有较强的独立识字能力"等。

可见，预学单设计不仅要遵循小学生的认知特点，还要体现文体特征和学段特点，因文体而异，因学段而异，强调个性和针对性，尽量做到"一课一单"，避免同一张预学单"一用到底"的现象。

（二）关注文本特点，体现学生本位

预学单的设计需要有文本意识。入选教材的课文不仅体裁各异，而且蕴含丰富的人文内涵，各具语言特色，大至独具匠心的布局谋篇，小至生动、规范的遣词造句，都是值得学生学习和模仿的范例。如《桂林山水》一文，句子结构非常典型，其中描写漓江水"静、清、绿"的句式，既运用了排比，又兼用了比喻，既有高度的概括性语言，又有详细描写的具体语言，对这一典型句式进行仿说、仿写，并把它作为第二课时前的预学练习，让学生进行模仿和运用，还能帮助教师提高教学起点，明晰教学难点。

预学单的设计还需要有生本意识。《义务教育语文课程标准》（2011年版）在"积极倡导自主、合作、探究的学习方式"中明确指出："学生是学习的主体，语文课程必须根据学生身心发展和语文学习的特点，爱护学生的好奇心、求知欲，鼓励自主阅读、自由表达，充分激发他们的问题意识和进取精神，关注个体差异和不同的学习需求。"[①] 预学单的使

---

① 中华人民共和国教育部制定：《义务教育语文课程标准》（2011年版），北京师范大学出版社2012年版，第3页。

用对象是一至六年级的小学生，小学生具有学习主动性、自觉性和专注力都相对较差的特点，且每个学生都是独立的学习个体，存在性格、智力和认知方式等方面的诸多差异。基于维果茨基的最近发展区理论，预学单的设计要以生为本，使每位学生都能最大限度地发挥主动学习的积极性，既要充分考虑学生的年龄和认知特点，又要考虑小学生个体已有的学习基础，梯度设计预学内容，增加预学时的自主选择性，便于学生根据自身实际选择性地完成自己力所能及的预学任务。总之，预学单要坚持分层性原则，呈梯度设计，提供多元可供选择的预学任务，不让优生"包场"，不让学困生"冷场"。既要有面向学困生"下要保底"的普适性任务，又要有面向优生"上不封顶"的发展性任务，真正做到面向全体，使全体学生都能获得基本的语文素养。

（三）渗透文化特质，体现学科特性

预学单的设计还应体现语文学科的文化特性。《义务教育语文课程标准》在给语文学科定性时，明确提出"工具性与人文性的统一，是语文课程的基本特点"。"人文性"关注学生积极健康的情感、正确的价值观和高尚的审美情趣，强调发挥师生双方在教学中的主动性和创造性，同时突出语文教学的文化性。换而言之，语文是传承文化的工具，担负着传播中华优秀传统文化的重任。如语文统编教材中大幅度增加的古诗词，承载着厚重的中华文化，而意象是古典诗词的核心，是熔铸了诗人主观感情的客观物象，如李白笔下的《静夜思》，诗中的"月亮"已然成为思乡的代名词；王维的《送元二使安西》，"柳"与"留"谐音，古人折柳送别，传递依依惜别的情意……预学这些古诗词时，可以典型的意象切入，如学习陆游的《卜算子·咏梅》时，可与王安石的《梅花》和王冕的《墨梅》放在一起进行预学，引导学生通过自主了解作者的生平与写作背景，对搜集的资料进行整理和分析，初步感知诗人借"梅花"这一物象所寄寓的情感。通过这样充分的预学，有助于教师在课堂教学中更好地引导学生进行"梅花"意象的对比赏析，从知人论世、知人论事、知人论诗三个层面，训练学生的语言表达能力，培养学生的思维能力和审美能力，从而汲取古诗词的有益精髓，弘扬并传承优秀的民族文化，进而增强学生的民族认同感和自豪感，增强文化自信。

小学语文还有"海量阅读"的学科特点。小学生除需背诵积累大量的古今优秀诗文外，还要求中小学生九年课外阅读总量达到400万字以上。博观而约取，厚积方能薄发，因此，预学单的设计还应根据教学需要，从中外各类优秀文学作品中选择合适的读物：如安徒生童话、格林童话、叶圣陶的《稻草人》；中国古今寓言、《伊索寓言》；成语故事、神话故事、中外历史故事、各民族民间故事及长篇文学名著等，有意识地在各学段的预学单中补充相关的课外阅读推荐。

三 语言具象化，引方法之路

预学单的设计需要有对象意识。"小学生"是预学单的主要使用对象，是预学的主体。众所周知，小学生的认知发展处于具体运算阶段，在从具象思维向抽象思维发展的过程中，抽象思维依然需要具体形象的支持。因此，预学单需要从"小学生"这一特定群体的年龄特点和思维特点出发，不能想当然，更不能随心所欲，要站在小学生的视角，以小学生易于接受和理解的语言引导学生预学，语言表述尽可能具体明确，便于学生快速找准答题的方向，防止预学时语言宽泛、笼统而导致没有任何探究价值的"假问题"的产生。

此外，预学单的语言表述，还担负着帮助学生掌握一定预学方法的指引功能。如低段预学《植物妈妈有办法》时，引导学生初读课文可这样表述："用自己喜欢的方式读课文，朗读时做到读准字音，读顺句子，不添字，不漏字，不错读，不回读"；引导学生通过多种途径了解其他植物传播种子的方法时，提示语可这样表述："可询问父母、上网查找或阅读书籍《一粒种子的旅行》。"可见，预学单的语言表述若能做到具体明确、清晰明了，并有方法供学生参考，就能减少预学的盲目性和随意性，提高学生自主预学的能力，为课堂教学服务。

综上所述，丰富预学单的样式，激发兴趣；精选内容，立足语用；具化语言，指引方法，均致力于先"预"后"立"。换而言之，借助预学单，明确学生是立学之本，方能立稳语用之基，最终实现"预则立"。

生命教育视域下的小学语文教学探微

翁丽娟

（深圳市宝安区宝民小学）

摘 要：教育是培养人的过程，是影响生命的过程。具有鲜明人文色彩的语文教学将促进学生的全面发展作为其终级目标，这和生命教育的宗旨不谋而合。事实上，语文学科是生命教育的落脚点，二者相辅相成，相得益彰。在具体的语文教学实践中，可以通过汇编生命主题的校本教材、整合课内外生命教育资源和培养学生课外阅读习惯等措施落实生命教育，润泽儿童生命成长。

关键词：生命教育；语文教学；儿童故事

教育是为生命而存在的一种社会活动。正如泰戈尔所说："教育的目的是应当向人类传送生命的气息。"生命的成长会因教育发生质的变化。所谓"生命教育"，它既是一种教育理论，也是一种服务于生命成长的教育内容，是一种唤醒生命意识，认识生命、尊重生命、敬畏生命、热爱生命、珍惜生命的教育活动，是一种以提高生命的质量、发挥生命的价值、完善生命的意义为价值追求的教育探索。

一 生命教育的意义

（一）理论意义

生命教育是一个深受国内外研究者关注的教育领域。1968 年，美国学者杰·唐纳·华特士首次明确提出了"生命教育"的思想，并在美国试点学校倡导和践行生命教育，取得一定的研究成效，引发美国社会各界的关注与研究。从20世纪70年代开始，澳大利亚等国家和地区开始实践有关生命教育的研究。随后，在英国、日本、新西兰等国家形成了一股新的教育思潮。20世纪90年代末，我国台湾地区正式推行生命教育，并在一些高等院校、中学开设生命教育课程。在国内，1997年华东师范大学叶澜教授在《让课堂焕发生命的活力》一文中首次提出"生命教育"。同一时期，中国人民大学黄克剑教授提出了"生命化教育"的理论研究。近几年，由北京师范大学肖川教授等倡导的生命教育，在全国各地的学校生根发芽。在此背景下，越来越多的教育工作者认同生命教育理念并投入生命教育的研究实践之中。

当下，生命教育正走向小学基础教育阶段，呈现出关注对象低龄化和普及化的特点。我国生命教育研究的发展、延伸，为生命教育区域化、校本化、学科化的发展提供了理论基础，并提供实践支持。

（二）现实意义

1. 儿童成长的必修课。在小学基础教育阶段，保障儿童生命的健康成长，培养儿童健全人格，为儿童生命成长创造有利条件，是基础教育的主要任务和教育目标。我们期待着，通过生命教育，创造一切有利条件，为儿童生命健康、健全成长保驾护航。

2. 生命课堂的方向标。课堂是生命教育的主阵地，营造有生命气息的课堂是生命教育的实践追求。我们期待在生命化的课堂中，教师尊重儿童生命的差异性、欣赏儿童生命的独特性、激发儿童生命的创造性、塑造儿童生命的多样性。儿童在民主宽松、活泼愉悦、充满活力的课堂氛围中收获知识的习得、品格的塑造，唤醒儿童对生命的认识；同时促进师生关系融洽和谐、友好民主地发展。生命化的课堂使校园焕发出生命的活力。

二　生命教育与语文教学

生命教育的宗旨在于培养健康全面发展的人，具有鲜明的人文主义色彩。语文是人文性、思想性的基础学科。生命教育和语文教学之间既有区别又有紧密的联系。语文是落实生命教育最重要的学科阵地。因此，语文教师需要明确认识生命教育与语文教学相辅相成的关系。语文学科是生命教育的落脚点，生命教育与语文教学相得益彰。

（一）明确语文课程生命价值取向

方向明确才能道路正确。2014 年，教育部颁布《中国学生核心素养》研究成果，将培养全面发展的人作为核心素养的目标。语文学科具有丰富的人文性，这与生命教育倡导培养儿童健全人格的宗旨高度相似。可见，生命教育与语文学科的价值取向是一致的。首先，语文教学中有着丰富的生命教育资源。儿童在阅读中吸收生命教育的养分，从而认识生命、尊重生命、欣赏生命，追求生命的意义，实现生命的价值。其次，语文课堂的生命化，符合生命教育理念的价值取向。儿童的生命得到关注与重视，能够提高语文教学实效，培养儿童的语文核心素养，实现教师教书育人的教育使命，体现教师职业的生命意义，绽放生命的精彩。

（二）构筑具有生命气息的语文教学活动

当前的语文课堂还不够重视儿童的生命化教育。儿童是否能承受相应的学业负担？课堂中教师的教与学生的学是否尊重生命个体差异与独特性？语文教学是否能激发儿童对生命的热爱，理解生命的含义，追寻生命的意义？这促使我们思考如何构筑有生命气息的语文教学。建构主义学习理论启发我们，每个儿童走进校园、走进课堂并不是"一张张白纸"，他们基于原有的知识经验、生活体验、认知水平，与语文教学活动发生新的联结、重组、建构。这一过程常常是在教师与学生的互动、学生与文本的交流中实现的。教师需要尊重、接受、激发每个儿童生命的唯一性与独特性，儿童思维的开放性与创造性。同时，儿童的生命处于动态发展与变化之中，因此，教师还应关注语文课堂的动态生成，从而构筑生命化的语文教学活动。

三 生命教育故事在语文教学中的实践策略

故事以其内容丰富、情节跌宕起伏、人物个性鲜明、道理浅显易懂且意味深长的特点，深受儿童群体的欢迎。语文教学中以故事为切入点，寻找适合儿童的生命教育故事。这对于促进语文课堂的生命化具有重大实践意义。

（一）汇编校本教材，点化儿童生命成长

生命教育并不只是一种教育观念，更应成为一种教学实践。它可以自然地融入校本教材的开发，使生命教育与学校、课程等现实因素相结合，更好地落地生根。因此，学校可以组织生命教育故事的校本教材汇编。根据儿童生命成长的五个维度，可以将校本教材的主题确定为以下五种：（1）成长与蜕变——儿童认识到成长过程中的生理、心理变化，例如认识生命的由来；（2）成长与死亡——死亡对于儿童来说是个沉重而又不得不面对的话题，认识到生命的有限性，更能促使儿童珍惜生命、热爱生命；（3）成长与亲情——指儿童成长中与父母、兄弟姐妹等亲人间的感情，是其生命奋斗的原动力；（4）成长与友情——一般指同学、玩伴之间的同窗友谊，是儿童成长过程中主要的社会交往活动；（5）成长与跨物种——引导儿童认识、欣赏自然中的生命，领会人与万物和谐共生的生存之道。这五个成长主题涵括了儿童生命成长的时间与空间维度、横向与纵向维度、家庭与社会维度等。

校本教材中选择的生命教育故事，主要集中在绘本和儿童小说这两大文体。一是绘本生命教育故事，主要面向年龄较小的中低年级学生或者阅读能力为初级水平的儿童。例如在"成长与蜕变"这个主题中，儿童对于生命的由来、对于成长过程中生理和心理的变化都充满好奇，于是选择了《小威向前冲》《我不知道我是谁》《男孩和女孩》等绘本，试图解答学生的疑惑。二是儿童小说，主要面向中高年级以及阅读能力较强的儿童。例如在"成长与亲情"这个主题下，选择了深受学生喜爱的儿童小说《水边的夏天》。亲情是每个儿童来到这个世界之后就自然生成的一种社会关系，但温馨的亲情也有不得不直面的暗影。亲情缺失带来的伤痛刻骨铭心，可总有一种爱能抚平伤痛。

每一个主题下的儿童生命教育故事，由"关键词""生命教育故事梗概""生命解读"三个部分组成。这样的模式，类似于一种文学导读的窗口。其中"关键词""生命教育故事梗概"能让儿童快速了解生命教育故事的主题，从而根据自身的兴趣爱好选择整本书阅读；而"生命解读"则帮助儿童从生命的视角，理解、感悟生命教育故事中的生命内涵。

（二）增加文本故事，丰富语文课堂内容

生命教育故事教学法是指将一些富有趣味性和启发性的生命教育故事与语文课程相结合。生命教育故事教学是对语文教学内容的一种补充与丰富，更是对语文核心素养的一种培养与积累。生命教育下的语文教学，体现语文学科丰富的人文性，教师应充分运用语文教材中具有生命性的内容，挖掘、整合语文教材内部的生命教育资源。例如在人教版四年级《长城》一课的教学中，可以补充民间故事《孟姜女哭长城》。通过这个故事帮助学生进一步理解，当年修筑长城的背景。在没有起重机、没有高科技的年代，仅靠劳动人民的双手，却修筑了前不见头、后不见尾的万里长城，这实在是一项奇迹般的工程，从而让学生明白万里长城是由古代中国劳动人民的生命和智慧凝结而成的。生命教育故事的补充让语文课堂显得更加生动、更富有生命活力，既丰富了语文教学内容，提高了语文课堂效率，又激发了儿童对历史人文的兴趣，拓宽了儿童的视野，潜移默化中滋养儿童生命的成长，引导儿童生命的发展。

（三）利用故事引子，培养课外阅读习惯

在语文学科中融合生命教育，故事是一个很好的载体。儿童故事是儿童文学大范畴中的一部分。儿童文学文体多种多样，有绘本、童话、寓言、小说、散文和戏剧等，从内容上看都能找到有关生命教育主题的素材。儿童根据自己的阅读兴趣，结合校本教材这个"导读手册"，展开自由的、自主的课外阅读。例如绘本形式的生命教育故事图书，适合年龄较低或者阅读能力一般的儿童；儿童小说的生命教育故事书籍，主要面向小学高年级或者阅读能力较强的儿童。儿童在学校以外的活动场所进行生命教育故事的阅读，可以是在家中和父母共读，在同伴之间分享，也可以是在图书馆自主阅读。用生命教育故事作引子，激发儿童的阅读兴趣，培养整本书阅读的能力，养成良好的阅读习惯，既尊重了儿童生命的差异性，又为儿童提供了了解、体验他人生命意义的渠道，加深对生命的认知与理解。儿童的生命在故事阅读中渐渐丰盈，同时，又培养了儿童的语文核心素养。

四 结语

综上所述，在生命教育理论的指导下，遵循儿童生命成长的规律与特点，以生命教育故事为切入口，汇编生命教育主题教材，补充语文教学内容，构建富有生命气息的语文课堂，培养儿童阅读习惯，对于润泽儿童生命的成长、滋养儿童生命的内涵有着十分重要的价值。通过生命教育，可以引导儿童认识生命、尊重生命、欣赏生命、珍惜生命、热爱生命，追求生命的意义，实现生命的价值。在今后的教育理论研究以及教学实践中，学校要从生命教育的多个维度出发，不断开发探索具有可操作性、科学高效的生命教育课程方案。教师要立足生命教育的多层含义，整合生命教育的学科素材，让生命教育为语文学科改革注入新动力、为语文教学添加新能量，让生命教育扎根于语文课堂，让语文百花园里盛开出更美丽的花朵。

浅议句子成分分析在小学语文句式变换教学中的运用

曹 坤

(深圳市宝安区松岗第一小学)

摘 要:《小学语文课程标准(最新修订版)》提出:"语文课程应致力于学生语文素养的形成和发展,丰富语言积累,发展语感,正确地理解和运用祖国的语文。"小学生还处于人生的起步阶段,他们的语言能力有待提升,对于句子结构缺乏一定的感知,学生间在交流的过程中更喜欢运用短句和省略句,句子结构成分缺失。受到这种不良情况的影响,学生对于完整的句式没有明确的了解。对于句子的完整性,小学生只能依据自己的感觉进行判断,不能进行明确的区分。因此,在面对小学语文教学常见句式变换的时候,学生无法准确地通过不同的句式来表达句子的意思,对此不良问题,小学语文老师必须提高重视程度,积极地找寻有效的措施予以改善。

关键词:语文素养;句式变换;句子成分

小学生对于词语的类别缺乏明确的认知,在句子结构中不同的词语承担着不同的成分,小学生在实际应用的过程中,对于词语的分类较为模糊,对于词语的应用范围没有明确性的了解,学生不能准确判断它到底是一个整体的句子,还是一个词语。句式转换练习可以对小学生的日常用语进行更为规范的训练,可以让学生在口头交流的时候,能够更加准确、完整地表达意思。

一 句子成分和句式转换的内涵及特征

（一）句子成分定义

句子是语言运用的基本单位，它由词、词组（短语）构成，能表达一个完整的意思。

句子的组成成分叫句子成分，也叫句法成分。《现代汉语语法研究》第四章"语素"中指出，在句子中，词与词之间有一定的组合关系，按照不同的关系，可以把句子分为不同的组成成分。句子成分由词或词组充当。现代汉语里一般的句子成分有八种，即主语、谓语、宾语、动语、定语、状语、补语和中心语。

（二）句式转换的特征

句式转换是小学语文教学中的重点内容，杨晓玉、李鸿亮的《汉语句式变换分析的原则、类型及功能论析》一文提到，句式转换就是通过扩展或减缩的方法对原句的整个结构或对某个成分进行变换，使变换后的句子和原句的语义基本等同。① 本文中所提及的句式转换主要是小学阶段所出现的直述句与转述句、"把"字句与"被"字句、陈述句与反问句、陈述句与双重否定句的互换，以及句子的缩写、仿写等内容。

二 句子成分及分类

在日常教学中，分析句子成分常常从分析结构开始，因为句子中的语言单位是有层次地组合起来的。小学语文教学中常见变换句式的训练内容众多，例如，句子的缩写、对句式进行仿写等。因为常见变换句式的教学内容过于抽象化，小学生在刚刚接触时很难在短时间内理解和掌

---

① 杨晓玉、李鸿亮的《汉语句式变换分析的原则、类型及功能论析》《和田师范专科学校学报》2008 年第 5 期。一文提到句子转换形式是为了强调某种事物；但有时候句子转换是根据具体语言环境的需要。我们在说话或者写文章时，要根据语言环境和表达的需要，恰当地选用句式，以便准确地表情达意，增强语言的感染力和说服力。

握，即便学生在理解和掌握后知识也容易混淆。在教学实践中，教师可以分解句式的主要结构，将较为复杂的句式转变为较为简单的句式，更加便于学生的理解和掌握。

（一）句子的分类

按照结构可以分为单句和复句。单句是指不能分成两个或两个以上分句的句子。例如："今天是星期几？""这个学生特别调皮。""下雪了！"等。

复句是指有两个以上的分句，分句在结构上互相独立，在语意上有联系。复句有统一的语调。例如："好好学习，天天向上。""他拿起粉笔，扔向了老师。"复句通常用一些关联词来连接。

按照用途和语气可分为感叹句、祈使句、陈述句、疑问句。

感叹句：往往表示强烈的感情，语调一般用降调，句末用感叹号。

祈使句：请求、命令、商量或提出要求的句子。

陈述句：陈述一件事情，语调平直，句末用句号。

疑问句：询问或提出问题的句子，语调高升，句末用问号。

（二）句子的组成

主语：是句子要说明的人或物，是一个句子的主体，放在句首，一般为名词、代词、数词或相当于名词的词、短语。

谓语：用于说明主语动作或状态的词，也是一个句子的主体部分，一般放在主语后面，由动词或动态短语充当。

宾语：表示动作支配的对象，总是处在动词的后面，可由名词、代词、数词或相当于名词的词或短语充当。

定语：是名词性词语的修饰成分，可由名词、形容词或可以起到名词、形容词作用的词或短语充当。

状语：是动词性、形容词性词语的修饰成分，可以由副词、短语或从句来充当。

补语：是动词、形容词后面的补充成分，补语放在中心语后头，一般由趋向动词、数量词、介宾短语、形容词来充当。

三 小学语文句式变换的常见种类

学生在说话或者写文章时,要根据语言环境和表达的需要,恰当地选用句式,以便准确地表情达意,增强语言的感染力和说服力。因此,在小学阶段常见的句式有主动句与被动句、陈述句与反问句、扩句与缩句、直接引语与间接引语的转换等。

(一) 主动句与被动句,即"把"字句与"被"字句的转换

"把"字句就是什么把什么怎么样了,"被"字句就是什么被什么怎么样了,因此,做这种题时就得抓住两个"什么"。

例如:老师 把 我的试卷 发下来了。
　　　(主语)　　(宾语)　　(谓语)

转换为:我的试卷被老师发下来了。

因为句子的主干不变,转换时句子的意思就更准确了,而且比原句"老师发下来了我的试卷"更容易让人理解。

(二) 陈述句与反问句的转换

有时为了表达的需要,可以把陈述句变为反问句,也可以把反问句转换为陈述句,它们的意思相同,语气有所不同。

例如:明天　就是　星期一了。
　　　(主语)(谓语)　(宾语)

转换为:明天　不是　星期一吗?
　　　 (主语)(谓语)　(宾语)

结构更清晰,往往表达就更准确。

(三) 句子的缩写与扩写

扩句和缩句我们得厘清句子的主干,也就是句子的主谓宾。我们知道,句子的主要成分:"谁+干什么或怎么样、在哪里"。

例如:春天　是　季节。
　　　(主语)(谓语)(宾语)

转换为：春天 是 一个多彩的季节。
　　　　（主语）（谓语）　　（宾语）

准确把握句子主干，在此基础上再丰富具体的句子成分，用词语或词组的方式进行表述，句意更明确，表达也更加生动，反之亦然。主干明确了，缩句时就能保证句子的完整性。

（四）直接引语与间接引语的转换

引述别人的原话叫直接引语，用自己的话转述别人的话叫间接引语。直接引语与间接引语的转换是为了适应不同语言环境的要求，便于交流。

例如：班长　说："我得到了老师的表扬。"
　　　（主语）（谓语）　　　　（宾语）

转换为：班长　说　他得到了老师的表扬。
　　　　（主语）（谓语）　　　（宾语）

在进行人称转换后，主要成分不变，转换更加容易。

四　把握句子成分，开展句式变换的作用和意义

从互联网调查看，目前国内外有关句子成分的研究仅限于一些理论著作以及部分教师的实践方法、心得，没有形成完整的研究。句式转换的研究开展过许多，但都是以中学生作为研究对象。如《从汉语语法变化研究传统看变换分析法》就对汉语语法变化、变化研究方法评析等方面进行了深入的探究。在小学阶段把句子成分分析和句式转换方法研究结合起来，这一方面的研究，目前几乎没有开展，仅限于各种心得体会，缺少系统的跟踪与探索，没有形成有效的方法策略，缺乏指导性的建议。小学语文教学中，从句子成分出发，开展句式变换，首先需要学生对句子的主要成分（主语、谓语、宾语）和次要成分（状语、补语）有明确的认识和区分。

（一）从词性出发，能更好地对词语进行分类

句子和词语是组成文章的单位，从阅读角度讲，只有理解句子成分，理解词语属性，才能很好地理解文章的内容，体会文章的主题；从写作角度讲，只有理解了句子的意思，认清句子的表达功能，体会到句子的

主题的密切关系，才能写好文章。

例如：把下面的陈述句改成反问句。反问句比陈述句的语气更加坚定，既能强调，又能表达强烈的情感。

<u>他是一个善良的人</u>。

陈述句是肯定的语气，改成反问句的时候应该加入否定的词，<u>难道他不是一个善良的人吗？</u>只要紧抓谓语动词，其他成分不变，句式变换中句子的意思就准确了。

（二）有助于加强对学生句型转换的方法引导

在教学过程中，我们的老师和学生都忽略了方法。因为方法不对让我们走了不少的弯路。如果我们能掌握方法，就能准确地把句型转换这类型题完全做对，而且省时间。可以留给学生更多的时间来进行阅读和习作方面的学习。

例如：将句子从直接引述变换为间接引述，即转述。

雨来摇摇头说："我在屋子里什么也没看见。"变为第三人称转述，此时在主语中，要注意人称的变代，由第一人称变为第三人称。雨来摇摇头说，他在屋子里什么也没看见。

一般来说，转述句子要注意三个方面的变化：标点的变化、人称的变化和文字的变化。

（三）有助于培养学生语言感悟能力

在教学活动开展的过程中，教师想要学生掌握某种句式，那么首先需要做的就是为学生提供相应句式的范例，使学生通过教师所提供的范例，对句式有直观性的了解，并且在实际训练中提升语感。

例如：运用关联词合并句子，不仅要清楚句子成分，而且要明白两个分句之间的关系，这样才能准确地选择合适的关联词。

妈妈参加工作。妈妈坚持参加进修学习。两个分句主语均为"妈妈"，参加工作和参加进修学习，二者为并列关系。妈妈既参加工作，又坚持参加进修学习。或者合并为：妈妈一边参加工作，一边坚持参加进修学习。

五 句式变换过程中运用句子成分分析方法的有效途径

（一）分析法，熟悉句子成分，把握句子主干，做到句变、意不变

句子成分口诀：

  主谓宾，定状补，主干枝叶分清楚，
  主要成分主谓宾，附加成分定状补。
  主语功能被描述，谓语最爱说主语，
  宾语多在谓语后，配合谓语来描述。
  定语只在主宾前，限制修饰不含糊，
  状语有时在句首，谓语前面常光顾。
  补语天生胆子小，谓后宾后小嘀咕，
  "的"前为定"得"后补，"地"字前头是状语。
  明确概念常练习，学习语法莫怕苦。

把握好句子成分，既是表达的需要，也是语文能力素养的体现。

（二）参与法

小学语文教学要求重视学生的参与性和体验性，以生为本，体现学生在学习中的主体作用。

现代汉语的句式十分丰富，常见的句式有主动句与被动句、肯定句与否定句、陈述句与反问句、长句与短句等。在小学阶段，对学生的语法要求并没有那么高，主要存在以下四种句式转换。一是转换成"把""被"字句；二是陈述句与反问句的互换；三是句子的缩写与扩写；四是直接引述转换成间接引述，在小学阶段通常叫作"换成转述句"。（具体内容见前述）

（三）总结法

用句子成分的方法进行句式转换应注意的问题。

1. 分析句子要看句子的间架结构，即句子的主干。找出句子的主干，

有助于理解较长的句子。例如,"千手观音的每一位表演者身上都体现着奋发向上的勇气"在这个句子中,我们先要找出句子的主干——主语和谓语。其主语部分是一个复杂的名词短语,属于偏正短语,它的中心词是"身上";谓语部分是一个"动+宾"的动宾短语,它的中心词是"体现着";宾语是一个偏正式的、复杂的名词短语,它的中心词是"勇气"。我们把这几个中心词连接起来,就是"身上体现着勇气",而这就是句子的主干,也就是句子的基本间架结构。

2. 因为变换句式是在同义句中进行的,所以变换后的句子一定要保留原意。必要时个别文字可以变动(增删调换),但变动不要太多。

3. 每种句式都有相应的同义句式,如主动句和被动句相对应,句式变换时要按照相对应的关系去变换句式,不能混淆句式分类的界限,避免张冠李戴。

4. 在一定的语言环境下讲句式是为了收到理想的语言表达效果,有时也涉及修辞问题,而运用修辞必须在合乎语法和逻辑的基础上进行。因此,在变换句式时,要注意通顺和合理,防止顾此失彼。

在语文学习及检测中,句式变换一般都是以主观题的形式出现,句式变换是否恰当,主要取决于内容表述是否准确,以及语气是否恰当、与上下文是否协调一致,遵循以上原则,既是语法学习的需要,也是口语交际的需要。

小学低年级句子教学方法的探究

周惠静

（深圳市宝安区清平实验学校）

摘 要：小学低段句子教学的主要内容是教会学生说和写完整规范的句子。在教学的实践中，采用句子元素分解教学策略，通过二素到四素句的学习，学生可以初步掌握说、写完整句子的方法。在学习和训练中通过小组合作和课堂小游戏来激发学生的学习兴趣，进而提高学生的学习主动性，使低年级学生由表面的认知走向习惯习得和使用。

关键词：低年级学生；元素句子；策略探究

本文主要以探究小学低年级句子教学的方法为主，研究对象是小学一、二年级的学生，让他们学会完整地表达语句的方法。

一 小学低年级句子教学的现状

2011年版《义务教育语文课程标准》课程目标与内容中，针对1—2年级学生在识字与写字、阅读、写话、口语交际、综合性学习等方面都有明确的目标，恰恰句子教学却未规定有明确目标。句子教学十分重要，用词造句、阅读理解，还有写话中我们都离不开句子的学习。句子的学习在小学低段的语文学习中占有重要的位置，我们不能越过句子教学进行其他语文学习，要提高对句子教学的重视度。

但同时我们也面对着客观的问题。首先，一、二年级的学生虽然在口语表达上比较成熟,但是书面语表达还会出现独词句、双词句等。其次,学生刚开始进入语文基础学习,例如拼音、生字的识记和书写,组词,对句、段、篇的学习还比较陌生。最后,学生的心理特点以及理解能力还不够成熟。这要求在句子教学中,教师的讲授方法要比较直观和形象,尽量做到"浅入浅出"。

句子的教学与语法的学习是不能分割的,然而一、二年级小学生的抽象思维构建还没有完成,对于语法的一系列抽象的概念、定义很难理解,相对于抽象思维,低年级学生的形象思维较占优势,我们可以运用可视化的、形象的符号,简单的公式、图片,代替抽象的概念、定义。从学情出发,四素句更适合低年级学生句子的学习。首先,它以图示的形式呈现在学生面前,把抽象的理论直观形象化。其次,它淡化句子概念和规则,帮助低年级同学掌握句子的成分。最后,低年级学生可以独立完成说、写完整句子。同时,四素句对完成看图写话的构思也有帮助。

二 元素构句的模型

元素是一个句子的最基本成分。对于"元素"的解释,《辞海》中是这样表述的:"构成物质的基本原料,即用普通化学方法不能再分解的物质。"这个词语也多见于化学学科领域。在化学中元素是不能再分解的物质。"元素"即要素,也就是构成句子的要素,通过运用这些要素最终构建表意清晰的完整句子。本文中的"元素"主要是指记叙的四个要素,即人、事、时间、地点。元素构句就是把元素说、写在一个句子里,从而构建成一个表意清晰且完整的句子。所谓的"一素句""二素句"等是因为句子中包含元素的数量不同而命名的。一个元素构成"一素句",这样的句子在我们的生活中比较常见。例如:"加油!""来。""我?"等,能够通过一个元素就将意思表达完整;同样,由两个元素构成的就是"二素句",如:"花开了。""车来了。",等等;由三个元素构成的就是"三素句",如:"晚上,我们去看萤火虫。"

通过上面的举例,我们可以把这些元素构句总结成直观可视的公式:"一素句"是"谁""做什么""怎么样",由一个词语构成;"二素句"是"谁"+"干什么"或者"什么"+"怎么样";"三素句"是在"二素句"的基础上再加一个元素,这个元素可以是时间也可以是地点;"四素句"是把记叙的四个要素(人、事、时间、地点)说、写在一个句子里。如表1。

表1

句名	元素构成	例句
一素句	谁 做什么 怎么样	我? 来。 加油!
二素句	谁+干什么 什么+怎么样	我读书。 花开了。
三素句	时间+谁+干什么 时间+什么+怎么样 谁+地点+干什么 地点+什么+怎么样	清晨,鸟儿鸣叫。 秋天,树叶落了。 小男孩在操场上踢足球。 路边的花儿开放了。
四素句	时间+谁+地点+干什么 时间+什么+地点+怎么样	清晨,鸟儿在树上鸣叫。 秋天,街道两边的树叶落了。

三 小学低年级句子教学的策略

(一)认读完整的句子

一、二年级的同学虽然对定义式的概念不能够完全理解,但是他们的模仿和观察能力很强,根据低年级学生的特点,我首先让同学们在读文段的时候,先标段落,再标句子,学到哪段就标哪段。让同学们数数段落中有多少句话,这样同学们就要关注到标点符号,尤其是"!""?""……"同学们先认识了什么样的句子是一个完整的句子,在写的时候头脑中才会有模仿的样子。然后,我们在学习中带着理解和感情一遍一遍地朗读,这个过程,是一个积累语感的过程。在同学们的句子知识库里有了一定的积累后,我们再举例子讲解句子的时候,学生们就不会陌生,他会因为他记得这个句子而高兴,从而激发他学习的热情和兴趣。

（二）给图式，学写完整的句子

低年级学生学写完整句子，初学时，我们先给同学们搭建"台阶""支架"，按照由易到难的顺序依次进行学习。

首先让学生了解什么是元素句。例示：

我？
来。
加油！

同学们观察这三个句子的特点，可以小组总结发言，学生们得出一个惊喜的结论：一个字加标点构成了一句话。我们从这个例子知道了句子中的一个成员就是一个元素，这个句子除去标点只有一个成员，这就是一素句：谁、做什么、怎么样，一素句是以这三种图式呈现的，我们一起看第二组句子。例示：

雨停了。（《雷雨》）
我长大了！（《笋芽儿》）
春天来了！（《找春天》）

这组句子是由两个元素构成的：谁+干什么或什么+怎么样，我们就叫它二素句，我们一起看一下表2。

表2

句名	元素构成	例句	同学们完成的句子
一素句	谁 做什么 怎么样	我？ 来。 加油！	啊！ 跑！ 好美啊！
二素句	谁+干什么 什么+怎么样	我读书。 花开了。	

同学们虽然不明白什么是元素，但是他们通过列表和图式，知道了

句子是由这些元素构成的。在课堂训练中我们提供给学生元素句构成的图式，同学们从简单的一素句到二素句进行训练，基本都能熟练掌握。

在学习一、二素句的基础上，我们进行了三、四素句的学习。首先列举了三、四素句的图式，见表3。

表3

句名	元素构成	例句
三素句	时间+谁+干什么 时间+什么+怎么样 谁+地点+干什么 地点+什么+怎么样	清晨，鸟儿鸣叫。 秋天，树叶落了。 小男孩在操场上踢足球。 路边的花儿开放了。
四素句	时间+谁+地点+干什么 时间+什么+地点+怎么样	清晨，鸟儿在树上鸣叫。 秋天，街道两边的树叶落了。

老师让学生对比三、四素句，同学们发现四素句比三素句写得更加具体，三素句比二素句和一素句写得更具体。老师及时肯定了学生们的观察和思考所得出的结论，同时又提出了问题：三、四素句比二素句多了什么元素？这时我再出示一组句子：

  树叶落了。（二素句）⇨秋天，树叶落了。（三素句）
  小明踢球。（二素句）⇨小明在公园里踢球。（三素句）
  青蛙呱呱叫。（二素句）⇨夜晚，青蛙在池塘里呱呱叫。（四素句）

请同学们读这三组句子，注意观察红色的词语，为了强调表示时间和地点的词语运用得准确、符合生活实际，我进一步追问：把"秋天"和"夜晚"互换或者把"公园里"和"池塘里"互换可不可以？同学们思考到：秋天才会落叶，青蛙是生活在池塘中的，小朋友是不会去池塘里踢足球的。老师及时总结：时间元素、地点元素在写句子的时候是不能随便写上去的，要根据实际情况或事物的发展规律写句子。需要强调的是，四素句并不是适合所有的造句，还是要根据实际情况来完成。

通过课堂上对元素句子的学习，加之在平时的教学中不断的训练，同学们说、写完整句子有了很大的进步,尤其是在看图写话中,表现得尤为明显。学生在写作中,四素句往往会出现在第一段中,什么时间、什么地方、都有谁、做了什么事情,表达完整、准确、病句很少。

(三)激发兴趣,小组合作写完整的句子

兴趣是最好的老师,在句子教学的过程中,我们开展了小组合作学习,同学们在小组间竞赛中、小组合作中更加熟练地掌握了说、写完整句子的方法。我们在课堂上开展了"一素开花",在学习一元素句的时候,我给出语境,让同学们接。

我说:秋天来了树叶纷纷飘落,你们会感叹道……

学生们接:"啊!""好美啊!""真美啊!"

我说:我走在山间小路上看见一条蛇,我大喊道……

学生们接:"蛇!""跑!""怕!""呜……"

在学习二元素句的时候,我们开展了"元素小火车","元素小火车"从哪里开,每一列都举起小手,我先给"二素句"的图式:谁+干什么或什么+怎么样,小火车头选了哪个图式,整一列就要一直开下去。第一列六名同学就这样开下去:

　　我跳绳。

　　我游泳。

　　我跑步。

　　我踢球。

　　我唱歌。

　　我读书。

在学三、四元素句时,小组开展了"芝麻开花,节节高",四人组成一个小组,第一个人说"一素句",第二个人在"一素句"的基础上说一个"二素句",以此类推,第四个人就要说一个"四素句"。

第九小组展示:花。➡ 花开了。➡ 清晨,花开了。➡ 清晨,阳台上的花开了。

每个小组都做了精彩的展示，通过展示，可以发现孩子们不仅学习说、写元素句的兴趣高，而且效果也很好，同学们基本掌握了说、写完整句子的方法。

在以后的教学中我还会在说、写完整句子的基础上，开展说、写具体句子的方法学习，通过可视、直观的图式法教会同学们怎么样加定语和谓语。

总之，通过教学实践，低年级学生在老师的指导下可以初步掌握说、写完整句子的方法，但是我们从低年级学生认知和发展的规律上也明白：这种方法的掌握是机械的，是通过外部事物的介入和影响而习得的，在学生的个人知识储存库里作为一个表象的存在，并不是一颗句子知识的"种子"，在接下来的句子教学研究中还要不断深入地探讨、尝试，找到那颗可以生根发芽的"种子"。低年级句子教学不是一个简单的知识点的习得，而是一种语言能力的提升，一种语言表达方法的掌握，它是一个学习的过程。在这个过程中，我们既要尊重低年级学生的认知规律，又要了解学情，运用适合的学法进行指导学习，这样才能让孩子在不失兴趣的情况下学习语文知识，掌握学习语文的方法。

整体把握 读写融合 定向评价
——例谈统编小学语文五年级下册第五单元习作板块化教学

冯仁飞

（深圳市宝安区海港小学）

摘　要：习作单元作为统编教材中的一种全新体系，编排布局严谨，板块功能明确，教学价值独特，教学中应整体把握，明确语文要素的板块化分布；读写融合，推进语文要素的板块化实施；定向评价，精准检验板块化学习效果。

关键词：统编小学语文；习作单元；板块化

统编语文教材按读写双线安排，改变了传统的完全以阅读为中心的编排体系，在三年级到六年级教材中各设置一个习作单元。它以学生习作能力发展为主线，集整体性、实践性和发展性为一体，引导语文教学更加关注表达，促使学生的阅读能力和表达能力均衡发展，实现语文学科综合素养的全面提升。

从三年级至六年级，教材共编排了八个习作单元。三年级为写作起步阶段，编排了"留心观察"和"展开大胆的想象"两个单元，指向写作的两大基础能力——观察和想象。四年级、五年级依次编排了"记事""写景""说明""写人"等单元，指向四大类型作文的写作能力，从整体上看，习作单元既关注了写作类型的分类编排，也兼顾了写作基本能力的螺旋式提升，基本形成一个相对规范和完整的习作训练序列。本文试以五年级下册教材第五单元习作单元为例，谈谈笔者的一些做法和思考。

一　整体把握，明确语文要素的板块化分布

五下第五单元以"学习描写人物的基本方法"为主线，通过课文阅读、交流平台、初试身手、习作例文和习作等内容，按照"由读到写，读写结合"的思路，最终指向学生习得"初步运用描写人物的基本方法，具体地表现一个人的特点"这一写作能力。单元要素中，"学习描写人物的基本方法"指向阅读；"初步运用描写人物的基本方法，具体地表现一个人的特点"指向写作，在设计上呈现出目标明确、指向精准、分步推进、层层深入的特点。此前，五年级学生已学习过不少的写作类课文，开展过一些有关写人的习作训练，但总体上稍显零碎，且写作指向性和指导性不强，本单元是第一个定位为"学习写人"的习作单元，也是小学阶段唯一的一个。

笔者发现，本单元的编排基于整体构思，顺沿一条主线，指向一个目标，由读到写、读中学写、读写融合，共由发现写法、提炼写法、丰富写法和运用写法四大板块组成，四个板块相辅相成、融为一体，单元要素分布其间，呈现出由浅入深、层层递进、螺旋上升的状态，结合本人在教学过程中引入整本书阅读的实践经验，语文要素在本单元各板块中的分布，可详见表1。

第一板块，发现写法。

本板块内容为精读课文，编者共安排《人物描写一组》和《刷子李》两组课文，其中《人物描写一组》编排了《摔跤》《他像一棵挺脱的树》《两茎灯草》三篇短文。两组课文都指向了"学习写人的基本方法"，《人物描写一组》侧重于从三个经典片段中学习描写人物的方法，其中《摔跤》一文重在通过语言、动作和心理等描写表现两位儿童的性格特点；《他像一棵挺脱的树》重点刻画了主人公的衣着、身材和面容，去突出人物的身份和个性；《两茎灯草》则抓住因两茎灯草而死不咽气的典型

表1　　　　　"学习描写人物的方法"单元语文要素板块化分布

单元板块		具体目标	要素分布
功能	内容		
发现写法	课文 《人物描写一组》 《刷子李》	1. 感受人物形象；2. 抓住关键语句，学习语言、动作、外貌、心理等描写人物的方法；3. 学习选取典型事例、侧面描写等写出人物特点的方法。	学习课文，发现其中蕴含的描写人物的方法。
提炼写法	交流平台	结合具体内容，梳理并提炼出单元课文中的写人方法。	梳理文本，理性思考，提炼写人的各种方法。 要素一
丰富写法	习作例文 《我的朋友容容》 《小守门员和他的观众们》	进一步学习描写人物特点的方法，学会选取典型事例。	海量阅读，拓展延伸，获取丰富的写人范例和多变的写人方法。
	整本书阅读 《俗世奇人》	1. 感受天津卫奇人异士的众生相；2. 学习作者丰富多变的写人方法和写作技巧。	
运用写法	初试身手	1. 课间观察一位同学，用学过的方法写一写；2. 列出表现家人特点的典型事例。	从片段写作、列提纲到布局谋篇，运用描写人物的方法、选取典型事例及其他表达技巧，写出人物特点；在比较、修改的过程中提升习作能力。 要素二
	习作 形形色色的人	1. 运用描写人物的基本方法，具体地表现一个人的特点；2. 运用选取典型事例或其他方法，写出人物特点。	

事例去表现主人公的吝啬；《刷子李》一文的课后练习设计为"画出描写刷子李和曹小三的语句，体会课文是怎么写刷子李的特点的"，很显然是抓住了侧面描写这一写作技巧。

提炼写法是第二板块，内容是"交流平台"，主要是结合单元课文，从选取典型事例、运用多种描写及侧面描写间接写出人物特点等方面，梳理并提炼出学习过的描写人物的方法，为单元写作搭支架。

第三板块是丰富写法，包括"习作例文"和整本书阅读两部分内容。"习作例文"选取了两篇写人类习作的范例，通过批注和练习的方式来明确关注点：《我的朋友容容》重在学习语言、动作和神态描写的运用及典型事例的选择；《小守门员和他的观众们》重在学习外貌、神态和动作描写。习作例文不同于单元课文，它重在一个"例"字，作为单元习作的范例，在学习时应重点关注旁批和练习的导"学"功能，在使用上则应关注它作为写前示范、写后对比的导"写"价值，为单元写作铺路。

为进一步凸显单元人文主题和语文要素，让学生在全面且充分地感受千人千面的同时，获得更为丰富的写作知识和表达技巧，开展有针对性的整本书阅读就显得尤为重要。经过对本单元所选课文的关联书目进行比较和筛选，我们选择了由作家冯骥才著、人民文学出版社出版的写人类短篇小说集《俗世奇人》为共读书目。本书共收集写人类作品36篇，书中奇人异士众多，人物性格鲜明，与本单元主题高度契合。同时作者写人方法多变，描写运用精彩，在单元学习的基础上辅以阅读，可让学生在字里行间感受"众生相"、于大千世界里认清"你我他"的同时，发现更多的描写人物的方法，学习更多的人物写作的技巧，为学生在"海量读"之后的"轻松写"提供更为丰富的方法及可选路径。

最后一个板块是本单元的重头戏——运用写法，分"初试身手"和"习作"两大部分。

"初试身手"安排了两个实践活动：活动一是课间观察一位同学，用学过的方法写一写，学生可尝试运用动作、语言、心理和外貌等描写去写出人物特点；活动二则直接明确用列出典型事例的方法表现家人特点，两项活动均是鼓励学生在课文学习和交流、总结的基础上，尝试表达，实现由书面读、口头说到书面写的进阶式训练，为单元写作探路。

"习作"为"形形色色的人"，本环节是习作单元学习成果的集中呈现，也是单元目标的阶段性检验。教材要求运用本单元学过的描写人物的方法，具体地表现某一个人物的特点，完成一篇习作。课本还以"叔叔记忆力超群"为例，引导学生学会选取典型事例。作文完成后，可就"是否具体地表现人物特点"这一要求和同学交流、点评，再根据合适的意见进行修改。

二 读写融合，推进语文要素的板块化实施

（一）抛砖引玉——读中悟写，读写一体，发现写法

板块一的两组课文（共四篇）都是指向写作的经典文本，其主要价值在于由读悟写，抛"砖"引"玉"，引导学生发现写人的基本方法。

第一篇课文《摔跤》，在熟读课文后，可先让学生说说文中人物给自己留下了怎样的印象，让学生画出相关语句（课后练习一）。然后直接出示文中描写人物的关键词：猴似的、一身牛劲儿，让学生围绕"猴"和"牛"二字，体会二人特点：小嘎子像猴，动作敏捷、头脑灵活、身体瘦小；小胖墩儿像牛，沉稳镇定、性格纯朴、身体强壮。接下来聚焦写法，让学生找一找、说一说，作者是如何写出二人的特点的，完成表2（课后练习二）：

表2　　　　　　　　　　《摔跤》读写结合学习单

人物姓名	人物形象		描写方法	相关语句
	相似动物	性格特点		
小嘎子（例）	猴	动作敏捷 头脑灵活 身体瘦小	1. 动作描写	蹦来蹦去、转圈、三抓两挠、勾他的腿……
			2. 语言描写	"要不——摔跤。"
			3. 心理描写	总想使巧招、有些沉不住气
小胖墩儿			1.	
			2.	
			3.	
？			1.	
			2.	
			3.	

表格完成后，学生结合相关语句，读一读，体会这些方法的表达效果。

最后，由读到写，由学生选择班上的一位同学，如像猎豹一样的运动健将、像蜜蜂一样的阅读达人等，试以上表的形式，用多种描写方法写出人物特点。

《两茎灯草》一文通过众亲人的依次猜测和严监生的不同反应，在基

本情节的重复与变化中，紧紧抓住人物的神态、动作等描写，通过一件典型事例写出了主人公极度吝啬的特点，在通读全文后，可让学生以清单形式列出亲人的不同猜测后主人公的动作、表情的变与不变，进而揣测人物心理，体会人物特点。之后，补充原书中表现人物吝啬的材料：1. 猪肉也舍不得买一斤，每当小儿子要吃时，在熟切店内买四个钱的哄他就是了；2. 生病后骨瘦如柴，舍不得银子吃人参，每日只吃两碗米汤。学生读一读，说一说，此二则材料与课文事例相比较，哪一个更能体现人物特点，以此体会选取典型材料表现人物特点的方法。

《他像一棵挺脱的树》全文紧扣"挺脱"一词，通过对主人公身体各个部位的描写，表现了主人公身体结实硬棒、像树一样富有生命力的特点，具备成为最出色的车夫的身体条件。本文写法与《摔跤》类似（前者结合植物写，后者结合动物写），学习时可采用相同方法处理，写法迁移时可提供《她像一棵带刺的玫瑰》《含羞草》等题目供学生进行写作训练。

《刷子李》以徒弟曹小三为线索人物，采用正面描写与侧面衬托相结合的方法表现主人公的高超技术。学习时可紧扣"绝活"一词，由《俗世奇人》中原文开篇段落导入课文，先默读，再结合课文内容，说说从哪些语句能体会到刷子李有"绝活"。后由学生对照课文，对应找出写刷子李刷墙过程及曹小三由半信半疑、佩服、质疑再到心服口服的心理变化过程的语句，可先读一读直接写主人公的句子，体会描写人物的方法；再读一读写曹小三的句子，想一想，这些语句有什么好处，能否去掉，引导学生体会作者通过写次要人物的反应，从侧面衬托主人公人物形象的写法。

学习本课写法后，可安排学生再读前面的习作，如《我们班的小猎豹》《阅读达人×××》，尝试在原作文的基础上，增加次要人物进行侧面烘托，完成后再比较修改前后的表达效果。

（二）抽丝剥茧——课内总结，课外补充，提炼写法

本板块为单元课文学习结束后的写法梳理和交流，采用写法小结+举

例说明的形式，老师应引导学生读中悟写、抽丝剥茧，完成从"写什么"到"怎样写"、从关注言语内容到发现言语形式的过渡。单元课文中如《两茎灯草》采用的是选取典型事例的写法，《他像一棵挺脱的树》《摔跤》两文主要是运用多种方法表现人物特点，《刷子李》则是运用侧面描写衬托人物形象。

此处可安排学生结合《俗世奇人》一书，说说作者运用了哪些写人的方法去塑造人物。

学习汇报完成后，教师应结合文本，综合学生意见，提炼出表现人物特点的描写方法和表达技巧，为单元习作铺路。

（三）锦上添花——借助例文，引入整本书，丰富写法

板块三中的两篇习作例文《我的朋友容容》《小守门员和他的观众们》都是贴近儿童生活的作品，可采用边读例文边读旁批的方式，让学生由读悟写，体会例文的写人方法。第一篇例文主要是通过典型事例和动作、神态及语言描写，表现人物的天真可爱和忠于职守；第二篇例文抓住外貌、动作、神态等描写表现人物特点，读后可以让学生结合具体语句说一说，也可拿例文与课文进行写法对比，如例文写小守门员和他的观众们采用的是场景集中、人物分散的写法，而课文写严监生和他的"观众们"则是通过情节反复、聚焦典型动作的写法。

《俗世奇人》一书让学生见识了清末民初时期活跃在天津的各色性格迥异的奇人，既有大英雄，也有小人物，学生在阅读时，可重点围绕"书中人物给你留下什么印象，你是从哪些语句中体会到的""说一说作者是如何写出人物特点的"两个问题推进。在阅读指导和分享时，教师要有针对性地聚焦书中有代表性的篇目，如《张大力》一文采用设置悬念的方法吸引读者、《死鸟》一文通过情节反转讽刺了好溜须拍马的贺道台、《燕子李三》则抓住"燕子"这一动物，刻画了一位身轻如燕、来去如飞、劫富济贫的侠盗等，在处理上，既可由学生交流讨论，也可与单元课文进行写法对比，重点文本和典型写法也可由教师补充讲解。

通过本板块的学习，学生能在掌握单元习得方法的基础上，锦上添花，发现更多、更新的描写人物的方法和技巧，在通往单元习作的途中，学生可以有多条路径可供选择。

（四）大显身手——写片段、列提纲到单元习作，运用写法

进入第四板块，"初试身手"是由"读"到"写"的中间环节，是学生达成单元目标、学会专项写作能力的最后一步台阶，教师应鼓励学生大胆运用、充分尝试、锋芒毕露、大显身手，在充分展示成果的同时充分暴露问题，然后开展有针对性的指导，为单元目标的达成提供最后一道保障。

活动一是课间观察一位同学，试着用学过的方法写一写。学生在仔细观察写作对象后，首先确定人物特点，再运用描写人物的方法进行片段写作。

如学生无法确认人物特点，建议学生调换写作对象，挑选特点鲜明的同学重新观察。

如运用方法后仍无法具体表现人物特点，首先要确认描写方法是否合适，如写像猎豹一样的运动健将，应以动作描写为主；写口才出众的同学少不了语言描写；写像蜜蜂一样的阅读达人，可采用正面描写与侧面描写相结合的方法，等等。

如描写方法选择没有问题，人物特点仍然不突出、不鲜明，就需要对具体的描写方法进行专门指导。如动作描写要注意动作的细分和动作词的连用，杜绝一"动"了事或一"动"到底的情况；如对话写作应注意对白简洁、提示语位置多变、加入表情动作、做好分段四个原则。

活动二是列出典型事例表现家人特点。先由学生以清单的形式列出表现家长特点的三至四个事例，首先进行自选，自行找出最能表现人物特点的一至两个事例；然后进行小组互评，由小组成员进行二次选择；接下来比较两次选择结果的异同，由双方交换看法；最后，由教师选取班上最具代表性的几份写作清单进行展示，集中讨论并形成初步意见

(考虑到各种因素，此处意见可不统一）。

单元习作为"形形色色的人"，要求运用本单元学过的描写人物的方法，具体地表现人物的特点。本环节是习作单元的终篇之章，是单元学习可视化成果的最后呈现，也是学生习作能力的阶段性考核。

经过前面几大板块的学习，学生已初步掌握了描写人物的基本方法，熟悉了表现人物特点的写作技巧，了解了几种不同的写作方法，且有选取典型事例的训练基础和表现人物特点的片段写作经验，所以，本次习作绝非零起点，我们只需整合前五大板块的学习成果，即可水到渠成。现以《我们班的小猎豹》一文举例说明，见表3：

表3　　《我们班的小猎豹》板块化写作进程示意

单元板块		课堂环节	学习内容	写作进程
课文	《摔跤》	片段写作	结合动物，运用描写写出人物特点	结合猎豹写一位运动健将，重点通过动作描写表现人物特点
	《刷子李》	写法迁移	运用侧面衬托，突出人物特点	在文中加入次要人物，从侧面衬托主人公的特点
初试身手		活动一 写法点评	如何写好人物动作、神态、心理等	按要求修改人物动作、神态、心理等描写
		活动二 列提纲	确定典型事例	写校运会百米比赛决赛
整本书阅读		写法分享	学习一波三折的叙事方法	分起跑、途中跑、冲刺三部分，按一路领先、意外倒地、绝地反击设计故事情节
习作		作文教学	材料整理、写法梳理	完成单元习作

三　定向评价，精准检验板块化学习效果

鉴于习作单元编排的体系特点和功能要求，本单元各个学习板块的评价应聚焦语文要素，主要从阅读和写作两大方面展开，围绕"是否学会""是否运用"设计和展开评价，分板块开展定向评价，详见表4：

表4   "学习描写人物的方法"习作单元板块定向评价细则

单元板块		评价方向	评价细则	评价等级
阅读类	单元课文	是否学会文中描写人物的方法和技巧?	1. 文中人物有什么特点? 2. 运用了哪些描写人物的方法和技巧? 3. 试结合具体语句说明。	一星（无法完成） 二星（经指点可完成） 三星（独立完成）
	习作例文			
	整本书阅读			
写作类	初试身手	是否运用了描写人物的方法和技巧?	1. 描写了人物的什么特点? 2. 运用了哪些描写人物的方法和技巧? 3. 试结合相关语句说明。	
	习作			

  建议采用自评、互评和师评相结合的方式，在阅读活动中抓住写人方法的发现和领会，在写作活动中抓住写人方法的迁移和运用，其他内容一概淡化或忽略，指向精准、方法简单、形式多样，才能切实提升评价的针对性和有效性，实现一课一得、一板块一得和一单元一得。

  习作单元作为一种全新体系，其编排布局严谨，板块功能明确，教学价值独特，在教学中应整体把握，明确语文要素的板块化分布；读写融合，推进语文要素的板块化实施；定向评价，精准检验板块化学习效果，唯如此，单元语文要素才能落地生根，学生写作素养才能有效提升。

《新唐书》之奸臣书写

张 衡

（深圳市宝安区拾悦小学）

摘 要：由欧阳修、宋祁、范镇等人修撰的《新唐书》作为"二十四史"之一，是一部记载唐朝历史的纪传体史书，古往今来大多数的研究者把目光聚焦在此书的史学价值上，但其写人记事亦具有其文学意义，在此，将对《新唐书·奸臣传》中部分典型人物做描述分析，总结出编者们在修撰本书时所运用的书写方法。《新唐书》较之以往史书，开设《奸臣传》之先河，从而使得忠奸臣理论成为一种道德化的历史解释模式。此书对历史人物的描写众多，但在对奸臣的评断中，由于受特定的社会政治原因以及"固有己见"等多种因素的影响，在记载《新唐书·奸臣传》中对"奸臣"的书写时可能存在不够客观的现象，故我们在评判历史人物时，需以审慎的眼光来看待，忌凭一家之言而作评断。

关键词：《新唐书·奸臣传》；文学价值；典型人物；表达方法

一 引言

自古以来，所谓"奸臣"被作为一种特定人物，后世对其评价负面居多。《新唐书》首设《奸臣传》，从而使得忠奸理论成了一种道德化的历史诠释模式。书中罗列了诸多历史人物，包括朱友恭、氏叔琮、蒋玄晖、柳璨、崔昭纬、崔胤、卢杞、许敬宗、李义府、傅游艺、李林甫等，但由于本人学力有限，只对《新唐书·奸臣传》中泼墨较多的部分典型人物稍作梳理，对编者撰写此书时所运用的书写方法窥探一二，并对此著作的书写价值略谈一些浅显的个人体悟。

二 《新唐书·奸臣传》之典型人物书写

从传记中的最后《赞》的内容来看，其中能称得上奸臣典型人物的大概有李义府、李林甫、许敬宗、卢杞、崔胤、柳璨等。精选部分典型人物如下文，见微知著矣。

李义府，时人对他的评价是"笑里藏刀"，亦称他为"李猫"。永徽六年，李义府得罪了当朝宰相长孙无忌，即将被贬，但"眼线众多"的李义府在官文还未下达到三省之前，就已得知此消息。李为求自保，与王德俭商议对策，"武昭仪方有宠，上欲立为后，畏宰相议，未有以发之。君能建白，转祸于福也"。审时度势后计上心来，决定推动立武昭仪为后之事。李义府连夜上书，请求废后而立武。正中皇帝之下怀，陛下喜上眉来，不仅赦免了其罪，还给予重赏。此人不愧老奸巨猾，一箭三雕之方法，既讨得高宗之欢心，又得武后之青睐，还间接打压了长孙无忌。阴险狡诈之极。

唐朝武后时代，李义府毫无疑问受到重用，平步青云之后，更加肆无忌惮。"李义府恃宠用事。洛州妇人淳于氏，美色，系大理狱，义府属大理寺丞毕正义枉法出之，将纳为妾，大理卿段宝玄疑而奏之。上命给事中刘仁轨等鞫之，义府恐事泄，逼正义自缢于狱中。上知之，原义府罪不问。"[1] 强占狱中美色，逼死大理寺卿，满朝非议，具有弹劾职责的御史王义方，大殿之上弹劾李义府，但结果却是御史王义方被贬至莱州。

帝命李义府为朝廷选拔人才，"无品鉴才，而溪壑之欲，惟贿是利，不复铨判"[2]，而他却干起了买官卖官的勾当，李义府觉一人之力有限，

---

[1] （宋）欧阳修、宋祁等：《新唐书·奸臣传》，中华书局2003年版，第6341页。
[2] 同上。

与母亲、女婿等家人组成了敛财小组。唐高宗知道后，提醒其稍作收敛，但李义府自恃有武后庇佑，居然"勃然变色"，自此，皇帝对其心生芥蒂，不久，天子下诏书，将"辉煌一时"的李义府流放至今天的四川西昌。

正如书中所道"义府貌柔恭，与人言，嬉怡微笑，而阴贼褊忌著于心，时号义府笑中刀。又以柔而害物"①。被称为"李猫"。

如果李义府可用"笑里藏刀"来形容，那么李林甫的"口蜜腹剑"更为甚之。李林甫"无学术，发言陋鄙，闻者窃笑"②，只是"善音律"③。李林甫祖上是大唐开国皇帝李渊的堂弟，其做官的初期依靠的是亲友关系。可官职不高，他找到了一把能升官的"梯子"——宠妃武惠妃，开始借机接近武惠妃，"愿立其子为太子"以表达忠心。武惠妃心下大悦，时常吹"枕边风"，玄宗皇帝渐对李林甫有了好感，官运亨通，并官至宰相。也许是为了巩固自己地位，也许他是"信守承诺"之人，果然李林甫以雷霆手段排除异己并杀三王，其中包括太子李瑛。张九龄与裴耀卿也因太子瑛之事屡次进言，从而渐渐失去了玄宗的信任。李林甫趁机不留痕迹地挑拨离间，玄宗渐渐对二位宰相（张九龄、裴耀卿）失去了最后的耐心，不久被罢免。李林甫除去了自己的两大障碍。

可没想到玄宗李隆基并未听取李林甫的建议，立了忠王（后来的唐肃宗）为新太子，李林甫为保自己长久之位，施各种伎俩，"数危太子"，但都无果。皇帝让李林甫挑选人才，嫉贤妒能的他担心有人超越自己，居然认定无一人才可用（而杜甫亦在其列）。因李林甫坏事做多了，也难免惶恐，他担心有人再像咸宁太守赵奉璋那样揭发他，（但被李林甫以妖言惑众之名处死）于是对大臣们说："君不见立仗马呼，终日无声而饫三品刍豆，一鸣则黜之矣"。听者，瑟瑟发抖。

"性阴密，忍诛杀，不见喜怒。面柔令，既崖阱深阻，卒不可得也。

---

① （宋）欧阳修、宋祁等：《新唐书·奸臣传》，中华书局 2003 年版，第 6340 页。
② 周子房：《写作教学设计的基本策略》，《中学作文教学研究》2018 年第 3 期。
③ （后晋）刘昫等：《旧唐书·李林甫传》，中华书局 1975 年版，第 3235 页。

公卿不由其门而进；附离者，虽小人且为引重。同时相若九龄、李适之皆遭逐；至杨慎矜、张瑄、卢幼临、柳升等缘坐几百人。以王鉷、吉温、罗希奭为爪牙，数兴大狱，衣冠为累息。"① 书中一段这样短短的文字让李林甫的罪行公之于世，亦让其丑陋的品行昭然若揭。

　　许敬宗，东晋名士许询的后代。文采斐然，少有文名，隋炀帝时期就已中秀才。② 公元618年，在政变中，其父被杀，轮到他时，手舞足蹈并跪地求饶③，其品行恶劣，可见一斑。唐太宗建文学馆，征天下贤才之人，闻其名，纳十八学士之一。其又参修《隋书》《贞观实录》《晋书》《武德实录》等数千卷。许敬宗善工文，纵然才气过人但此人品德令人诧异，长孙皇后去世，文武百官丧服，他居然指着一人（欧阳询）大笑，因由是才子欧阳询样貌丑陋。如此放肆！许敬宗为人"饕餮"且好色，大兴土木，造高楼数十间，召妓骑马饮酒。在"废黜王皇后、新立武皇后"这一事件中，其积极推进，揣摩圣意，进言：农夫只多收了几"斛麦"，都想"更故妇"，天下都是皇上您的，换个皇后又能如何？帝果断废后，立武后。后人用"斛麦"之臣形容奸臣。

　　后又阴谋陷害"托孤老臣褚遂良"，以谋反之罪设计迫害长孙无忌等人，罪恶不浅！但作为史官的许敬宗还有一点让后人大不耻，即"自掌知国史，记事阿曲"④，根据个人好恶，篡改历史事实，就这一点而言，严重违背了作为一名史官要尊重客观事实的最基本的职业道德准则，难怪《旧唐书》有言"才优而行薄"⑤。

　　见微知著，虽然本文只描写了《奸臣传》中的三位人物形象，但一叶知秋，不难看出此书所描述的"奸臣"皆是阴险狡诈、残害忠良、善于权谋、品德低下之人。对社会带来的危害亦是令人痛心的，正因如此，

---

①　（北宋）欧阳修、宋祁等：《新唐书·奸臣传》，中华书局2003年版，第6345页。
②　同上。
③　同上书，第6338页。
④　（后晋）刘昫等：《旧唐书·许敬宗传》，中华书局1975年版，第2763页。
⑤　同上书，第2772页。

在传记结尾编者大呼："有国家者，可不戒哉！"①

三 《新唐书·奸臣传》之书写方法

《新唐书·奸臣传》主要通过人物语言的表达、具体事例的列举以及时人或后人评价等主要方法书写奸臣之"奸"。接下来将对《奸臣传》中所运用的书写方法略作分析。

（一）典型人物相关事件的体现

"奸臣"之"奸"该如何反映呢？专横、专权、阴险的嘴脸该将如何表达呢？通过书中所记之事就能形象地反映出来。如李义府为求自保积极推进"废王立武"，并从此得到武皇后的青睐，平步青云。可其变本加厉地多行不法、飞扬跋扈、卖官鬻爵；许敬宗为了私利竟不惜篡改国史，后联合武后，阴谋逐来济、褚遂良、韩瑗，后又杀长孙无忌、梁王、上官仪；李林甫不动声色挑拨离间，时任宰相裴耀卿、张九龄被罢免，又扶植听命于自己的"牛仙客"为相。还一连诛杀了柳升、杨慎矜、卢幼临、张瑄等数百人，三王亦俱丧命；卢杞嫉贤妒能、阴险恶毒，设计陷害杜佑、杨炎、严郢、郑詹、张镒等，重臣颜真卿、李揆也惨遭不幸……

有迹可循的事件已是血迹斑斑，著作中的文字无不向后人诉说着奸臣的残忍、专横、权谋、跋扈……

（二）人物语言的流露

语言是符号系统，是人类最重要的交际工具和进行思维的工具，一个人的语言也最能表达出其性格特征。

前文提到当高宗提醒李义府所做之事要收敛时，其对天子居然高声质疑，是谁在陛下面前告的状！如此嚣张跋扈，可见一斑。

帝王欲立武后时，遭到长孙无忌等重臣反对，而许敬宗进言：农夫只多收了几"斛麦"，都想"更故妇"，天下都是皇上您的，换个皇后又

---

① （宋）欧阳修、宋祁等：《新唐书·奸臣传》，中华书局2003年版，第6363页。

能如何？这是您自己家的事，和他人有什么关系呢？帝听罢，果断废后，立武后。既得了利又打压了长孙无忌等人。

在此不得不提的当是李林甫，开元二十三年，光王、鄂王以及太子李瑛三王因自己母亲失宠，皆有所怨言。李隆基大怒，与时任宰相张九龄等人商议，欲废黜。张九龄表示不敢执行并极力劝说，而李林甫却一言不发，事后却私下言"此乃圣上家事，不足与外人商议"。拜相后每每以"天子家事，外人何与邪"①纵容玄宗各种看似"不合理"的要求；在哄得玄宗高兴之同时却把暗箭射向了张九龄、裴耀卿，使得玄宗对他们的屡谏愈加不满，最终落得罢相的结果。而李林甫担心自己在立太子李亨的事件中无功劳，长此以往，恐自身地位不保，李林甫数危太子，未得志，一日从容曰："古者立储君必先贤德，非有大勋力于宗稷，则莫若元子。"帝久之曰："庆王往年猎，为豽伤面甚。"答曰："破面不愈于破国乎？"帝颇惑，曰："朕徐思之。"② 虽以失败告终，但足见其口才多么的了得，更可以看到他言语背后隐藏的阴毒狡诈的用心。

书中所记载的人物的言语，集中体现出了这些典型人物钻营取巧的狡猾心思，以及"奸臣"们心思阴险、善弄权术的共同特点。

四 《新唐书·奸臣传》之书写价值及其罅隙

首先看《奸臣传》在《新唐书》中的位置，和"叛臣""逆臣"一起排在整本书的最后面，在厚重的《新唐书》上留有一席之地，较之以往的史书跨出了看似寻常实则不平常的一步，也可反映出奸臣对社会与国家无论是直接还是间接的危害都是显而易见的。

通过总结前朝跌宕变更的教训，加上宋人具有的"资治通鉴"的史学精神，以及宋代士大夫的责任感及参与国家治理的积极性，《奸臣传》的设置亦是他们警醒君王、震慑臣子的一种手段，从这样的层面来看具有非常正面、积极的影响。

---

① （宋）欧阳修、宋祁等：《新唐书·奸臣传》，中华书局 2003 年版，第 6344 页。
② 同上书，第 6345 页。

但是，其中的不足之处也是显而易见的，评论刻板、片面，而且实有为其"主"饰非的嫌疑。

为何说评论刻板、片面？传记中能看到的评语少之又少，而且多为一些不痛不痒的文字，极少有直面的评价。虽然通过其中记录的事件和人物的语言，读者可体会到编者对人物的态度，可显然，作者们在记录人物的所谓典型相关事件时，自身"刻板印象"多少会影响其记载的客观性，过多陈述了"奸臣"个人品格所违反的道德规范以及所产生的后果，而并未结合当时的政治背景。比如在评价李林甫时，其实还是需要分两面来看待的。李林甫执政期间，的确是闭塞言路、打压异己、专横跋扈的宰相，以至于千百年来人们把"无才、专横、嫉贤妒能、跋扈、阴险狡诈"等这些标签牢牢地贴在了他的身上。但是，我们不能忽视他为当时社会所做的贡献，比如推动了当时社会的财政改革等。看待一个历史人物，需用全面且思辨的眼光进行审视！

何谓为"主"饰非？虽世人都懂"以史为鉴，可以知兴衰"的道理，但封建社会的传统修史，大都是国家层面的行为，显而易见它是为政治服务的。以李林甫为例，他死后，"是子妒贤嫉能，举无比者"是李隆基对他的评价，由此可见，唐玄宗对其所谓"作奸犯科"的行为是有所了解的。《旧唐书·李林甫传》中有这样的描述："每事过慎，条理众务，增修纲纪，中外迁除，皆有恒度"[1]"自处台衡，动循格令，衣寇士子，非常调无仕进之门"[2]。说明他也曾切实地遵循国家的宪章法度，而君主玄宗难道真的是因几句怨言杀了自己的孩子吗？不难看出玄宗李隆基是怕其子谋反，而最后选了忠王为新太子，亦是因忠王看起来孝顺忠厚，且无争夺皇位之心，而玄宗很有可能就是利用李林甫之手来牵制太子，以维护自身皇权的统治。其实，史官多以成败论英雄，粉饰封建帝王的罪行而嫁祸给他人亦不足为奇，亦可看出封建社会史家的局限性。

---

[1] （后晋）刘昫等：《旧唐书·李林甫传》，中华书局 1975 年版，第 3238 页。
[2] 同上书，第 3241 页。

五　结语

封建史家修史时，不免会受"善者愈美、恶者愈憎"的影响，也就难免有"巧立语言，凿空、构立善恶事迹"的情况发生，因此，欧阳修、宋祁等人如若没有完全抛弃个人政治立场和固有己见来修史，亦是可理解的。但是我们需从浩如烟海的历史资料背后多角度地看待问题，包括编者的政治立场、历史条件等，这样才能有利于我们揭开历史朦胧的面纱。

二

识字教学

凸显字理 体会意蕴 提高效率
——小学语文低年级识字教学例谈

张 燕

（深圳市宝安区实验学校）

摘 要：识字、写字是语文学习的基础，更是低年级学习的重中之重。中国的汉字是表意的，很多字背后都有其丰富的文化内涵，即字理。本文以象形、指事、会意、形声为切入点，通过若干实践案例，从激发识字兴趣、汉字思维发展、渗透传统文化等方面阐述如何运用字理识字让学生见形知义，提高识字效率。

关键词：识字教学；汉字思维；汉字意蕴；字理识字

《义务教育语文课程标准》（2011年版）明确强调："识字、写字是阅读和写作的基础，是第一学段的教学重点，也是贯穿整个义务教育阶段的重要教学内容。"而在一至二年级的阶段目标中更明确指出，要使学生"喜欢学习汉字，有主动识字的愿望"[1]。

汉字是表意系统的文字，有着独特的构字规律。袁晓园先生在《汉语具有简短明确的特点》一文中指出："世界上唯有汉字有字理。"[2] 字理，即汉字的构形理据，也就是形象、指事、会意、形声、转注、假借，

---

[1] 中华人民共和国教育部制定：《义务教育语文课程标准》（2011年版），北京师范大学出版社2012年版。
[2] 参见袁晓园《论汉字的优越性为苏联〈桥〉杂志而作》，《汉字文化》1991年第1期。

合称"六书"。这是汉字的本质属性，也是与生俱来的。汉字浓缩着中华民族的智慧与文化，是一个极其丰富的精神家园，是中华民族的文化载体。

低年级识字教学无论是在构建学生的学习能力方面，还是在传承汉语文化方面都有着重要的作用和特殊的地位。我们在低年级识字教学中，从汉字字理的规律出发，让学生在感悟中华民族灿烂文化的过程中了解汉字的构字规律以及字源字理，从而降低识字难度，提高识字效率。

一　图字结合，形象直观激活思维

小学低年级孩子的思维方式还是以具体形象为主，而部编版的小学语文教材，识字的编排都是从构字率较高的独体象形字开始的。象形就是用描摹事物形状的方法来造字，是中国古人最早使用的造字方法。我们非常重视以实物、简笔画、图片和课件等形式展示象形字的形象，并按"溯源—对照"的基本模式进行字理分析，给学生大量、系统的直观刺激，使其在脑海中留下鲜明的印象。

如教学一年级上册的识字课《天地人》，老师先用《盘古开天地》这个故事引出"天地人"这三个字，再引出《三字经》中的"三才者，天地人。三光者，日月星"。学习"天"字时，边讲解边板书"天"字，激发学生想象在人的头顶上，那一望无际的就是"天"（见图1）。

图1　"天"字示意

如"羊"字的教学，先出示"羊"字的甲骨文形体，指导学生观察描述：弯弯的形状像羊角，一横像羊的眼睛，下一横像羊的鼻子，中间一竖像羊的胡子；接着出示"羊"字的演变，厘清字与图的关联；再从图、字、义三方面综合分析，总结出三者之间的联系，从而帮助学生理解、掌握"羊"字的构字原理（见图2）。

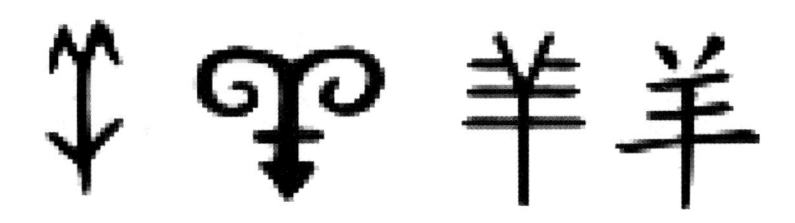

图2　"羊"字示意

通过图、字结合，篆、楷比照，让孩子们更为立体地感受汉字，这种方法直观、形象，学生更易于接受，不但有助于学生感知汉字依形知义的特点，而且激活了学生思维，锻炼了学生的洞察力。

二　字形索理，激发兴趣渗透文化

象形字是人们根据事物的特点画出来的，每一个汉字都有其自身的意义。而指事字以象形字为基础，在象形字的基础上加上指事符号。教学中要渗透字理、字源知识，把字形和字义联系起来，让学生明白汉字的原初构意和演变的大体过程，从而帮助学生识字、认字。

如教学"八"，教师出示其甲骨文，从字形上看，它就是一个物品被分成了两半，所以本义是相悖、分开（见图3）。"八"作为其他字合成的一部分，亦可见它的本义，如"半"，本义为一半、二分之一。金文的"半"字，上半部分是个"八"字，下半部分是一个"牛"字，代表将这头牛扒开。"分"也是一样，下面一把刀把上面物体分开，本义为将物体一分为二。还有"公"，上面的"八"表示相悖，下面的"厶"表示自私，两者相连便代表与自私相背离，也就是其本义"无私"。由教学"八"字，引出"半、分、公"，以一带多的教学方式正是我们所倡导的。

在教学"颗"字时引出新的偏旁"页字边"，教师边讲边画：其实这个页字边是由"首"字变化而来的。"首"字就好像是一个人戴着一顶宽

八

图 3　"八"字示意

沿帽，帽子上插了两根装饰用的羽毛，帽子下是眉毛和眼睛（见图 4）。"首"是头部的意思，因此，页字边与头部有关。

图 4　"首"字示意

由此可见，在识字教学中凸显字理，既丰富了学生的文化知识，又拓展了思维与想象，使他们体会汉字的意蕴，激发学生探究汉字文化的兴趣。

三　逻辑会意，分解组合帮助理解

会意字是汉字中最多的。这种造字方法不但体现了中国古人的生活经验，更体现了他们的智慧与价值观，以及对自然环境、时代变迁的认识。会意字的学习，把学生带入一个更加神奇的汉字王国。

清代著名文字学家王筠提道："人之不识字也，病在不能分。苟能将一字分为数字，则点画必不可增减，且易记难忘矣。"[①] 教师在教学中可采取构件拆分和组合的方法，帮助学生了解字理，掌握字形，见形知义，感受汉字背后的文化内涵。

例如教学"名"，分解：会意字，分解为夕、口二字；组合：晚上（夕）漆黑，见有来者不知是谁，须张口问其名，故"夕"与"口"会

---

① （清）王筠：《文字蒙求》，中华书局 2012 年版，"自序"，第 1 页。

意为"名"。

再如教学《姓氏歌》时认识"姓",了解造字本义:孩子的生母。告诉学生在母系氏族时代,人们不在乎生父,而崇拜并纪念生母,因此"女生"为"姓"。

在揭示会意字的造字规律后,引导学生自主识字,通过图片或想象画面,形象化地感知字义,感受会意字的特点。在识字教学中把字形和字义有机融合,有助于学生打开思路、深入了解。

四 演绎形声,触类旁通促进积累

形声字是由汉字的"形旁"和"声旁"组成,"形旁"是用来表意的,而"声旁"表示这个字的读音。形声字是中国汉字的重要组成部分,掌握其造字规律对学生的识字学习及教师的汉字教学意义重大。

在教学时,教师要先讲清楚形旁的意义,接着出示其他带有这个形旁的生字,通过观察,让学生发现这类字的共同特征,比较其差异,并学会区分。如此教学,有利于学生集中学习一批形近字。

如教学一年级下册识字课《操场上》,为了让学生能记住字形,教师采用动作演示的方法。学习"打、拍、摇、跳、踢、踩"等动词时,假如只让学生知道这些字与手和脚有关,显然是不够的。教学中可先以"动作识字"的形式,由老师来念字,学生则动手或动脚演示,用动作进一步来明白字义,孩子们学起来就轻松多了。然后再深入探讨"打"字:打字变成了一幅图(见图5),图中的人用手把钉子敲进木板里,这就是"打"最早的意思,是"打"字的本义。("打"字的图画变成小篆)古时候的人们根据这个意思,造出了"打"字。左边是一只五指张开的手,表示这个动作是用手做的,右边是一个"丁"字,表示钉子,也代表了"打"字的读音。接着横向比较"打"字在不同语境中的各种用法,打鼓、打电话、打伞、打折、打的、打草惊蛇、打破沙锅问到底⋯⋯此环节的设计打通了语文与生活的壁垒,把鲜活的生活引入语文学习中,同时也告诉孩子,随着环境的变化和时代的进步,也会不断地出现新词语。

最后引出文学家欧阳修《归田录》中"触事皆谓之打",使孩子们知道每一个汉字的背后都有其深厚的文化底蕴。

图 5　"打"字示意

形声字教学要借形声字的特点,建立音、形、义三者联系。一是借形声字已建立起来的形、音关系,联想它的相关读音。如,胡——湖、糊、蝴、猢。二是借形声字已建立起来的形、音关系,联想它的相关意义。如,学生知道"青"的读音,知道"日"的含义,自然会联想到"晴"的字义。再以儿歌的形式拓展积累——青的朋友多:日出天气"晴",小河水"清清",有心就有"情",有目变成亮眼"睛",要人帮忙说声"请"。

一字一幅画,一字一故事,学生在理解汉字的演变中感受到中华民族几千年的历史与文化,汉字就不再是一个个冰冷的符号,而是有温度、有生命、有韵味的。通过字理识字教学,教师引领学生体会汉字意蕴,既激发了学生的识字兴趣,又调动了学生主动识字的积极性。而灵活多样的识字方法不但拓展了学生的思维,提高了学生的汉字审美能力,而且在识字的过程中也不断增进他们对中国传统文化的理解,提高识字效率自然也就水到渠成。

基于汉字学的小学语文低年级识字教学策略探究

李 帆

（深圳市宝安区艺展小学）

摘　要：汉字有着其独特的构字和演变规律及其文化意蕴，汉字学则是在汉字特性的基础上建立起来的一门学科。针对汉字学在小学语文低年级识字教学中的重要意义，结合小学低年级学生在识字学习中的认知规律，提出基于汉字学的低年级识字教学多种策略和实施途径，目的在于全面提高识字教学效果。

关键词：汉字学；小学语文；低年级识字教学

汉字是世界上最古老的表意文字，它既是一种文字符号，也是中华历史文化的"活化石"。随着时代的不断发展，汉字独特的表意属性决定了其蕴含着丰厚的历史文化信息和精神文化内涵。小学低年级的识字教学是学生认识积累汉字的初始阶段，对学生识字能力的培养、识字兴趣的激发、热爱汉字情感的培养起着关键的铺垫作用。《义务教育语文课程标准》也明确指出"识字、写字是阅读和写作的基础，是第一学段的教学重点，也是贯穿整个义务教育阶段的重要教学内容"[①]。低年段识字教学的重要性已经不言而喻，然后很多识字教学的效果却不尽如人意，这

[①] 中华人民共和国教育部制定：《义务教育语文课程标准》（2011年版），北京师范大学出版社2012年版。

与汉字教学没有建立在科学的、系统的汉字学基础上从教有很大关系。窃以为，基于汉字的特点，教师需要在全面了解汉字的组构规律、演变规律、汉字的文化意蕴的基础上，采取适宜低年段学生学习的识字教学设计，才能取到良好的识字教学效果。

一　了解汉字的构造原理

汉字虽然是庞大而复杂的文字体系，但依然有着有迹可循的组构和演变规律。关于汉字的组构规律，许慎曾在《说文解字·叙》中具体指出："周礼八岁入小学，保氏教国子，先以六书。一曰指事，指事者，视而可识，察而见意，上、下是也。二曰象形，象形者，画成其物，随体诘诎，日、月是也。三曰形声，形声者，以事为名，取譬相成，江、河是也。四曰会意，会意者，比类合谊，以见指㧑，武、信是也。五曰转注，转注者，建类一首，同意相受，考、老是也。六曰假借，假借者，本无其字，依声托事，令、长是也。"[①] 这里提到的指事、象形、形声、会意、转注、假借也就是我们沿用至今的"六书"说，"六书"的理论清晰地为汉字学习阐明了组构的规律，也为我们识字教学提供了理论方向。其中"六书"之中，象形、指事、形声偏向实物，更容易与实物形象关联；会意、转注、假借则更偏向虚理，不易理解，需借助实物为基础。形、声、义三者，六书偏向释义；"形"则强调汉字结构及笔顺；"声"相对规律些，多听多读即可掌握。

此外，在将近四千年的发展历程中，汉字经历了甲骨文、金文、战国文字、小篆的古文字阶段和隶书、楷书的今文字阶段，从图画式的象形符号向笔画式的抽象符号逐渐转变。了解汉字不同阶段的转变特征和演变规律，对识字教学中的构形和书写体势起着至关重要的作用。

二　了解汉字的文化意蕴

汉字蕴含着丰富的文化内涵是汉字独特的特性，王宁在《汉字汉语

[①] （东汉）许慎：《说文解字》，中华书局1963年版。

基础》一书中提出:"汉字是表意文字,早期的汉字是因义而构形的,也就是说,汉字依据它所记录的汉语语素的意义来构形,所以词义和据词而造的字形在汉字里是统一的。"① 在识字教学中,结合其当时的历史文化背景、习俗文化等去教学汉字,肯定会有事半功倍的效果。比如在教学生区分"坐"和"座"时,通过出示"坐"的象形字,引导孩子发现:"坐"是两个"人"坐在"土"上,原来在汉代以前,人的坐姿都是跪坐姿态。而"座"从"广"从"坐",指的是坐在房间里,表示"坐具","座上客""座位",引申义为"器物的托",如"炉座",外加表示器物的量词"一座"。汉字的"形"与"义"是不可切分的整体,换句话说汉字的构字与其文化意蕴是一体的,只有巧妙地将"形""义"联合起来,才能真正将汉字以识字认字的根本之法有血有肉、完整、系统地传递给学生。

三 探讨低年级学生识字教学策略

(一)先实后虚,虚实结合

小学低年级学生的认知发展更多依赖于具体形象的事物,而象形字刚好具有图画性以及直观性的特点,比如"牛、羊、鸟、兔"等象形字,因此在教学时可以出示具体形象的象形文字再逐渐出示相应字的演变过程,引导学生建立从"实"到"虚"、从"具体"到"抽象"的连接,这样不仅创设了梯度给孩子们拾级而上,也符合低年级学生的认知发展规律。

据清代学者王筠在《文字蒙求》中的统计,象形字的数量在《说文解字》中虽然只有264个,但它却是所有汉字的构成的基础,也是其他类型字的基本部件。因此在低年级的识字教学中,我们可以把象形字的教学放在最优先的位置,在扎实掌握象形字的基础上,再用"象形字"这把钥匙触类旁通,关联学习"会意字""指事字""形声字"等,最后

---

① 王宁主编:《汉字汉语基础》,科学出版社1996年版。

实现以举一反三、系统识字的效果。

（二）故事式学习，情景式讲解

每一个汉字的背后都蕴含着汉文化丰富的内涵。故事式的学习不仅能够在促进学生快速记忆字体的同时，还能够在这个过程中透过汉字了解其构字背后的文化意蕴；故事式学习是一以贯之的，情景式的讲解则可以天马行空，使用对比强烈的情景，瞬间强化学生的印象和记忆。例如："日"字。情景一：阳光明媚，风和日丽，庄稼在阳光的照射下茁壮成长；情景二：烈日当空，黄沙万里，行人在沙漠中烈日下摇摇欲坠。同样的太阳，截然不同的情境。

（三）关注表达，实践运用

鼓励每一个孩子用语言表达自己的想法，识字最终的目标就是实践表达与运用。这个环节目前还有比较大的提升空间，每一个教师可能都做过，但是可能相对缺乏一个统一的方向。还是以"日"字举例。交由学生去关联表达，学生在教师的鼓励下可能就会组词、造句，天马行空。但是如果我们教师设定好一个情境让学生去关联表达呢？例如太阳在天上，青草在地上，苹果在树上，小孩在树下。学生的关联表达可能就是阳光让青草绿了，阳光让苹果红了，阳光让小孩很舒服，等等。教师再略微加以引导，那么在学生脑海里形成的可能就是一幅生动的画面了。教给学生一个字，不如教给学生一幅画。有框架指向的引导，更能促进学生的想象力发展，为以后的作文能力打下基础。当然，也极为有利于学生加深对字的印象和记忆。

（四）形式多样，强化识字

低年级学生有意注意时间短、好奇心强、活泼好动，基于以上的学情，巧妙地创设符合学生认知发展规律的教学形式，有助于激发学生的识字兴趣和提高识字效果。

1. 儿歌中识字

利用一些形近字之间的差别，联系生活实际或者关联知识创编儿歌。比如在教学"跳、跑、叫"时，创编儿歌："小兔小兔轻轻跳，小马小马慢慢跑,青蛙青蛙呱呱叫"。学生读起来朗朗上口,兴趣盎然,在强化识字的同时,也培养了学生的语感。

2. 游戏中识字

将汉字的学习融入充满童趣的小游戏中,是学生最为喜闻乐见的形式。比如在教学"牛、羊、马"时,引导学生带上字卡头饰,全班一边唱"找,找,找朋友,牛牛牛,在哪里?""牛牛牛,在这里。"除此之外随着电子科技的迅猛发展,我们可以借助多媒体技术,创设"汉字摘苹果""汉字小火车""汉字大闯关"等富有挑战性、情境性的小游戏,激发学生主动识字的兴趣。

3. 实践中识字

鲁迅曾在《汉文学史纲要》中指出,汉字除了具有"音美、意美"之外,还具有"形美以感目"的特点。每一个汉字的构形、体势均有着和谐、匀称之美。为此,我们在引导学生一笔一画写好汉字的同时,还可以通过"轻黏土捏汉字""彩色笔画汉字""为汉字巧编故事"等实践性活动,让孩子在实践中习得,在实践中感知汉字的形美、艺术美。

总而言之,小学识字的教学,如巧女绣花,又如庖丁解牛,功夫总在细微处。教师如何提高自己对汉字体系和对学生的认知,又如何把千年文化瑰宝快速地教给学生们,其实极富心思,有迹可循。总而言之,大繁若简,不过八个字:虚实相生,以人为本。

小学低年段汉字文化教学的实践研究

陈晓婵

[深圳市宝安中学（集团）外国语学校]

摘　要：汉字文化教学是将汉字文化方面的知识科学运用于汉字教学当中。结合新课标的识字要求，在汉字构形学理论框架下，梳理具有相同构意的构件；在汉字文化的语境中，理解汉字字形的内涵与历史传承关系；在跨学科融合的视角下，让汉字教学更具有趣味性。通过研究，帮助学生掌握科学的识字方法，加深学生对中国传统汉字文化的了解程度，为小学语文教师提出实际可行的汉字文化教学策略。

关键词：汉字构形；汉字文化；跨学科；识字教学

《义务教育语文课程标准》（2011年版）明确指出：第一学段，培养学生喜欢学习汉字，有主动识字、写字的愿望；认识常用汉字1600个左右，其中800个左右会写；初步感受汉字的形体美；学习独立识字。其中培养学生主动识字的愿望和独立识字的能力，是新课程标准着力强调的，同时也是第一学段的教学重点。

在现实教学中，教师通常会运用集中识字、分散识字、字理识字、生活中识字等方法，让学生在识字过程中，知道部分汉字的构字规律、造字的缘起；在朗读、阅读中提高汉字的出现率，加强记忆。但是，这种方法存在记得多、错得多、忘得快的问题。

汉字不仅是记录语言、交流信息的工具，而且是世界上最早使用并沿用至今的唯一能表意的文字。它的一笔一画蕴藏着丰富的历史文化信息，承载着中华民族灿烂的文化，从而使汉字的文化分析成为可能。

汉字文化是以汉字为研究内核的多边交叉学科。王立军教授在《汉字的文化解读》一书的序言中所说："汉字和社会文化之间存在着十分密切的关系，从文化的角度对汉字进行阐述，既有助于汉字学研究的进一步深入，也为文化学的研究提供新视角。"[①] 从小学语文识字教学的角度出发，汉字教育是语文教育的根。走进汉字，就如同走进了中华文化的博物馆，许多先民的政治、经济、宗教信仰、习俗等都蕴含在汉字的构形当中。以汉字文化为主体，结合低年段学生的身心发展规律，选取新统编教材的常用汉字，融合美术学科、历史学科、民俗学等知识，将汉字文化内涵与汉字教学有效地融合，形成汉字文化课。通过巧妙设计环节，关注识字过程，渗透汉字文化，以激发学生学习汉字的兴趣，帮助学生学习方法、发展能力、学会合作、沐浴文化，从而实现从"汉字教学"走向"汉字文化教学"。

本研究的焦点在于汉字文化，立足于学生识字过程中的易错点、易混淆点等，帮助学生了解古文造字的字理；根据汉字构形学理论、汉字文化解读梳理选取教学的汉字，旨在提高语文汉字教学效率，帮助学生掌握科学的识字方法，加深学生对中国传统汉字文化的了解，培养学生对汉语言文字的热爱之情。在研究中，我们不仅仅关注识字数量的累增，更重要的是重视让学生初步领悟汉字的文化内涵，传承中华文化。接下来，我将结合课例与活动项目，谈谈我们的实践。

一　注重汉字构形学理论与低年段识字教学相结合

汉字是表意文字，构形和字义之间紧密联系。汉字经过演变，形体上有越来越多的记号的特征。在教学中，教师可以把汉字的表意特点作为识字的重点。学生在识字过程中，只要掌握了构件的本义，就能通过

[①] 王立军：《汉字的文化解读》，商务印书馆2014年版，第1页。

"以字带字"掌握汉字的特点和规律,提高识字的效率。王宁的《汉字构形学导论》一书,全面地介绍了汉字的构件功能、构形模式、构形演变等,同时指出汉字部件的分类主要有表意部件、示音部件、记号部件和标示部件。① 因此,我们主要选取形义、形音义结合比较紧密的汉字进行教学,并对其进行理据分析。

如:执教《走进"羊"的文化世界》一课,"羊"作表意部件,列举与"羊"本义意思相近的系列汉字。羊:羊,《说文解字》:"祥也。从丫,象头角足尾之形。孔子曰:'牛羊之字以形举也。'"我们用四羊方尊导课,它是现存商代最大的方尊祭祀用品,在我国十大国宝中排名第三,是我国青铜器的典范。四羊方尊之所以这么宝贵,主要是因为它的羊图腾文化。另外,我们还经常与歌颂美德的汉字联系起来,引出话题:为什么古人喜欢用羊来祭祀先祖?羊,性情温驯、善良,"主给膳",是一种美味的食品,所以在祭祀时,将羊羔献于神灵,以祈求平安、顺利。由此可见,表示美好意义的字多用"羊"来作构件,这方面的字可以举出"祥、美、善、羡"等;同时,"羊"作为成字构件构字能力强,又常作为声符,如"样、养、洋、痒"等。最后,我们出示归类的汉字学习单,让学生描摹带有"羊"构件的古汉字,进行猜想,联系汉字的本义、词汇、成语、故事等,解构羊文化。

二 让汉字文化内涵在低年段识字教学中处处开花

在识字教学中,解读汉字蕴含的文化内涵,帮助学生了解汉字造字的字源、字根的演变,建立汉字字形与字义的联系,在一定程度上可以加深学生对汉字的理解,以及对中华文化的认可和降低写错别字的概率。结合第一学段的学情,采取体验式教学、讲故事、猜古汉字等方式,激发学生主动识字的兴趣。

一年级:从字源入手,选取部编体教材中独体字中的象形字、会意

---

① 王宁:《汉字构形学导论》,商务印书馆2016年版,第106页。

字、指事字，以图为主，分为自然类、衣食住行类等主题，了解汉字构成的规律，了解先民们造字的文化内涵。引发学生的兴趣，初步感受古人衣食住行的造字之源，以"画汉字"和"捏汉字"为教学活动，让学生在画汉字和创作中，初步体验古人造字的趣味。

如：课例《日月星虹》。王立军在《汉字的文化解读》一书"汉字构形与古代天文"的章节里，将"虹"的理据解释得很清楚。结合学生的学情，彩虹的"虹"，容易写成红色的"红"，出错率较高。究其原因，同学们不解的是彩虹出现在天空，七彩之光，怎么会是"虫"字旁呢，因此写成"红"字的居多。

虹，甲骨文字形 ，《说文解字》："虹，螮蝀也。状似虫。从虫工声。"《列子·天瑞》："虹霓也，云雾也，风雨也，四时也，此积气之成乎天者也。"《尔雅·释天》："虹双出，色鲜盛者为雄，雄曰虹。暗者为雌，雌曰霓。"由此可见，古人造字时，把虹当成有生命的虫子，它长着两个脑袋，中间的两道弧线是虹的主体，有分雌雄，雌为"霓"，雄为"虹"。当时，由于生产力水平的限制，古人对天象的认识不够科学，这在"虹"字中得到体现。[①] 教学时，学生通过画一画甲骨文的"虹"字，感受字形的特点；根据"虹"的字义分析，理解"虹"的本义。通过帮助学生建立字形与字义的联系，进而提高学生的兴趣，并辅助记忆。

二年级：从部件入手，进行汉字归类学习。选取部编体教材中常用的字根，进行从易到难的分类，让学生了解汉字演变的脉络；指导从单体象形字到会意字、形声字的构字规律，为学生构建高效的识字方法，引导学生由图画到字形、字义再到词语的联想思维。以下为"宀""玉"字的字形理据分析及教学示例。

课例《"宀"内的大乾坤》，以"宀"为例，厘清汉字的演变过程。宀：甲骨文字形为： ，《说文解字》："交覆屋也。古者屋四注。东西与南北皆交覆也。有堂有室是为深屋。"《周易》记载："上古穴居而野处，

[①] 王立军：《汉字的文化解读》，商务印书馆2014年版，第48页。

后世圣人易之以宫室，上栋下宇，以待风雨。"我们的祖先最早居住在洞穴里，直至"圣人"才发明了房子。我们从古代建筑文化的角度，对宝盖头的汉字"穴、宫、室"进行归类。《说文解字》："穴：土室也。"《释名》："宫，穹也。屋见于垣上，穹窿然也。""室，实也。人物实满其中也。"① 由此可以看出建筑形式越来越高级，从简陋的土洞到有墙和圆形屋顶的房屋，再到住满了人、摆满物品的房屋。同时，通过对常用字"安、字、宋、宕、家"归类，我们对"宀"有了意想不到的发现，如"宋"：木者所以成室以居人也，是木头建造的房子；"宕"即用石头做的房子。在执教中，教师进行理据分析时，深入浅出。

课例《走进"玉"的文化世界》，通过玉的装饰品，感受玉的高贵。玉石经过雕琢打磨就能成为温润泛光、纹理清晰的美玉，因此人们一直把它视为美好、智慧的象征。在中国古代文明发展史上，玉文化一直是丰富多彩的重要一笔。东汉许慎在《说文解字》中提道："玉，石之美者。"可见，玉是先人打磨加工出来的纹理晶莹漂亮的石头，作为装饰品使用。斜玉旁的字一般都与玉石有关，出示"璧、玺、珺、珠"古汉字，让学生初步认识字形，接着通过故事、图片等引发学生的猜想。如"璧"字的教学，引入《完璧归赵》的故事，和氏璧价值连城，为皇帝所用，是身份高贵的象征；"玺"出示皇帝的印玺图片等。这一示例，教师采用儿童喜闻乐见的方式，使学生产生形象化的感受。

三 从跨学科的视角带动识字教学的趣味性

在小学低段识字教学中，一、二年级学生的年龄小，注意力集中时间短，为了让学生能够在学中玩、玩中学，把枯燥无味的识字活动变成有趣的活动，我们从跨学科融合的角度出发，设计了一系列有趣的汉字文化活动。

语文的核心素养包括四大方面：语言建构与运用、思维发展与提升、

---

① 王立军：《汉字的文化解读》，商务印书馆2014年版，第149页。

审美鉴赏与创造和文化传承与理解。其中，语言建构与运用是语文核心素养的基础，需要语文知识和语文能力的支撑。思维发展、审美鉴赏、文化传承是目前语文教学中的薄弱环节。

我们在与美术学科融合的探索中，不断碰撞出思维的火花。语文学科注重语言文字运用的综合性和实践性，是传承中国优秀传统文化的重要学科。美术学科课标要求引导学生参与文化的传承和交流，陶冶学生的情操。因此，两个学科开展了"巧手捏汉字""有故事的汉字""美学中的百家姓文化""十二生肖文化"等主题活动（见下表），让汉字走进美术的世界，用不一样的素材和创意丰富了汉字的意趣。我们不仅从语文、美术课本中的知识点进行构思，还拓宽了学科学习、运用的领域，注重跨学科的学习与融合。在学科融合中，发展与提升学生的思维，提高学生的审美鉴赏能力，传承优秀的中华文化。

巧手捏汉字	小小巧手，捏出一个个古朴文字，探寻甲骨文的字形之美。
有故事的汉字	以植物、动物、人物等为主题，了解汉字的前世今生和字形演变的过程，体会字体形态差异的微妙之处。
美学中的百家姓文化	了解自己的姓氏图腾、祖先的故事、姓氏的分化等，深入了解姓氏文化，在美术字的装饰下，让图腾文化与姓氏巧妙融合。
十二生肖文化	感受十二生肖字形的生动性，了解生肖汉字背后的文化内涵和故事，通过巧妙的设计，传承中华优秀文化。

"工欲善其事，必先利其器"，汉字文化教学对小学语文教师提出了较高的要求，只有具备广博的汉字文化学知识，才能在教学中做到游刃有余。以上是我们近期开展的有关汉字文化教学方面的一些实践活动，寄希望于通过研究，帮助学生掌握科学的识字方法，提高效率；加深学生对中国传统汉字文化的了解程度；为小学语文教师提供实际可行的汉字文化教学策略，丰富识字教学方法。

小学低年级识字教学中的文化传承

吴　祥

（深圳市宝安区沙井街道蚝业小学）

摘　要：汉字教学是小学低年级教学的重要组成部分，是阅读和写作的基础，是学习其他课程的基石，也是教学的重点和难点。基于汉字文化的识字教学是从根上学习博大精深的汉字和汉字文化，笔者将从精选把握汉字教学的量度、激趣增加识字的温度、探源加深识字的厚度、延伸拓宽识字的广度、思辨提高识字的效度五个维度来阐述小学低年级识字教学的文化传承。

关键词：汉字；识字教学；汉字文化；文化传承

无论是新的课程改革，还是新的时代背景，都要求我们要传承优秀的传统文化。汉字教学是小学低年级教学的重要组成部分，是阅读和写作的基础，是学习其他课程的基石，也是我们教学的重点和难点。然而，目前的识字教学虽然引起了专家学者、教师家长的重视，但在实际教学中却存在识字方法机械单调、流于形式、浮于表面等问题，如读字组词、加减笔画、结构认识、部首分类、字理识字、字群辨析等，课上热闹，课后迷茫。传统老套的识字教学造成汉字文化的缺失，教学内容枯燥，学生学习兴趣不浓，识字效率低下，自主识字的内动力不足，独立识字能力不强。因此，笔者提出了基于汉字文化的识字教学，从根上学习我们博大精深的汉字和汉字文化。那么，在汉字教学中，如何才能充分挖掘其中的文化蕴含，继承发扬我们的传统文化呢？

一　精选，把握识字的量度

识字教学的主阵地是课堂，而课堂时间有限、任务重。这就要求我们识字教学要有选择，选择具有代表性、普遍性、适用性的范字，在文本和特定语境中追本溯源、举一反三。在范字的选择上我们要遵循适时、适量、适度的基本原则，在语言系统中教学，不可为了讲字理而讲字理、一字一讲，把汉字教学孤立化、复杂化。因此，在范字的选择上，我们要把握好量和度，切记过犹不及。

那范字的选择有哪些标准和方法呢？

（一）根据教材识字要求选

教材中要求会认、会写的基础字是我们选择的首要标准。范字的选择离不开学生的教材和文本，部编版一年级上册会认300个生字和会写100个生字，一年级下册会认400个生字和会写200个生字；部编版二年级上册会认450个生字和会写250个生字，二年级下册会认450个生字和会写250个生字，就是我们范字选择的基础。一、二年级的教材和文本既能为学习汉字提供特定的语言情境，又能让学生把现阶段的识字学得扎实有效，同时还能在识字的同时激发他们学习、探索和传承汉字所蕴含的文化。

（二）对应"六书"中的造字法来选

"六书"指的是象形、指事、会意、形声、转注和假借，其中象形、指事、会意、形声是造字法，转注和假借是用字法。因此我们在汉字教学时应多关注象形、指事、会意、形声四种造字法的字，让学生从造字法的根源上学习、探索和传承汉字文化。

（三）参考权威的书籍

现在有许多权威书籍从汉字造字法和用字法的角度来展示汉字教学的范例，为我们汉字教学提供了可信赖、能参考的范围，如《现代汉语常用字表》《汉字教学常用字形义解析》《小学语文新课标300基本字音形义解读》《汉字演变500例》《汉字演变500例续编》等。我们把文本教学所涉及的汉字与这些具有代表性和普遍性的汉字关联起来开展汉字教学，可使学生在学习汉字和汉字文化的基础上更好地理解文本，在文本的促进下更好地体味汉字文化。

二 激趣，增加识字的温度

兴趣是最好的老师。汉字是音、形、义的结合体，每个汉字背后都蕴含着先辈的智慧和历史文化的墨香。因此，我们在识字教学中应有意识地发掘汉字本身所携带的故事、趣闻、历史、文化等，充分利用汉字的趣味性来激发学生学习汉字的兴趣和热情，让识字不再是冰冷僵硬的读、写、组词、释义，让识字变得更有趣，增加识字的温度。

一年级第一单元的识字中就有大量的象形文字，在识字之前，我们先上一节导学课。在课堂上我们一起穿越时空，变成最早的原始人，一起思考：如果我们想要记录、分享发生的故事该怎么办呢？然后创设相应的情境，让学生思考：怎么记录"人""山""川""花""鸟""虫""鱼"等事物？学生畅所欲言、动手涂画，老师讲述《结绳记事》《仓颉造字》等趣味故事，再观看视频《三十六个象形字》，最后总结汉字是象形文字，每一个汉字就像是一幅优美的图画，一个又一个汉字连在一起就是一个精彩的故事，是一个又一个难忘的传说。课后也让孩子去发现、去绘画更多有趣的汉字，从而在绘画、思考的过程中了解和传承汉字的造字文化。

在教学二年级下册语文园地三·日积月累讲解十二生肖时，首先我们以十二生肖之首"鼠"字为例，对比实物图画和概括抽象图或者甲骨文，总结象形文字是由简单的线条画出动物外形的图画文字，再让学生动手用线条画"虎"的象形文字，将学生画的和甲骨文对照，看看自己画的效果如何，互相评议。其次，我们出示学生熟悉的"牛""羊"的象形文字，对比区分发现，象形文字不仅仅是用线条画出动物的外形，更要明确地画出动物各自独有的特点，再让学生动手画一画十二生肖中自己喜欢的一种动物的线条外形和特点，相互展示和评议。在一次次实践、总结、再实践、再总结的过程中，学生学习动物象形文字的兴趣越来越浓厚，课堂氛围也渐渐活跃。在水到渠成地介绍十二生肖的故事，观看十二生肖排名赛的视频的同时，既在趣味中识字，又在识字中了解了十二生肖的文化，传承汉字生肖文化。

我们可以充分利用现在的多媒体技术，如音乐、视频、动画、动图、课件、电子绘画等，也可以让孩子通过讲汉字故事、对汉字趣味对联、猜字谜、捏黏土甲骨文、画古字图画、写古字门联、做家族姓氏图谱等让孩子的五感都运用和发挥起来，用汉字文化来丰富枯燥的识字，让识字变得更有趣、更温暖、更高效。

三 探源，加深识字的厚度

千变万化、博大精深的汉字是由有限的字根和规则组成的，我们从字根和规则入手探索汉字的根源，以不变应万变，从而更好地了解汉字的演变过程以及演变背后的历史文化变迁，加深识字的厚度。

（一）象形字——图文对照

许慎在《说文解字》中指出："象形者，画成其物，随体诘诎。"象形字是模拟事物形象而造的字，来自图画文字，形义浑然一体，是一种最原始的造字方法。在象形文字的教学中，我们常用实物图片、概括而成的抽象图，以及甲骨文、小篆、楷书的图文对照来把具象的图像和抽象的文字联系在一起，让学生更好地感知象形文字的特点，更好地理解古老的造字法和造字智慧，更好地掌握汉字的形和义。例如在"木"字的教学中，我们把"木"的实物图、概括抽象图及甲骨文、楷书的图文对照，并让学生从楷书"木"字中发现树的树干、枝丫、树根，建立图画和文字之间的联系，从而理解、掌握"木"的形和义，传承先辈造字的智慧和象形古汉字文化。

一年级上册第一单元《日月水火》一课中，我们创设周日郊游认识自然事物的情境，随着郊游的路线来认识悬挂在空中的太阳，畅想远古居民会怎样认识和称呼太阳，从而引出"日"字的演变过程，直观感受汉字的图画性，再一步一景认识"山""水""田""禾"四字，总结它们的共性都是图画文字，字的样子都像实物的样子，这样的文字就是象形文字。再复习回顾上一课的生字"口""耳""目""手""足"，自学"月"和"火"字；再让学生根据课件图例选择画一画"人""网""鱼""木""果""鸟""竹""石"等，最后让学生用插图和甲骨文来完成一幅郊游风景图，形成图文并茂的作品。

（二）指事字——察而见意

许慎在《说文解字》中指出："指事者，视而可识，察而见意。"指事字一般是抽象符号或者抽象符号与象形文字的组合，表明所指的事物或意思。这类字的数量较少，但在我们一、二年级会认会写的基础字中也有涉及，如"上""下"两个字是以"一"为界，在横线上用一点或者短线指示上方或者下方。"中"的甲骨文字形像旗杆，上下有旌旗和飘带，旗杆正中竖立，本义是指距离四方或两端相等的部位。"刃"是在刀上加一点来指出刀锋利的地方，也能更好地理解"好刀用在刀刃上"的含义。"本"字是在象形文字"木"的下部加上指事符号"一"，表示树根的部位；在"木"的上部加上指事符号"一"，表示末梢，并以此延伸到成语"本末倒置"的理解。由此学生能更轻松自如地掌握指事字的独特性，被古汉字的文化魅力折服。

（三）会意字——分解组合

会意字是最能展现造字者构字智慧的。用两个或两个以上的独体字根据意义之间的关系合成一个字，综合表示这些构字成分合成的意义。部编版一年级上册识字第九课《日月明》就是会意字的范例。"明"的甲骨文右边是"日"，左边是"月"，用日月相照表示明亮，反映了古代人民对"日""月"细致深入的观察。"美"甲骨文的上面是"羊"头的形象，下面是"大"，是正面直立的人，合起来表示人戴有羊头头饰的样子，表示外表好看；同时，也侧面表露先祖把头戴动物头饰视为美的审美文化。"男"的甲骨文中，"田"表示火烧围猎后的农田，下面是犁的象形"力",表示在农田劳作的人,而"女"字选取坐在家里纺线的姿势来表示,这是中国古代男耕女织的文化体现。"妻"字像一只大手去抓一个女子的样子,这是古代抢妻场景的描绘,可以看到从母系氏族过渡到父系氏族的古代抢妻文化。

(四) 形声字——部件归类

形声字是由表示义类的形符和表示读音的声符复合而成的,是现代常用字的主体,占通用汉字的80%。归类是学习形声字的好方法,同类联系形成字族字群,能更好地把握汉字规律,提高识字效率和效果。形声字的归类,可以分为形旁归类和声旁归类。形旁归类可帮助区别易错字,理解字义,比如"示"在甲骨文中像是祭神的石制供桌,上面摆放着新鲜的流着几滴血液的祭品,由"示"字组成的字大多与崇拜、祭祀、祝愿、鬼神有关,如"福、祈、祷、祝、祖"等字。而"衣"的甲骨文像一件有衣领、衣袖、衣襟的古代上衣,"衣"作为偏旁所从的字与衣服、衣被、穿着等意思有关。如果学生掌握了这个规律就不会把示字旁和衣字旁混淆在一起,大大避免和减少错别字的出现。从声旁归类则可以更好地记住读音,如以"青"为声旁的"精、情、清、晴、睛、蜻……"都有"ing"的音;以"包"为声旁的"抱、饱、跑、泡、炮、苞",都有"ao"的音;以"方"为声旁的"放、房、芳、防、仿、坊、访、纺……"都有"ang"的音。同时,在区分字义的时候都可以从偏旁部首入手因形索义、因义记形。

四 延伸,拓宽识字的广度

文字是文化的产物,同时也是文化的一部分。汉字是形体构造的表意性文字,是自源文字,蕴含着丰富的物质文化和精神文化。例如:《说文解字》中:"巢,鸟在木上曰巢,在穴曰窠,从木,象形。""穴,土室也。"南方多雨潮湿、地势低洼、蚊虫盛行,不宜穴居,人民像鸟一样筑巢而居,如今天的竹楼、吊脚楼等。北方雨少干燥、地势偏高,先民可以穴居,陕北的窑洞就是很好的穴居例子。"巢"和"穴"就反映了当时人们因地制宜、因势利导的居住情况和不同风格的建筑文化。又如：中国人通常随父姓，但"姓"字确实从女旁，这就跟我们古代母系氏族历史文化有关了。在母系氏族中，女性是社会关系的核心，是血统传承的关键，孩子通常"只知其母，不知其父"。古文献中最古老的姓氏，大多是女字旁的，如姬、姜、姚、嬴等。从"婚""嫁""娶"的古字释义中我们可以看到古代婚礼嫁娶礼制和传统的婚嫁习俗，从"示""巫""卜"中我们可以窥探古代的祭祀文化，从"玉""环""理"中我们可以看到古代玉文化，从"星""斗""虹""晕"和"水""川""州"中我们可以触摸到古代天文和地理，从"夫""父""子""孙"中我们可以探究古代家庭伦理关系和文化……在小学低年级的识字教学中，我们可以延伸拓展汉字文化，了解汉字历史，丰富汉字教学，拓宽识字的广度。

此外，在我们的语文世界里还有很多与汉字有关的修辞，如趣味字谜、奇特对联、相关古诗，以及儿歌、笑话、故事……结合得当、联系得法，它们都能延伸拓宽识字的广度，让汉字教学寓教于乐。

五　思辨，提高识字的效度

汉字有悠久的历史和文化，有平仄起伏的节奏韵律、和谐对称的审美意韵，有象形、指事、会意、形声的造字规律。识字教学中我们从文化角度来识字，能很好地辨析易混淆的多义字、同音字、多音字，能更好地训练学生的思辨思维，能更深入地探究汉字的文化内涵，能有效地提高学生识字的效率和效果。

在"鱼"字的教学中，我们引导学生思考捕鱼用什么字来记录并动手画一画。有的学生提议用双手去捉，在鱼的象形字两旁画上两只手；有的学生想到用网捕鱼，于是加上了网的象形图画；有的学生喜欢钓鱼，画上了钓鱼竿和鱼钩。老师再出示古人的办法，出示"渔"的本义，再对比学生的方法，做到举一反三。在学生的思考和动手画的过程中，无形地思考、辨析了易混淆的同音字"鱼"和"渔"，避免了在不同语境下写错别字的可能，也能更好地理解"授人以鱼不如授人以渔"的意思和内在的含义。

在"木"的识字教学中，我们可以做一次有趣的思考质疑：木就是树木的意思，那"树"字不是跟"木"字意思雷同吗？"树"是否有存在的意义呢？以此引起学生对"树"字的追本溯源，发现"树"的本义是栽种、培育的意思，从而延伸到对"百年树人"的理解。我们还可以以"木"为起点，拓展与"木"象形的字群，如"本、朱、末、采、果、林、森……"适时、适度、适量地拓展延伸，增加了识字的趣味，也提升了识字的效率和效果。

识字教学传承汉字文化，汉字文化丰富识字教学，两者相辅相成，让老师教得有趣、教得丰厚、教得高效，让学生学得高兴、学得深广、学得牢固，真正做到教学相长、润物无声。

以汉字文化为线索的小学中年段批量识字教学法研究

毛丹仪

（深圳市宝安区海韵学校）

摘　要：在识字教学攻坚阵地的小学课堂，中年段小学生需要结合听说读写思等方式进行批量的、有系统的识字。"书画同源故事法"和"一字开花辐射法"这两种教学法思路下的实践课例基于以上背景，论述了如何开展以汉字文化为线索的批量识字与语用教学活动，以规律的语用思维训练为前提，开发提升学生能动性的趣味课堂。教师也应站在更高的境界去理解汉字教学的意义，进而规划好汉字课程的目标，从批量识字的目标出发，在汉字文化的牵引下打开阅读面，强化民族文化认同感。

关键词：汉字文化；批量识字；教学法

汉字的创造与演变是华夏先民智慧、情感、经验的累积，是先人人文情怀与思想内涵的记录，是勤劳百姓集体智慧的结晶。陈寅恪认为："依照今日训诂学之标准，凡解释一字即作一部文化史。"[①] 在识字教学攻坚阵地的小学课堂，将汉字文化作为识字的导引与线索，借助丰富而有趣味性的综合性学习活动来展开古文字的学习，让汉字在学生的阅读、

---

① 沈兼士：《〈沈兼士学术论文集〉："鬼"字原始意义之试探》，中华书局1986年版，第202页，附录陈寅恪先生复函。

体验与运用中扎根。

根据儿童认知和识字规律，小学到了中年段需要结合听说读写思等方式进行批量的、有系统的识字，常规课堂中的教法有情境识字、阅读识字、扩词法识字、字族文识字等，但现状是中低年段的小学生在识字过程中产生了诸多问题：识字量大，相对于其他知识的学习较抽象；学会了的汉字容易遗忘；掌握的生字不会灵活运用；等等。这就归结于识字教学的目标的设定，"不应当仅仅是把汉字当课时的定量标准来完成教学，或者仅要求学生作为记录语言的工具来提供读写，而是应同时挖掘它培养思维的能力，以及提升民族自尊心等更高的赋能"[①]。

因汉字中传递的历史文化信息量远大于教材能给到学生的，故而汉字文化恰恰可以为这些识字法框架注入有血有肉的华夏优秀文化给养，我们以一个字或字族的汉字文化为线索贯穿整节课的教学，通过对汉字符号追根溯源的思路，引导学生学会纵深探究的阅读方法。让学生从汉字起源文化中包罗万象的视角，领略古老而富有趣味性的中华文化，体会兼具音形义智慧的汉字之美，以小见大、以大见小，既教给学生知识，又为孩子们挖掘汉语文化的学习乐趣、树立高效而有深度的阅读习惯开启一扇窗。最终教师可以借"批量识字"的表层目的，达到锻炼孩子自主探究文化之根、根据兴趣研读经典，以及大量识字阅读的能力。

下文将从两种思路的教学案例出发，探讨在系列主题的综合性学习课程中，如何设计教学以达成以上课程目标：

第一，书画同源法：以汉字文化为线索，用甲骨文书画串讲一个故事；

第二，一字开花法：以汉字文化为线索，从部首字中心辐射到字族与文本。

一 书画同源法：以汉字文化为线索，用甲骨文书画串讲一个故事

以三、四年级学生的综合性学习课例：《书画最美汉字》（2课时）

---

① 王宁：《汉字教学的原理与各类教学方法的科学运用》（上），《课程·教材·教法》2002年第10期。

为例。

本课采用一个完整的图画同源的故事体系，带出学生感兴趣的古人生活的文化意趣，让学生在小组合作中自造古文字来解决难题，欣赏甚至尝试书写历代汉字字体，同时引导学生联系现代生活，在体会汉字书画同源之美以外，理解"传承"的意义。

（一）"各取所需"的教学目标

1. 通过活动一的汉字溯源，初步了解汉字的造字智慧和汉字中的文化；通过活动二的自造甲骨文，在实践中体会先人造字中象形、会意的原理和意趣；通过活动三的合作书法，感受和欣赏汉字演变之妙和字形之美。

2. 课堂上师生共同完成用甲骨文绘成的山水人家图，体会汉字书画同源的妙趣，激发对汉字的热爱和文化探究的热情。

3. 学会合作收集、整理资料，合作探究和相互评价欣赏。

在教学目标的设置上，批量识字是以主题探究活动为依托的，但中年段的学生识字进入速度不一、识字量积累非零起点，所以识字的过程不能单一地放在某一个特定的环节，应考虑到不同学生的不同识字程度，搭建教学活动的支架，让他们在与汉字、汉语等音形义兼备的文本阅读与交流体验中"各取所需、各有所得"。

（二）开门见山的书画导入

课堂教学的导入法五花八门，而如何基于本课的主题来设计恰如其分又足够吸引人的导入，则应了解：喜欢故事、喜欢图画，是孩童的天性，也是中国人骨血里特殊的文字基因。

师讲故事："同学们，今天，我们要一起来讲述一个古老的故事。在3000多年前的殷商时期，有一个美丽的地方，此地此时旭日当空，青山盈翠，山下绿水环绕，碧波潋潋，岸边绿树成荫……"（边用彩色粉笔在黑板上用甲骨文字作画，画上日、山、木、川的古文字）

师：你们从图中看到了什么？

生：看到了山、水、花、草、树木和河流，这些很像甲骨文。

师：这是汉字古老的样子，甲骨文。中华汉字，书画同源。今天，我们不仅要一起讲述在这里安居乐业一家人的故事，我还要请大家一起（齐读课题）"书画最美汉字"。

将汉字"书画同源"的概念用图画结合故事的方式呈现，开门见山，又能给学生以陌生感和激发对故事情节的求知欲，更与全课的主题、重点相呼应。

（三）趣味当先的探究活动

"书画同源"的根本在于汉字具有以形表意的特点，"汉字的表意性一旦显现，表意汉字与文化的联系也越来越明显，这就为汉字教学内容的人文性和趣味性创造了条件。课堂教学需要考量的趣味性，则来源于汉字的形象性"。[①]

活动一：探究汉字起源文化之美

师：《三字经》说："为学者，必有初"（齐读），汉字中有博大精深的历史文化信息，我们学习汉字，还有一个很好的方法，就是追本溯源，从源头和演变中探知文化乐趣。

【活动方式】

（1）介绍课前探究的任务：班级分三大组，分三个主题：家、建筑、交通搜集相关的古文字，做成字卡；

（2）课上小组间交流后，每个主题请几位学生上来轮流介绍；

（3）师点评补充完相关内容后，在板画中补充绘画甲骨文。

师续说故事：先民生活的社会慢慢发展起来，人们告别了田猎、游牧的时代，在山清水秀之处安居乐业，建立了家园，有一户人家要在此定居啦，你们认为家应落户于哪一处呢？（请生结合生活常识

---

① 王宁：《汉字教学的原理与各类教学方法的科学运用》（下），《课程·教材·教法》2002年第10期。

提出构图建议，师画）社会经济发展得越来越好，人们对家里的房间布局、采光、防盗安全等都更加上心了，我们把家里的门窗装上吧。（师画门和窗户）生活条件渐渐变好了，小村庄里渐渐有了方便出行的小车、小舟（师画）。

学生在"汉字文化探究"的主题下，通过课前利用网络、图书等资源自主搜集资料，培养资源利用与资料整合的能力；通过组内的交流、分享，让学生畅所欲言、知无不言，感受分享资源的乐趣，锻炼口述文化信息的表达能力；通过上台面向全体师生陈述所得，锻炼表达能力和及时吸收、整合多方信息的能力；通过师生互动问答补充汉字文化信息，将知识纵深、拓展到最大化，学有所得。

而借汉字文化进行批量识字的过程则融进了教师补充的"门"字拓展、关键字牵引出的经典文学句段篇中，学生在由一字之义系统地展开联想、目及之处即时诵读积累的同时，新的汉字和汉语材料就已经悄悄进入各自的"心理字典"了。

活动二：体验先人造字智慧之美

师：（续说故事：父亲需要留字条"渔"）同学们，现在开始，你是这个美丽村庄的村民，同时也是"仓颉"。我们不仅要帮故事中的父亲造出"渔"字，还要做好对文字进行统一整理的工作。出示"鱼"的多种古文字，引出"水、舟、网、手"的古文字供参考。

【活动方式】

（1）限时 10 分钟，小组讨论，用学案纸写写画画，试造"渔"字[①]；

（2）一个小组必须统一一个版本，推选一位代表上台陈述设计思路；

[①] 张聪：《国学"好玩"》，非出版交流分享课例节选，2018 年。

（3）对照历史上的甲骨文字形发现异同。

师总结：孩子们，你们和智慧勤劳的先民想到一块去了！如今我们切身体会到了中华文字的象形、会意之意趣，现代识字也可以用以上方法：溯源、拆字会意。

从听、说、看，到实践，通过切身体验去感受汉字之妙趣；在小组集体造字的过程中，反复筛选、磨合、改进，潜移默化地体会汉字的形体之美和象形、会意的造字原理。

活动三：感受汉字演变书法之美

出示"汉字的演变"按时间线欣赏的相应书法作品，师简单介绍字形演变的历史文化原因，师生互动问答。

【活动方式】

（1）小组合作：每组一张作品纸，不同的字：山、水、人、家、书、情、画、意。

（2）小组每个成员用学案纸练习该字的不同字体，写完后互评，各种字体推选一个写得最好的同学，在相应田字格内书写，并签名；必须每个人都参与。

（3）每组代表上台展示书法作品，组员起立亮相。

学生在 15 分钟内完成活动，教师将 8 张书法作品有序张贴在板画的一侧。学生的书法作品"山水人家，书情画意"与老师手绘的甲骨文板画相映成趣。

从欣赏书法作品到动笔书写，可以为学生带来新奇感，且严谨庄重之感会油然而生，感受汉字之美需要共同的体验。师生共同徜徉在汉字的世界里，由看似熟悉的现代汉字追本溯源，走近陌生而亲切的华夏先民安居乐业的时代，用他们创造的最美汉字"书情画意"，绘成了一幅"山水人家图"，是互相成就的一种形式。

鲁迅先生曾说汉字有"三美":"音美以感耳,形美以感目,意美以感心。"①"书画同源故事法"遵循汉字构字的学理指导,本课的设计虽是一节主题明确的综合性学习课,但根据同步教学的需求,可以在对基础汉字有直观认知的同时辐射出相关字词句段篇的学习。通过师生互动共同用甲骨文字作画、书法、串讲故事的方式,可以将汉字的形、义、音美充分展现在"汉字文化溯源""自造甲骨文""合作书法"几个活动中,学生对于汉字文化的民族认同感亦能得到提升。

二 一字开花法:以汉字文化为线索,从部首字中心辐射到字族与文本

"书画同源故事法"是一种对字族系统没有限制的批量识字模式。还有一种思路,虽然在线索上也是从文化的角度对汉字进行科学的阐释,从而了解汉字构形的基本规律且广泛涉猎与汉字构形有关的文化知识,但在整体组织上,"则是以部首字为中心,引申出对字族形义的考查与浅近的阐释,既用基础汉字来统率汉字字群与字系,又用合体字来反证基础汉字的形义"②。体现在教学环节的设计上,则是从理解构字字理到领悟汉字的文化深意,从合体字中象形、会意的部件到其所在字族的本义,到词的引申义,再到句段阅读中的语境释义,引领学生在有限的课时中以汉字文化为线索发散思维和阅读面,通过识字教学的跨学科实践活动、拓展阅读等方式,批量识别和理解多个字族。

下面以字族识字系列活动课之:"月"字家族为例,阐述基于以上理念指导的实施方法。

(一) 设计思路:一字开花

本课程从汉字文化的视角入手,串联起"字、词、句、篇"的编排,分环节引导学生交流和认识与"月"字相关的本义、引申义、词语与成语乃至句子的语用、经典文化故事阅读等,通过跟随教学环节逐步完成

---

① 鲁迅:《汉文学史纲要》,人民文学出版社 1973 年版。
② 邹晓丽:《基础汉字形义释源——〈说文〉部首今读本义》,中华书局 2007 年版,序言。

学案，积累更多与之有关的语言素材，学会追本溯源、一字开花的汉字学习思路。

1. 月球纪录片导入

（1）播放纪录片中对"月球"的片段介绍

月球每天陪伴着我们，是我们非常熟悉的天体，日月争辉，古来有之，我们中国先民在当时不发达的社会，对遥不可及、神秘清冷的月亮，则有着与生俱来的虔诚崇拜和神奇想象，也因此创造出诸多与月有关的情思佳作和民间佳话。

（2）小组分享课前探究合作成果

2. "月"的本义及汉字文化解读

（1）古体字及本义：请同学在黑板上写出"月"的甲骨文字，并解释其造字本义

（2）月字部的本义汉字一字开花

月部，像月亮月牙之形状。俗话说："月有阴晴圆缺"，故古人在造字之初，就抓住了月缺之际的月牙月半之形来表示月亮之意。根据"月"的本义衍生出的合体字有哪些？请同学们翻开《现代汉语词典》检索并筛选回答。如：明、望、朦胧、期、朗、朝、朔。（师板书）

师重点介绍"明""望"的演变过程："明"甲骨文和金文从月从窗之形，会意后表示月光从窗洞透射而出，隶变时，改金文中的囧为"日"，从而变成现在的"明"字。"望"以人站土台上仰头望月，表示月圆时的抬头望月及对月圆之日的期望，隶变后，因音形变为"望"。对古人来说，月不仅能带来光明，还能带来希望。

（3）学生展示

月的别称。以后描写月夜，大可以引用以上优美的词。

与我们息息相关的"月"，分享生活中的月文化。

经典传统文学阅读欣赏：《嫦娥奔月》的不同版本、月老传说、诗词飞花令。

（4）小结："月"是汉字的众多部首中最能体现中国特色的一个部首

3. "月"的古"肉"部汉字的文化解读

(1) 肉,像一块肉的形状

现行的月部汉字中,属于古肉旁的月部字占据了绝对的比例,远远超出了与"月亮"这一本义相关的月部汉字。

查阅《现代汉语词典》,在月字部中找出古肉部汉字。

分类:以上古肉部的汉字现在已演变为月字部,大多跟我们的身体器官和部位有关,请按以下类别分类:肉类、人体器官、身体部位、身体症状、体态、有机化合物类等。

(2) 肉食文化:师结合纪录片解说,感受肉食文化的丰富和源远流长

(二) 设计理念:由点及面

汉字,尤其是基础汉字的简单字形较易引起儿童的视觉联想,但只认识字形是不够的,意义的感受必须在亲自体验之后,与生活经验和理解是分不开的。再者,学生识字的兴趣来源于汉字的可解释性和可联系性,继而与汉字构形的生活文化内涵不可分开而论。本课把识字教学从现代天文科学的视角引到对我们中国人心中之月的认识兴趣上来,再将月字部的本义合体字与"古肉部"合体字字义加以区分、系统化梳理。环节上由字词到故事到诗词的积累,在赏月的审美体验后加深对月之美的体会,采用随听随记的多种趣味方式,引导学生在交流和体验的同时批量识字、积累相关语言文字素材。

结合两种教学法思路下的汉字学理论指导与实践总结,我们根植于课堂,引导学生开展以汉字文化为线索的批量识字与语用积累活动,"应是在对汉字有正确认识的前提下,用以学理为依托的汉字文化解读去激发学生的学习兴趣,以规律的语用思维训练为前提"[①] 去开发提升学生能动性的趣味课堂,我们也应站在更高的境界去理解汉字教学的意义,进而规划好汉字课程的目标,从批量识字的目标出发,在汉字文化的牵引下打开阅读面,强化民族文化认同感。

---

① 王宁:《汉字教学的原理与各类教学方法的科学运用》(下),《课程·教材·教法》2002年第10期。

小学字理识字教学的问题和对策

蔡凤玲

（深圳市宝安区艺展小学）

摘　要：字理识字是基于汉字的表意性特点，根据汉字构字的原理，分析汉字在音、形、义之间的联系，从而达到轻松而有趣地认识汉字的目的。教师合理运用字理识字教学，一要加强专业理论学习，懂得基本的字理知识；二要遵循合理讲解原则，不要为讲字理而讲字理；三要准确讲解构字部件，讲一个带一批；四要注意方法策略，不生搬硬套。

关键词：小学识字；字理识字；教学

随着课程改革的推进，字理识字越来越受到老师们的欢迎，特别是在识字教学的公开课中，老师们都喜欢挑几个字讲讲字理，讲讲汉字的演变，这似乎已经成了默认的亮点。然而深入一线调查，就会发现字理识字教学虽受推崇，但在实际教学运用中却非常混乱。

一　识字教学普遍存在的问题

汉字是表意文字，具有"三美"：形美、音美、意美。"巧妙地、恰到好处地向学生讲清字理，让学生明白汉字的字形构造原理，学生便会很快掌握字的形、音、义，并增加了用字时的目的性和自觉性，减少了盲目性和随意性。"① 然而在实际教学中，老师们能合理运用字理进行识字教学的却很少。

(一) 老师不懂字理，直接放弃字理教学

字理识字越来越受到重视，然而在一线教学中却没有被广泛运用。许多身在一线的老师对字理知识非常缺乏，直接的教学参考资料也非常匮乏，若要字字弄懂，需要花费很大的精力，所以往往会选择放弃运用字理进行识字教学。

在平时的识字课堂教学中，老师为了调动学生的学习兴趣，会设计各种各样的游戏让学生反复读从而达到识记的目的：比如摘汉字苹果、开小火车读、比一比等；或是创设各种情境：比如童话故事情境、游戏闯关，然而这样的课堂表面上热热闹闹，在一定阶段、一定程度上也能调动学生的学习兴趣，然而这些都是学习汉字的外在刺激，并没有调动学生学习汉字的内驱力，这样的汉字教学分割了汉字的音、形、义，脱离了三者之间的相互联系，把汉字当成了抽象的符号，让学生死记硬背，长此以往，学生必将丧失学习汉字的兴趣，汉字丰富的文化内涵也将在教学中枯萎。

(二) 老师乱讲字理，讲一个乱一片

在实际教学中有的老师由于不懂字理，在课堂上胡乱肢解汉字，讲一个字，却乱了一片。比如"照"字，很多老师会这样教学：一个日本人，拿着一把刀，杀了一口人，流了四滴血。这样看似让学生快速记住了"照"的字形，然而却忽略了"照"字字形和字义上的联系。另外，这样教学"照"字，那下次学生再碰到其他带"灬"的字，难道都要理解为四滴血？学生学了一个"照"，却乱了一片带"灬"的字。《说文解字》中说：照，明也。从火，昭声。老师在讲解"照"字时，可以出示金文 、篆文 、隶书"照"、楷书的"照"字，从汉字的演变中让学生明白"灬"是由"火"演变而来，"昭"是表音，这样学生不仅快速记

---

① 崔曾亮：《汉字学与小学识字教学》，人民教育出版社 2015 年版，第 244—245 页。

住了"照"字，同时也理解了"灬"的表意功能，学一个带动了一批。

（三）老师照本宣科，为讲字理而讲字理

随着课改的推进，近年来许多老师对字理很是推崇，特别是在公开课中，总喜欢拎几个字出来，通过网络手段查查这个汉字的演变过程，然后就照本宣科搬上课堂，全然不顾学生的年龄特征、接受能力，把简单的汉字复杂化，为讲字理而讲字理。

汉字经过漫长的演变，特别是有些汉字经过简化后，从字形上已经很难再找出理据，因此有些汉字并不适合从字源、演变过程来讲解，特别是小学低段。比如对汉字"灭"的教学，有老师把《说文解字》的内容搬出来讲解一番，从本义讲到现在的意思，从金文讲到繁体字再讲到简化字，绕了好大一个弯路，使得学生听得云里雾里，实在没有必要，这不是用字理来识字，而是为讲字理而讲字理，反而加大了学生的识字负担。"灭"虽然是个简化字，但它简化后仍是一个非常直观的会意字，再结合图片，学生对于汉字的音、形、义便能很快掌握了，这样的讲解简洁明了。

二 给学生带来的不良影响

（一）学生易写错别字

学生不了解字理，把汉字当抽象符号来识记，因此也就不能掌握汉字音、形、义之间的联系，在汉字使用时往往具有盲目性和随意性，这样的情况在学生的试卷中经常出现，如试卷（截图以反映原始状态——作者注）

（二）生字回生率高

对于小学生，特别是低段的孩子来说，他们的抽象思维还不发达，若能巧妙地结合字理讲解汉字，将有助于孩子把抽象的汉字转变为形象的图形，对认识一个汉字的音、形、义有极大的帮助。而有些老师不讲字理，或者乱讲字理，其实本质上都是让学生通过死记硬背的方式记住某个字形读什么音、表什么意,这样的识字教学往往导致学生今天读,明天忘,一课生字十多个,有些学生绞尽脑汁也记不住。

(三)学生不喜欢汉字

没有找到汉字规律的识字教学,把汉字当成抽象符号,很难让学生发现汉字的"美",长此以往,学生必将把识字当成学习负担。"如果在教学中不能理解和把握由汉字构成的汉语言的文化特征和意蕴,只将其作为简单的信息符号来处理,那么,汉语言丰盈的文化内涵,灵动的文化精神就会在语文教学中枯萎、流失。"[①] 课标要求低段语文老师在教学中要落实让学生"喜欢学习汉字,有主动识字、写字的愿望""初步感受汉字的形体美"的教学目标,也就无从谈起了。

三 字理识字教学的对策

科学、合理地运用字理进行识字教学,能达到事半功倍的效果,为了让老师们在实际教学工作中更好地落实,针对以上存在的问题,现提出以下几点对策。

(一)要加强专业理论学习,懂得基本的字理知识

俗话说:要给学生一滴水,老师要有一桶水。前面提到有些有自知之明的老师对字理识字教学绕道而行,有些老师不懂却随意肢解汉字,教一个乱一片,究其根本原因是老师对汉字字理知识的匮乏,所以加强老师的汉字专业理论知识的学习至关重要。老师们可以阅读一些相关理论的基础书籍,提高自身的知识储备;同年级老师多进行集体备课、多交流讨论,提高备课的效率;相关的教育部门多开展相关专题的主题培训,以点带面提高老师们的教学专业水平。

(二)遵循合理讲解原则,不要为讲字理而讲字理

"我们分析表意文字,一定要把构形和构意统一起来,把字形和字理统一起来。才能正确地理解和讲解汉字,也才能激发起学习者的兴趣。"[②]

[①] 崔曾亮:《汉字学与小学识字教学》,人民教育出版社 2015 年版,第 244—245 页。
[②] 王宁:《汉字与中华文化十讲》,生活·读书·新知三联书店 2018 年版,第 119 页。

很多汉字从字理角度来讲授，能充分调动学生的学习积极性，快速让学生掌握这个汉字的音、形、义。

1. 象形字

"象形字都是'画成其物，随体诘诎'，现在的楷书字虽然因笔画变易失掉了原字形的一些写实成分，但多数仍保存着原字形的轮廓。"[1] 所以这一类型的汉字可以结合图片，从字源的角度进行教学。

例如：教学"网"字，老师可出示图片，再出示甲骨文，现在的简化字"网"同甲骨文很接近，也能看出网的轮廓，学生很快便能记住这个汉字。再比如"禾"字，金文，篆文，就很容易看出禾苗的写实样子，和现在的字形也很接近，结合图片、古汉字教学，容易调动学生的识字兴趣，同时又能联系起汉字的字音、字形、字义。

2. 指事字

上面提到的象形字都是眼睛看得到的，可以用象形来表现的，然而有些意思却不好画图，比如"上"并不是一样具体的实物，也就无法象形了，所以我们的祖先造了甲骨文、篆文，由此可以看出，这个短横就是表示位置"上"，再比如"本"（篆文），下面的短横表示树的根部。"指事字初看起来可以认识，再细观察就能了解意义。"[2] 因此，对这类汉字进行教学时，也是非常适合运用字理进行教学的，给学生讲讲我们的祖先造字的初衷，有助于他们快速掌握字形、字义。

3. 会意字

"会意字其实就是复合的象形字，用两个象形字合在一起，以表示某种词义，这就叫会意。"[3] 例如：要理解"休、尖、笔"等字，就需要把构字的两个象形字合在一起来理解，脱离了哪一部分，都不能构成这个字的意思。对于这类汉字，老师带领学生理解会意字的字理后，就能达

---

[1] 刘又辛：《谈谈汉字教学》，《语言教学与研究》1993 年第 3 期。
[2] 左民安：《细说汉字》，中信出版社 2015 年版，第 XV 页。
[3] 刘又辛：《谈谈汉字教学》，《语言教学与研究》1993 年第 3 期。

到以点带面的效果。在一年级的部编教材中，就设计有专门的识字课《日月明》来帮助学生认识会意字，老师结合字理给学生讲了"日月明"以后，学生很快就能领悟这一类汉字构字的妙处，学习了这样的识字方法后，就能快速地认识"小大尖""一火灭"等。

4. 形声字

"据统计，汉代的《说文解字》共收字9353个，其中形声字7679个，约占总数的80%，清代的《康熙字典》共收字47035个，其中形声字42300个，约占总数的90%，到现在的简化字，形声字也占绝对多数。"[1]

老师在教学形声字时，首先要让学生认识什么是形声字，再归纳总结形声字构字的规律——声旁提示读音，形旁表示意思，这样学生对于新学的形声字，就能快速地联系起这个字的音、形、义。再者，老师在教学汉字构字的部件时，也要引导学生归纳总结这些部件构字的规律，比如带有"氵"的字往往和水有关，带有"虫"的字往往和昆虫有关，带有"页"的字往往和头有关，等等。例如"蜘蛛"二字，学生认识"知"和"朱"二字，就能很快记住"蜘蛛"的读音，两个字都有"虫"说明和昆虫有关，所以很快就能掌握词语的意思，这样就把字词的音、形、义联系在一起了。"儿童掌握了抽象思维的规律，便可以利用规律，用较少的时间，学习具有相似部首的汉字。"[2] 从而使我们的汉字教学达到以点带面，快速、大量认识汉字的目的。

5. 其他类型汉字

"汉字经过漫长的演变，有一部分汉字，在字形随字体的演变中，由于构件的无理变异或构件的黏合，在视觉上完全失去了构意。"[3] 还有一些字不仅字形变化了，就连字义都相去甚远，这样的汉字不建议绕一个大大的弯路从甲骨文讲到现在的楷体，字理的目的是为识字服务的，而

---

[1] 左民安：《细说汉字》，中信出版社2015年版，第XVII页。
[2] 陈金明：《识字教学与儿童认知发展》，《河北师范大学学报》2001年第4期。
[3] 王宁：《汉字构形学导论》，商务印书馆2016年版，第68—69页。

不能为讲字理而讲字理。

比如前面讲到的对"灭"字的讲解，引导学生对比观察图片，很容易理解上面一横就是用一东西盖住火，隔绝了空气火也就灭了，这样讲解也是符合字理的，而且更简洁明了，同时也符合学生的心理接受能力。再比如对"厅"字的讲解，可以引导学生理解"厂"表示房子，"丁"提示读音，后引申为办公机构或聚会、接待客人的地方等，如"办公厅""咖啡厅""展览厅""餐厅"等。这样讲解比从字源变化角度讲解更容易让学生接受，做到了化繁为简。

（三）准确讲解构字部件，讲一个带一批

汉字中的许多构字部件，存在于诸多汉字中，掌握了这些构字部件，能达到学一个带一批的效果。比如"氵"一般和水有关，"扌"一般和手有关，"页"一般和头有关，"月（肉月旁）"一般和身体有关，"灬"一般和火有关等，掌握这些部件，对带有这些构字部件的一批汉字的学习都是非常有帮助的，反之则会教错一个搅混一片，比如上面讲到老师错误肢解"照"字，错误讲解"灬"，就非常不利于以后带"灬"的汉字的学习。

在小学低段的识字教学中，存在大量的独体字，这些独体字作为成字构字部件，具有很强的组构功能，同时这些字中大部分都是象形字，低段的孩子象形思维比较发达，老师们就非常适合结合图片，溯源讲解。把这些独体字的构形、构义讲解清楚，可为以后的汉字学习夯实基础。

如果老师能准确讲解汉字的构字部件，学生在汉字学习中就能做到举一反三，相信长此以往，学生写错别字的问题也将迎刃而解。

（四）讲解字理要注意方法策略，不生搬硬套

"汉字教学的主要内容是教人识字、写字、用字，取得成效的关键在于教师要明白汉字构造之理，明理才能得法。理是确定的，法是灵活的。"[①] 字理识字教学该如何搬上课堂呢？特别是对于小学低段的孩子，

---

① 李运富：《汉字教学的理与法》，《语文建设》2013年第12期。

如果把《说文解字》上的讲解直接搬上课堂，很多时候不但对识字教学没有帮助，反而会增加学生识字的负担，所以讲解字理要注意方法策略，不生搬硬套。

1. 现场演示法

在教学中通过动作、实物等进行演示，可以让识字教学更加直观。如一个老师在教学"掰"字时，老师带来了一个橘子进行演示。

师：老师现在要把橘子掰开，你们仔细看我需要怎么做呢？
生：我发现老师用两个手用力一"掰"，橘子就分开了。
师：对的，你很会观察，那你现在再来看这个"掰"字，你又发现什么了？
生：我发现"掰"字，是左右各一个手字，中间一个分，就好像是老师掰的动作。

2. 游戏法

结合字理，设计与汉字相关的游戏，有利于调动课堂氛围，对汉字印象更加深刻。

如一个老师在教学"拔、拍、跑、踢"这几个生字时，就和学生玩起"看字卡、做动作""看动作，找字卡"的游戏，老师出示一个字卡，让学生做相应的动作，或者请学生做动作，让其他学生找出相对应的字卡。

通过这样的游戏，孩子对带有"扌""足"的字与手和脚的关系就理解得更加深入了。

3. 图片法

在教学中借助图片、简笔画等进行汉字教学，有利于把抽象的汉字形象化，象形字更适合用此法。

比如对"网、禾、日、月、山"等汉字的教学，学生很容易把汉字和图片联系起来，汉字的音、形、义也就不言而喻了。

4. 故事法

通过讲解故事给孩子阐明字理，很容易调动学生学习汉字的兴趣。中国汉字源远流长，许多汉字也有一些非常有趣的故事、传说，如果能结合这些故事进行汉字讲解，则能生动、形象地进行识字教学。

比如老师可以结合《三国演义》里面的故事讲解"阔"字：曹操有一次嫌门修大了，于是在门上写了一个"活"字，于是杨修明白了曹操的意思，就把门拆了重修。

相信学生在听了这个故事后，必将对"阔"字的字形和字义印象非常深刻。

所谓教学有法，而教不定法，字理识字只是识字的方法之一，以上针对识字教学存在的问题而提出的对策，也是为了更科学、更高效地进行识字教学。"学习汉字不能只靠记忆，要从感性走向理性，使汉字教育和语言结合，和文化结合，和审美结合，并把古今沟通起来，让字变得不再枯燥，不再无趣。"[①] 这样，才能实现学生学汉字、懂汉字、爱汉字的教学目标。

---

① 王宁：《汉字与中华文化十讲》，生活・读书・新知三联书店2018年版，第257页。

小学低年级利用语文活动减少错别字的实践研究

张 琼

(深圳市宝安区新桥小学)

摘 要：根据统编教材对低年级识字要求，结合低年级学生的认知水平和心理特点，立足语文课堂和语文活动，课内课外相结合，充分调动学生学习汉字的兴趣；教师注重培养学生良好的习字写字习惯，渗透汉字文化，丰富课堂活动，读写结合进行错别字训练，对学生进行方法引领，培养自主纠错意识，全方位寻找低年级学生减少错别字的对策。

关键词：低年级学生；错别字；语文活动

错别字，顾名思义是指错字和别字。《辞海》中解释：错别字即"本无其字而写之"。识字写字是小学生语文学习的基础，也是整个小学阶段语文教学的关键。汉字学习是否扎实直接影响着高年级的习作和阅读。语文课堂是学习汉字的主阵地，教师在教学中注重方法引领，学生在实践中规范习字，培养自主纠错意识，利用丰富多彩的活动激发学生学习兴趣，全面减少错别字书写现象。

一 调动兴趣，培养能力

低年级学生年龄小，学习中形象思维占据主导地位，并且在课堂上以无意注意为主，持续保持高注意力比较困难，很容易受外界和自身影响分散注意力，对新知识畏难情绪比较明显。课堂上应建立平等、和谐的师生关系，创建浓厚的识字写字氛围，让孩子在轻松愉悦的环境中，提升学习汉字的内驱力。

（一）营造氛围，快乐识字

学生是课堂学习的主体，教师和学生是学习途中最亲密的伙伴。课堂上，教师可以用亲切舒缓的语气，抑扬顿挫的语调，走到学生中间，给学生充分表达的机会，鼓励孩子发言，增强学生课堂回答问题的信心。这样学生可以放下心理负担，主动和教师对话，保持着良好的情绪状态，使整堂课都处于轻松愉悦的氛围，学生的主动性提高了，课堂教学则会达到意想不到的效果。教学中，借助多媒体平台和识字教具，通过"你说我猜""生字宝宝在哪里"等游戏认读识字卡片，借助PPT和视频动画进行"把生字宝宝送回家""小猴子过河"等汉字闯关比赛，激发了低年级学生上识字课的浓厚兴趣。

（二）探究字理，渗透文化

在语文教学活动中，适当灌输祖先有趣的造字法，让学生从字源的角度认识并正确书写汉字。中国古代造字方法有：象形、会意、指事、形声、转注和假借六种。《小小的船》一课中的生字"月"，可以指导学生先仔细观看书上的插图，然后再叫学生看图旁边的"月"字，找出它们相同或相似的地方，结合课文中所教的生字给学生讲解造字法——象形，"月"字就是弯弯的月牙。"芽"由"艹"字头和"牙"组成，典型的形声字。"芽"为什么要用"牙"作声符呢？其实这个字取用的是动物的牙，表示两片柔软的嫩叶、花苞交错，紧紧抱在一起的形状，所以"芽"也表义。人们常说的"芽孢"，就是初生像牙状的叶芽或花芽。比如"弛"与"驰"，形声字，二者声旁相同，区别在于不同的形旁。在古代，贵族子弟要学习"六艺"，其中，"射"指射箭技术，"御"指驾驭马车的技术。这两项技能与上面两个汉字关系密切。"弛"的形旁是"弓"，是指弓箭的松弛状态；而"驰"是"马"旁，因其本义与"驾驭马车"有关，是"马疾走"之意。通过分析字形，探究字理，联系生活，举一反三，学生轻松辨析形近字，错别字现象也将有所改善。

（三）巧用阵地，丰富活动

班级文化具有一种无形的教育力量，能够凝聚学生的思想，提升学生的班级认同感，有利于形成和谐的教学环境。利用班级文化建设，为减少学生错别字"添砖加瓦"。开设"汉字角"，目的是让学生把自己认为容易写错的汉字，用字卡的形式粘贴在教室一角，并把容易写错的地方用彩色笔标注，耳濡目染，起到提醒同伴的作用。开展"错别字零计划"，制定班级零错别字规则：坐姿端正，认真观察，规范书写，仔细检查，及时订正。利用小组合作，互帮互助，并进行小组积分比拼。课前进行"形近字""易错字"词语朗读，每天加深印象，降低错别字的概率。课间组织学生开展绘本"悦读"、童话"悦读"，在"悦读"中多识字，加深印象，减少错别字的发生。

（四）关注评价，改良方法

1. 评价语言的激励性

学生都希望自己被赏识，一句充满爱心的评语，一个饱含鼓励的眼神，都能使他们的童心得到满足。课堂上多采用鼓励的评价语，适时表扬孩子们的成功之处。哪怕书写进步了一点儿，错别字少了一个，都值得我们给予掌声，为学生树立信心。比如：你的观察真仔细，记住了"风"的第二笔是"横斜钩"，而不是"横折弯钩"。既鼓励了孩子，又强调提醒了"风"字容易错的笔画，一举两得。

2. 评价方式的多样性

建立班级错别字档案，其中保存了班级学生在作业和考试中经常出现的错别字文档，以一个月为单位进行小测试，考察学生的错别字改进情况，让每一位学生看到自己的进步。除了采用老师评价、家长评价等传统模式，还鼓励学生开展同伴互评和自我评价。每人一本"错别字账本"，积累每天作业中的错别字数量，如当天作业无错别字，视为账本清零。多采用小组互助合作的检测模式，引导学生互相检查、互相点评、互相听写、互相监督、共同进步。这样既可以提高学生的观察力、纠错能力、鉴赏能力，还可以激发兴趣，有利于良好习惯的养成。

二 教师多渠道引领

俗话说：授人以鱼不如授人以渔，作为教师，应注重在教学活动中传授学生减少错别字的方法诀窍。

（一）传授方法，多方指导

1. 对比训练，串联积累

对笔画、偏旁、结构相同或相近的汉字进行"汉字来找茬"游戏。汉字虽然各不相同，但仍有规律可行。以一年级刚入学的小朋友为例，对于合体字或者结构比较复杂的独体字，我们可以利用加一加、减一减、变一变的汉字变身游戏。加一笔变新字如"日、旦、田、甲、由"，由已识汉字进行重叠变新字"二人从，三人众"。在一年级起步阶段，我把此方法用在了孩子识记自己名字和他人名字的活动中，孩子们兴趣十足，一下子就能记住对方名字中的一两个字。还可以多做些形近字组词训练，如"树木""根本"、"休息""体育"，这种方法可帮助学生辨别、巩固记忆相似字形。

2. 多样识字，加深记忆

口诀、儿歌、字谜幽默风趣、简单易记，符合学生好奇的特点，对一些比较顽固的错字很适合。当学生对"未"与"末"混淆时，可根据字义编出儿歌："未来遥远，上短下长，末日到了，上长下短。"在学习生字"裕"时，用口诀"有衣穿，有饭吃，生活就富裕。"欢快又富有节奏的语言，学生不仅学得快、记得牢，而且培养了语感。如对一些形近字，抓住其不同之处以编口诀的方式记忆。如，教学"燥、躁、噪、澡"时可告诉学生"有水可洗澡，有火变干燥，伸手可做操，有口耳朵受不了。"教学中采用汉字与象形字相结合，以汉字形体带动识字教学。山峰演变为"山"，弯弯的谷穗就是"禾"，燃烧的火苗就是"火"，借助图形认识字形，还可以在象形字结构上改编再创造成新认识的汉字，比如"旦"，表示太阳从地平线升起，汉字的姿态在这样的比一比、画一画中应运而生。这样不仅考虑了学生的认识事物的特点，而且激发了孩子观察汉字、研究汉字的兴趣。

3. 联系生活，建立连接

苏联著名教育家苏霍姆林斯基曾说过："只有当识字对儿童来说变成一种鲜明的激动人心的生活情境，里面充满了活生生的形象、声音、旋律的时候，读写结合过程才能变得比较轻松。"学习"尖"时，我们可以联系生活中的一些事物，"草芽""笔尖""书角""三角板"都是尖尖的，而且上面小下面大，学生很容易就记住了"尖"字。对于一些较为抽象的字，比如"酸"和"甜"，让学生直观地看着柠檬和糖果的图片来读，读出酸读出甜，也可以把它们放在课文中，联系句子意思或者课文内容来理解字的意思，这就是语境识字，也是随文识字。又如识记"辩、辫"，可以联系生活情境"辩论用语言，女孩用丝扎小辫"。教师在备课时可以大量搜索资料，用图片、情境视频、汉字故事表演等方式，给孩子提供视觉和听觉盛宴。汉字在学生眼里将不再是单调、枯燥和复杂的笔画组合，而是生动、活泼的，充满了乐趣。学生的识字主动性、积极性自然会得到提高，识字效率也会上升。

（二）端正态度，培养习惯

《语文课程标准》指出："第一学段要关注学生写好基本笔画、基本结构和基本字。义务教育的各个学段的写字评价都要关注学生写字的姿势与习惯。"可见，培养学生良好的书写习惯在小学阶段的重要性是不可否认的。

教师持之以恒，常抓不懈，严格要求；学生持之以恒，端正态度，养成良习。教师要注意教育学生树立汉字责任感，养成细心观察、规范书写、自觉检查、及时纠正的好习惯。写字时要做到"三个一"：眼离书本一尺远，胸离桌子一拳远，手离笔尖一寸远。无论是在课堂上练字还是在家庭书写，良好的坐姿是写好汉字的开端。此外坚持"四到"："眼到"，注意观察字形、分析笔画，掌握笔顺和间架结构；"口到"，做到边读边写，加深印象；"心到"，专心书写，用心记忆；"手到"，遇到字形生疏或意义不明的字，勤查字典，并且利用课余时间多写多练。

（三）识写结合，强化训练

从心理学角度讲，多种知觉系统参与知觉，有利于加强记忆，提高辨别能力。课堂上不仅要让小学生观察、认识，还要让他们动动小嘴读一读，伸出小手写一写。写字教学也要求"看、听、想、说、写"相结合。

1. 观察领悟，鉴赏审美

培养学生的观察能力，有助于更准确地认识汉字。观察田字格中的范字，说一说这个字每一个笔画、部件分别写在田字格哪里才显得好看，写时应注意什么，形近字的细微差别在哪儿，关键部分可联系生活实际记忆：如"暖"在记字形前先引导学生观察想象：什么叫"暖"？是阳光灿烂的春天比较温暖，还是大雪纷飞的冬天比较暖和呢？然后出示"暖"造字本义：援用火盆或火炕加温御寒。后来用"日"取代"火"，表示借晒太阳来加温御寒。学生在观察中领悟汉字的"易错点"。教学中要重视教师的范写，这是对学生最直观也最直接的示范指导，引导学生看清每一笔的运笔方法。教师的书写要力求美观，让学生充分感受到汉字的美，激发写好字的内在需求。

2. 循序渐进，强化训练

写好汉字本就不是一蹴而就的事情。首先，练字时要注意创设静心的环境，写字前三分钟静坐或是配上《高山流水》这样的音乐，使学生保持平和的心境。其次，纠正学生的握笔姿势及写字姿势，养成良好的书写准备。再次，确定书写对象，低年级练字不能贪多求快，3—5个字为宜。最后，按步骤进行书写练习：采用先描再写的方式，通过观察—临摹—田字格书写—再对比观察—再书写的流程，在循序渐进中改善学生的书写，尤其是易写错的字要让学生在朗读、组词造句中不断练习、强化。

3. 注重复习，加强巩固

任何知识想要长久记忆都需要复习巩固，正所谓温故而知新。学过的字要及时复习，要求学生充分利用课前、课后、课内、课外，对已学过的生字写写画画，加强识记。小学生虽然求知欲强，记忆力好，但他们年龄小，学得快，忘得也快。因此，教师在每天识字教学中加入五分钟复习，采用抄写、听写、默写的方法巩固前一天或者前一课已学过的生字。另外，要增加学生与汉字在阅读中的"见面机会"，每天一篇绘本阅读，每周一节阅读交流，定期推荐童话故事书，等等。

三　学生自主实践中落实

在教学中，学生是课堂的主人公，是学习的主体，改善错别字不仅需要老师方法引领和活动指导，学生更要养成良好的书写和检查习惯。

（一）自主探究

"字形藏理，字音通意。"了解了字的音、形、义之间的联系可以避免错别字的产生。如教学"打、摸、捡、扔"，可引导学生做一做相关动作，借助动作演示，学生会发现这些字都表示手部动作，让学生从中悟出形旁可表意。又如"清、请、情、晴、蜻"一组字，让一年级学生通过歌谣朗读、观察、比较，发现其共同点是都有"青"，换上不同的偏旁外套就变成了新字。表音的声旁加不同的表意形旁，让学生在观察中认识形声构字规律。当学生遇到再三辨别依然混淆的形近字时，突出关键特征、加强对比是个不错的方式。如区分"辩、辨、辫、瓣"时采用"汉字批注"的形式，在自己认为容易写错的部位用彩笔标出，并引导学生在旁边写出自己的记忆策略，学会自己发现探索。平时课堂上多采用问题讨论，激发思维："这几个字的不同点在哪里？如何以最快的方式辨别出来？""你是用什么方法记住这些形近字的？""你觉得哪个字容易写错，要提醒大家注意哪个部分？"

（二）自主评改

1. 自改互改

减少错别字，要充分发挥学生的主观能动性。教师在改作业时，可以改变传统批改方式。作业中出现的错别字不再一一圈出，也不在作业本上写范字，老师在作业后总体点评，注明"已发现错别字，请进行排查"等字样，引导自主发现，自主改正。这样不但不会给学生消极的心理暗示，而且可以调动学生的积极性，又可以加强记忆。同时，也可以让学生互挑对方各项作业中的错别字，然后将这些错别字的规范字记录到错字本上，记录的方式鼓励个性化，比如在关键部位涂上自己喜欢的颜色、加上提示语、配以图画等。

2. 活动纠错

开展纠正错别字的语文活动，在活动中提升能力。同学之间互找错别字，在黑板上展示错别字，互批互改写字练习，每月评比"错别字医生""汉字书写之星"，鼓励学生规范写字。在我们身边，商家出于营利的目的，经常也会出现用错别字的现象。开展"寻找错别字"活动，分小组寻找课外错别字的活动，让学生平时查看报纸杂志，在家庭、学校附近的广告牌、商店招牌上寻找错别字，并形成文字资料，定期在班级黑板报或者文化栏上进行成果展示。这样，不但净化了社会语言环境，而且提高了自身的纠错能力，促使学生自主养成良好的纠错习惯。

3. 建立错别字诊所

学生建立微型"错别字诊所"，把平时轻易写错的字收集起来，记录在专门的练习本上。黑笔写错别字，红笔再写三个正确的字并组词。对记录下来的字，查找字典，了解字义，进行简单标注。每天认读对比，加深记忆。每周在小组内进行汇报过关，同学之间互读互测互评，每人只测自己错过的字。从音、形、义三方面求同辨异，遵循了汉字的字理，针对性强，易于学生自我改正。同时培养了学生思维的批判性和良好的学习习惯，错别字重复出现率会大大降低。

结语：在科技高速发展的社会环境影响下，电子设备替代了传统的汉字书写，小学生错别字的形成也避免不了很多外界因素。总之，教给学生有效的识字方法，培养良好的书写习惯，将有助于学生减少错别字。我们今后将不断地探讨、研究，净化学生学习汉字的环境，创编出更多有效、实用、丰富、有趣的方式，让学生爱上汉字、会写汉字、写好汉字。

三

阅读教学

浅谈主题阅读教学的策略研究

王金杰

(深圳市宝安区教育局第2学区教育管理办公室)

摘　要：主题阅读教学是在尊重文本的基础之上通过整合资源、追溯文源，采取的同主题文本联系式综合阅读的教学形式。在文本解读和拓展以及学生认知的基础上，以主题阅读内容为主线。教师可在单篇文本教学的过程中通过有效的资源整合，以主题教学意识为立足点、主题延伸为切入点、主题读写为增长点，寻找文本主题特质本源，更有效地落实《小学语文课程标准》中的相关阅读教学任务和内容。

关键词：主题阅读；以文带文；读写联动

主题阅读是基于传统阅读基础上发展起来的更加系统、科学的阅读方式，它依托现有语文教材，通过单元阅读主题、推荐学生阅读一系列与单元主题相关的课外阅读，提升学生的语文修养。

可以说"主题阅读"让孩子们在阅读理解的过程中既有横向的全面认知，又有纵向的深入思考。它会让教材中的每一个故事、每一个人物、每一个场景、每一幅画面都在主题阅读的教学过程中变得鲜活、生动、客观、丰盈，从而提升学生的思维水平和认知能力。

一　主题阅读，追根溯源

"主题阅读是指在开展阅读教学时，对零散的教材内容进行整合和归纳，从中提炼阅读主题，并与课外读物联系到一起，形成更为系统化的知识体系，让学生在文本重组过程中，做到对阅读材料的深刻理解，并掌握科学的阅读技巧和方法。相比于传统的单篇阅读方式，主题阅读能够丰富学生的阅读内容，阅读材料不仅仅局限于语文教材，同时还能突出阅读教学重点，挑选最为合适、满足学生需求的教材进行阅读，使阅读教学质量和效率都得到显著提升。"[1]

在平日的语文课堂教学中，尤其是在教授以人物传记或以特定人物刻画描写为主的课文以及整本书、名著节选的篇目章节时，以"追根溯源"式的主题阅读方式展开教学，可通过追其人物描写在不同事件和背景下的人物特质的根，溯寻特定故事情节和时代背景的源，更加立体地还原人物形象，让学生对人物的理解和认知更加全面，对文章的内容和情感的把握变得更加深刻。

例如，在教学人民教育出版社义务教育教科书五年级下册《临死前的严监生》一文中，我以人物描写方法为突破口，在教学过程中以对人物的心理揣摩和神态描写的理解为切入点，在理解严监生其人吝啬的基础上，通过主题阅读《儒林外史》中的相关章节，有了下面的"追根溯源"式主题教学内容：

　　严监生临死不忘挑掉一茎灯草，可见其吝啬之极。当学生们阅读完《儒林外史》第五回"王秀才议立偏房，严监生疾中正寝"和第六回"乡绅发病闹船家，寡妇喊冤控大伯"相关章节文字时，开始大感不解。一毛不拔的"铁公鸡"严监生在妻子生病时竟然不惜重金为她寻医问药，为解救其兄严贡生的牢狱之灾宁花万两白银搭救。

在师生的研讨中，学生逐渐明白，在有本源的整本书或名著中节选的单篇文章学习时，对人物的理解和认知不能单从一件事、一个举动去

---

[1] 吴雅玲：《入情其中，小学语文阅读主题式教学模式探析》，《语文教学通讯》2013年第3期。

对人物定性，应在不同的事件和背景下客观地进行人物评价。为此，学生有了一副这样楹联创作，上联：对己一茎灯草未挑两根手指不倒；下联：与人千两纹银可掷万般小心示好；横批：可怜"吝啬鬼"。

通过教学案例，我们不难看出，在课堂教学中，对文本知识进行主题阅读拓展，追根溯源式的阅读方式，既是文字的一种延伸，更是在主题阅读教学意识下对文本的深入理解。尤其是对人物的认识上变得有血有肉，从而培养孩子们在阅读过程中的感受、理解、欣赏和评价的能力。

二 主题阅读，"读"占鳌头

"书是读懂的，而不是教师讲懂的。"叶圣陶先生的这句话道出了学生自我阅读的重要性。如何在课堂教学的过程中更加高效地进行自主阅读教学，给孩子们更多的阅读时间和空间，主题阅读给了我们新的思考和启发。可以说主题阅读的方式能够在有限的课堂教学时间里落实"读"占鳌头、以读代讲的理念，从而丰富学生的语言积累和感悟，提升学生的阅读能力。

首先，是"读"的主题和材料的选择。在阅读的过程中应根据教学任务和目标，精心选择主题与阅读材料。

第一，依据教材中单元语文要素和人文主题选择阅读主题。部编版语文教材"双主线"的编写思路，蕴含着非常丰富的阅读主题，这些主题或者是对生命的讴歌与赞美，或者是体现家国情怀的悲怆与感动，或者是对乡村生活的向往与眷恋……为此，教师可在单元人文主题中根据自己单篇教学的目标进一步提炼阅读主题。例如：在教授人民教育出版社义务教育教科书六年级下册《北京的春节》这一课时，我们可以在单元人文主题的基础上提炼"多彩的春节风俗"这一主题，让孩子们了解不同地域的春节习俗，感受多样的春节文化。当然，在主题确定的过程中，我们还可以超越教材，从生活中去寻找和提炼适合学生的阅读主题。

第二，根据主题选择恰当的阅读材料。确定阅读主题之后，我们可以根据主题的内容选择不同的体裁，不同的地域（国内外）的相关文章和著作。在选择的过程中以短小精悍的名家名作为主，便于孩子们在课堂上学习。如果选择著作的话，可以作为课后阅读延伸材料和课堂阶段性分享内容。

其次，可采取跨媒介主题阅读方式。《普通高中语文课程标准》（2017年版）中的"学习任务群3"是"跨媒介阅读与交流"，旨在帮助学生在跨文化、跨媒介的实践中开阔视野，在更宽广的选择空间中发展各自的语文特长和个性。跨媒介阅读，跨越的是阅读资源组合，更是一种深度阅读[1]，作为教师可根据阅读主题，通过媒体资源（影视、图画、音乐）等，进行有效的资源整合，从而提升阅读的效度。

三 主题阅读，读写联动

阅读是写作的基础，是写作内容与语言的重要来源。写作的素材、语言的积累、习作的技巧只有通过大量阅读才能获取。看书和写作的关系不是立竿见影的，需要一个内化和循序渐进的过程。可见，阅读和写作之间的关系既紧密也微妙。

那么如何处理读和写的微妙关系促进学生的习作水平？如何在保证阅读"量"的基础上提升写作的"质"？通过阅读教学实践研究发现，主题阅读为学生进行习作创造了极其有利的条件，因为主题阅读与泛读效果是不一样的，有主题的阅读容易提炼习作的主题，在一个主题的统领下，让学生阅读相关的文章，积累大量的语言，在丰富认知和情感的体验的过程中习得方法，是解决学生习作时无处落笔、"无病呻吟"的有效途径。学生们在大量的主题阅读中，会对文字以及文字所承载的人、事、物、景有更加深刻的体验和认识，在此基础上找准文字表达训练点，相对容易产生写作的冲动和灵感。因为有主题，学生们积累的习作素材比较集中，有话可写。例如：人民教育出版社义务教育教科书六年级上册第八单元习作内容《有你，真好》，我们通过选择系列关于描写人物的文章和名家的作品，以典型的人物事例刻画人物形象的作品为主，让孩子

---

[1] 吴钟铭：《中国教育报》2018年6月11日第9版。

们在主题阅读的过程中，构建习作框架，从而进行习作训练。

"让学生接触更多的阅读材料，在大量的阅读实践中提高自身的理解能力和阅读能力，只有丰富阅读量，才能为写作奠定坚实的基础，进而在练习中提高自身的写作水平。"[1] 因为有主题，习作的内容不再干瘪而变得丰富、深刻。因为有主题，所表达的文字情感也会更加的真挚而强烈。

四　结语

可见，主题阅读是语文发展的一种趋势，更是一种方向，语文教学不能仅停留在单篇文章的品析和烦琐的讲解上，应当在有主题的阅读教学过程中把更多的阅读时间和空间留给孩子。让他们在课堂内外饶有兴趣地去阅读、交流和分享，把读完的文字变成手中流动的文字和口头表达的语言。这样的课堂是我们期待的，也是我们可以实现的。

走进大语文，感受阅读的魅力，可以从主题阅读的实践开始。

---

[1] 樊泽亮：《小学语文阅读教学中读写结合教学法浅谈》，《中国校外教育》2019年第5期。

浅析绘本阅读教学中教师提问的有效性

谢 伟

(深圳市宝安区红树林外国语小学)

摘 要：绘本是以文字和图画共同叙述的一个个或精彩曲折或深邃悠远或幽默有趣的故事，吸引了无数儿童的目光，其教育价值也得到广大教师的关注与认同。目前，很多学校已经开设了绘本阅读课程。教师提问是绘本阅读教学中常用的方法。在绘本阅读教学中，教师根据绘本中的图画、故事内容，结合学生的生活实践进行有效的提问，能促进学生图文结合读懂故事、领悟内涵，促进学生思维的发展，进一步激发阅读兴趣，开阔其视野。

关键词：绘本阅读教学；教师提问；有效性

日本国语教育学者田近洵一指出："在认识事物的过程中，最为重要的是着眼点——应该把关注的目光放在什么地方，应该怎样提出问题。可是，实际上这是非常难的事情。与答案相比，发问更为不易。这样说并非言过其实：如果适切的发问被设定出来，对于事物的认识就完成了一半。"[①] 问题是学习之始，有效的提问可以促进有效的教学。通常，根据课堂提问的主体，我们可以将提问分为教师提问和学生提问。在传统课堂中，往往以教师提问为主，随着新课改理念的深入，学生的自主意识受

---

① 转引自朱自强《小学语文儿童文学教学法》，二十一世纪出版社2015年版，第205页。

到重视，学生提问成为课堂不可缺少的部分。但无论是教师提问还是学生提问，两者没有主次、轻重之分，它们各具特色，在教学中都发挥重要作用。教师提问指引学生思考问题，学生提问反映学生思考的情况。教师机智的提问方式能够帮助学生找到思考的角度，进而根据自己的想法提出问题。因此，教师有效的提问亦是促进学生提问的一个条件。

教师提问能够激发学生的思维，促进学生多方位思考问题，理解内容。但并不是所有教师的"提问"都能激发学生真正的思考，如何提问才是有效的呢？有效的提问是教师在教学活动中提出的问题能够让学生产生怀疑、探究的心理，这种心理驱使他们积极思考，探究事物的本质并解答问题。在绘本教学中，要让学生能够接收到绘本内容所传达的教育价值，教师要适时给予指导和帮助，教师提问就是引导学生深入探究的方法之一。因此，对目前绘本教学中教师提问的有效方式的梳理和分析，可以为教学实践提供借鉴。

一 指向图画提问——由图入境

绘本中的图画与文字具有同等价值，它不仅能够给学生视觉上的美感，同时也是在辅助文字讲述故事。通常学生会被绘本精美的图画所吸引，画面中的每一个角落都在讲述故事，他们能在插图中读出丰富多彩的故事来。如此说来，教师便可从图画入手，引导学生根据图画猜想、描述故事。

1. 根据封面、封底及扉页的绘画提问

绘本的封面、封底和扉页都包含了故事的许多信息，比如主要人物或者环境的呈现。在正式阅读故事之前，教师可以让学生观察封面，提出引导学生想象故事内容的问题，如："封面上有哪些事物？""你觉得它们之间会发生什么故事？"等；接着，教师可以让学生观察封底，让学生结合封面猜想结局，教师可以提出问题引导他们，如："封底的画面和封面有什么区别？"有的图画书封面和封底连在一起构成了一幅图画，教师也可以引导："把封面和封底同时翻开来看，你发现了什么？"

2. 根据画中细节的提问

绘本的图画包含很多细节之处，画家设计的任何一个细节都是完整理解故事的有效信息，这是插画家为儿童留出的空间，让他们玩"躲猫猫"的游戏，而教师正可以利用这一点，抓住图画中人物的表情、故事场景和环境变化的描绘进行提问，带领学生从细微处感受故事的发展。如在教学《今天是什么日子》[①]这一绘本时，教师在完整地讲述完故事后，神秘地问学生："仔细观察图画，你能发现里面有什么秘密？"教室里马上安静下来，大家都希望自己是最先发现"秘密"的人，很快，同学们就开始发言了："我看到几乎每幅图里都有一只小狗。""看起来真真很喜欢小狗。"有人甚至惊呼："怪不得真真爸爸会送一只小狗给真真。"教师结合图画提出问题可以帮助学生更好地理解绘本内容，并培养学生想象力。

3. 根据图画色调的提问

颜色会引发联想，在绘本故事中，插画家对绘本当中每一幅画的构图、形、色都是煞费苦心的，尤其是色彩，它让读者与自然物相联系而产生反应，能凸显绘本的主题，比如《蚂蚁和西瓜》用大面积的红色和小面积的绿色形成了色彩的对比和画面的调和，让读者感受到故事的轻松和愉快。同样是在《今天是什么日子》一书中，故事中真真写给妈妈的信都是用红色绳子系着的，教师引导学生关注到红色以后，提问："为什么这些信都要用红色绳子来系呢？"这样的提问让学生联想到红色代表喜庆，这一天正好是爸爸妈妈结婚纪念日的喜庆日子，确实，在很多绘本中，红色常常用来表示幸福的场面，正好切合这个故事幸福温馨的主题。

二 指向故事内容提问——由浅到深

儿童一般能把握故事发展的主要情节，在有组织的活动中，他们能够感受到作品的情感基调，并且能够对作品作出深层含义的理解，而作为教师，如何去组织语言，架起学生与绘本之间的桥梁，显得尤其重要。

---

① ［日］濑田贞二著，林明子绘：《今天是什么日子》，彭懿、周龙梅译，新星出版社2014年版。

1. 指向故事理解的提问

绘本的故事虽然简短，但情节完整，具有深意。首先，教师要引导学生理解故事的基本内容，可以针对故事的六个基本要素提出问题，如："故事中的主要人物是谁？它们之间是什么关系？""它们之间发生了什么故事？"或"它们遇到了什么问题？又是如何解决的？"，等等。这样的提问不仅可以让教师了解学生是否跟上阅读进度，同时也能加深故事在学生脑海中的印象。

2. 指向故事"共情"的提问

教师要帮助学生进一步走进绘本，体会绘本的内涵。一位老师在给孩子上《米莉的帽子变变变》①时，为了能让孩子体会及想象戴上不同帽子的感觉，便伸手将"帽子"戴到孩子头上，并提问："现在你戴上了喷泉帽子，它带给你什么感觉呢？"孩子马上兴奋了："哇，好凉爽啊！""我觉得像洗了一个凉水澡一样舒服。"身临其境的感受让孩子进入故事人物的世界中。即使在故事的结尾，也依然不能放弃让孩子对绘本的故事内容产生"共情"。深圳市全民阅读推广人蔡焱老师在讲述《亚历山大与发条老鼠》②时问孩子们，"亚力山大的声音为什么会颤抖"，"如果是你，你会颤抖吗？""如果是你，你想把威利变成发条老鼠还是真老鼠？"一系列的提问，让孩子角色互换，从心里走进绘本当中去。只有让孩子带着兴趣走进去，才能让孩子带着喜悦走出来。让学生在理解内容的基础上进一步思考，并表达他们自己的所思、所悟、所学，教师也能从回答中了解学生的认知发展。

3. 指向思维拓展的提问

教师提问看似简单，实则考验教师的教学智慧和专业素养，在绘本教学中，教师不仅要会问、善问，而且要智问，如此才能有效促进学生思维的发展，帮助学生成长。在绘本教学的课堂上，教师可以采用启发、激励、延伸的提问方式帮助学生从感性认识逐步上升到理性认识，从而拓展学生的思维。有时候，教师一边读图、一边讲述、一边提问，启发

---

① [日] 喜多村惠：《米莉的帽子变变变》，方素珍译，未来出版社2011年版。
② [美] 李欧·李奥尼：《亚历山大与发条老鼠》，阿甲译，南海出版公司2010年版。

孩子寻找故事的线索，然后再回溯故事，梳理细节，这当中的提问往往能与故事逻辑性连接，启发孩子的思维。有的时候，绘本故事的情节比较完整，不适宜边读边提问，教师可以先将故事梳理一遍再来和学生互动，比如在《野兽出没的地方》① 这一绘本故事中，教师讲完故事后，请几位学生上台演示影子的长短，适时提问："小姑娘的影子为什么一会儿高一会儿又变矮呢？难道她会魔法吗？"这样的提问就告诉学生在读绘本故事的时候不仅要用眼用耳，还需要动脑去思考。

三 指向生活提问——由虚到实

建构主义研究者维特罗克认为，人们倾向于生成与以前的学习经验相一致的知觉与意义。② 儿童原有的认知经验、阅读经验甚至生活经验会影响对图画书的阅读与理解。

1. 提问引导学生将故事与生活连接

故事来源于生活，又隐喻生活。绘本与学生的生活是紧密联系的，它们帮助学生体验快乐、感知美好，它们向学生传达生活的真善美，教给学生童年生活的"哲学"。绘本教学不能止步于理解内容、知晓道理，教师还应该帮助学生从绘本到生活，探究生活中的故事，让教育回归孩子生活本身，去指导孩子的生活，促进孩子的成长。如《猜猜我有多爱你》③ 这一绘本，通过描写大兔子与小兔子之间"爱的比较"的故事，作者山姆·麦克布雷尼借一大一小两只兔子之口，就把生命中那种最原始的母子之情浓缩在短短的一段对话里了，温馨感人。学生都了解"母爱无私"这一事实，而他们在生活中也处处感受到母爱，但我们要培养的不仅是"知道什么"的学生，而是在知道的基础上"去做什么"的学生。因此，教师可以进一步提出问题，如："你会为伟大的母亲做些什么？"

---

① ［美］莫里斯·桑达克：《野兽出没的地方》，阿甲译，明天出版社2009年版。
② 转引自康长运《幼儿图画故事书阅读过程研究》，教育科学出版社2007年版，第49页。
③ ［爱尔兰］山姆·麦克布雷尼（文），安妮塔·婕朗（图）：《猜猜我有多爱你》，梅子涵译，少年儿童出版社2005年版。

"在平常生活中你的什么行为会让母亲开心呢？"或"你会以什么方式表达你对母亲的爱呢？"这样的提问是触动学生心灵的"钟声"，会帮助他们进一步走向真善美。

2. 提问引导学生续编故事

"留白"是绘画艺术，插画家常常会给绘本故事留白，给读者留下想象空间，此时，教师便可利用这种留白引导学生续编故事。比如，在绘本故事《老虎来喝下午茶》[①]的教学中，故事的结尾写到"老虎走了，再也没有来过"。教师顺势提问："老虎为什么没有再来呢？它去哪儿了？你能将这个故事继续编写下去吗？"低年级的学生爱幻想，喜欢让故事按照自己的想象和意愿去发展，因此，"续编故事"符合低年段学生的特点，对于他们来说，既是一种创造性的讲述，也是一种创造力的培养。

绘本是文学和美术完美结合的综合艺术，是儿童通向独立阅读阶段一个不可逾越的过程，能帮助儿童成为真正的读者。教师作为陪伴儿童成长的守护者，无疑要成为一个可靠的协助者，在教学中针对低年段儿童认知能力、理解能力有限的情况，不仅要思考提问的内容指向，帮助学生在读绘本的过程中扩展知识经验，理解社会规范，获得社会性的发展，同时，还要注意问题的表述、问题的答案以及问题的留白等，以帮助学生在绘本教学的课堂上充分地想象、思考和表达，让他们获得思维能力的发展，从而提升学生的阅读兴趣，最终提升学生语文核心素养。

---

① ［英］朱迪丝·克尔：《老虎来喝下午茶》，彭懿、杨玲玲译，接力出版社2014年版。

小学语文低段课外阅读卡的开发与运用

魏锦珠

(深圳市宝安区新安翻身小学)

摘　要：随着新课程改革的不断深入，阅读的重要性也越来越凸显。笔者在近三年的实践中，开展了小学语文低段课外阅读卡的开发与运用实践活动，阅读卡的开发应在精选书目保护学生的阅读兴趣的基础上遵循四个原则进行设计以保证卡片的质量。在运用过程中，科学、巧妙、合理地用好课外阅读卡，及时了解学生的阅读情况，从而让学生在活动中提升阅读能力。

关键词：课外阅读；课外阅读卡

当代著名教育家叶圣陶先生曾说："语文学习，三分课内，七分课外。"《义务教育语文课程标准》（2011年版）明确提出："培养学生广泛的阅读兴趣，扩大阅读面，增加阅读量，提倡少做题，多读书，好读书，读好书，读整本的书。"[1] 随着新课程改革的不断深入，阅读的重要性也越来越凸显。在未来，阅读能力直接影响着学生的学习成绩，阅读能力较弱的学生甚至连考卷都做不完，考试更是会吃大亏！这可不是危言耸听，这是"部编版"语文教材总主编温儒敏先生在一次公开演讲中的原话。也就是说，小学语文老师不仅要激发学生阅读兴趣，还要拓展学生

---

[1] 中华人民共和国教育部制定：《义务教育语文课程标准》（2011年版），北京师范大学出版社2011年版。

的阅读范围，增加其阅读量，进而提升学生的阅读能力。在教学实践中，笔者与所在学校的语文教师团队历时三年开发系列阅读卡并在实践中运用，尝试运用阅读卡激发学生的阅读兴趣，帮助学生掌握阅读的方法，实现大量阅读，提高阅读力，增强阅读实效。阅读卡是教师自行设计的小卡片、作业纸，用于对学生阅读过程进行监控和引导，操作起来简单、方便[1]，不仅能帮助学生内化阅读思考、外化阅读理解，同时还具有帮助教师诊断学生的阅读水平、辅助阅读指导的功能。[2]

一 阅读卡研究的理论意义和实践价值

阅读是一个人可持续发展的重要能力，《义务教育语文课程标准》（2011年版）中也指出，学生应"具有独立阅读的能力，学会运用多种阅读方法。有较为丰富的积累和良好的语感，注重情感体验，发展感受和理解能力"[3]。《义务教育语文课程标准》（2011年版）中关于儿童阅读能力的阐述，是阅读卡开发和运用的重要支撑。

英国学者艾登·钱伯斯在《打造儿童阅读环境》一书中提出，阅读环境中最为重要的一项是"有能力的成人阅读者"，称他们是学生阅读的引导者、合作者、分享者，在学生的阅读环境中起到了非常核心的作用。"阅读既是艺术也是工艺"，阅读行为的持续、阅读能力的获得，有能力的成人阅读者的示范和辅助是至关重要的。[4] 笔者认为，教师和家长就是这循环圈里的"有能力的成人阅读者"，但大部分家长都因工作忙碌没有时间陪孩子一起阅读，或者因为自身能力有限无法陪孩子阅读。而教师是孩子们值得信赖的、有经验的成人阅读者，但在应试教育继续一统天下的今天，老师们仍是顾虑重重，总还是自觉不自觉地把传授课本知识当成教学的主要内容，把分析讲解几篇例文当成唯一的"正业"。阅读卡

---

[1] 俞钱江：《不仅仅是一张小小的卡片》，《学科教育》2011年第8期。
[2] 刘艳平：《小学语文阅读卡片的开发与运用》，《小学语文》2017年第6期。
[3] 同上。
[4] 崔媛媛：《浅谈小学课外阅读卡片的开发及运用》，《吉林教育·教研》2017年第8期。

作为一种阅读工具,能够使阅读策略与阅读实践联系得更加紧密,在一定程度上替代和解放阅读时间、精力和能力不够的教师和家长,具备可操作的固定程序,便于移植和推广。阅读卡是小学低段课外阅读的有力策略,我们认为这一领域值得进一步研究。

阅读卡最大的价值在于,通过它,学生成为阅读和评价过程中积极的参与者。阅读卡经过一段时间的积累,可以在很大程度上测评了解学生的进步,促进学生参与的积极性。当学生创建他们自己的阅读卡时,他们积极地投入并反思自己的阅读。增长的多元认知对学生增加自信有积极的影响,有利于学生阅读策略的应用,并增长学生评估和修改学习的能力。同时,学生继续学习的动机在这种环境中可以得到持续增长。我们希望通过阅读卡的开发与运用,让老师指导学生正确的阅读方法,学会阅读,使他们多读书、读好书;在教室里营造出读书的气氛,让学生身在阅读中,激发学生阅读的兴趣,使学生乐读;以阅读卡为纽带,实现学生、老师与书本相互之间多维有效的对话,交流读书的感受,在快乐轻松的阅读氛围里读书;培养学生养成良好的阅读习惯,促进学生的课外阅读,提高学生课外阅读的质量。

目前国内外对课外阅读的内涵、特征、价值等研究非常多,但对借助阅读卡探索课外阅读策略的研究却不多,而且对课外阅读卡的研究注重宏观上的理论指导居多,较少有专门针对小学低段阅读卡的开发与运用的研究成果。不少学校也推行阅读卡,但更多的是推荐书目,摘抄好词好句,学生随意设计阅读卡,随意写心得,或者只是流于形式,蜻蜓点水纯记录而已,相当于做读书笔记,并没有从微观和学生的实际情况相结合,真正把阅读卡用起来,对于不同类型的书籍并无针对性和科学性的设计,也较少在阅读卡中体现对孩子阅读方法的指导。

二 小学语文低段课外阅读卡的开发

(一) 精选书目,保护阅读兴趣

课外阅读的首要任务是保护学生阅读的兴趣,而学生的兴趣在很大程度上取决于我们给孩子的书是否有足够的魅力。家庭阅读选择的书目往往比较盲目，见到一本书，看似比较好就希望孩子也能读一读。盲目的推荐会导致有兴趣的变得没兴趣，没兴趣的变为畏惧，畏惧的最终成为排斥。因此，笔者和团队老师在选择推荐阅读书目时会充分考虑低段孩子的年龄特点和心理特征并配合部编版新教材的教学进度有计划地进行推荐。如所选书目中《没头脑和不高兴》《神笔马良》《七色花》《伊索寓言》《中国古代寓言》等都是部编教材里快乐读书吧的推荐书目。又如，一年级的学生以识字为主，了解汉字的演变以及背后的故事有利于孩子们更好地识记生字，为此我们推荐孩子们读《汉字里的故事》系列书目；当孩子进入二年级，学习《传统节日》一课时，我们推荐孩子阅读《传统节日的故事》；当孩子学到教材中语文园地有关十二生肖的知识时，我们适时引导孩子们阅读《十二生肖的故事》。我们推荐的课外阅读书目除了对接课内的学习外，不仅有主题相同写法不同的阅读书目推荐，还有主题相同写法一致的书目推荐，既有不同主题的横向对比书目推荐，又有不同主题的纵向对比书目推荐。

（二）遵循原则，保证卡片质量

我们的研究摒弃了阅读卡主要停留在对词句的摘录或写心得上，相当于做读书笔记的这种现状。在开发的过程中，我们遵循以下四个开发原则。

1. 导读性

导读，是一种阅读辅导的行为。我们尝试在设计阅读卡时加入简要的"导读"部分，发挥阅读卡作为"引子"的作用，给予孩子一定的阅读方向、阅读策略引导。在"导读"中我们根据不同的阅读体裁给予孩子不同阅读方法的指导，帮助学生习得阅读策略，理解阅读对象，激发孩子的阅读兴趣。同时，针对不同的阅读书目设计不同的导读语，从而引导孩子们根据不同的阅读书目关注阅读对象，积累精华部分，并内化理解。比如成语故事，往往具有一定的思想性，有其教育意义，我们在设计导读时就会引导孩子在阅读过程中去关注成语故事所蕴含的教育意义、思考成语故事给我们的启发。（图1为《成语故事》阅读卡的导读部分）

> 【导读：成语展现了汉语的博大精深，短短几个汉字，往往包含了一段历史、一个典故、一个道理。小朋友们，每个成语背后都有精彩的故事，这些故事想告诉我们什么道理呢？我们每读完一个成语故事之后要好好思考并用到生活里去哦。】

图 1　《成语故事》阅读卡的导读部分

2. 目标性

课外阅读的根本目的是提高孩子的语文素养，为终身学习奠定坚实的基础。课外阅读不仅能培养小学生的创造力、想象力，而且对丰富小学生的思维内涵也具有极其重要的作用。课外阅读卡可以帮助教师诊断学生的阅读水平，所以教师需分清学生的阅读理解程度所处的层级，设计与各个层级难度相符合的阅读卡。所以，在开发课外阅读卡的过程中，我们针对孩子的各项阅读能力，如提取信息、综合理解、解释推理、反思评价等能力由易到难进行设计。如《七色花》阅读卡中的七色花功能介绍（见图2）、《昆虫记》阅读卡中的昆虫名片（见图3）、《宝葫芦的秘密》阅读卡中葫芦本领搜集、《夏洛的网》阅读卡中夏洛在网上织的四次文字分别是什么？这些都巧妙地考查了学生提取信息的能力。又如，在《七色花》阅读卡中我们还设计了这样一个问题："读完《七色花》你觉得哪种花瓣的颜色使用得最有意义？为什么？"通过提问的方式考查学生的反思评价能力。在《中国神话故事》阅读卡设计中让学生由此及彼设计一张关于国外神话故事的宣传报，通过此种方式让学生打开视野，极大地激发了学生阅读的热情，越来越多的学生积极加入自主阅读的行列中，学生在潜移默化中养成了良好的课外阅读习惯，也享受到了课外阅读带来的无穷乐趣。一张张小小的"阅读卡"是进入文本的"金钥匙"，也是学生课外阅读持续发展的动力。

3. 有序性

世界各地的新课程都十分强调高层级思维能力的培养。我国新课程标准要求引导学生进行探究性学习，开发潜能，发展思维、鉴赏等能力。香港理工大学祝新华教授的《六层次阅读能力系统及其在评估与教学领

图 2 《七色花》阅读卡中的七色花功能介绍

图 3 《昆虫记》阅读卡中的昆虫名片

域中的运用》一文提出六层次阅读能力：复述、解释、重整、伸展、评鉴、创意，其认知能力要求是从低到高发展的。所以，学生的阅读能力的培养不是一朝一夕就能完成的，而是从低级到高级、从简单到复杂的一个过程。我们在开发课外阅读卡时要注重对学生阅读能力的阶段性、发展性以及有序性的培养，先是激发阅读的兴趣，接着有序地培养学生的各项阅读能力，最后培养学生主动阅读积累和思考的习惯。

4. 适用性

我们在设计阅读卡时，还根据不同年级学生的特点以及具体的学情进行课外阅读卡的开发，每一层级的问题分为低、中、高三个难度，以适用不用年级的学生。如，针对孩子提取信息这一阅读能力的训练，我们会分为三个难度进行设计：（低）你最喜欢书中的哪只小动物？请你画一画、写一写；（中）你最喜欢书中的哪只小动物？摘抄与它有关的词语或句子；（高）你最喜欢书中的哪只小动物？用自己的语言说说它的特点。总之，一年级的阅读卡开发我们注重趣味性，让孩子以加入配画、手工、贴画等方式完成阅读卡。二、三年级则是适当减少趣味性，增加阅读方法的指导，提高阅读能力训练的难度。

在遵循以上开发原则的基础上，每位老师深度阅读一本书，并为该书"量身定制"阅读卡，经过团队老师共同商讨、反复推敲和修改才最终成形，坚持做到一书一设计。总而言之，我们的阅读卡，不仅会针对不同的书籍有针对性地进行科学性的设计，还能帮助孩子迅速厘清书本脉络，内容上更侧重于让孩子通过完成这个阅读卡提升自身的阅读素养，并以一种符合孩子年龄特点的方式来设计和呈现，让孩子在读写绘的过程中爱上阅读。这样不仅符合低段学生的年龄和心理特征，更能有效激发低段学生的想象力和创造力，真正成为阅读的主人。

三　小学语文低段课外阅读卡的运用

（一）科学使用课外阅读卡，增强学生阅读的实效

在学生阅读推荐书目时，我们会把阅读卡一并下发给孩子，充分利用阅读卡的导读部分刺激学生的阅读欲望，引起他们的兴趣，从而更好地开展阅读。从学习知识到获得能力其实是一个不断地输入再到输出的过程，大量地阅读书籍，能满足输入的要求，而学生阅读完推荐书目填写阅读卡时，不仅可以帮助学生对整本书的内容进行梳理和回溯，品味书中的语言，加深对书目的理解，还可以促使学生形成自己的语言进行输出。用好阅读卡，可以改变学生以往读书时那种浮光掠影"看热闹"式的"虚读"，那种不假思索"机械"式的"死读"，那种不问收获"漏斗"式的"白读"，[1] 真正

---

[1] 钱芳：《设计读书卡　轻松好读书——新课标下提高课外阅读效果初探》，《中国教育现代化》2004年第12期。

做到从"看见"到"洞见"再到"创见"的有效阅读。

（二）巧妙借用课外阅读卡，增加学生阅读的乐趣

每个学生都渴望被认同、被表扬，都希望把自己最好的一面展示给大家。我们可以顺势而为，为学生提供展示交流的平台：把学生的阅读记录卡收集成册，在班级传阅。这样一方面可以让同学们互相学习和借鉴，特别是在一些表达自己观点的问题上，孩子们可以看到不同的立场、不同的角度所带来的不同的思考。如在《伊索寓言》阅读卡中我们设计了这样一个"颁奖典礼"：在这些寓言故事中，你印象最深刻的是哪个故事中的人物呢？如果举行一个颁奖典礼，你要颁一个什么奖给它呢？从孩子们的阅读卡中可以看到许多精彩的、不同的、有创意的回答。有的孩子说他要给乌龟大哥颁奖，因为它在和兔子的比赛中坚持不懈、持之以恒，所以颁给它"坚持不懈"奖（见图4）；有的孩子说他要给山羊颁奖，因为它机智地逃过了大灰狼的追击，所以颁给它"机智"奖（见图5）；等等。另一方面还可以督促学生更加用心地去阅读，做好阅读卡，把自己最好的一面展示给大家。这是同学们之间一个相互交流、相互激励的过程，发挥了同伴评价的激励作用。另外，还可以利用班级读书分享会请学生上台展示自己的阅读卡，介绍书中喜欢的部分，可以是一个人、一段话、一个情节等。在分享的过程中，常常有学生精彩的发言博得同学们的阵阵掌声。这也是同学之间相互交流阅读内容和感受的一个方式，能够充分调动学生阅读的积极性，培养边读边思考的阅读习惯。

（三）合理利用课外阅读卡，评估学生阅读的情况

教师通过对学生的阅读卡进行收集和检查分析，可以从中看出学生的思维能力以及阅读水平的发展，同时也可以发现学生在课外阅读中存在的问题和不足，为学生提供有针对性的指导[1]，教师也可以重新思考阅读卡能否有更好的设计。另外，教师还可以通过问卷调查的方式，了解学生和家长对于阅读卡的认识和看法，以及阅读卡对学生阅读能力的影

---

[1] 夏玉琴：《走进阅读，记录阅读，收获阅读》，《读与写》（教育教学刊）2018年第15卷第2期。

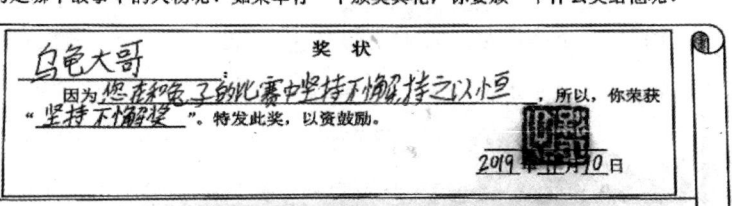

二、人物颁奖礼

这本书的角色大多是拟人化的动物，它们的行为举止都是人的方式，作者借它们的形象说出某种思想、道德意识或生活经验，使我们得到相应的教导。在这些寓言故事中，你印象最深刻的是哪个故事中的人物呢？如果举行一个颁奖典礼，你要颁一个什么奖给他呢？

> 奖 状
> 乌龟大哥
> 因为 您在和兔子的比赛中坚持不懈持之以恒 ，所以，你荣获
> " 坚持不懈奖 "。特发此奖，以资鼓励。
> 2019 年 12 月 10 日

图 4

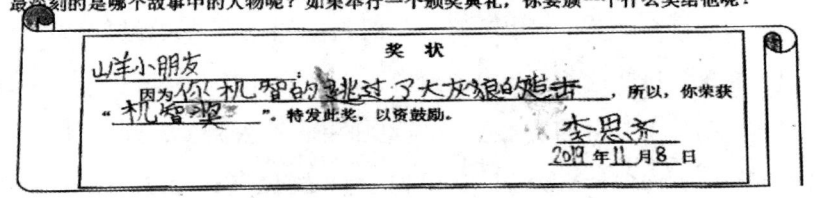

二、人物颁奖礼

这本书的角色大多是拟人化的动物，它们的行为举止都是人的方式，作者借它们的形象说出某种思想、道德意识或生活经验，使我们得到相应的教导。在这些寓言故事中，你印象最深刻的是哪个故事中的人物呢？如果举行一个颁奖典礼，你要颁一个什么奖给他呢？

> 奖 状
> 山羊小朋友
> 因为 你机智的逃过了大灰狼的追击 ，所以，你荣获
> " 机智奖 "。特发此奖，以资鼓励。
> 李思齐
> 2019 年 11 月 8 日

图 5

响。从家长们的反馈中我们可以看到绝大部分家长对于阅读卡的开发与运用所取得的效果都给予了高度的评价。如三年级林同学的爸爸充分肯定了阅读卡的作用，他说："阅读卡可以让孩子们在阅读后重新进行内容回顾，加深孩子对书本的理解，还可以培养孩子的阅读习惯以及学到更多的词汇。不仅如此，阅读卡中有些需要孩子用绘画来完成的部分培养了孩子的创作能力。"

帮助孩子阅读不仅仅是给他一本书，而且是给他阅读一本书的能力，给他一个可以支持他阅读的方法。阅读卡的开发与运用为小学低段孩子们的课外阅读添趣增效，并能帮助老师了解跟踪学生的阅读情况。我们坚信：在实践中用心地开发设计好每一张阅读卡，并科学、巧妙、合理地运用它，学生课外阅读的质量必将得到迅猛提升。

怀真抱素,乐读经典

刘丽君

(深圳市宝安区荣根学校)

摘　要：小学国学经典名篇诵读是指精选适合小学生成长需要的优秀国学经典名篇，采用学生喜闻乐见的诵读方式，引导学生通过诵读经典名篇，提升核心素养的学习教育活动。根据儿童的年龄特征，通过读、讲、吟、诵等多种学习方法，做到"素而不'俗'，乐在其中；趣解文本，连接当下；温故知新，集腋成裘"，从而激发学生学习国学经典的兴趣，以求丰富学生的文化底蕴而展开小学国学经典名篇诵读教学活动。

关键词：素而不"俗"；趣解文本；温故知新

党的十八大以来，习近平总书记多次强调要传承和弘扬中华优秀传统文化。习近平指出："中华文明源远流长，孕育了中华民族的宝贵精神品格，培育了中国人民的崇高价值追求。自强不息、厚德载物的思想，支撑着中华民族生生不息、薪火相传。"[1] 中华经典是我国民族文化教育的重要载体，是我们民族生存的根基和精神纽带，更是复兴中国文化的一个有力方法。让小学生诵读中华经典著作，使他们从小耳濡目染，直接汲取圣贤们的文化思想精髓营养，这是传承中华经典、继承和弘扬优秀传统文化的重要手段。2017年9月，我校申报了区级重点课题"小学

---

[1] 习近平：《习近平会见第四届全国道德模范及提名奖获得者》，www.people.com.cn。

国学经典名篇诵读研究",课题组成员不断深入研究,探索出了小学国学经典名篇诵读教学的有效模式。现就经典名篇诵读课《诗经·周南·关雎》作详细阐述。

一 素而不"俗",乐在其中

学习《诗经·周南·关雎》,主要采用陈琴素读教学法。通过"字正腔圆读正音—歌诀乐读读流利—巧用迁移解文意—且吟且诵记心间"四个环节,达成目标。

(一)字正腔圆读正音

古人云:"读书百遍,其义自现。"学习一篇经典名篇,首先要把文本读通顺。初读时把要求告诉学生,按"一二一"法则读通文本。[①] 按照先慢读一遍,再快读两遍,然后再慢读一遍的法则把文章读正确、读通顺。让学在读中感知,在读中感悟,从而为理解文本做好铺垫。

(二)歌诀乐读读流利

陈琴歌诀体乐读法是在古代疾读法的基础上,遵循古文的句式特征,依据古诗文吟诵音节的要求,多侧重逻辑的方式,以明快的节奏大声而迅疾地诵读的一种读书方式。让语文简单到读,读你千遍也不厌倦。为了让学生读而不俗、读而不闷,我设计了自由读、带读、轮读、"复沓"式读、师生比赛读等多种歌诀体乐读方式。"复沓"式读书方式:先把全班分成两大组(以后为了加强难度,可以分成若干个小组),一组先读一句:"关关雎鸠,在河之洲",第二组要接着:"窈窕淑女,君子好逑"。轮到自己读的那一句时才可以站起来,没有轮到必须坐下。别看这么简单的一个方式,有部分孩子总是做得不到位,口里读着,身子起不来,总是出错。而即便是这样,大家的专注力也一下子提高了。好胜是孩子的天性,"与人斗,其乐无穷"这种处于一种比赛状态中的读书方式,他们不会觉得累。素读经典,运用多媒体和现代记忆方法,对古代的经典

---

① 陈琴:《经典即人生》,中华书局2015年版,第37页。

训练课堂进行改良,效果显著。

(三) 巧用迁移解文意

通过故事导航、文白对读、重点讲解等方式,增进学生对文本的理解,但不做过于精细的讲解。原则是"语之而不知,虽舍之可也"。

像《诗经·周南·关雎》这样的经典诗经,想让四年级的孩子爱到非背下来不可的程度,那就一定要预设很多情境。孩子在读古诗文中,没有离奇的故事,没有可感的画面,没有顿悟的愉悦,文字是进不了他们的内心的,也不能从他们的口中朗朗诵出。所以,我将《诗经·周南·关雎》讲述成一个通俗易懂的故事。因为是故事,孩子们才喜欢反复地读;因为是故事,他们才知道"窈窕淑女"与"左右流之"是怎样的一种美;因为是故事,他们在读到"琴瑟友之""钟鼓乐之"这样的词语时才可会心一笑。

(四) 且吟且诵记心间

吟诵是中国人特有的一种最美的读书方式,是一种高效的学习方法,用这种方法学诗文,不仅记得牢,而且理解得深。叶圣陶在《精读指导举隅》一书的前言中指出:"国文和英文一样,是语文学科,不该只用心与眼来学习;须在心与眼之外,加用口与耳才好。吟诵就是心、眼、口、耳并用的一种学习方法。……吟诵的时候,对于讨究所得的不仅理智地了解,而且亲切地体会,不知不觉之间,内容与理法化而为读成自己的东西了,这是最可贵的一种境界。学习语文学科,必须达到这种境界,才会终身受用不尽。"[1]

在学习《诗经·周南·关雎》的吟诵时,对于从来没有接触过吟诵的学生,我先结合学生已有的经验让他们了解五声(阴平、阳平、上声、去声、入声),重点通过粤语方言数数"一、二、三……十",体会入声字的促,从而让学生明白吟诵的基本规则:平长仄短入声促,依字行腔字读准。[2] 接着,让学生一边听我的吟诵示范,一边用手跟着标注好的吟

---

[1] 叶圣陶、朱自清:《精读指导举隅》,中华书局2013年版,前言。
[2] 陈琴:《经典即人生》,中华书局2015年版,第31页。

诵符号打节奏感受吟诵的旋律；然后，让学生跟着我一边用手打节奏一边吟诵；最后，学生独立打着节奏吟诵。学生跟读一两遍就能独立吟诵，这不是一个意外，这是一种读书方式的唤醒。

通过读、讲、吟等方式趣读，这时再镂空提示背诵，加之日后的反复诵读，学生会轻松完成经典名篇的学习与背诵。这种方式，也正如南怀瑾先生所说，人类原始的教育方法只有一个，就是背诵。尤其是读中国书籍，更要高声朗诵（诵读）。不管四书五经，或是古书，任何一段，都要像唱歌一样，很轻松愉快地背诵，不给他讲解，偶尔稍稍带一点儿讲解。这样背下去以后，终身受用。

在经典名篇诵读的教学环节中，读是重点，讲是难点，吟是强化，背才是最终的目的。积累、积累再积累，才是我们素读经典永远的目标。通过讲、读、吟、背这样的环节，让学生趣读经典，兴致勃勃，乐此不疲。

二 趣解文本，链接当下

流传下来的古诗文都是经过历史淘洗的精华，思想深邃、意境深远、语言隽永、结构精巧，蕴含着丰富的人文精神和民族精神，是中华文化的瑰宝。解读古诗文，要重回当年那个年代，并加之现代视角去重新审视所读作品的外延与内涵，做到充分地理解古诗文，做到古为今用，并做出正确的评价与分析。我们要在古诗文的教学中，培养学生阅读古诗词的能力，塑造他们积极向上的健康人格和高尚的人生态度。

在解读《关雎》时，我的理解是，儒家文化倡导中和之美，《关雎》描述的男子对女子的爱慕之情是符合儒家审美的，孔门说诗也多采用这一方法来解读诗的原意；另外根据小学生的年龄特征，我把它解读为一首中国婚礼进行曲。关于《关雎》的解读版本也有不少，有的说它是一首缠绵悱恻的爱情诗，有的解读为一场懵懂的梦，还有人认为其原意是咏后妃之德。古人尚且如此，何况当今思维活跃的小学生呢？由于古诗文本身的空白和含糊，其中有很多未定点，引诱着读者去进入那辽远的境界之中，发挥自己无限的想象，为个性解读提供了可能。一千个读者，该有一千个哈姆雷特，我们所要做的是寻找最像哈姆雷特的那个，而不是换成了贾宝玉或者他人。因此，在进行文本解读时，教师根据自己本身的知识和见闻，善于发现问题，向学生阐述有关背景及条件，引导学生回归到正确的文本解读上。同时，要给学生一个开放性的课堂，尊重他们的独特感受，因为每个读者由于年龄不同、生活阅历不同，有不同的背景阅历和文化视野，因而面对同一文本时会生发出无尽的可能。

"文本解读"，要求语文教师必须博学多才，需要极厚的文学功底，这就要求语文教师必须多读、多悟，有自己的见解。只有这样，才能以自己对文本的特殊感悟去启发学生，提高自己的教学水平，同时提升自己的个人素养。

三 温故知新，集腋成裘

在诵读经典的过程中，不厌其烦地复习才是真正修炼孩子心性的功课。要呈螺旋式上升，诵新篇，不忘温故章。要战胜遗忘，也要下一番功夫，如课前的诵读展示、课中的迁移复习等。比如在教学《关雎》时，在学到"钟鼓乐之"的"乐"时，复习《论语》"智者乐水，仁者乐山，知者动，仁者静，智者乐，仁者寿"；在引导"这位君子如何友好地接近他喜欢的女子？"时引出《大学》"心正而后身修，身修而后家齐，家齐而后国治，国治而后天下平……""有斐君子，如切如磋，如琢如磨。瑟兮僩兮，赫兮喧兮。有斐君子，终不可谖兮！"这是一种记忆的唤醒。孩子们学过这些内容，只要稍加引导，自然就会乐此不疲地背诵起来。

"素读"经典目前还是游离在语文课外的一门课程，因此，时间的利用是关键。我基本上是用零碎的时间，早读15分钟，放学时读10分钟，晚上利用QQ群再读15分钟。诵读经典，已成为我们日常学习生活中的一种习惯。行为学家说：世界上再浩大的工程都是一砖一石垒起来的。

而《老子》说得更好:"慎终如始,则无败事。"开始的谨慎一直贯彻整个过程,才会有完满的功效。飘风不终朝,骤雨不终日,仅凭一时的热忱是不可能持久的。其实,背下几部书是一个宏大且艰巨的工程,但要是有方法就不会是苦役。坚持就是好办法之一。

中英两国小学阅读教育的比较研究
——以阅读课程标准为例

吴育燕

(深圳市宝安区西乡海港小学)

摘 要：中英两国阅读教育发展背景、小学阅读课程标准、阅读教学方法的比较研究，对我国小学阅读教学有许多的启示：在宏观阅读教育背景下，要形成我国小学语文的分级阅读体系；在阅读教学目标上，应注重学生阅读能力的训练；在阅读方法上，教师应进行阅读策略的指导和阅读信息整合能力的训练。

关键词：中英对比；小学阅读教学；阅读能力

阅读是一个国家教育的精神命脉，阅读力作为一项学习力，也是将来人才竞争的一项核心能力。阅读在当今世界视野上，不同国家有不同的发展背景和优势。在本文中，我将对比中国和英国的阅读教育发展背景、小学阅读课程标准以及阅读教学方法的异同，从中借鉴英国阅读方法以用于中国小学阅读中。

一 中英两国阅读教育发展背景的对比研究

每个国家不同的文化背景、每个孩子不同的成长环境，不同的土壤和教育环境孕育了不一样的生命。中国和英国的孩子在不同的阅读教育背景下，阅读的水平和能力也呈现完全不同的样子。正如先前学者研究中所提到：英国是世界上图书馆事业最发达的国家之一，英格兰的教育体系十分完善。英国的阅读分级体系非常严谨，分级系统将阅读书目以文本理解难易程度进行分级，并且将其与数值挂钩。① 这个参考数值相当于一个参照标准，主要从阅读理解力方面考量，不与年龄挂钩。例如，英国普遍采用的蓝思分级系统可以同时用于测量文本难度和读者的阅读能力，这种测量方式更加精确且缺陷较少。可以说，以蓝思分级系统为代表的英国主流分级方式给教育者提供了一个灵活易用的工具，帮助读者选择适合阅读等级的文本。

蓝思分级系统是目前世界上应用最广泛的英文阅读分级系统。全球180多个国家、450家以上的出版社，数千种期刊及12万本书均采用了蓝思难度分级。蓝思分值是一个数字后加"L"，以"5L"为一个区间。蓝思分值从最低5L到最高2000L。蓝思分级系统先仔细考查与整体阅读理解力相关的各项元素，譬如：句子长度、单词出现的频率等，然后再通过计算机程序的计算，确定一个出版物的难易程度，并标志出对应的蓝思分值。蓝思阅读框架的测量和过程都是中立的，它可以帮助教师、读者和家长选书。

在英国，早期的全民性阅读活动多是由政府主导，通过颁布法案或设立专门的职能部门来推动执行。随着社会分工的细化，社会上许多独立机构开始对分级阅读的测评和标准进行研发。在我国，分级阅读的实施缺乏由政府主导进行推动，使得我国分级阅读测评系统开发缓慢，分级阅读工作难以有效推进和持续发展。儿童分级阅读目前是研究机构少，而且大多是民间机构，实力不强，资源有限。如果国家可以自上而下开发分级阅读系统，建立阅读分级体系，这样对于学生的阅读一定会有一个很大的促进作用。

二　中英两国小学关于阅读课程标准的对比研究

对中国和英国的课程标准内容进行对比发现，两国在阅读的目标和

---

① 王莹：《中英小学语文作文教学对比研究》，硕士学位论文，辽宁师范大学，2015年。

内容上同样重视知识能力的培养，但是两国的侧重点又不同。这是两国学生阅读能力产生差异的重要原因。

（一）阅读目标和内容比较

1. 中国阅读目标和内容列举

《义务教育语文课程标准》（2011年版）阅读目标和内容。[①]

第一学段（1—2年级）	第二学段（3—4年级）	第三学段（5—6年级）
（1）喜欢阅读、感受阅读的乐趣。养成爱护图书的习惯。 （2）学习用普通话正确、流利、有感情地朗读课文。学习默读。 （3）结合上下文和生活实际了解课文中词句的意思，在阅读中积累词语。借助读物中的图画阅读。 （4）阅读浅近的童话、寓言、故事，向往美好的情境，关心自然和生命，对感兴趣的人物和事件有自己的感受和想法，并乐于与人交流。 （5）诵读儿歌、儿童诗和浅近的古诗，展开想象，获得初步的情感体验，感受语言的优美。 （6）认识课文中出现的常用标点符号。在阅读中体会句号、问号、感叹号所表达的不同语气。	（1）用普通话正确、流利、有感情地朗读课文。 （2）初步学会默读，做到不出声、不指读。学习略读，粗知文章大意。 （3）能联系上下文，理解词句的意思，体会课文中关键词句表达情意的作用。能借助字典、词典和生活积累，理解生词的含义。 （4）能初步掌握文章的主要内容，体会文章所表达的思想感情。能对课文中不理解的地方提出疑问。 （5）能复述叙事性作品中生动的形象和优美的语言，关心作品中人物的命运和喜怒哀乐，与他人交流自己的阅读感受。 （6）诵读优秀诗文，注意在诵读过程中体验情感，展开想象，领悟诗文大意。 （7）在理解语句的过程中，体会句号与逗号的不同用法，了解冒号、引号的一般用法。	（1）能用普通话正确、流利、有感情地朗读课文。 （2）默读有一定的速度，默读一般读物每分钟不少于300字。学习浏览，扩大知识面，根据需要搜集信息。 （3）能联系上下文和自己的积累，推想课文中有关词句的意思，辨别词句的感情色彩，体会其表达效果。 （4）在阅读中了解文章的表达顺序，体会作者的思想感情，初步领悟文章的基本表达方法。在交流和讨论中，敢于提出看法，做出自己的判断。 （5）阅读叙事性作品，了解事件梗概，能简单描述自己印象最深的场景、人物、细节，说出自己的喜爱、憎恶、崇敬、向往、同情等感受。阅读诗歌，大体把握诗意，想象诗歌描述的情境，体会作品的情感。受到优秀作品的感染和激励，向往和追求美好的理想。阅读说明性文章，能抓住要点，了解文章的基本说明方法。阅读简单的非连续性文本，能从图文等组合材料中找出有价值的信息。 （6）在理解课文的过程中，体会顿号与逗号、分号与句号的不同用法。

---

① 中华人民共和国教育部制定：《义务教育语文课程标准》（2011年版），北京师范大学出版社2017年版，第4—6页。

2. 英国阅读目标和内容列举

《英国国家课程英语》中提出：学生阅读能力的目标是"培养具有浓厚兴趣的，具有丰富知识的，能与作者产生共鸣的读者"。通过阅读教学，让学生学会"准确、流畅地阅读，并理解所读内容；理解所读内容并作出反应；阅读、分析、评估广泛的阅读材料"[1]。可见，英国不仅重视对学生阅读知识技能和理解力的训练，还重视阅读策略的传授。以下是英国小学两个关键阶段的阅读目标。

英国国家课英语阅读目标和内容[2]

学段	第一关键阶段阅读（1—2年级）	第二关键阶段阅读（3—6年级）
知识技能和理解力	**阅读策略** 1. 学生需学会正确、流利、有感情地朗读课文和单词辨认与字形知识，他们必须学会认识音素和用语音知识来组织词语，包括： a. 听并且识别字母中混合音素产生的顺序 b. 朗读并认识字母表中的字母 c. 区分词中的音节 d. 认识到相同的读音会有不同的拼写方式，相同的拼写方式有不同的读音 **文本理解** 2. 他们必须学会理解运用语法规则，扩大知识量和文章的语境： a. 了解语序对语义的影响 b. 学习新的单词，核证并检查语义 c. 通过重复阅读和超前阅读培养语感 d. 侧重从文章整体把握大意 e. 了解运用文章的知识、结构、顺序和写作方法 f. 理解文章的内容以及相应的背景知识 **阅读信息** 3. 学生必须学会： a. 了解文章的组织特征，包括用标题、说明、内容、索引和章节来搜索信息 b. 了解有着同样主题的文章也许包含不同的信息或者同样的信息呈现的方式不同 c. 根据不同目的收集参考	**阅读策略** 1. 为了阅读的流畅性、准确性和理解性，学生需学会： a. 音素知识和语音知识 b. 识字和图像知识 c. 语法结构知识 d. 文章的理解 **文本理解** 2. 学生须学会： a. 运用推理能力和演绎能力 b. 寻找文本潜在意思 c. 建立文本不同部分的联系（例如，故事怎样发生和结束，在写作中包含以及省略的信息） d. 运用他们在其他文章中读到的信息 **阅读信息** 3. 学生应学会： a. 浏览文本找寻信息 b. 略读了解大意 c. 仔细阅读获得具体信息 d. 把握文章不同的特征，包括用印刷字体、读物和图像来进行解释 e. 运用组织特点和结构来获得文章有关信息 f. 区分事实观点（例如，文章的写作目的，信息的真实性） g. 批评性争论

---

[1] 柳士镇、洪宗礼：《中外母语课程标准译编》，江苏教育出版社2004年版，第244页。
[2] 殷琳：《中英小学母语课程标准比较研究》，硕士学位论文，扬州大学，2013年。

(二) 分析与比较

两个国家在阅读课程标准上对学生阅读的要求不同,这样在教学具体实施上肯定会有不同的教学形式和教学目标。

1. 中国注重阅读情感教育和价值观导向

中国和英国的课程目标均重视对学生阅读知识技能和理解能力的培养。但是中国更注重学生在阅读过程中的情感共鸣和价值观导向。如第一学段阅读浅近的童话、寓言、故事,对感兴趣的人物和事件有自己的感受和想法,并乐于与人交流。第二学段能初步掌握文章的主要内容,体会文章所表达的思想感情。诵读优秀诗文,注意在诵读过程中体验情感,展开想象,领悟诗文大意。第三学段阅读叙事性作品,了解事件梗概,能简单描述自己印象最深的场景、人物、细节,说出自己的喜爱、憎恶、崇敬、向往、同情等感受。受到优秀作品的感染和激励,向往和追求美好的理想。[1] 从这三个学段的目标上我们可以看出中国阅读课程标准在对学生培养理解文本和掌握阅读技能的同时,也特别重视学生的阅读感受,注重作品对学生的情感教育和价值观导向。

2. 中国需要注重学生阅读策略和信息整合的训练

英国阅读教学目标注重知识技能和理解力。第一关键阶段就提到学生需学会正确、流利、有感情地朗读课文和单词辨认与字形知识,他们必须学会认识音素和用语音知识来组织词语。第二关键阶段为了阅读的流畅性、准确性和理解性,学生需学会:音素知识和语音知识、识字和图像知识、语法结构知识、文章的理解。以上是从阅读策略上培养学生的阅读技能。

英国也注重学生对阅读信息的整合能力。第一关键阶段学生必须学会了解文章的组织特征,包括用标题、说明、内容、索引和章节来搜索信息,了解有着同样主题的文章也许包含不同的信息或者同样的信息呈现的方式不同,根据不同目的收集参考资料。第二关键阶段学生应学会

---

[1] 中华人民共和国教育部制定:《义务教育语文课程标准》(2011年版),北京师范大学出版社2017年版,第4—6页。

浏览文本找寻信息，略读了解大意，仔细阅读获得具体信息，把握文章不同的特征，进行批评性评论。

PISA（Programme for International Student Assessment），即"国际学生评价项目"，作为世界上规模最大、影响最广的国际教育评估项目，PISA每三年发布一次。2018年度PISA中国学生在阅读测评中取得了巨大飞跃。但PISA官方给出的答案是，中国的学生需要掌握批判性阅读能力，且能准确理解包含复杂信息的文本，从字里行间区分事实和观点的能力，辨别错误信息和不可靠的信息来源，以及掌握提取、对比、整合信息文本的能力。这是OECD对数字化时代阅读能力的要求。PISA强调，在全球信息浪潮里，辨别信息真伪，准确地进行阅读和搜集信息，已经是每一位学生都必须具备的阅读能力和素养。中国学生若要在阅读能力上得到提升，我认为更需要做的是像英国那样在阅读课程目标上注重学生阅读策略的学习和阅读信息整合能力的训练。

三　中英两国阅读教学方法的比较

由于两国存在阅读课程目标的差异，所以在阅读教学中也采取了不同的方法。中国在阅读上更注重对文本深入的理解，强调对文本内容、情感的把握和价值观的引导，而英国则更注重思辨思维的培养和阅读能力的训练。英国教师围绕"主题"开展教学，一个班由几位教师负责到底。在教学方法上，老师们认为没有必要让学生花大量时间去记忆事实，而是要让学生学会如何最迅速地阅读和处理复杂的资料。具体要求是：学生能流畅地阅读，能理解阅读的内容，并采用适合于读物的阅读方法。下面举例同一文本的阅读课，从中我们可以窥见中英小学阅读教学方法的不同之处。

在英国，老师认为要想成为一名合格的阅读者，应该具备六大阅读能力，包括总结中心思想能力、查找正确信息能力、推断上下文能力、评价文章结构能力、评价文章语言能力、找出作者观点能力。[1] 在上《哈

---

[1] Crazy UKPS:《让孩子喜欢上阅读？英国老师是这样上阅读课的！》，https：//mp.weixin.qq.com/s/4F4hn83tvmYWp9FOOY81sg。

利波特与魔法石》第一章的时候采取的上课形式是学生轮流朗读课文，围绕考查的某项阅读能力抛出相应问题，最后进行总结回答。在阅读教学过程中布置以下练习任务：近义词匹配、封闭式问题、预测题、单词释义连线、开放式问题，在课堂中选择一项阅读能力为重点，课堂任务的设计围绕该项阅读能力的培养而展开。

在中国，同样上《哈利波特与魔法石》这一课的时候，教学目标主要是围绕三方面展开。知识目标是让学生了解任务遭遇，感知作者笔下的魔法世界和现实世界的不同。能力目标是在让学生与老师的交流中，激发强烈的阅读兴趣，发散想象力和创造力。情感目标是从片段阅读和赏析中，感受哈利童年的孤苦与可怜，体会朋友之间的友谊。从教学上安排相关环节去达成目标。我们从目标的设置上可以看到中国阅读教学在阅读能力培养上没有英国指向那么明确，更注重的是对情感共鸣和价值观的导向。

四　值得我国小学阅读教学借鉴的有益方法

通过中英两国阅读教育发展背景、小学阅读课程标准以及阅读教学方法的对比研究，对我国小学语文阅读教学提出以下建议。

（一）形成我国小学语文的分级阅读体系

英国作为世界上较早提出分级阅读的国家，分级图书资源丰富，分级标准较为科学规范。英国儿童图书分级系统是以字母文字为基础建立的体系，主体部分是教材型图书，直接应用于课堂教学，一般分级图书作为补充与其相互配合。但国内目前提倡的阅读分级还未能与课内阅读教学相结合。如果我国的分级图书能够围绕国家课程标准且在方便教学操作上进行分级，每一个分级图书系列的开发都能够在仔细研读国家课程大纲的基础上，融入语文教学中，就能更好地激发学生阅读的兴趣和促进学生阅读力的提升。目前部编版语文用书上的快乐读书吧已经注重到课外阅读，但分级阅读专业性还不够。

（二）阅读教学目标应重视提升学生阅读力

阅读力和教育力、学习力、创新力一样，是一项综合能力，可以衡量一个族群、一个民族整体水平的标准。阅读力是语文核心素养培养的重要指向，不断提升学生的阅读力，进而为学生的终身发展奠定坚实的基础。我国在课程标准中对学生阅读能力的培养指向性不够明确，更多的是阅读情感和价值观的引导。但是阅读能力是学生认知能力在学科中的具体表现，提升学生阅读能力的同时也可以提高学生的认知能力。目前阅读能力分类和培养方法都不明确。随着课程改革的不断深入，小学语文教学中学生阅读能力越来越受到重视，阅读被放在了重要的位置上，所以不管是语文课程标准还是教师的教学中都应重视课堂上对学生阅读能力的培养，在设置各项教学环节中凸显对阅读能力的训练。

（三）在阅读课堂上进行阅读策略的指导

国际学生评估项目（PISA）及其实施情况引起了我们的关注。该项目遵循学生阅读文本的基本特点和规律，主要考查学生以下三个方面的能力。一是访问和检索：依据文本信息进行逻辑上的理解，包括对字面信息的理解和隐含信息的理解。二是整合和解释：整合并加工文本信息，结合自己既有的知识经验来建构意义。三是反思和评价：利用自己的既有经验对文本中表达的观点进行反思性的批判和评价。[①] 这三个方面除了要考查学生对文本的理解外，更着力于考查学生基本的阅读能力。在阅读教学上，教师的阅读课堂应更注重阅读策略的学习，重视对学生阅读力提升的训练。

1. 确定阅读重点

在阅读过程中运用画底线、画圈、用荧光笔、贴便条等方式进行批注式阅读，让学生学会在阅读过程中抓住重点。例如在部编版三年级下册课文《剃头大师》的教学过程中，可以让学生对"我"给小沙剃头的过程进行批注，从而对人物的动作、心理有更准确地把握。

[①] 吴忠豪、徐昕：《关于语文阅读课教学效率的调查》，《教学月刊》（小学版）2010年第9期。

2. 训练统整能力

重视对阅读材料的统整，即通过一定的线索将文本中的知识和重要细节（事实）通过某个话题进行整合，从而帮助形成完整的认知，提升洞察力。例如在统编版三年级下册《我变成了一棵树》的教学过程中，可以在初读课文前就出示表格让学生带着问题去阅读课文，方便学生统整信息。阅读中思考：主人公英英变成了什么？身体发生了什么变化？变了之后会发生哪些奇特或者有意思的事情呢？

3. 学会运用推论

推论是用相当多的证据，利用文本提供的信息对文本没有明确表达的信息作出假设和判断。根据一定标准，在两种或两种以上有某种联系的事物间，辨别高下、异同。在课堂上可以给学生提供开放式的热点问题，方便学生展开讨论和运用推论表达观点。

通过中英两国小学阅读教学的对比研究，希望能够进一步借鉴与学习，为我国小学阅读教学提供新的思维和养分。希望我国能够通过政府的力量建立更加科学的阅读分级体系，我国的课程标准在阅读目标上更侧重于阅读策略的学习和阅读信息的整合，在阅读课堂上能更侧重于训练学生的阅读能力和学习阅读的策略，提升学生的阅读力。相信在我们的共同努力下，我们的孩子在享受阅读的同时，也进一步提升了阅读力，为将来幸福的人生奠定基础。

阅读,从推荐开始

熊艳丽

(深圳市宝安区灵芝小学)

摘　要：阅读对于儿童成长具有重要意义。阅读推荐是指教师在学生的阅读活动中提供的引导与帮助。有效的阅读推荐活动，有利于激发学生阅读兴趣，有利于学生掌握有效的阅读方法，有利于学生感受阅读快乐，从而养成良好的阅读习惯。阅读推荐，教师是关键。教师的阅读推荐活动，需把握好两个要点：一是选好推荐书，二是上好阅读推荐课。

关键词：阅读；兴趣；阅读推荐课

阅读对于儿童成长的重要性毋庸置疑。"阅读与不阅读，区别出两种截然不同的生活方式或人生方式。这中间是一道屏障、一道鸿沟，两边是完全不一样的气象。一面草长莺飞，繁花似锦；一面必定是一望无际的、令人窒息的荒凉和寂寥。"[1]

世界上的一些国家，将"阅读"作为关乎国家命运和个人幸福感的一项伟大工程来对待，甚至以立法的形式来推动阅读。2000 年，深圳市委、市政府正式启动读书月活动，以活动的形式推动"全民阅读"。20 年的坚持，深圳读书月活动已经走进千家万户，融入市民生活，成为深圳市民的文化庆典。

---

[1] 曹文轩：《阅读是一种人生方式》，曹文轩博客，http://blog.sina.com.cn/s/blog_4826ce9c010113g3.html。

作为语文教师，培养学生的阅读兴趣，让阅读成为学生的一种习惯、一种生活常态，是我们肩负的重要责任。如何有效激发学生阅读兴趣，引导学生开展快乐阅读，进而形成学生自主阅读能力和习惯？我认为，教师可以从好书推荐与阅读推荐课等方面展开。

一　阅读，从推荐好书开始

"读书好，好读书，读好书"是冰心先生的名言。现代书籍浩如烟海，市面上的儿童书籍越来越多，选择"好书"却变得越来越难。如何根据不同年龄段孩子的阅读心理特征和兴趣点，选好书，选对书，已成为教师引导学生阅读的前提条件和应有之义。

（一）依托"快乐读书吧"去选择

"快乐读书吧"是小学语文统编教材的一大特色。每一个单元，编者根据单元主题进行读书推荐，旨在激发学生的阅读兴趣，打开学生阅读的视野。老师向学生推荐好书最便捷的方法就是用好"快乐读书吧"。以五年级上册第三单元为例：本单元的阅读主题是"民间故事"，教材先以一篇课外阅读材料《田螺姑娘》，引导学生走进民间故事。再以一篇带整本，推荐《中国民间故事》整本书阅读。最后通过中国民间故事与世界民间故事的对比，推荐了阿拉伯故事集《一千零一夜》、欧洲民间故事《列那狐的故事》以及《非洲民间故事》等书籍。教材的精心编排已经为阅读推荐做好了指引，我们可以遵循这些思路选择这些书作为阅读推荐，以点带面，由浅入深地引领学生感受阅读的快乐。

（二）根据教材文本去推荐

教材文本是编者精心选择的阅读材料，文本的价值丰富且多元。我们在教学中需正确理解编者的意图，站在提升学生学科素养的高度去解读教材、把握文本。在教学中，从整体阅读的需求出发，往往需要根据单元的主题和文本的关键点，通过阅读推荐来补充学习材料，从而更好地完成阅读教学任务。如统编版六年级语文下册第一单元，单元的主题是"传统习俗"，根据主题，可选择推荐与"除夕"民俗有关的其他散文，如斯妤的《除夕》、梁实秋的《过年》。本单元中第1课《北京的春节》，作者老舍是著名的文学作家，为帮助学生更好地走近老舍，可以推荐与老舍先生有关的阅读材料，如《茶馆》《骆驼祥子》《老舍散文集》等。这些阅读推荐能帮助学生对本单元的主题有更全面的把握和更深入的理解，对学生语文素养的提升也大有裨益。围绕教材的单元主题及文本的关键点去开展阅读推荐，既是对课内阅读必要的补充，也是对学生阅读视野很好的拓展与延伸。

（三）关注媒体、借鉴名家

关注权威媒体、语文大师或是知名作家的好书推荐，通过阅读推荐目录，获取更权威精准的阅读资料，也是一种很好的阅读推荐。当前网络信息发达，不少权威杂志、知名作家都有自己的公众号，老师们能比较便捷地获取各种好书资讯。这些网络公开信息大多经过专家、团队的资源审定，具有较高的参考价值。我们教师需要做的是依据学生的年段特点和自身教学需求来进行认真筛选，可通过查找相关书评或前期阅读进行甄别，从而确定阅读推荐书目。

二 兴趣，从阅读推荐课发端

一个人的阅读习惯，主要是在学校时期形成的，阅读兴趣对于学生阅读习惯的培养至关重要。北京大学温儒敏教授曾强调：名著阅读是为学生人生"打底子"的需要，而提高学生阅读兴趣是语文教学的"牛鼻子"[①]。阅读中，抓住了兴趣这一关键，我们才能更好地培养学生的阅读习惯。因此，如何激发阅读兴趣就成为阅读推荐课的关键目的，下面以一节《光草》阅读推荐课为例说明。

《光草》是由意大利知名儿童文学作家罗伯特·普密尼编写的，是一本生命题材的经典作品，与《马提与祖父》并称为意大利文学感人的儿童小说。这本书很适合中高段学生阅读，它通过一个生动曲折的故事来

---

① 温儒敏：《提高学生阅读水平，一靠"种子"，二靠"牛鼻子"》，《语文报》2018年12月。

讲述一些浅显易懂的生命真谛，可以让学生从简朴清新、富有诗意的文字中去感受生命的意义，去体会爱和勇气。

(一) 画面激趣

一本经典好书，它的封面是经过编者精心设计的，其中往往蕴含着丰富的阅读信息，我们利用它能收到意想不到的效果。在《光草》①阅读推荐课上，教师可以先引导学生观察《光草》的封面，以此激发阅读的兴趣。封面选自书中一幅插画，画面很美，翠绿的草地、活泼的动物，充满着生命的活力与温暖。仅仅是封面的一幅画就让很多学生充满了兴趣，有了阅读的欲望。在图画视觉刺激之后，再引导学生去观察封面上的文字，获取诸如作者、国籍、获过的奖项等信息，特别是封面上"一个墙上的异想世界"的一行文字，很快让学生浮想联翩，兴趣盎然。

封底同样精彩：一片熠熠发光的"光草"上飞翔着几只美丽的鸟儿，夜空下繁星点点……封底还有两段精彩的"书评"。抓住封面、封底的画面与文字信息，引导学生细细品味，能较快地掌握全书基调，较好激发学生的阅读兴趣。

(二) 目录导趣

经典文学作品往往都有精彩的目录，通过目录，能让学生对整本书有个大致的了解。我们可以巧妙地用好这些目录，再次激发学生的阅读兴致。在《光草》中，作者的目录充满了趣味。阅读推荐课上，教师可引导学生去细读目录中每一章节的小标题，让学生从目录中猜一猜每一章可能描写的内容，并让学生谈谈自己最想读的章节。阅读前的预设、大胆的想象，给学生带来强烈的阅读期待。

如有的学生说："老师，我最想读第七章'平原与大海'，因为，我很想看看在马杜勒的墙上会有一片怎样的平原和大海，那里的风景美不美？"有的说："我好想看第九章'病发'，我想知道谁帮助马杜勒？"有的学生还说："老师，我想看第十三章'新的风景，新的生命'，我想看

---

① [意] 罗伯托·普密尼著，切科·马利尼洛绘：《光草》，倪安宇译，新蕾出版社2013年版。

看是不是马杜勒得救了，在他的世界里到底出现了什么样的新风景，拥有了怎样的新生命？"……在学生的主动参与和热烈讨论中，你会发现许多学生已经迫不及待地悄悄翻开书阅读起来。

（三）情节引趣

所谓"情节引趣"是我们教师在通读文本后，根据学生阅读心理精心选择书中某些情节作为材料来设置悬念，从而更好地激发学生的阅读兴趣。《光草》是关于生命话题的文学作品，对于小学生而言颇有些沉重。教师通过选取部分精彩情节来进行指导，既利于学生阅读心理的安抚，也利于疑问创设引导阅读。如第一章"画家萨库玛"中有画家萨库玛帮助马杜勒作画的片段，在通读这一情节之后设置疑问：画家萨库玛到底有没有接受马杜勒父亲的邀请，帮马杜勒作画？在第十四章"最后的一条海平线"处也可选取一个片段进行设疑：老虎兹号最终驶向哪里去了？具体的情节、巧妙的质疑能驱使学生快速进入阅读状态，从而点燃学生心中阅读兴趣的火花。

（四）分享延趣

阅读是个体独特的审美体验，学生在阅读之后的分享则是延续阅读趣味的重要途径。

教学中可以根据不同阅读材料的特点，设计不同形式的阅读分享。如通过阅读打卡的方式来帮助学生养成坚持阅读的习惯；通过语音或文字的形式发表自己的阅读感想，可以是一篇读书笔记，也可以是一张阅读卡来记录阅读的过程。这些方式都能帮助学生延续阅读兴趣，感受到阅读的快乐并获得精神上的满足感。通过各种形式的阅读分享，在不知不觉的坚持中，潜移默化地提升学生自主阅读的能力，养成良好的阅读习惯。

当然，在阅读推荐课前，教师还应亲身阅读，尝试用孩子的眼光去把书读懂、读透。教师只有读透这本书，才能留意到书中的精华之处，才能对书中的每一个细节都了如指掌，才能游刃有余、有底气地向学生进行推荐。

阅读从推荐开始，这是兴趣激发之开端，也是习惯养成之发轫。让我们为学生精心推荐阅读书目，引导学生掌握必要的、有效的阅读方法，帮助学生打开快乐阅读之门。希望所有学生在我们的引领下养成爱阅读的好习惯，在快乐阅读中浸润心灵、涵养精神，从而珍惜当下、不惧未来，打好生命的底色。

对当前小学语文阅读教学的再思考

赖祥胜

（深圳市宝安区教育科学研究院）

摘　要：当前，国内阅读教学逐渐趋同：阅读教学要以读为本，这当然是对的。但又不仅仅如此。应该界定为"文学类"文章的阅读教学要以读为本，而不是全部文章一概而论之。在资讯发达、世界信息开放多元化，互联网、大数据日新月异的今天，小学语文阅读教学要培养独立阅读批判性思维，是当务之急。

关键词：小学语文阅读教学；文学类；科学类；信息；批判性思维；灌输式教学

小学语文阅读教学如何教、教什么？当前一段时间已经大致趋于一种观点——以读（朗读）为本，读既是手段也是目的，认为"读好了就什么都有了"。但是细细思考之后，似乎又不能一概而论之，小学课堂的阅读教学，"朗读"只是阅读教学当中很小的一部分。阅读教学分两类：一类是"科学类"文章；另一类是"文学类"文章。"文学类"文章当然要朗读好，读出情，读出趣，读出味；"科学类"文章却不能勉强而加之，因为朗读的价值不大，"科学类"文章的功用主要是通过阅读获取信息、得到知识、开阔眼界、发展思维。

在当前小学的课文中，"文学类"文章的编排占了绝大部分比例，应该说是编排上的不足，或者说是历史上某种思潮影响的产物。从当前社会发展来看，不符合信息化的趋势；从儿童心理发展来看，也是不符合儿童好奇心旺盛的实际；从近年的高考来看，也没有考虑"科学类"文章已经成了现代文阅读中难点中的难点的事实。所以，课堂教学中必须注重培养学生的自我阅读能力和批判性阅读能力，是当前信息化、全球化社会发展的必然。

所以，小学语文的阅读教学，也要根据"文学类"文章和"科学类"文章采用不同的阅读策略，加强阅读力的培养。下面分别来说。

"文学类"文章富有故事性、趣味性，蕴含着深厚的人文性和情感性，具有文学的震撼人心的力量，应该坚持以读为本，坚持诵读，坚持积累语言，教过之后，要留下语言，留下形象，留下情感……

语文"文学类"文章的阅读教学为什么要读？小学语文特级教师于永正一再强调：语文是读懂的，不是讲懂的。他在《阅读教学要以读为本》一文中说："任何一种语文能力的得来，都离不开读。读，它本身既是一种能力，也是一种方法——学习语文的根本方法。因此，在阅读教学中，最重要的是加强读的练习。"他讲了以读为本是出于四个"需要"。其中之一是"读是理解和培养阅读能力的需要"。问题是，理解靠什么？靠老师讲？还是靠学生读？答案显然是后者。

在这种理念影响之下，小学阅读教学课堂走到了一个极端：课堂太精致、太完美、太没有悬念。教师仅仅局限于殚精竭虑地完成单篇课文的教学，很少扩充学生的阅读量，在单篇课文的学习中，几乎是老师备好课，钻研好教材，设计好问题，课堂上通过提问、启发等方式，让学生完成预定的教学目标，很少考虑学生真正需要什么。而在这样的课文教学中，学生获得的是什么呢？学生获得了知识，培养了听说读写的能力，学会了反复练习，理解了文章的结构章法，学会了逐字阅读、美读诵读，注重了字正腔圆，关注了作者获取文本的意义；失去了什么呢？失去了个人兴趣、解决生活问题和提出个人观点的能力，失去了独立阅读批判性的思维，失去了多元化阅读。一句话：少了一种建构意义上的学习，仍是在传授知识。

总之，阅读教学要以读为本，是当前小语界的通弊。

批判性思维对学生的发展有着重要的现实意义，主要表现在：（1）批判性思维是创新思维的基础；（2）批判性思维是信息素养的组成部分；（3）批判性思维是健全人格的基本要素。

美国是极力倡导批判性思维的国家。自杜威提出"反思性思维"概念以来，批判性思维能力的培养逐渐成为美国教育改革的核心。1991年美国的《国家教育目标报告》中要求各类学校"应培养大量的具有较高批判性思维能力、能有效交流、会解决问题的学生"，并将培养学生对学术领域和现实生活问题的批判性思考能力作为教育的重要目标。1995年美国颁布的《国家科学教育标准》也规定，"学校教育的重点应是帮助学生掌握每天使用的多种技能，如创造性地解决问题，批判性思维能力和在工作中具有合作精神"。批判性思维是指通过个体的主动思考，对所学知识的真实性、精确性、过程、理论、方法、背景、论据和评价等进行个人的判断，从而对做什么和相信什么作出合理决策的思维认知过程。批判性思维是与非形式逻辑相提并论的一种思潮，它不仅是一种思维形式，更是一种优秀的思维品质，它与问题解决并称为思维的两大技能。

在美国，无论是教育、科研或是其他领域，批判性思维已成为一种普遍应用和习惯的思维方式。美国哈佛大学的标志是三本书——两本朝上打开着，一本朝下盖着，哈佛通过这个标志就是要告诉她的师生：书本传播了知识，传播了真理，但书本也传播了谬误。因此，哈佛的师生要不唯书、不唯上。哈佛精神追求的就是教授学生的批判性思维。美国神童教育《天赋教育》的童子功入门第一招是培养批判性的阅读能力，第二招是培养批判性的聆听能力，在小学阶段还是作为一种行为习惯来培养，到了大学阶段就已经成为一种思维方式了。

批判性思维不仅是平常教学的训练内容，而且成为考试评价标准之一。比如，在美国最新的大学入学考试SAT（学术潜能考试）作文试题中，获得满分6分的评分标准之一是："有效而富有洞察力地发展作者自己的观点，表现出杰出的批判性思维，清晰地使用恰当的事例、推理，以及其他证据证明自己的立场。"

发人深省的是，中国的中学教育乃至大学教育用的是注、疏、解的思维模式。中国教育的"童子功"入门第一招是"听话"。至于"批判性思维"，那是成人以后再考虑，或者根本就用不着考虑的问题，从小就学习人云亦云。中国教育往往首先肯定教材的经典性，既是经典，就只能注，只能疏，只能解。只需要理解、记忆和消化就行了，用不着质疑、否定和超越。如果有个别胆大的学生提出尖锐的问题，老师或者干脆封杀，或者给予道义上的鼓励，然后再引导学生回到经典中去。通常情况下，中国教育是不鼓励学生标新立异和超越权威崇拜去追求真理的。

所以，对当下中国盛行的"国学教育"和"经典诵读"应该持谨慎态度。

在中国，批判性思维不是从来没有人运用过和践行过，只是运用得极不普遍和极不习惯。从整体而言，中国迄今为止，还没有形成"批判性思维"的气候。批判性思维这种能力，第一是存在的；第二是有差异的；第三是可训练的；第四是可测试的，因此，我们在教学中应该渗透批判性思维培养。美国的阅读教学一直强调学生对作品的个人反应，极力推动学生从多元角度去诠释作品。重视学生在阅读中提出自己的观点，并在文中找出材料、细节支持自己的观点，同时也注重对阅读过程的反思。教学方法上以对话为主，师生在文本的基础上平等交流。注重客观、理性地分析课文的表现魅力、风格、作者观点，注重因果关系和相互关系的探究。

美国教师的课堂教学容量不大，学生实践训练的机会多，动手动口动脑能力强。语文教学传授给学生术语，落实知识要点，强调学习方法策略的指导，重视逻辑思维训练，"批判性思维"一语几乎成为美国教育开口必谈的关键词。《英语语言艺术标准》在术语表中对此概念作出的定义是："批判性思维，是指在文学、艺术、科学和其他学科领域中，具有创造性、批判性和逻辑性的思维过程特征；发散性思维。"

与此相联系的"批判性阅读"成为美国语文教育的一个重要概念。《英语语言艺术标准》对此作出如下定义："用这样的方式阅读文本：提出假设，探讨观察问题的视角，批评社会和政治的基本价值观或立场。批判性阅读是一种对抗性的、积极的阅读方式，把注意力集中到文本与世界两个方面。批判性读者从文本中获得经验，反过来，又借助文本形成并发展自己对个人和社会经验的批评性观点。"

　　国内传统的灌输式教学，是外在强加的被动式积累学习过程。批判性阅读则是自我教育的过程。从批判中吸收，是主动的吸收、过滤后的吸收，吸收的是精髓，是在理解的基础上进行质疑、批判，从而对知识进行重构，成为知识的主人、学习的主体。

　　我国当前的小学阶段科学类文章主要有"议论文"和"说明文"两种。绝大多数以说明文为主（尽管当前所占比例少得可怜）。

　　说明文主要是向读者传递信息的，它对语言精确性要求很高，所以阅读的关键是"找"，找信息源；"比"，比它们的表达，比它们的语气，比它们是否有歧义。所采用的教学策略主要有带着问题研读法和注意问题中的"暗送秋波"（一般文章后面的问题给了许多的"暗示"，运用这些暗示，可以更快、更准确地找到问题的答案）。因此，应该加大小学语文课本中科学类文章的分量，比例最好接近或达到50%，让广大一线教师以之为载体，大力培养除了人文精神外的科学精神和科学素养，大力培养批判性阅读能力，发展批判性思维。

　　创造力必须以批判性阅读为基础，它也是人的综合智慧的产物，需要多方面能力的支撑。自江泽民提出创新是一个民族的灵魂不久，曾经有一个美国专家问：创造力包括哪些要素？中国的专家答不上来。反问美国专家，他们回答：创造力包括反思、质疑、幻想、独立、实验、冒险、探究、发散和归纳、顿悟力和感受的流畅性……大家可以对照，我们到底培养了哪些能力？可以说我国的基础教育是在远离生活实践的狭小天地里，集12年的时光，仅培养了学生一种能力，即通过记忆的手段完成应试任务的能力。

《人民教育》2009年第21期刊载了小学语文特级教师孙双金的文章《13岁以前的语文》，文章结尾时总结："13岁以前的语文是童年的语文，积累的语文，种子的语文，经典的语文，综合的语文；是暂时不求甚解、逐步反刍的语文，是为一辈子奠基的语文。"这种思想与于永正老师的思想在很大程度上是暗合的，也是我国传统语文教学"模模糊糊一大片""功到自然成"思潮的反映。笔者以为，这样的积累语言的过程，发展了语言能力，但是，是以牺牲掉许多灵感、多角度思考问题及批判性思维为代价的，是被动的吸收，压抑的发展过程，这样的发展必然缺失了许多东西……积累语言是重要的，但小学阅读课的目标，仅仅是培养语言学家或文学家吗？仅仅是培养浓郁书生气的现代人吗？笔者有幸走进美国的课堂，孩子们的阳光、自信，对这个世界的好奇、热情、对抗，和我们孩子的畏缩、谦恭、顺从形成极大的反差。——这是值得我们警醒、反思的。是什么造成了这样的反差？

　　前不久，聆听了台湾小语会会长张镜中执教的《鲸》及讲座，张教授的课，按照大陆当前的评课标准，不能算好。但令人钦佩！不是一线老师，敢于走到一线上课，践行自己的理念；并且，最值得称道的是，《鲸》一课的教学，"文学类"文章和"科学类"文章，采用"双文本"教学，教学生区分了"事实"与"意见"（作者主观的东西），提升了甄别资讯真伪的能力；带着问题阅读，引发了学生许多大胆的猜想，把学生引向了浩瀚的图书馆和广阔的科学世界。谁说我们的孩子不会想，不敢想？谁说我们的孩子不会探究，不敢探究？是我们的教师、教学使然！

　　中国和美国都很重视在阅读教学中培养学生的思维，但中国的阅读教学目标重在培养学生对读物客体的精确理解和背诵积累，其思维模式是认同或接受读物；美国的阅读教学目标则是重读者对读物的反应、鉴别、批评和评价，"以自己的反应和读物的文学特点为基础，用批判的眼光去评价文学作品"，其思维结构是发散的、求异的。

　　世界上任何一个国家的语文教育，都不仅仅着眼于向学生传授一种符号系统或让学生掌握一种交际工具。语言是民族的语言，文字是民族的文字，语文反映一个民族认识世界的方式，语文教育本身的不断继承和发展，也沉积着一个民族深刻的文化积淀。美国没有可以炫耀的悠久历史，但由于其自身的特殊历史条件而形成了与众不同的哲学观念和教育思想，这些思想无一不在影响着美国的语文教育，从而使其具有了自己独具的特点。可见，训练批判性思维成为美国语文教育价值追求的重要内容。美国的文学教学始终与语言训练紧密结合，强调批判性思维的训练，并且借助文学分析和文学反应，追求文学教育的精神价值。

小学语文教学中"读"的教学方法初探

黄 丽

(深圳市宝安区共乐小学)

摘 要: 朗读是贯穿于义务教育阶段的一项重要活动。它不仅仅是单纯的阅读识字的过程,更是建立在了解文字、理解文本背后深层意义的一项高级认知活动,包含了初级识字认读、深层理解概述、升华鉴赏和评价见解,以大声朗读、泛读、比较读、精读为主要形式,以此提高语文素养。

关键词: 认读;理解;评价;朗读

在小学阶段,对读的能力的培养贯穿于整个语文教学方法中,对于中低年级的学生而言,养成读的习惯尤为重要。掌握了读的技巧,学会了如何在文本中提取重要信息,不但会扩大学生的识字范围,而且还会促使学生主动阅读感兴趣的书籍,激起一种主动学习的欲望。

一 "读"能提高的三种认知能力

美国教育哲学家奈勒曾经说过:"我们的儿童像羊群一样被赶进教育工厂,在那里无视他们独特的个性,而把他们按同一个模样加工和塑造。我们的教师们被迫,或自认为是被迫去按照别人给他们规定好的路线去教学。这种教育制度既使学生异化,也使教师异化了。现在已经到了要改善的时候了。"[1] 朗读教学亦如此，很多时候我们把朗读作为家庭游戏，或者在课堂上蜻蜓点水式"燕过留痕"。我们知道"读"是利用人本身的功能把无声的文字转化成一种有声文字的过程，这是对书面语言的认识过程和对理解能力的测试，是学生在学习过程中必不可少的条件，也是语文教学中着重培养的一种能力。随着科技发展带来的信息爆炸，准确、迅速提取信息的能力越发重要，这迫使学生从小就要具有阅读的能力，特别是像语文这样一种语言工具学科。

语文科目中的读并不仅仅是阅读看书这一单纯的识字过程，更是一个以了解文字背后深层意义为核心的复杂智力运动过程，它往往包括初级识字认读、深层理解概述、升华鉴赏和评价见解这几个过程。

（一）初级识字认读

南山区的课改走在课程改革的前端。我曾经在南山区实习过三个月，实验区的学校创办了一种"八岁儿童能读会写实验班"的体制。大部分一年级小学生识字量已达到惊人的程度，1000多字，相当于普通学生整个小学阶段的识字量，并且在识字的基础上，一年级的学生已可使用电脑洋洋洒洒写出几百字的文章。

由于电脑和网络的普及，越来越多的学生借助电脑写日记、交流情感以及查阅资料。各大学校抓住时代特点，利用网络传授识字方法，通过相同的音节再结合相似的字找出唯一需要的词，扩大了学生的识字范围——一个相同的音节可以认识不同音调的字。在直接认知的基础上，学生初级认读的能力逐步加强。尔后，学生在读的过程中往往语速平缓、流利，为之后的语文学习打下了坚实的基础。

（二）深层理解概述

理解是建立在认识文字的基础上的，通过层层深入进而达到领会和把握文本内容的要求，这是朗读的重要环节。如果对文本不理解，那就谈不上对文本的鉴赏与评价了。建立在自由、合作、探究的基础之上，

---

[1] 陈友松：《当代西方教育哲学》，教育科学出版社1982年版，第119页。

所有学生共聚一堂"你说我说大家说",课堂气氛活跃,不管是对课文某句的理解,还是课外的比较交流,学生都能用自己的语言进行整理、概述,真正做到自行开拓理解之路,教师在此时只是充当一个引导学生如何作出正确选择的角色。

在这一过程中,值得重视的是,部编版教材一改过去要求学生概括段落大意和中心思想的做法,取而代之的是要求学生主动从文本中找出文字信息并指出其向读者展示了什么、读者从中知道了什么,学会用自己的语言整体阐述课文。聚焦文本,聚焦思维。这种教法的好处是不把学生禁锢在一种模式中,能从多角度揣摩、理解文本内容,使学生的思维更加活跃,展示新时代学生的特点。

(三) 升华鉴赏与评价见解

这一过程是比理解更高一级的阅读活动,是在理解基础上的进一步深化。读懂了文本,还应该更进一步认识、分辨文本所揭示的隐蔽信息,并且取其精华、弃其糟粕,从而读得更有收获。借由网络,每一位学生在理解课文的基础上都把自己最想说的话写在博客上,发表个人观点,与此同时又和其他同学交流心得,最快、最新、最自由地进行鉴赏与评析。深圳市不少学校引用各种交流平台,学生可在课堂上利用电子产品输入个性化的文本解读,再输出可视化的文字赏析。虽然并不能普及,但对于绝大多数现代化城市具有可借鉴性。网络的普及也能带动语文教育事业的交流,真正体现了语文是一门人文性的工具科目,生活与文本打通,鉴赏与评价共存于生活与文本中。

二 多种"读"的方法

以上论述的是当文本被赋予有声图像之前学生所做的一些必要准备,这种"无声朗读"为"有声朗读"提供了充分的条件,朗读给文章带来的改变犹如给黑白照片涂上了色彩,给静物注入了生命。概言之,读的方法主要有以下几种。

第一,大声朗读。其突出特点就是声音不但能被自己听到,而且还能被旁人听到，有发音器官参与活动。如朗读《丝绸之路》时，老师反复让同学大声朗读该课文，并让某些同学作示范朗读，使大脑对该区域产生兴奋剂，从朗读中感受丝绸之路上的贸易往来。同时也可以配上背景音乐，让学生在情感中得到感性认识，如《匆匆》，多次的模仿就会让学生对该课文产生视觉感受，用流利、自然、生动的语言展现文本图像。

第二，泛读。顾名思义，这是一种"蜻蜓点水"式的朗读方式。它是一种只对文本进行初步了解的通读方式，不做任何的深入演化。泛读需要广博的知识积累作为基础，学生才能在有限的课堂时间内汲取最多的信息。如讲解《巴西咖啡》时，学生只朗读了一次文本的内容，使其在头脑中产生一种感性区域，然后用自己的语言进行概述。对于这样的阅读课文，教师的教学目标只需放在学生对巴西咖啡信息的提取上，而重头戏则在课堂的下半部分。

第三，比较读。每一次的语文课文讲解，学生都能提升比较阅读的能力。如将《巴西咖啡》与中国的《茶文化》进行比较，不但可以培养学生的人文素养，而且在对照、鉴别的阅读过程中既可以开阔学生眼界、活跃思想，使认识更加充分、深刻，又可以看到差别、发现矛盾、把握特点，提高鉴赏力。但并不是所有的文章都要进行比较阅读，这样只会加重学生的负担。当需要对某方面问题进行研讨和探究时，把相关的主题融在一起，这无疑是一种效果明显的阅读方式。

第四，精读。指对文本不仅要深入细致、逐字逐句、咬文嚼字地进行阅读，而且有时还要反复琢磨、细心研究，从把握整体到了解细节，既洞悉文章内容，又要认清写作特点，如《牛的母爱》《老鼠开会》等。这种方法是针对讲读课重点文章而言的，是一种"行之有效"的读书方法。

从低年级开始重视读的培养，利用读的情感教育，使学生满足不同读的要求。需要指出的是，低年级孩子极少在课堂上默读课文，虽然这也是读的一种方法，但是对于他们来说，注意力和控制力决定了其不适宜用默读的方式理解文本。因为此阅读方法不能稳定学生的注意力。这种方法更适合于初、高中学生。

三 "读"的多种教学方法

以上两部分阐述了读的课前准备和各种不同形式的读法,但需指出的是,读并不是一味地利用文本发出声音,读的能力培养并不是一朝一夕就可完成的,而是要经过长年累月的积累才能达到预想目的。

首先,在课堂上教师的示范作用是必不可少的。除直接示范朗读外,老师还可以使用一些辅助工具来达到示范的目的,如录音、电脑音频、微课、录播等。示范是给学生提供感性的认识,教师结合对文章的理解,具体说明此文意该如何用语言表达出来,在感性阅读行为中进行理性的指导。

其次,对于中低年级的学生可以配合一些必要的动作,以吸引学生的注意力,如拍手、跺脚等,以达到预想效果。这不仅会使学生情绪高涨,而且还可以受到美的熏陶。如在讲一年级上册《比尾巴》这篇课文时,学生对"尾巴"这个话题有极大的兴趣,课堂上可借助手部形状,分别做出"长、短、一把伞、弯、扁、最好看"等动作,口、手、脑三者合一,在活跃的课堂气氛中提高朗读的效率,感受文字的趣味性。

最后,一些基本的技巧培养是必要的。孩子具有模仿的天性,仅仅通过示范并不能提高学生读的能力和加深对文本的理解,相反会使学生的水平停滞不前。最好的办法之一是教会学生面对文本时如何在第一时间做出最正确的反应。与其"为学生钓鱼",还不如"教会学生如何钓鱼"。为了让朗读更有效,平时教师可以在班级中进行绕口令训练,从前鼻音、后鼻音、翘舌音、平舌音开始训练,能够让朗读做到字正腔圆。作为语文教师,在平时的授课过程中,应进行不同程度的渗透与练习,这样才能更好地提高学生读的能力。

读是语文四大基本能力中的一环,始终贯穿学生的学习生涯。《语文课程标准》对朗读教学也非常重视,四个学段都强调"能用普通话正确、流利、有感情地朗读课文",同时与"理解、把握、体验、领悟"相连接,因此从小培养好的读书习惯和训练扎实的读书能力,将会大大提高语文素养。

四 结语

综上所述,一直以来我们都把"有声朗读"作为朗读的重要标志,这是一个输出的过程。但在此之前,"朗读"还包括输入的"阅读",对文本的理解、辨析、重组也是读的一种形式,二者打通才能切实提高学生"读"的能力。在教学过程中,既需要朗读技巧的训练,也需要对文本内涵的理解与感悟,让"无声的读"为"有声朗读"提供营养,追求让语文"读"着回家。

小学语文阅读陌生化教学策略探析

屈卫峰

(深圳市宝安区宝城小学)

摘　要：陌生化教学是运用陌生化手法，化熟悉为陌生，使学生对熟悉的事物重新产生陌生感、新奇感的一种教学方法。陌生化教学方法在阅读课中的运用，有利于学生学习兴趣的激发，有利于阅读思维的提升，有利于课堂教学效率的提高。陌生化教学实施的主要途径：一是选择陌生化教学视角，变角度发现阅读材料的新意境；二是运用陌生化教学方法，通过重组、换位寻找阅读教学新途径。

关键词：陌生化；阅读教学；视角；策略

在小学的语文教学中，阅读教学是其重要的环节。当前，几乎所有的语文老师都认识到阅读的重要性。各地的教研，针对阅读教学也做了大量的研究，各种新理念、新教法日益为老师们所熟悉，但落实到日常的阅读教学，面对熟悉的课堂，朝夕相处的学生，彼此间的"日益熟悉"，渐渐失去了新鲜感，极易带来教与学的倦怠，形成了教学的新困境，导致教学改革难以推进，教学效果不尽如人意，"高耗低能"局面难以改变。分析其中原因，大致有以下三方面。

教学内容的熟悉难以调动学生的学习兴趣。兴趣是鼓舞和推动学生学习自觉的动机，是调动学生积极思维、探求知识的内在动力。但通过预习，学生对于课文内容已有了大致的认识和了解，从课文的情节上，已然使学生失去新奇的兴趣和刺激,在语文课堂上,如果语文教师不能帮助学生呈现出更新鲜的课文教学内容,就更难充分调动学生的兴趣,激发学生的学习动力。

教学行为的熟悉难以引发学生的积极参与。在人际交往中,存在适度心理距离,在教学中同样存在学习的心理距离,当教师与学生相处日久,学生对教师的教学习惯、教学风格甚至教学语言、动作已经很熟悉,很容易出现教学行为的"熟而无感",导致吸引力减弱。这些熟悉的教学行为也容易导致学生产生不良的心理惯性和学习的倦怠感。

教学问题的熟悉难以提升学生的阅读思维。学起于思,思源于疑。学生在初读课文之后,更多是浅尝辄止,在情节了解之后不愿意进行更深入的思考。加之老师们在长久的教学中,习惯追求流畅的课感,极易把"熟而不深"教学惯性带入课堂,从而形成了阅读教学的"梗阻",使教学的深度与广度都难以拓展与深入。在日常的课堂观察中,我们发现师生间教学互动,更多的问题是在学生原有能力水平上的平移,或是学生原有思维的浅层次延伸,这样自然使得阅读教学实效大打折扣。

如何走出这样因"熟悉"而带来的教与学之困局?我们尝试从"陌生"中寻找突围口。

一 以"陌生化"理论为依托进行阅读教学的视角选择

"陌生化"语言表现理论的观点认为:优秀的文学作品往往是用"陌生化"的语言表现方式设置了诸多语言的障碍,形成了一种模糊性和暗示性的语言表现方式。从读者的角度,"陌生化"理论主张从无疑处生疑,从看似平常处见奇,让读者的惯性化审美知觉复活,在与文本的碰撞中产生一种审美的张力,从而唤起对文本的全新的审美感受。

(一)在熟悉的文本中发现陌生风景

我们的教学文本,大多是陌生化的文学作品,本身就具备"陌生化"的文学特质,它们的表达语言是超越常规的作家语言,有别于学生的日常语言,它们采用别出心裁的语言组织结构,甚至是新颖奇异的写法,艺术地表达自己的情思。我们教师不妨重新选择教学的角度，引导学生循着"陌生化"的踪迹达到阅读理解的彼岸。

以五年级课文《自己的花是让别人看的》为例，在这篇课文中，有三句话挺有意思。第一句："他们的花不像在中国那样，养在屋子里。"这句话在第二自然段中。第二句在第三段段尾："我觉得这一种境界是颇耐人寻味的。"还有文中末尾一句："我仿佛又回到四五十年前，我做了一个花的梦，做了一个思乡的梦。"

第一句"他们的花不像在中国那样，养在屋子里"。在第二段中，与前后两个语句关联并不是很大，即便删除这一句，整个语句和自然段的意思并不一定受到太大的影响。那为什么一定要关联存在？文章末尾的"我仿佛又回到四五十年前，我做了一个花的梦，做了一个思乡的梦"，跳跃就更大。从"花的梦"到"思乡的梦"是有怎样的跳跃和联系？但把这几句关联起来，就发现"他们的花不像在中国那样，养在屋子里"，这句话恰恰透露出作者的一个写作目的——这个思乡梦是为了做给更多的中国人看的。

"每一家都是这样，在屋子里的时候，自己的花是让别人看的；走在街上的时候，自己又看别人的花。人人为我，我为人人。我觉得这一种境界是颇耐人寻味的。"

"我觉得这一种境界是颇耐人寻味的。"这句话初看也颇显突兀，看花就看花，怎样谈到境界了？这一种境界如果与词语搭配，应该是"令人钦佩"更为自然，怎么是耐人寻味的？这个"寻味"到底寻的是什么？但只要把以上散落各段的三句关联起来，就很清晰地看出作者的写作目的。循着作家的足迹，在教学上，我们就可以从陌生化的文字表达形式上，设计出这几个新角度。

问题一："他们的花不像在中国那样，养在屋子里"是何意？可否删掉？

问题二：这一段就是描述德国人爱花、观花，看到的一切都是一种自然现象，为什么把它们称为"境界"了？"这种境界是颇耐人寻味的"，

"寻味"到底寻的是什么？

问题三："花的梦""思乡的梦"在词序表达上能不能相互调换？（拓展阅读——季羡林《重返哥廷根》片段）

文本解读角度的变化带来教学视角的变换。陌生化理念下的解读把文本相隔最远的东西出乎意料地结合在一起，使学生的思考由浅入深，学习也从被动地接受变成了积极主动地参与。

（二）于陌生的路径追寻文本内涵

陌生化文本往往是表达形式与其文本思想、内容紧密相连的。许多作者的人生体会、情思感悟都是这样透过其"陌生化"艺术形式表现出来。语文阅读教学，不仅要关注内容，也要关注言语形式，把它们作为一个整体来解读，也只有站在文本的形式上来理解和感悟，才能体会到文本的形式美、语言美和意境美，领悟到作者的言外之意、意外之境。

以杨万里《小池》为例，在教学中，老师们习惯性解读：这是一首美丽的夏日图，图画中，小池、泉眼、小荷和蜻蜓，是那样美丽、可爱，充满了盎然的生机。然而，从"陌生化"角度去观照，就会发现：这首诗中的"惜"与"爱"之间是相近的，"才"与"早"之间是明显的对立，从其文字表达形式的区别角度出发，不难发现其诗中意蕴立刻随之飞动了起来，变得更加有情有趣，富有人性。

如下教学设计：同学们：每一首诗都是作者情感的流露，找找这首诗最能表达情感的字。（"惜""爱"）是的！"爱"是爱，"惜"也是爱，那这两个字有什么区别呢？

二年级的孩子很难区分，于是就可试试让学生读一读这两个字，通过读，孩子不难感受"爱"字可以大声地读出来，而"惜"字却不能，从而体会到：原来爱就是要大声说出来，惜却是难以大声说出来的心里欢喜。

那还有谁喜欢谁？泉眼喜欢——细流，树荫喜欢晴柔，蜻蜓喜欢小荷，小荷喜欢蜻蜓。是的！看来喜欢不是单向的，是互相的。

聪明的孩子还有发现吗？——哦！诗人喜欢小池，小池也喜欢诗人呢！怪不得他要写下这首诗！

换了一个视角，从陌生的文本形式入手，从相同、相近中寻找之间的区别，调动学生的读、思、言、情的积极参与，既能领略文本的形式与语言之美，也能追寻到文本的内涵。

二 在"陌生化"理论指引下改进阅读教学策略

在一个熟悉的环境里，人具有的本能惊诧力和好奇心会逐渐消逝，审美感觉逐渐钝化。正如人们所谓"熟悉的地方没有风景"。在我们长期的阅读教学中，教师容易逐渐形成相对固定的阅读教学习惯，而随着学生对教师渐渐地熟悉，也容易造成学生感觉的钝化、思维的拘束，慢慢失去了学习的激情和动力。

在阅读教学中，教师适时给课堂注入新鲜的空气，运用鲜活的、灵动的教学方法，就能不断制造新的期待，维持或者重新激发学生逐渐退化的惊奇感、好奇心，使学生在课堂上参与其中、乐于其中。

（一）转换教学步骤，打破阅读惯性

在课堂中，适时调整教学的顺序，能收到良好的效果。在一次《开国大典》教学中，我没有按照常规的教学流程，从初读到细读，引导孩子学这样一篇长文，而是根据预习的反馈，调整了教学的步骤，开课就问："同学们，觉得这篇文章写得怎么样？"与预估的情况接近，大多数同学认为不好，理由是阅兵式的部分写得很啰唆，有重复拖沓的嫌疑。"那如果让你改，你会怎样改？"在学生兴致勃勃地挑战后，接着追问：这是一位著名的记者写的，请思考为什么他要这样写呢？进而很顺利地引导学生学习当时的背景、新闻通讯的特点及其他的场面描写。整堂课学生始终处于主动参与的状态，学习兴趣盎然，在完成场面描写学习的同时，对那段远离自己的伟大历史时刻，也有了情感的共鸣，取得良好的效果。

（二）重组教学内容，突破思维定式

王尚文老师认为："文本与读者间经常保持适度的张力，是阅读的审美价值之源。"我们的学生在拿到教材之后，大多数都会翻阅几遍，对于教材中感兴趣的内容比较熟悉，不愿意再一次花费精力静下心去学习，在课堂上也很难重新产生对文本再学习的兴趣。因此，我们可以有针对性地对课堂文本内容进行弹性处理，重建思维的张力。

以许地生的《落花生》为例，在文章学习的总结阶段，我并没有按照常规教学方法，对人物进行逐一评价，而是向学生提了一个简单的问题：同学们！我们课本中有一幅插图，你们觉得画得怎么样呢？这一下子激起了学生的兴趣，纷纷举手发言：老师，我觉得画得挺好，你看父亲正在给我们讲落花生的品质呢！老师，他的动作、神情都很生动！

还有，几个孩子也画得好。几个抢着发言的孩子都表达了类似的观点。我转而问道："有同学觉得有画得不好的地方吗？"有不少同学觉得图中的母亲看不见脸，只有一个背影，且画得也小，是个败笔！有不少为母亲抱不平：你看，父亲经常不在家，是母亲带着我们翻地、播种、施肥、收割，怎么收获的时候连脸都不给她露一下！还有同学嚷着要给编辑部写信提意见。在绝大多数同学"义愤填膺"的时候，我继续追问：有没有同学有不同的意见呢？顿时，教室安静下来。不久，一个女生怯怯地举起了手：老师！我觉得这不是败笔！这样画才能表现出母亲的形象，她带着孩子翻地、播种、施肥、收割，默默地奉献，在收获的时候却悄悄地躲在身后，连话都没说，只是"也点点头"。这样的画法不正是表现出母亲默默奉献、无私伟大的形象吗？

一幅图，几个问题，从孩子忽略的角度，带来完全陌生的新鲜感，激发的却是学生真实的思考、真切的情感及对人物准确地把握。文本阅读、绘画审美的重新组合，让教学在"熟悉的地方"发现了别样风光。

在内容的重组上，我们还可以根据教材和学生的认知能力水平、心理特点对所需要的教材和内容进行重新排列、换位、组合、留白，对学生过于熟悉的内容进行抽换，对过于艰涩的内容进行删减，也都可以有效地打破学生阅读心理上的惯性与定式，形成积极的阅读认知期待，从而带给学生一种新鲜感，引起学生的阅读兴趣，激活他们的阅读思维。

（三）变化教学语言，增强阅读期待

教师的语言对于学生往往具有很大的影响力，学生往往能从教师使用的语气、语调和言语风格等特点中体会到教师的要求和意图。但当老师与学生长期相处熟悉之后，如教师的语言没有了变化，很容易导致学生出现听觉的"审美疲劳"，进而影响学生听课的积极性以及接受的程度和效果。因此教师语言应不时依据教材、学情进行选择或变化，使学生具有一定的听觉陌生感，以达到激发学习兴趣的目的。

用陌生来化解熟悉，才能推陈出新。但需要注意，"熟悉"和"陌生"是相对的，两者之间也是可以互相转化的。陌生化教学不是"为陌生而陌生"，陌生不是我们的目的，我们通过创造陌生来引导学生对"习以为常"的事物进行"剥离"，最终达到加深对文本的更深刻的认知与理解。正如我们对一件事物的认知，是在"熟悉"的认知规定之下一步一步开始的，过度的"陌生"又可能直接引起学生的审美与认知理解的双重阻断，会让学生产生感知障碍，造成学生的拒绝接受的心理。因此，教师在设计和运用"陌生化"方法时，既要努力使教学达到"熟悉"与"陌生"的统一，也必须要在教学情境创设、教学内容的选择和教学语言的运用上，把握好一个度。只有这样，"陌生"才有机会使课堂永葆"新鲜"，发挥出应有效应。

"图解"文本,解读文本的另一种"工具"
——思维导图在小学语文阅读教学中的应用探究

张 波

(深圳市宝安区西乡小学)

摘 要:思维导图是融图像和文字功能于一体的图式,是能够用图文将想法"画出来"的思维工具,它有从中心发散出来或从某点延伸铺展开来的自然结构,是一种将放射性思维具体化的方法,它为我们阅读教学提供了有效的思维可视化的工具。小学语文阅读教学中巧妙地使用"思维导图"工具,能够开启学生大脑的无限潜能,有效地促进学生思维品质的发展,让学生学会学习、学会思考。

关键词:思维导图;"图解"文本;阅读教学工具

美国学者珍妮特·沃斯在《学习的革命》一书中提到:我们怎样学习比我们学习什么要重要得多。全世界在争论着这样一个问题:学校应该教什么?在我们看来,最重要的应当是两个"科目":学习怎样学习和学习怎样思考。因此,学习怎样学习以及学习怎样思考,让学习更为高效、更赋创新力是如今老师、学生应该思考的一个重要话题。《义务教育语文课程标准》(2011年版)提到:小学语文教学应立足于促进学生的发展,为他们的终身学习、生活和工作奠定基础。小学语文阅读教学应该如何促进学生思维发展,为学生奠定怎样的基础呢?应该让学生学会学习、学会思考。号称"21世纪全球性的思维工具"的"思维导图",是一种将放射性思维具体化的方法,它为我们提供了有效思维的图示化工具,能够开启大脑的无限潜能。

一 认识"思维导图",教学生绘制的方法

(一) 为什么选择"思维导图"工具解读文本

瑞典心理学家皮亚杰谈论儿童思维发展的特点时说过:儿童是很少有系统性的,他们的思想联系不足,演绎不够,总的来说缺乏避免矛盾的需要,倾向于判断的平面状态而不是加以综合,满足于混合性的图式而不加以分析。换句话说,小学阶段的儿童思维更接近于同时出于行动和幻想的定式的总和,与系统的、有意识的成人思维相去甚远。为此,我们能够做的就是"回到原点",遵从小学生思维存在系统性不足的特点,充分发挥孩子与生俱来的喜爱画图记事等吸收知识的特性,尝试借助绘制思维导图的外部动作作为开展思维活动的辅助手段,帮助孩子全方位展开阅读理解和分析,引导其进行系统思考,让孩子借助思维导图来深入领悟,整体把握文章的结构框架,化复杂烦琐的认识过程为简简单单的画图过程,让孩子更容易、更直观地从思维导图中发现和理解,形成良好的语感。

思维导图的形象性、层次性、关联性和可扩展性,能将大脑思维过程具体化、可视化和直观化,它非常适合阅读教学中辅助学生进行思维的发散和逻辑的推导,让隐性的思维过程可视化。对于小学语文阅读教学来说,思维导图为阅读教学提供了一种直观、有效、可操作的新途径。阅读实践中有效运用思维导图工具,有助于提高学生阅读的效率,提升思维的品质,提高记忆力、组织力与创造力,逐步帮助学生完善自身的知识结构。古语云:善学者,师逸而功倍,又从而庸之;不善学者,师勤而功半,又从而怨之。学习本身就是一门科学,是一种用脑的艺术,只有立足于学生学的学法,服务于学生学的教法,才能够令学生自己有效地认识到所学知识的组织规律,才能学得好。教学中只有加强对学生进行系统性思维方法的指导,才能使学生成为事半功倍的"善学者"。

(二) 思维导图的基本要素和基本特征

思维导图是融图像与文字的功能于一体的图式，是能够用图文将想法"画出来"的思维工具，它有从中心发散出来或从某点延伸铺展开来的自然结构。它有四个基本要素：主题或中心、关键词、图标和色彩。一个规范的思维导图，应具备以下几个基本特征：1. 主要的焦点清晰地集中在中央图像上；2. 主题作为分支从中央图像向四周放射；3. 分支由一个关键图像或者印在相关线条上的关键词构成；4. 各分支形成一个相互连接的节点结构。

(三) 绘制思维导图的基本步骤

1. 将中心主题置于中央位置，整个思维导图将围绕这个中心主题展开。

2. 大脑不要受任何约束，围绕中心主题进行思考，画出各分支，及时记录瞬间闪现的灵感。

3. 在每一条线上使用一个关键词；单个词使思维导图更具有力量与灵活性。

4. 在绘制过程中使用符号、颜色、文字、图画和其他形象表达的内容。留有适当的空间，以便随时增加内容。

5. 整理各个分支内容，寻找它们之间的关系，用箭头、颜色等把相关的分支连起来。

6. 尽量发挥视觉上的想象力，利用自己的创意来绘制自己的思维导图。

为便于学生理解，尽快学会画思维导图，笔者围绕"自我介绍"进行一次头脑风暴练习。一开始，学生准备几张 A4 的白纸和多种颜色的彩笔（不少于 3 种）。先让学生在纸的中央写上主题词"自我介绍"（画上能代表自己的图像），然后快速地在这个词的四周写上前 6 个联想到的关键词（即"次主题"），只要这些词和自己有关都可以。

接着我让同学们从 6 个词中任选一个词作为次主题，按照同样的方式放射它的联想，罗列更为细节的要点。这样就可以建立一个由词汇构成的思维导图联想"网"。在画的时候要注意不要强迫学生用一定的顺序或结构来罗列要点。任何一个要点出现的时候，尽可以自然地将它用"关键字"的方式表达出来，并把它和最相关的"次主题"连接起来。这是小型的思维导图训练，也是学生绘制思维导图的基础。在这样练习的基础上，班学生掌握了这些概念与绘图步骤，接着我就和同学们一起尝试针对某一篇课文绘制思维导图——图解文本。

二 指导学生"图解"课文，让学生亲历探究过程

四年级语文上册第四、第五单元的几篇作品文章结构清晰，表达上特点鲜明，很适合用来进行图解文本的教学实践。下面就以几篇课文教学为例，来说说如何图解文本，让学生经历探究过程。

（一）课前利用思维导图预习课文，整体感知文本

学生掌握了图解文本的基本方法之后，我就让学生尝试用思维导图的方式，做课前预习。阅读教学首先要理解课文的主要内容，在课前预习时，利用思维导图来厘清课文脉络，把握课文的主要内容，是一种很好的方式。

《颐和园》教学片段：

下面图1、图2是我班的江同学、张同学在预习《颐和园》时绘制的思维导图，从图中可以看出他们正确地把握了课文的主要内容、行文线索及所要描写景物的特点。例如：长廊（多长，周围的景物等）、万寿山（排云殿和佛香阁）、昆明湖（静、绿）都在导图中有所呈现。

（二）课中利用思维导图分析文本，突破难点

课中绘图也必须在学生预习的前提下进行，这样做对培养学生思维的即兴发挥大有好处，不足之处是课中绘图时间短，速度要求快，构图不易完整也不够美观。当然，课中的绘图应该为突出课文的重点、突破教学难点服务。例如，给课文划分段。传统的给课文分段，总结段落大

230　三　阅读教学

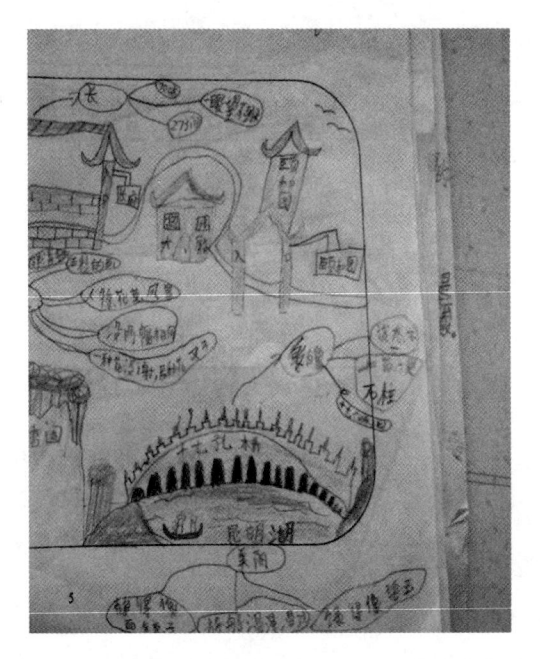

图 1

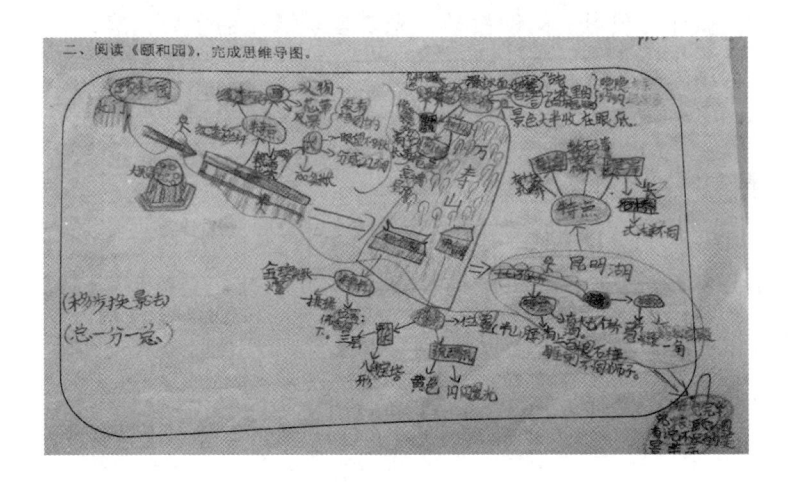

图 2

意和文章的中心思想，虽然也是一种有用的方法，但它是直线性的，不符合低段学生思维方式的特点，在运用中表现出很大的局限性，尤其是面对散文教学时。

《白鹅》教学片段：

《白鹅》是一篇描写动物的散文，文章结构严谨，布局巧妙。第一步：学生自主阅读课文后，全班一起找出全文的中心句——"鹅的高傲表现在它的叫声、步态和吃相中。"我就提炼出关键词"高傲"，板书在黑板的正中间。接着带领学生一起完成二级分支，作者是从哪些方面来描写鹅的高傲的呢？指名同学说"叫声""步态""吃相"（见图3）。

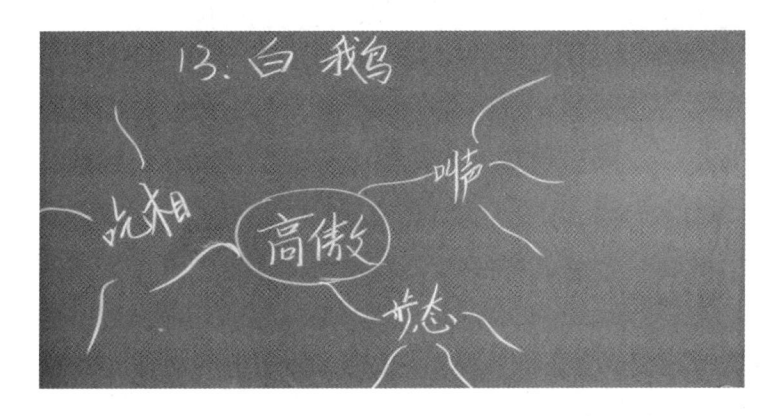

图3

接着让同学们思考：鹅叫声的高傲，步态的高傲，吃相的高傲有哪些具体表现？默读课文，把各自理解到的内容记录在自己的阅读思维导图上。第二步：小组交流、讨论，提出疑问，完善内容。大部分同学都能抓住鹅的叫声：严肃郑重，似厉声呵斥；鹅的步态：从容不迫，大模大样；鹅的吃相：三眼一板，一丝不苟等关键词去理解鹅的"高傲"。第三步：小组合作，在老师发给组长的白纸上，大家依照自己的想法互相补充，再结合课文内容更细致、更具体去分析，绘制成一个代表小组集体智慧的阅读思维导图。最后选小组代表上台交流，全班再一次补充完善（见图4）。

在这一过程中，学生应用思维导图进行集体交流，厘清了文章的顺序，掌握了文章的结构形式及所表达的内容，通过自主的学习方式内化了对文本的理解。在这一过程中，每个组员的见解都得到了发表的机会，

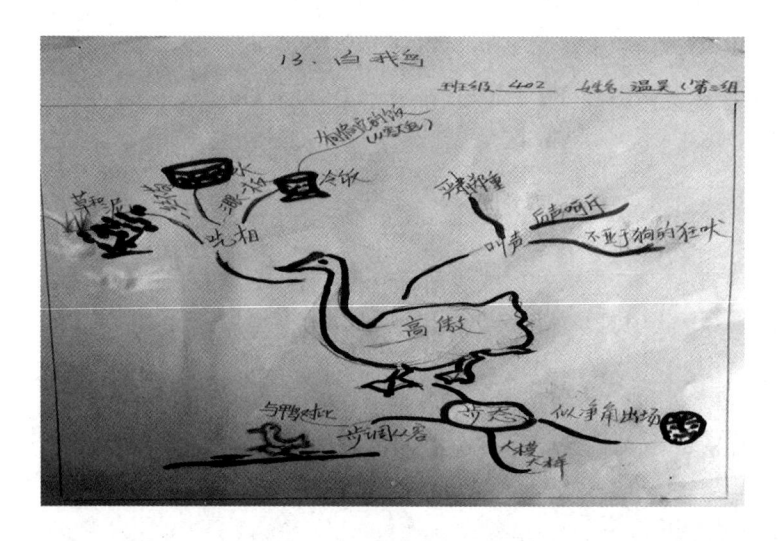

图 4

提升了个体的团队归属感和合作感。共同讨论时,又会产生更多新的理解。

《母鸡》教学片段:

我们在学习了老舍的《猫》后,让学生自学老舍的《母鸡》一文,对本文的学习如果用思维导图的方式,学生就能对文章内容和思想感情有很好的把握。本文描写的对象是"母鸡",作者从开始"讨厌母鸡"到最后"不敢再讨厌"。用钟同学绘制的图 5 来说明,前后两个部分对比明显,通过导图,我们便可以很好地掌握文章的写作脉络和情感走向。

教学片段《秦兵马俑》:

利用思维导图分析秦兵马俑的特点,图 6 就是我班吴同学课中绘制的思维导图。从吴同学绘制的图中可以看出,他能够抓住关键语提炼兵马俑的特点:规模宏大、类型众多、个性鲜明,然后逐一找出相关描写加以佐证。只要学生阅读得法,一幅思维导图就是一篇阅读材料的缩影。

老师在利用思维导图指导学生理解单篇文章时必须注意,思维导图并不完全排斥文字,它更多的是强调融图像与文字的功能于一体。特别强调关键词,一个准确的关键词会使你的思维导图更加醒目、更为清晰。

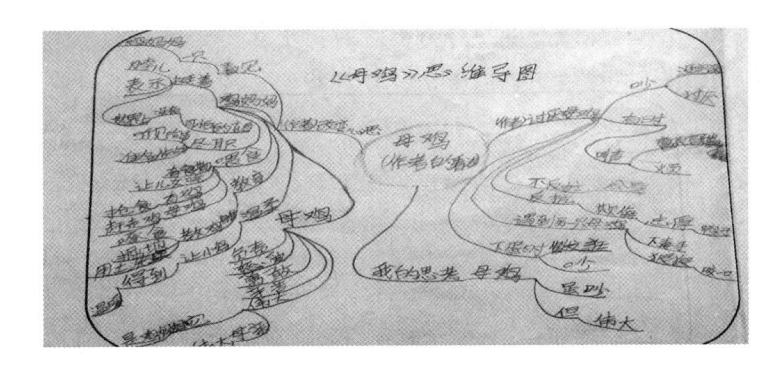

图 5

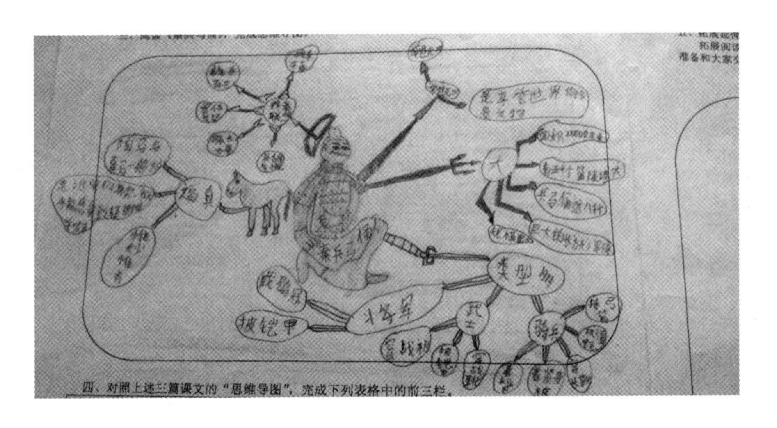

图 6

每一个词和图形都像一个母体，繁殖出与它自己相关的、互相联系的一系列"子代"。就组合关系来讲，每一个词都是自由的，这有利于思维的发散和思考的延伸。绘制时尽量避免刻板的线条和冗长的句子。

三 整本书教学中以图导读，让多元化理解在导图中呈现

上海师范大学王荣生教授在《阅读教学设计要诀》一书中提出了一个比较尖锐的问题：凭什么要规定学生们进行"正确的理解"呢？我们在教学生的时候，为什么要事先主观地规定一个理解所要到达的"顶点"呢？对各类文章，尤其是对散文等文学作品的理解本来就是多元的。建构主义教学观认为阅读不仅仅可以让学生储存、积淀语词，更重要的是

它能够为提高学生对语言的感悟和运用打下坚实的基础。学生需要学会自行从阅读中获取读写知识的方法,并且将生活经验与课本里的知识相结合,建立起自己的认知体系和表达方式。故此,现代阅读教学应该从强调记忆背诵,转向以学生主动提出问题和解决问题为导向的学习,主张以学生为中心的学习方式。

所以尝试应用思维导图引导学生自主阅读,允许学生多元化的理解以图式呈现,鼓励学生自由运用多种形式的构图呈现自己的阅读理解。学生根据自己的兴趣、关注焦点和已有的读写经验、知识水平、理解能力等,展现出不同层次的阅读理解和感悟,对所阅读内容进行尽量深入的学习。

《秘密花园》人物篇教学片段:

课中讨论的问题是:读了《秘密花园》,你最喜欢谁?请你利用思维导图来分析这个人物的性格特点。图7是林同学对主人公玛丽的性格分析(刁蛮任性,开始很自闭,后来变得阳光);图8是高同学对次要人物玛莎的性格分析(耐心、善良、勤劳细心)。从导图中我们可以看到学生对人物形象理解得很全面,从中也能看出人物性格的多面性。

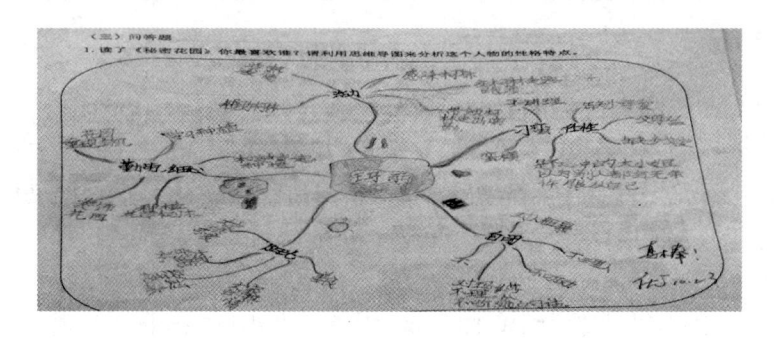

图7

《鼹鼠的月亮河》教学片段:

课中讨论的问题是:读了整个故事,请用思维导图来分析主人公米加与其他鼹鼠相比,有哪些与众不同之处?图9是邓同学从长相、穿着、

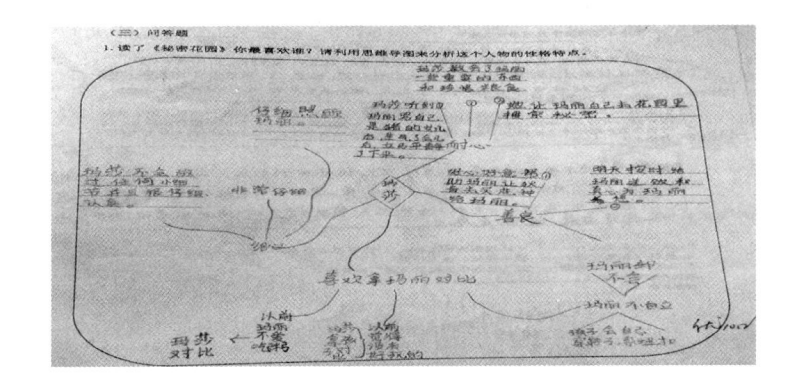

图 8

性格、习惯、梦想等方面对米加的与众不同作出的细致的解读，对文本个性化的理解在图中充分显现。

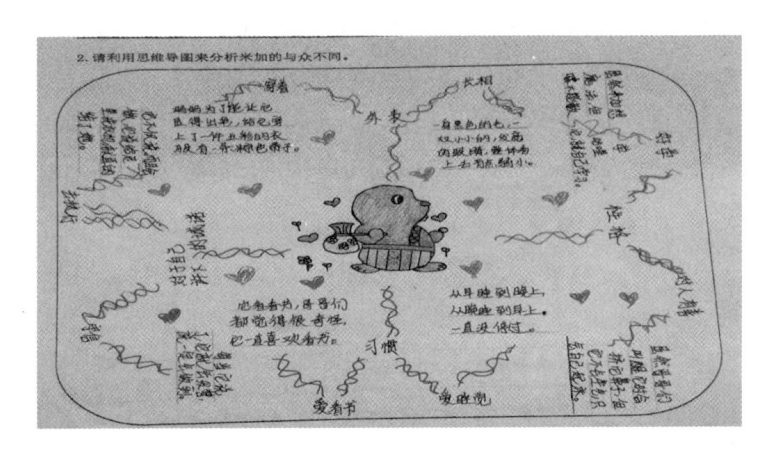

图 9

运用思维导图来解构整本书，对于学生而言是有一定难度的。教师一定要在深刻理解文本基础上来指导学生，根据理解的需要从不同的角度切入文本，绘制不同的理解图示（如人物、情节、主题等方面）。面对全班学生千姿百态的阅读思维导图，也许会感到不知所措，难辨对错，更难以作出评价。这个时候，教师不必沮丧，我们的教学重点是要使学生了解整本书的内容，用图示反映学生的思维过程，并不是要学生画出统一样式的思维导图，关键还是从图中学生对文本的理解。对于小学生，无论他们对这本书的理解深浅如何，他们能自愿地、主动地通过思维导图对整本书进行解码和解释，并且用有一定逻辑的思维图示表达出来，这对增强他们的概括能力和独立思考能力都是大有裨益的。

四　结语

总之，思维导图作为一种学习的策略，在培养学生的阅读能力方面占绝对优势，因为学生在绘制思维导图之前必须先通读整篇课文或整本著作，在绘制的过程中又要通过读来把握要点，厘清脉络，从而抓住关键词来绘制思维导图。绘图的过程，也就是学生阅读的过程，是阅读能力提高的过程。思维导图在小学语文教学中就像一棵放射性的"知识树"，体现了语文教学的整体性和序列性，有助于学生建立知识体系。让我们合理利用思维导图，让思维导图开启阅读教学的另一扇窗户，教会学生运用思维导图进行自主阅读，建立各自的知识体系，真正学会学习。

小学语文高年段阅读教学中语用教学设计的基本原则

林 巧

(深圳市宝安区共乐小学)

摘 要：在阅读教学中开展语用教学能有效提升学生的语言表达能力，积极的语用教学应遵从四个基本原则。把握学情，是语用教学设计的起点；把握文本，是语用教学设计的重点；言意兼得，是语用教学的着力点；创设语境，是语用教学设计的落点。在这四位一体的考量下，合理设计语用教学。

关键词：语用；教学设计；原则

自 2011 年新课程标准发布以来，小学语文教学对语用教学颇为重视。在阅读教学中渗透语用教学，对提高课堂效率、提升学生语用能力大有裨益。尤其在小学高年级，学生语言积累达到一定程度，并具有一定的思维、审美能力，是开展高品质语用教学的学情基础。但是在课堂实践中，常有出现为语用而语用的现象，以为只要安排了学生"练笔"时间，就是语用教学，这样的课堂重复低效。合理的语用教学设计是语用教学的基础，笔者在大量的阅读与实践基础上，认为语用教学设计应遵循以下基本原则。

一 把握学情——语用教学设计的起点

学生是课堂的主体，也是语用的主体。学生的认知水平是一切课堂教学的起点。任何教学目标的确定，归根结底都要参照学生的实际水平与发展需求，所以，有效的语用教学设计首先应充分考虑学情。学情分析理论认为学情应包含学生的身心发展特征以及当下学习的兴趣、动机等。笔者认为在语用这个范围内，教师在设计教学环节时既要考虑到该阶段学生言语能力发展的普遍特征，同时也要考虑到学生在某一篇具体文本中其言语状态的已知、未知、须知及想知。

（一）小学高年段学生的言语发展水平

言语的发展包括口头言语、书面言语及内部言语。入学以后，小学生的口头言语在质和量这两方面都得到快速的提高。在口头言语方面，林崇德教授等调查研究发现："四、五年级口头言语表达能力初步完善，儿童初步学会说完整的话，并合乎一定的语法规则，使听话的人能明白他所表达的意思。"[①] 在书面言语发展方面，"至四年级，书面言语和口头叙述的词的比例是106∶76。显然，书面言语已占了优势，并显示出充分的优越性"[②]。所以，相比较低年级语文课堂主要训练学生的口语交际能力，高年级的语文课堂在学生言语发展方面主要侧重于学生的书面言语的表达。但是，该阶段学生在概念理解、判断推理、理解逻辑关系等方面存在较大困难。

基于上述对高年段学生言语水平的分析，教师在阅读教学中设计语用时应该注意以下几点。

1. 教师在教学时应当有意识地训练学生说完整的话，并使之合乎基本的语法规则。

2. 基于学生间的客观差异，教师在进行教学设计时应当考虑到层级性以尽可能满足不同层次学生的言语实践。

[①] 王耕、叶忠根、林崇德：《小学生心理学》，浙江教育出版社2007年版，第99页。
[②] 同上书，第107页。

3. 学生的言语表达内容应侧重于个体体验、形象感知，在概念理解、判断推理、理解逻辑关系方面不作过高要求。

（二）学情与文本之间的考量

如果将学情比作起点，那么具体的学习内容、目标就是终点，如何引导学生从起点走向终点？这就需要教师综合考量起点与终点，在此之间搭建一座桥梁。

对学情的分析要精确到细微处，学生对话题不感兴趣，语言匮乏，相关知识积累不够，阅读面不广等这样的表述就缺少针对性。既然问题源自学生，也只有到学生中去才能发现问题。小问卷调查、访谈、提问、作业反馈这些举措都可以帮助老师发现具体学情。例如，王崧舟老师在执教《自己的花是让别人看的》一课前，先使用学情问卷调查，结果发现有2/3的学生难以理解"德国人爱花形成了奇特的风情"这句话。为帮助学生突破障碍，教师搭建了从风景到风情的三级台阶，并在领略"风情奇特"方面设置语用——让学生通过想象过去、现在、未来多次踏上德国哥廷根土地，映入眼帘的是怎样的画卷。如此反复，在教师的引导下，在特殊的语境中，学生用自己的言语来感受、表现德国人爱花之真切这一民族风情，真正将课文内化为学生自己的心灵感受。

细致的学情分析，帮助教师了解学生的群体特征和个体差异，了解学生与文本间的距离，为教学设计奠定科学合理的基础，从而实现因材施教。

二 把握文本——语用教学设计的重点

教无定法，贵在得法。语用教学的设计虽然有一定的规律、策略方法可循，但是在具体到某篇文章、某节课、某些学生时，其策略方法不一定适用。真正以不变应万变的是教师自身基于文本的解读，基于学情而设计的语用教学。在这里，文本解读就显得尤为重要，"文本解读是语文教师的首要基本功，这主要表现为文本解读影响教学目标的制定，影响教学内容和教学策略的选择，文本解读对情感态度与价值观构成影响,对课堂结构也构成影响"①。简而言之,教师的文本解读能力直接左右阅读教学的成效,左右阅读教学中语用设计的自觉性和有效性。

(一) 单一文本的赏析性解读

面对一篇独立文本,教师可以从其词语的巧用、句子的巧妙、结构的巧思等角度展开细读、品味。例如《祖父的院子》一文,萧红的语言如土地般朴实,如阳光般温暖。尤其是描写太阳的一段,"太阳在园子里是特别大的……凡是在太阳下的,都是健康的、漂亮的"。作家用铺陈的手法来描绘阳光的充足与明亮,语言非常干净漂亮。教师在教学中可以带领学生反复诵读,通过内化语言、改变句式、替换词句等方式,引导学生发觉文本语言的奥秘。

甚至有些语句乍看并没有过人之处,但是当反复诵读时,却能发现其平淡里的真谛。《祖父的园子》中有这样一句话单独成段:"只是天空蓝悠悠的,又高又远。"这句话的悠扬与上文孩子东奔西跑较为急促的语气形成反差。这种语速的变化既表明孩子玩累了,躺着仰望天空,同时也符合作者多年后回忆往事的口吻,有一种此情绵绵无绝期之感。日常教学中应多关注这样平淡而有韵味的语言,这对纠正学生浮夸的语言风格有极大的帮助。

(二) 群文的互补性解读

任何一个文本都不是独立的存在。尤其是教材中的文本,它首先置于一个单元的主题之中。例如《祖父的园子》一文与本单元其他文本构成童年生活这一主题。学完《祖父的园子》一文后,可以问问学生在自己成长过程中有没有这样的乐园,它是如何安放你的童年生活的,等等。此外,课内文本往往指涉课外文本。教师在解读文本时,可以涉猎相关资料(如写作背景、文学评论等)以便更好地理解教材。还是以《祖父的园子》为例,萧红为什么那么强调祖父园子里的阳光,这是否与祖父带给萧红的温暖童年有关?这样温暖、自由的文字和她颠沛流离的生活

---

① 闫学:《小学语文文本解读》,华东师范大学出版社2013年版,第5页。

有什么关系？带着这一系列疑问，老师可与学生一起研读《呼兰河传》部分片段和萧红的相关人生经历。大量阅读与整理后，教师再布置一个语用实践，让学生写自己童年的片段，要选择合适的场景来衬托情绪。

值得注意的是，在进行互文性解读时，切忌过多地堆积资料，过深地挖掘，设计华而不实的问题，重教轻学，忽视学生语用实践的空间与时间。

（三）尊重文体特征，准确解读

不同的文体，语境不同，言语表达的方式也不同，所以教师在语用设计时首先应关注文体特征，然后选用具有特色的语用点来展开教学设计。新课标在第三学段的"课程目标与内容"里将教材中的文本分为"叙事性作品""诗歌""说明性文章""简单的非连续性文本"，提示不同文体的教学侧重。教师在设计语用时，不仅要教出这一篇文章的特色，更要注重这一类文章的风格。

三 言意兼得——语用教学设计的着力点

语用教学以提升学生的语言文字运用能力为旨归，但这样的目标追求，并不否定对语文人文性的追求，言语内容依靠言语形式得以存在与表现，言语形式因言语内容得以组合与生成。语文学习中的"言"和"意"是双向融合的转化过程。如果我们只注重言语形式而忽略言语内容，则必然失于浅薄；如果只感悟言语内容，而忽视形式，则显得空泛。

如《穷人》这篇课文，人教版的课后题将环境、人物对话和心理描写归置在一个题目中，从这些描写中体悟人物品格。部编版的课后题将环境描写单独列出，提出除刻画人物外还有什么作用。比照两个题目可见，部编版的课后题更强调环境描写在这篇小说中的多重作用。这是经由"形式"向"内容"的探索过程。此外，《穷人》这一课，人教版第三题让学生想象渔夫一家将两个孩子抱回后的生活。这显然是基于内容的想象，至于引导学生从这篇课文中习得环境和心理描写则没有明确的指示。果然，学生的写作要么是一家人勤劳致富，从此过上幸福生活，要么在贫病交加中悲惨死去。这样的语用实践既不能训练表达技巧,也违背了文本的情感与价值观。"语文课要改变高耗低效的教学现状,一定要从内容解读和知识教学的误区中走出来,将丰富学生的语言经验积累,提高学生的语言表达质量作为教学的首要任务"①,语用教学更不能以"语用实践"为幌子,做纯内容的拓展。笔者在第二次执教这一课时,将"想象穷人一家今后的生活"改为"想象西蒙在临死前的情形,用上环境和心理描写"。很多学生写得较为细腻,写出了西蒙临死前屋里屋外的寒冷,写出了西蒙临死前万般不舍而又无可奈何的绝望。有学生结合"穷人之善良本性"这一主旨,细致描摹了西蒙临死前要不要把孩子抱给桑娜的内心纠结,从而体现了西蒙的善良。这样的语用实践,学生在特定的言语形式里,在具体的语境中,充分习得、内化言语形式,并对"意"的理解,融入了自己的体验。

故而,"言意兼得"是语文阅读教学的基本原则,"言意转化"是语用教学的基本途径与着力点。语用教学不仅要让学生知道文本说了什么,还要知道文本怎么说的,为何说得好以及自己如何说好,从而实现言语能力的提升。

四 创设语境——语用教学设计的落点

从语用学角度看,语用是具体语境赋予的,脱离具体语境单独抽出来的词语和句子是没有语用意义和语用效果的。如果将课文的作者当作说话者,那么学生就是听话者。作为听话者通过说话者的文本看到的语境与说话者真正感知的语境之间是有距离的,这之间的距离带来无限想象的空间。善于创设语境的老师,总是巧妙利用这中间的可能语境。从学生角度来看,小学高年级学生虽然在抽象概括思维发展上得到一定锻炼,但总体来说依然是以感性、具体思维为主。情境教育首创者李吉林老师认为"情境使儿童的语言有了充实的材料,使抽象的语言有了生命

---

① 吴忠豪:《小语教学专题案例透析》,福建教育出版社2019年版,第2页。

力，使语言扎根于儿童的思想之中，并且从思想中不断地发展起来，也就是说，情境——提供语言材料——借助语言，展开对这些材料的思维活动——通过思维活动，运用语言表达"。

语境从范围角度分，包含三层语境：文本内部的上下文语境，不同文本间的互补语境，文本与生活的语境。教师在备课过程中尤其要注意，这三层语境并不是孤立存在的，可根据需要灵活设置一种或几种语境。如在王崧舟老师执教的《小珊迪》课例中，教师为了让学生感悟小珊迪的诚实，利用上下文设置了这样的语境：

小珊迪换好零钱，转身就往这边跑来。突然，一辆马车疾驶而过，将可怜的珊迪重重地撞倒在地，车轮从他的身上无情地轧了过去，转眼间，马车跑得无影无踪了。小珊迪的火柴也丢了，换来的零钱散落一地，有的已经不知哪儿去了。小珊迪强忍着剧痛心里想[①]：＿＿＿＿＿＿＿＿＿

这段话将小珊迪临死前的情景充分描绘出来，学生的感想也便有了触发的基点。

王崧舟老师的另一课例《我的伯父鲁迅先生》，则充分利用了学生的生活经验创设语境。王老师让学生用自己的话描述"饱经风霜的脸"，将原本单调干瘪的词语解释因为融入学生的生命体验而变得丰盈，也将理解性知识变成了灵动的语用实践，可谓一举多得。

"思接千载，视通万里。"语境的创设实质上是在渲染情绪的背景，丰富情感的积淀，连接感悟的通道，让学生的表达达到一种"自然而然、油然而生"的境界。语用教学的设计在此开始落脚生发。

五　结语

正如王建华教授所言"用语用学的观点来观照语文教学，一方面给

[①] 王崧舟：《王崧舟教学思想与经典课堂》，山西教育出版社 2006 年版，第 268 页。

教师提出了较高的要求，另一方面也使语文教学方法有了明确的理论背景和基点"[1]。从语用学的基本观点出发，提出以上四个基本原则，正是希望让一线的语用教学遵循语用学的基本原理，让源自直觉的教学行为从混沌走向清明。当然，本文是基于笔者的阅读与实践所得，有一定的局限性，如何完善原则架构，并探索语用课堂的实践策略，是笔者下一步努力的方向。

---

[1] 王建华：《语用学与语文教学》，浙江大学出版社2000年版，第277页。

神话文本在小学阶段的教学价值及实现路径探析

蔡小鹏

（深圳市宝安区天骄小学）

摘　要：神话具有浪漫幻想的神话形象、简洁诗意的神话叙事、创新自由的神话精神等特点。其神话形象可以彰显儿童的原初精神，神话叙事可以促进儿童的语言学习，神话精神能够提升儿童的道德素养，理应是小学教学的重要内容和抓手。但当前神话教学存在低效、零散的问题，要重视起神话文本在教学中的价值，通过品味语言，促进学生表达力；实施游戏教学，增强学生参与感；开展主题教学，提升学生思辨力，从而帮助学生获得成长。

关键词：神话类文本；神话教学；教学策略；小学

神话是关于神的民间故事。它作为人类早期社会感知和自我认识的表述，因当时社会生活水平、技术基础低劣，对自然生活现象的解释存在局限，便以原始初民的低级思维而想象出故事和人物，是原始人对现实世界的反映。

有人认为神话叙述的是超乎人类能力以上的神的行事，荒唐无稽，不可确信。[①] 袁珂则认为："原始社会以后的阶级社会——乃至近代和现

---

① 茅盾：《中国神话研究初探》，上海古籍出版社2005年版，第118页。

代也有神话。"① 神话从几千年前的原始社会，一直流传到现在，并且还要流传发展下去，绝非偶然。它在人们生活中不可或缺，具有丰富人们精神世界的重要特质，对于培养学生自由、民主精神方面具有重要的教学价值和意义。本文就神话文本在小学阶段的教学价值与实现途径作些简单探讨。

一 神话文本的特质

（一）浪漫幻想的神话形象

人类从 7 万年前生活在非洲角落的微不足道的动物，直到变为整个地球的主宰，始终在追求着进入神的境界，渴望拥有创造和毁灭一切的神力，这个过程充满浪漫的幻想与勇气。在神话的人物塑造和情节上，总是倾向于将万事万物幻化为有灵智、有灵力、可交流的拟人化或动物化的形象。例如，在希腊神话中，太阳神赫利俄斯乘着四匹火马所拉的日辇在天空中驰骋，令光明普照世界。我国古代神话《嫦娥奔月》认为太阳是一种叫作"金乌"的鸟。"天上有十个太阳……后羿登上昆仑山顶，运足气力，拉满神弓，一口气射下九个太阳。"② 除了太阳，还有雷鸣电闪是由"雷公电母"带来的，专掌雨水的为"龙王"，负责姻缘事宜的是"月老"，天上有七十二星官，地上有山神、土地爷……神话中这些数不胜数的浪漫形象，给人带来无限诗意和遐想。

（二）简洁诗意的神话叙事

神话故事流传百年甚至千年，主要优势在于其简洁而又富有诗意的叙事语言。这种叙事语言的形成是由于古人尚处在"人与自然交融"阶段，思考问题多"以己观物、以己感物"。这使得先民在对未知的自然事物进行描述时，倾向于加入自己的理解进行大胆奇妙的组合，再通过简洁而又富有诗意的描绘，表达他们对自然和社会的理解与认知。《山海经》作为我国古代保存神话资料最多的著作，里面有不少这样的例子。如在《山海

---

① 袁珂：《中国神话史》，北京联合出版社 2015 年版，第 4 页。
② 教材编写组：《语文》（五年级上册），苏州教育出版社 2019 年版，第 56 页。

经·西山经》中是这样描写西王母的:"玉山,是西王母所居也。西王母其状如人,豹尾虎齿而善啸,蓬发戴胜,是司天之厉及五残。"① 短短几句就将西王母的居所、形貌、职责交代得明明白白。卡西尔说:"神话才是语言最初属人的功能。"② 借助语言,绝大多数神话都为人提供了一个诗意的、心灵的场所,情感、想象、幻想和爱构成了这个诗意的王国。

(三) 创新自由的神话精神

神话里超经验的故事情节,在长时间、大跨度的背景下,承载着早期人们灵魂深处的情感。普罗米修斯为人们保护火种忍受着宙斯日复一日的惩罚,这是他对人类深切关怀的体现。对于先民们来说,普罗米修斯是引导者。还有善良美丽的文成公主,充满正义的花果山美猴王,他们都是在苦难中选择了勇敢和担当。2019年暑期档上映的动画电影《哪吒之魔童降世》不断刷新着各项票房纪录,创作者跳出关于英雄成长的陈旧主题,塑造了为反抗命运的安排,打破成见,勇敢做自己的哪吒形象。就像片中的一句台词:我命由我不由天,将神话故事承载的创新精神植入人心。

二 神话文本在小学阶段的教学价值

郭沫若先生在《文艺论集》中说:"神话是绝好的艺术品,是绝好的诗。"③ 作为艺术品的神话,对儿童也有着难以抗拒的吸引力,其缘由是因为神话的特征与儿童的特质有着契合与互彰性。儿童具有细致的观察力、敏锐的感受力、丰富的想象力,神话给予儿童梦想的天空,给他们自由探索的空间。④ 正因为神话与儿童的天性相契合并相互彰显,故从儿童文化发展视角来看,神话文本在小学阶段有着重要的教学价值。

---

① 方韬:《山海经译注》,中华书局2009年版,第23页。
② [德] 恩斯特·卡西尔:《语言与神话》,于晓等译,生活·读书·新知三联书店2017年版,第47页。
③ 郭沫若:《文艺论集》,光华书局1932年版,第32页。
④ 鲍钟琴:《神话类文本的价值及其教学策略》,《江苏教育》2019年第8期。

（一）神话形象彰显儿童的原初精神

儿童对神话有一种天然的渴望。这可以从童年的鲁迅对《山海经》的向往上略见一斑。远房亲戚曾经对鲁迅说起他有一部绘图的《山海经》，画着人面的兽、九头的蛇、三脚的鸟、生着翅膀的人、没有头而以两乳作眼睛的怪物……这样神奇的书吊起童年鲁迅的胃口。成年后的鲁迅这样描述他初见此书时的激动心情："我似乎遇到了一个霹雳，全体都震悚起来；赶紧去接过来，打开纸包，是四本小小的书，略略一翻，人面的兽，九头的蛇……果然都在内。"① 为什么这几种神话形象在童年鲁迅的心中留下印记，以至于念念不忘几十年？最根本的解释就是，神话形象符合并彰显儿童的原初精神。

何谓儿童的原初精神？从认知发展角度来看，儿童处于思维、逻辑发展不完善阶段。按照皮亚杰的理论，儿童思维具有具体形象性，存在泛灵论的思维。显然，把"闪电"这一现象解释为一个手持大锤的大伯带来的，这种具体的形象有利于儿童认知社会。从个性形成角度来看，儿童尚未踏入社会，毫无约束的社会身份给予了其思维极大的自由性。而"太阳是一只会飞的鸟，宇宙最初是一个蛋，带来洪水的是恶龙"这样的想象，符合儿童自由而浪漫的精神。

（二）神话叙事促进孩子的语言学习

神话是人类最早的幻想性口头记叙性散文，这种神话叙事具有鲜明的情境特征，可以促进孩子的语言学习。语言的学习并不能死记硬背，"获得语言完全是一种下意识的过程"②，这种"下意识"习得需要借助的是情境浸入、文化浸染和情绪共情。部编版教材中的神话叙事中有跌宕起伏的情节、生动鲜活的语言，包含了对仗、排比、夸张等丰富的语言形式，可以快速将孩子带入奇幻的神话世界。在这种浸入、浸染和共情下，学生将内心的无限遐想转化为精准生动的语言，进而产生输出的冲动。每个孩子听

---

① 鲁迅：《朝花夕拾》，人民教育出版社1972年版，第52页。
② 潘庆玉：《语文教育哲学导论——语言哲学视域中的语文教育》，教育科学出版社2009年版，第89页。

了神话故事都会入迷,入迷的神话故事都能被内化,转化为自己的语言再去跟其他人分享。这都得益于神话故事中有意义的联结,鲜明的情绪体验和具体的人物形象,从而使得孩子学习语言成为一种无意识的过程。

(三) 神话精神提升孩子的道德素养

有学者研究指出,"神话是人类文明很重要的组成部分,它不是聊以消遣的故事,而是积极努力的力量;它不是理性解释或艺术想象,而是原始信仰与道德智慧的实用宪章"①。神话传说的创造方法虽然是浪漫主义的,而其根源却仍然是以现实生活为基础,它们归根结底是现实世界的反映,它必然包含着一些公共的道德准则和简单的道德规范。例如盘古"垂死化生万物",大禹治水"三过家门而不入",体现了一种为民为公的无私精神;女娲制作笙簧,黄帝制作衣裳,燧人钻木取火,伯益发明陷阱,代表着对智慧与劳动的歌颂;沉香拜师劈山救母,牛郎织女鹊桥相会,反映的是对人世间真情的珍惜。

教材中的普罗米修斯、精卫、盘古这些英雄是正义、善良的化身,他们勇敢、开创的精神契合儿童好奇的探究心理,丰富着儿童的精神想象,与儿童的审美情趣相融合,强烈地震撼着儿童的心灵,可以提升儿童的道德素养。

三 神话文本在小学阶段的教学路径

"神话文本,以'神'为核心特质,为'话'的习得、发展奠定了兴趣基础和实践基础,也提供了思维支架和言说语境。"② 神话文本的教学,要着力于文本的表达内容与形式,基于神话的特质本体价值探寻其独特的教学路径。

(一) 品味语言,促进学生表达力

神话类文本不同于诗歌的华丽辞藻、童话的妙趣横生,也不同于文

---

① [美] 阿兰·邓迪斯:《西方神话学读本》,朝戈金等译,广西师范大学出版社2006年版,第244页。

② 梁昌辉:《小学神话教学:文体特征、教学价值与设计要领》,《江苏教育》2016年第2期。

言文的简练深邃，神话朴实简洁，生动形象，富有情趣和诗意。教学要聚焦神话类文本的语言特点，品味神话语言的言外之意，帮助学生在语言学习中促进表达力。

例如，教学部编语文教材四年级上册《盘古开天地》时，教师出示"轻而清的东西，缓缓上升，变成了天；重而浊的东西，慢慢下沉，变成了地"①。学生边打节奏边朗读，体会句子字数相等、意思相对、读起来朗朗上口的语言节奏，欣赏神话语言的音韵美。在这个基础上，教师引导学生进行理性比较："缓缓"和"慢慢"是表达相同意思的不同叠词，凸显了时间的漫长，加深学生理解盘古开天辟地的艰辛。这样的教学，将内容的理解、语言的揣摩和情感的体验有机结合在一起，让言语感觉和言语智慧产生互动和关联，唤醒鸿蒙未启的学生的言语悟性和灵性。

（二）游戏教学，增强学生参与感

神话故事具有曲折离奇、大胆有趣的故事情节。神奇的人物、力量和器物，在具体的情节中焕发光彩，让天生爱幻想的孩子心驰神往。神话类文本的教学应当顺应童心，采用游戏化的教学方法，让孩子在游戏中开启神奇的游历，获取切身体验。

例如，教学部编语文教材五年级上册《牛郎织女》②时，可以先让学生了解牛郎织女相遇、相知、相爱，最后只能相望的过程，做好情节和情感的铺垫，继而引导学生完成穿越改编小游戏：如果你的意识穿越到"老牛"身上，你将怎么引导牛郎织女逃脱王母娘娘的惩罚？学生们纷纷通过情景故事的方式进行续写演绎：有学生表演老牛闭关修炼仙术，得道成仙后向玉帝求情；有学生演绎老牛运用现代知识，炼制炸药与王母娘娘斗争。

还有，在教学《盘古开天地》时，让学生表演盘古"头顶天，脚踏地，站在天地当中"③的动作，教师相继采访盘古：天地每天都升高、加

---

① 教材编写组：《语文》（四年级上册），人民教育出版社2019年版，第48页。
② 同上书，第33页。
③ 同上书，第48页。

厚，你能坚持得住吗？你后悔过自己的选择吗？在教师接连的追问中，学生的语言也被调动起来。在角色体验中他们和英雄相遇，盘古意志坚定、顶天立地的形象便深深地印在儿童的脑海中，他们的内心也会升腾起对英雄的热爱与敬佩之情。这样游戏化的小剧场让神话故事情节更加跌宕起伏，学生在参与中提高了学习兴趣，锻炼了语言表达能力。

（三）主题教学，提升学生思辨力

部编版教材中的神话故事里往往有一个或几个形象鲜明的英雄人物，他们身上散发着责任、担当的英雄气质。但目前神话教学中存在的一大问题是教材中的神话故事有限，学生无法在这有限的几篇神话故事中获得英雄人物的身世背景和成长经历，也就无法对英雄人物或重要事件有整体全面的把握。片面的人物形象和只言片语的情景介绍，阻碍了学生对神话故事的浸入和共情。

鉴于此，教师在进行神话故事教学时，可采用项目式的主题教学，提升学生的思辨能力。以神话为主题开展项目式的教学，作用有二：一是能够克服目前教材中神话故事零碎、不系统的问题；二是能够通过主题式的教学扩展学生知识面和视野，让学生不仅了解神话故事，更思考神话故事代表的隐喻和价值，从而提升学生思辨力。以神话为主题开展的项目式教学，既可从纵向的事件发展顺序着手，例如学习天庭的兴衰史，研究孙悟空在不同阶段的内心世界；也可从横向的对比分析入手，如对佛教、道教人物形象的差异分析，龙在古今中外的形象对比。通过这样横向和纵向的主题式学习，让学生在他们最喜爱的神话世界里遨游得更酣畅，借此提升学生的思辨力。

总之，神话文本在小学阶段具有重要的教学价值，不仅学习了文本语言知识，还提高了学生的道德素养。开展神话文本教学要准确把握文本的特点，深度挖掘其教育意义，带领学生在"神"乎其神的故事中"话"尽人间至理，尽情徜徉于神话的殿堂里。

神话与语文核心素养渗透：民俗传统对学生语言、思维、审美与传承实效的建构

范彬华

（广东省深圳市新安湖小学）

摘　要：随着新课改的深入推进，学生语文核心素养教育在教学工作中的位置越来越重要。而对学生进行语文核心素养教育的目的是通过对学生核心素养的培养教育使之建立能伴随其一生并与社会发展需要相适应的品格和能力。而神话故事不仅可以帮助学生构建学生的语言，也可发展学生的思维，同时也能强化学生的文化理解和传承。

关键词：核心素养；神话故事；文化理解；文化传承

一　前言

（一）选题背景

随着我国社会主义核心价值观体系的建立，社会对人才的需求量也越来越大，而培养具有健全人格、各方面全面发展的合格人才，自然就成了深化教育改革的头等大事。在小学语文教学中，教师在教授学生基本语文知识的同时，还需要培养他们的基本能力，使他们的人格全面发展，树立正确的人生观、价值观和世界观。2014年4月，教育部印发了《关于全面深化课程改革　落实立德树人根本任务的意见》，首次提出了"核心素养"这一新的育人目标要求，这也必将成为今后我国基础教育改

革的方向。"核心素养"成了教育领域最受关注的热门话题。

(二) 选题意义

在人教版小学语文教材中，神话类题材占有不小的比例，其中三年级下册的第八单元就是以"神话传说故事"为专题编排教材的，这就说明了神话故事在小学语文教材中占有一席之地，也引发了我们对神话故事教学的思考：神话故事的文本特征具体是什么？我们应该如何在神话故事的教学过程中渗透语文核心素养呢？

神话故事，顾名思义，与其他题材的文本不同，神话故事最鲜明的文本特征在于"神"。对于神话故事的教学我们可以引导学生感受神话故事中的"神"。而在教学过程中渗透语文核心素养则是本文的研究重点。

二 在神话故事里建构学生的语言

"语言是语文的载体，学语文就是学习语言，能正确理解、运用语言，语文教学的根本任务就是组织指导学生学习语言，回到语文的本位上来。"[1] 世界各国的神话故事为学生提供了一个接触、阅读、思考、运用多样化语言的机会，为语文学习注入了广阔和自由的因素。神话题材的课文因富有神奇的色彩而充满无限魅力，最主要原因是其语言拥有"诗性"和"灵性"。[2] 但是在教学过程中，我们往往会忽视神话故事中的语言表达特色，如具有神话特点的词句、夸张的语言、充满神韵的想象等，这些都与儿童天生的诗性语言系统相契合，为此我们可以引导学生领悟其中的韵味。

课文《女娲补天》[3] 第一自然段描写的是人们过着幸福的生活，却遭受到突如其来的灾祸，天崩地裂，幸福的画面瞬间被打破。这里我们可以先请学生找到最能表达这个场景的词，很快，学生纷纷说出了"可怕"

---

[1] 洪镇涛：《是学习语言，还是研究语言——浅论语文教学中的误区》，《中学语文：大语文论坛旬刊》1993 年第 5 期。
[2] 芳菲菲：《小学语文神话故事教学例谈》，《中学课程辅导·教学研究》2017 年第 22 期。
[3] 教材编写组：《语文》（四年级上册），人民教育出版社 2019 年版，第 54 页。

一词。接着，可以让学生们画出文中能够表现出"可怕"的字、词、句，例如"远远的天空塌下一大块""黑黑的大窟窿""一道道深沟""熊熊大火"等，这些词句会让学生感到既神奇又可怕。而这些词句有一个共同点：都是叠词，"远远""黑黑""熊熊"。文中的叠词可以去掉吗？为什么？引导学生思考，让学生在思考中体会作者用词的准确性。这样，既能让学生对《女娲补天》一文有深刻的理解，又能在学习中构建属于自己的语言。

三　在神话故事里发展学生的思维

神话故事为学生提供了众多梦想实现的方式，在学生的世界里，万物皆有生命。神话故事的一大特点就是神奇的想象力。因为神奇的想象力，神话才能如此吸引人。如若仔细地阅读神话故事，就不难发现神话故事往往会给读者留下极大的想象空间。那么老师要如何利用这些资源，才能让学生们在学习过程中发展自己的思维呢？

课文《女娲补天》中写到"她忙了几天几夜，找到了红、黄、蓝、白四种颜色的石头，还缺少一种纯青石"。女娲是怎么寻找的呢？几天几夜里发生了什么事情？女娲有遇到困难吗？在教学过程中，引导学生展开丰富的想象，发散自己的思维，创造另一个更为丰富、精彩的神话故事。例如，女娲一共找了几天？第一天找到了一颗红色的石头，第二天什么都没有找到，第三天、第四天……

神话是一座极具神秘色彩的花园，其中繁花似锦，但也充满迷雾，老师将学生领进了花园之中，就要借助教材，引领学生发挥想象的思维，拨开迷雾，同时也可以达到锻炼学生听、说、读、写能力的目的。这些话题不仅可以训练学生的思维能力，还可以对女娲甘于奉献的精神进行深入的分析。

四　在神话故事里提升学生的审美

《语文课程标准》中指出："语文课程应重视提高学生的品德修养和

审美情趣，使他们逐步形成良好的个性和健全的人格，促进德、智、体、美的和谐发展。"在语文教学中培养学生的审美观，提升学生的审美能力，让学生发现美、感受美、追求美。

情感体验是教学中不可忽视的一部分，是对学生进行美育教育的重要途径，而学生通过诵读课文的方式则可以有效地体验情感。在神话故事教学过程中，教师可针对课文中的重点词句，让学生思考、揣摩其中的语言美，让学生反复诵读，细细品味，在栩栩如生的艺术形象中感受故事中人物的情感，在潜移默化中受到熏陶，进而提升学生的审美能力。

在《普罗米修斯》[①] 一文中，普罗米修斯为人类造福，盗取火种，从而受到宙斯的惩罚。"普罗米修斯的双手和双脚戴着铁环，被死死地锁在高高的悬崖上"，此外还要忍受被鹫鹰啄食肝脏的痛苦，"普罗米修斯所承受的痛苦永远没有尽头"。在教学过程中，我们可以向学生提问：普罗米修斯为什么要忍受如此巨大的痛苦呢？从中你学习到了什么？你能体会到普罗米修斯的感受吗？通过朗读让学生与作者、与课文产生共鸣，情感得到了美的感召和升华，从中受到教育和感染。

五 在故事里强化学生的文化理解和传承

神话故事描绘了人们对于美好生活的向往和追求，这些也同样体现在神话故事的人物形象上。神话故事中的"神"，具有"神性"，他们能把不可能的事情可能化，他们的能力超越大自然的界限。那么，要如何在神话故事教学过程中引导学生理解"神性"呢？以《夸父逐日》[②] 为例，夸父所做的哪些事情是我们人类无法做到的呢？学生通过读课文、找词句，很快就会发现，夸父一眨眼就跑了两千米，夸父追到了太阳，夸父喝干了黄河、渭河的水等这些都是人类无法做到的，学生会从中发现神话故事的神奇之处。

人类创造了"神"，这些"神"除了本身的神性之外，也会有人类本

---

① 教材编写组：《语文》（四年级上册），人民教育出版社2019年版，第51页。
② 同上书，第48页。

身的特性，即人性。那么我们要如何引导学生感受这些神的人性呢，如《盘古开天地》《夸父逐日》《普罗米修斯》这些神话故事。在教学过程中，我们可以向学生提出问题：他做了什么事？做这件事的目的是什么？他经历了怎样的过程？他的身上有什么值得我们学习的精神？通过对课文的学习，学生们会发现：这些"神"历经千辛万苦，实现了自己的愿望，他们身上有人类追求幸福的本质；他们身上还闪耀着善良、智慧的光芒。由此，可以促进学生追求真善美，形成正确的三观。

六 学生对神话故事的传承实效

神话是一种意识性的产物，它是人们对物质生活的反映，神话是由远古初民在生活和劳作中逐渐产生和发展而来的。因此，在神话故事中，孩子们可以了解到原始先民的思想情感，了解原始初民曾经的生活。

从《女娲补天》《后羿射日》等的故事叙述中可以想象出当时应该发生了很严重的自然灾害，比如地震、洪水旱灾等，使人民无法正常的生活和劳作，于是他们积极寻找各种方法去战胜自然灾害，重建生活家园。在战斗中他们想象着能出现一个女娲、后羿那样的神话英雄帮助他们战胜灾害。

同时，对于一个有着五千多年文明历史的东方古国而言，战争在历史的长河中随处可见，从远古时期氏族与氏族、部落与部落之间的斗争到春秋战国的七雄争霸，从秦的大一统到汉代的罢黜百家，从大唐盛世到晚清衰落。战争带给百姓难以磨灭的痛苦记忆，而神话故事正是在一定程度上对原始初民记忆的重现，也是中华民族不屈不挠、勇于面对、坚持不懈斗争精神的体现。为此，学生在学习神话故事的过程中，就自觉或不自觉地习得其中的意义，对学生的生活、学习产生深远的影响。

七 结语

神话故事的核心素养就是要将儿童的自言自语引发为课堂上的对话

或争辩，让课堂充满神奇的色彩，让学生发散思维、张开想象的翅膀，让创造得以实现，让灵性在神话的世界里、在儿童的心里、在儿童的语言里张扬，让儿童在自由的环境中来挖掘出自己身上的潜力，健康地发展学生的世界观、人生观、价值观、态度以及道德品质等。

比较文学视角下的童话故事教学

——以《灰姑娘》中美教学对比为例

古添香

(深圳市宝安区松岗第二小学)

摘　要：就比较文学视角而言，常见于人类孩童阶段的童话故事这一文学形式产生与发展的支点有共通之处，同时又蕴含着一定的民族文化差异。本文选取中美两国的《灰姑娘》教学作为研究课例，从比较文学视角对中外童话故事之间的差异性和中外教师童话故事教学的异同点展开综合论述，进而深度掌握蕴藏在童话故事背后的文化内涵，在参照他国优秀教育经验的基础上，探索出一套更科学的童话故事阅读教学方法。

关键词：童话故事；比较文学；《灰姑娘》教学

童话故事的共同特征如下：笔下人物生动形象、故事情节跌宕起伏、叙述笔法活泼开放，能够在很大程度上激发孩子的好奇心、求知欲望，将其带入一个理想化的美妙世界。新文化运动的杰出代表周作人曾这样形容童话故事："与现实有所背离，又与神秘不大相关的一种用于取悦儿童的文学叙述，包含神秘成分却又不过分恐怖"[1]。在《现代汉语词典》中，童话被定义为"一种描写儿童文学的体裁"[2]。

目前小学语文教材文章类型中，童话故事的比重并不小，有整整47篇，

---

[1] 王泉根、赵静：《儿童文学与中小学语文教学》，广东教育出版社2006年版，第297页。
[2] 《现代汉语词典》第5版，商务印书馆2005年版，第1369页。

其中，有 7 篇是外国童话故事。可以说，童话故事已成为小学语文教育不可或缺的课程资源之一。童话故事多美好、有趣，富有童心和关爱，能够在很大程度上健全儿童品格，培养学生自尊、自信、积极勇敢的性格。

基于此，本文选取中美两国的《灰姑娘》教学作为研究课例，从比较文学视角对中外童话故事之间的差异性和中外教师童话故事教学的异同点展开综合论述，进而深度掌握蕴藏在童话故事背后的文化内涵，在参照他国优秀教育经验的基础上，探索出一套更科学的童话故事阅读教学方法。

一 当前小学中外童话故事教学研究

笔者通过在知网检索小学中外童话故事教学研究相关资料的方式，查找出了自 20 世纪以来的共计 373 篇符合要求的相关文献，并依据每篇文章摘要部分内容筛选出了 30 篇相关度较高的文献。从文献资料中可以看出，中西方童话故事无论是形式还是内容都具有显著差异性特征。以王黎君为例，其在《从典型文本看中西童话差异》中表示"西方童话的侧重点在于娱乐性质、游戏精神；我国童话则充斥着明显的说教意味，延续了我国'文以载道'的文化传统"[①]。但上述文献资料多是比较中西童话在特征上的差异，而非展开教学比对分析。杜辉撰写的名为《小学语文童话教学研究》（2013）的硕士学位论文附录中有一份调查问卷，该问卷基于童话教学，对整体教学展开了多层次剖析。[②] 田晓婷撰写的名为《中美小学童话教学比较研究》（2015）的硕士学位论文也重点研究了童话故事的教学内容、形式，并选取美国部分优秀童话教学课例展开对中外童话故事教学差异的综合分析[③]。这两篇论文对本文写作有着较大的指导意义。

[①] 王黎君：《从典型文本看中西童话差异》，《绍兴文理学院学报》（哲学社会科学版）1999 年第 2 期。

[②] 杜辉：《小学语文童话教学研究》，硕士学位论文，安徽师范大学，2013 年。

[③] 田晓婷：《中美小学童话教学比较研究》，硕士学位论文，四川师范大学，2015 年。

二 比较文学视角下的童话故事教学

所谓"比较文学"指的是:"通过跨民族、语言、文化、学科的文学研究手段,从世界性角度出发,对不同民族文学加以深度理解,从而加强文学互补、文学理解,为世界文学的后续发展奠定基础。"[1] 乐黛云教授表示:基于比较文学宗旨、目的层面而言,"比较文学除了是一门重要学科之外,更是一种生活态度、人生原则,应当作为一种人文精神普及大众"[2]。因此,本文拟从比较文学视角对小学阶段童话故事教学实践进行分析研究。

(一) 中外童话故事的特征比较

中外社会、经济、文化、政治等的差异性较大,因此中外童话故事之间的差异性也较为显著。

1. 成长母题的差异

中外社会差异性显著,具体表现在意识形态、文化价值观等方面,因此中外童话故事中的成长母题差异也相对显著,如主人公性格塑造、成长途径等的差异。以西方童话为例,其成长方式倾向于"站出",中国童话则倾向于"融入"[3]。

2. 人格特征的差异

中西方经典童话故事中的人物性格特征既存在差异,又有一定的共通之处[4]。其都对善良、正直、勤劳勇敢、机智可爱等的品质表示赞美,对"真善美"有着一致的追求。差异之处在于:西方童话更注重"纯真、诚信、自由"等的本性绽放,我国童话则更注重"勤劳勇敢、吃苦耐劳"的性格特点。

---

[1] 陈惇、刘象愚:《比较文学概论》第 2 版,北京师范大学出版社 2010 年版,第 2—3 页。

[2] 乐黛云:《二十一世纪比较文学发展的趋势》,《中国语言文学资料信息》1999 年第 1 期。

[3] 陈虹:《中西童话中成长母题表现差异及原因探析》,《江淮论坛》2008 年第 6 期。

[4] 杨健、郭成:《西方童话与中国神话中的人格特征研究》,《心理科学》2004 年第 4 期。

3. 审美教育的差异

一直以来，我国小学语文教育更侧重于对儿童展开社会伦理教育，而在很大程度上忽视童真、童趣的独特性。[1] 我国童话的教育功能更突出，理性色彩更浓厚；西方儿童文学则更倾向于崇尚自然、注重欢娱、张扬个性，浪漫主义色彩浓厚。

可见，中外童话的显著差异具有多面性，从比较文学视角出发开展中外童话故事教学比对研究能够进一步提升教学效率。

(二) 中外童话故事的教学比较

下文中所提到的"中式教学方法"源自 2011 年 10 月古添香老师对其所教授班级"深圳市光明新区楼村小学四（1）班"学生开展的教学实践；而"美式教学方法"则源自 2006 年 6 月李振村老师发表的文章——《灰姑娘的故事——关于一节美国小学阅读课的反思》。

1. 教学目标的比较

课堂教学过程中，教师的首要任务就是决定教学结果，即设立教学目标，使得学生在教学完毕之后收获一定知识。

《灰姑娘》中式教学目标内容如下：知识目标，掌握 8 个生字；技能目标，流利朗读课文；情意目标，不断追逐真善美。这样的教学目标，富有层次感，与我国新课标要求相符合。评判一堂课的好坏，就看教师能否在教学过程中引导学生完成三维目标，教师在了解教材内容过程中注入自身的情感，就能够极大地提升对教材的掌握度，始终坚持教学育人，引导学生拓宽知识面，提升文学素养，养成良好的品性。

《灰姑娘》美式教学目标内容如下：通过引导提问的方式让学生自主掌握童话故事背后的价值观念，情感态度、价值观学习是其教学根本。[2] 教师的教学目标主要是基于对情节的理解，采用讨论交流的方式，让学生主动参与情感态度价值观的学习过程。教师的主要任务是引导学生建

---

[1] 张国红：《外国童话与中国小学语文儿童审美教育》，硕士学位论文，南昌大学，2014 年。
[2] 李振村：《灰姑娘的故事——关于一节美国小学阅读课的反思》，《小学语文教师》2006 年第 6 期。

立正确的三观，进一步拓展学生的思维能力，对六个精要问题进行讨论和交流，促使教学目标全面达成。

在一番比对分析后可知，课堂教学的核心是三维目标，且三维目标是不可独立存在的，必须从整体入手，才能进一步达成三维目标。另外，教材的作用是不可忽视的，因此必须对教材进行深度挖掘，确保教材所讲述的内容均在课堂中有所呈现，借此机会锻炼学生思维，提升教师教学水平。有先见之明的教师在教学过程中会将学生学习的知识能力目标与情感态度价值观目标相融合，从整体角度开展教学，学生在不知不觉中就接受了教师的熏陶和引导。

2. 教学过程的比较

中式《灰姑娘》教学：对童话文体展开初步了解—阅读童话故事掌握故事内容—对人物形象进行概括—讲述其间蕴含的道理—完成课后作业。我国的《灰姑娘》教学课程偏向于分析重点词句来凸显灰姑娘的善良本性，教育学生要学习灰姑娘的品行，这便是该童话故事背后所蕴含的真理。

美式《灰姑娘》教学[①]：哪个人物是你们最喜欢的？哪个人物是你们讨厌的？理由是什么？午夜12点，灰姑娘没坐上马车，会导致什么结果出现？假设你是灰姑娘的后妈，你是否会阻拦她参加舞会？灰姑娘没能把握住机会，还会嫁给王子吗？这个故事的不合理之处在哪里？美式《灰姑娘》的教学更注重引导和提问，通过抛问的方式让学生们自行感知蕴含在这篇童话故事中的价值观念。老师所提出的每一个问题都在回答这样一个答案：做人要有时间观念，守时是基本，朋友是每个人生命中不可缺少的一部分，每个人都要学会爱自己，我们会变得比写这篇童话故事的作者更强。

在对中外童话故事展开比对分析之后，可以发现，我国教师更注重让学生完成知识与能力目标，更偏重于对文本内容和字词的学习，要求

---

① 李振村：《灰姑娘的故事——关于一节美国小学阅读课的反思》，《小学语文教师》2006年第6期。

学生掌握基础内容，对文本语言和情感进行综合分析，并将童话与其他文本的教学进行合理区分。美国老师在教学过程中更加灵活，更具引导性。其最注重的是进一步开拓学生的逻辑思维能力，在设置问题时，也并未刻意简单化，而是不断引导学生探索和发现，通过不断激发学生求知欲望的方式讲授其蕴含在童话故事中的道理。

3. 教学评价的比较

课堂教学活动中，教学评价是不可或缺的一部分，这是对教学目标进行整体价值判断的过程，是教学活动不可缺少的重要环节。以下为节选的教学片段，借此对中外两位不同教师的课堂教学过程中的评价进行比较分析。

中国《灰姑娘》教学片段：

老师：课文中的哪句话能够让你感受到灰姑娘真挚、善良的品格？

学生："不要漂亮衣服，不要珍珠宝石，只要父亲平安归来。"

老师：看来同学们阅读课文都非常仔细，成功找到了能够体现灰姑娘品格的词句。

老师：课文中哪些词语，描写出了灰姑娘所处的艰难困境，这些词语带给你什么样的感受？

学生：辱骂灰姑娘"蠢货""你这厨房脏丫头"。

学生：拿走她的漂亮衣服。

学生：把豌豆和扁豆洒在灰里，让灰姑娘择出来，以此捉弄和取笑她。

老师：看来同学们都从吃穿住行中体会到了灰姑娘所处的艰难困境。

……

这一教学片段的主要内容是学生在老师的带领下对灰姑娘的人物性

格进行揣摩、分析。同时，每当学生回答完问题之后，教师都对此展开了及时评价。评价的内容主要是以肯定和鼓励为主，先对学生的答案表示肯定，然后赞扬其阅读课文内容的细心，最后再加以鼓励。就教师评价方法而言，评价语言是相对匮乏的，内容过于单一，无法凸显评价差异性，学习方法上的指导性也未能切实体现。

美国《灰姑娘》教学片段：

老师：仙度瑞拉遭到后妈的阻拦之后，最终选择不去参加舞会，那么其还会嫁给王子吗？

学生：不会，王子是在舞会上认识并爱上她的，若是她没能去到舞会，则王子的爱就不会发生。

老师：说得好极了！孩子们，仙度瑞拉从小缺失母爱，后妈又是一个处处想要算计她的人，因此她只能自己爱自己。而正是因为她爱自己，所以她能够敢于寻找，永不放弃，最终才收获了自己的幸福。

老师：如果你们当中觉得自己没有人爱，你们要怎么样？所以孩子们，在场的你们若是感觉自己没人爱时，应当怎么样呢？

学生：爱自己。

老师：太好了！说得对极了！孩子们，爱自己是一个伟大的表现，别人不够爱你没关系，你要加倍地疼爱自己；别人不给你机会，你也应当加倍地给自己机会，勇于寻找，永不放弃。[①]

从这一教学片段中可以看出，美国教师在开展教学过程中，更注重与学生讨论情节，同时，教师通过引导和提问的方式，让学生学会了一个真理，那就是要爱自己。教师在得到学生的答案之后，在第一时间作出了教学评价，先是对学生的回答表示肯定，紧接着将答案进行归纳总

[①] 李振村：《灰姑娘的故事——关于一节美国小学阅读课的反思》，《小学语文教师》2006年第6期。

结，最后通过丰富的赞美语言再一次肯定学生。除此之外，教师还借助自己的教学评价有意识地引导学生形成这样的价值观念：每个人都应当学会爱自己。

从上述对中美两位教师不同的教学片段分析来看，中美《灰姑娘》的教学评价存在一定的差异和共同之处。共同之处体现在教学评价的具体化。这一点，中美两国的教师都做到了。要知道，在开展课程教学过程中，教师需要根据学生的回答做出教学评价，教学评价越具体，学生就越能清楚自身的表现如何。若是教师课堂上的评价语言相对匮乏，学生也会感到很困惑，只知道自己回答对了，却不知道对在哪里。中美两国教师在开展教学评价时，都会进行归纳和总结，这一点也是相当符合教学要求的。而差异性在于：美国老师的教学评价内容偏向情感化，其会在评价过程中流露出自己的真情实感，学生们也能够切实接收到教师的情感状态，从而更愿意接受教师的引导。而且其所给出的评语多具有一定的启发性，例如：无论如何，爱自己是最重要的。

（三）外国童话故事教学对我国教学的启示

对中美《灰姑娘》教学特征、手段等的差异展开综合研究之后可知：在开展童话故事教学过程中，教师应当站在儿童的角度思考问题。借助多样化的语言文字，循序渐进地引导儿童感悟世间的美好，让儿童自主发现美，进而实现审美教育目标。

1. 关注童话故事教学目标的学情化

教师在设立教学目标之前，应当对学生的个体差异性进行重点把握，关注童话故事教学目标的学情化，要求学生正确读写 8 个生字便是忽略了学生学习个体差异的表现。另外，教师应当注重培养学生的个性化思维、开放性思维，从多角度分析理解人物，积极引导学生形成正确的价值观念。

2. 注重童话故事教学过程的开放性

童话故事具有明显的生活性特征和开放性特征，在此条件下，教师教学应当注重开放创新，童话故事受学生青睐的程度较高，采取让学生自行阅读、讨论和交流的方式,将课堂主角让位给学生群体。通过营造良好的课堂氛围,让学生能够自由发表自己的看法。当然,阅读不仅仅是从字词出发,剖析人物形象,解读作者写作目的,也包括让学生从实际生活角度出发,设想一些新奇的问题来进行自我解答。

3. 重视童话故事教学评价的激励作用

教师在开展课堂教学过程中,其所做出的及时评价能够有效推进课堂教学环节,对学生起到一定的激励作用。教师展开教学评价,不仅能够让师生关系更加融洽,同时还能够让学生掌握正确的学习方法和价值观念。

总而言之,在对中外童话故事教学展开比对分析之后,我们充分认识到了自身教学的优势和缺陷。"他山之石,可以攻玉。"比较的目的不是一分高下、捧高踩低,而是为了进一步促进童话故事教学的科学性、合理性,不同教师对童话故事内容的理解不同,在充分掌握其他教师教学方法之后,能够从新的视角出发,对课堂教学进行优化,从而践行更合理的教育实践活动。

小学低年级现代儿童诗教学策略研究

庄玉芳

（深圳市宝安区石岩湖学校）

摘　要：儿童诗是以儿童为对象，符合他们的心理特征和审美特点，适合儿童听赏、吟诵、阅读的诗歌。它是小学语文教学的重要内容之一，符合学生的身心特点，有助于达成教育功能，提升学生的审美品位。儿童诗的教学策略主要体现在三个方面：一是多样朗读，探寻诗情；二是激发想象，拓展思维；三是打破常规，个性表达。

关键词：小学低年级；儿童诗；教学策略

中华文化源远流长，博大精深，诗歌的成就最为显著。它的语言凝练，情感饱满，想象丰富，意境优美，节奏分明。儿童诗是诗歌的一种独特形式，它以儿童为对象，符合小学生的心理特征和审美特点，看似简简单单的文字却渗透着他们独特的感悟和丰富的情感。如果诗是美的载体，那么儿童诗便是童心与美的融合，是文学艺术的瑰宝，也是课堂教学中的动人篇章。现代儿童诗字词含情，诗句藏意，它是小学生最佳的语言启蒙教材。最好的教材与最佳的教学策略完美结合，方能彰显现代儿童诗的迷人魅力。

一　多样朗读，探寻诗情

诗人金波认为："培养儿童热爱母语的思想感情，最好从读诗开始；

享受语言的美,创造语言的美,最好从读诗、写诗开始。因为诗歌的语言精练,富有表现力,还有和谐的音调、鲜明的节奏和韵律,所以儿童容易亲近诗歌。"①

朗读,是小学语文学习的重要内容。优美的朗读,不仅可以帮助学生形成良好的语感,提升学生的语文感知力,陶冶学生的情操,还可以促进学生对文本的理解和识记,帮助其积累好词好句,提高他们的语言表达能力。

朗读是学习儿童诗的重要方法之一。汉字的读音最早源于人们对现实生活的模仿,当儿童诗中的汉字组合在一起时,就形成了最纯美的天籁之音。

《听听,秋的声音》是部编版小学语文教材三年级上册的课文,它是一首现代儿童诗。作者通过童真童趣、想象丰富、精练优美的语言,描绘秋天大自然中的一些声响,赞美了秋天的独特魅力。全文分为"言传的声音"和"意会的声音"两部分。"黄叶、蟋蟀、大雁、田野"分别通过"道别、告别、叮咛、歌吟"来传递自己对秋天的独特情感。声音是表达情感的媒介、手段。当情感达到至深至真时,"一切尽在不言中",意会的声音便在"每一片叶子里""每一朵小花上""每一滴汗水里""每一颗绽开的谷粒里",在每一位学生的心中回荡。因此,教师"要在朗读的节奏和韵律上、朗读的梯度上、朗读方式上指导学生先读会'纸上之诗',读懂'作者心中之诗',读出'自己心中之诗'"②。让学生美美地读,读准字音、节奏,读出意境、感情,通过各种朗读形式充分调动他们朗读的积极性,让他们尽情享受朗读的快乐。具体教学设计如下:

秋姑娘悄悄地告诉我,要想有感情地朗读这首诗,首先要把它

---

① 王婷婷:《低年级儿童诗教学探究》,《基础教育研究》2018年第4期。
② 王品玲:《语文教学中被疏远的另类——现代诗歌教学》,《临沧师范高等专科学校学报》2012年第3期。

读正确、读通顺，自己练习一下，好吗？（学生自由读）

大家读得真热烈，下面我请六位同学分节读诗，其他同学认真倾听，做一个合格的小听众。（指名分节读）

读诗除了要读准字音，还要读得有节奏。怎么读呢？今天我请了一位读诗的高手来教我们，请大家竖起耳朵留心听。（听录音朗读）

有高手引路，相信你们能读得更好！我们来试试。（师生合作读）

同学们悦耳的读书声把我们带到了秋叶萧萧的大树下（读）；陪我们来到了小巧玲珑的蟋蟀前（读）；助我们跟上了队列整齐的大雁（读）；引我们走进了辽阔无比的音乐厅（读）；领我们靠近了凉风习习的大自然（读）；伴我们享受了娓娓动听的秋声（读）。（创设情境分组读）

多有韵味呀！如果我们读的时候能配上音乐，带点动作就更美了，它就会在我们的脑海里形成一幅优美的图画。（配乐齐读）

通过多种形式的朗读，学生初步领悟到秋词秋句使用的精妙，体会到秋情秋意抒发的美妙。

二 激发想象，拓展思维

美学家朱光潜说："在心领神会一首好诗时，都必须有一幅画境或是一幕戏景，很新鲜生动地突现于眼前，使他神魂为之钩摄，若惊若喜……"[1] 儿童时期是人生的一个独立阶段，因此，一首令儿童爱不释手的儿童诗一定充满了童心，充溢着斑斓的童真和童趣。

诗人阿红说过："诗的思想，是从诗人心灵的裂口流出来的，是从诗的画镜里流出来的，是从血肉凝成的诗的意象里流出来的。"[2] 诗歌语言简约，而意象丰富，感情充沛，这给读者提供了非常广阔的联想空间。

---

[1] 陈艳秋：《论儿童诗之"趣"》，《名作欣赏》2011 年第 2 期。
[2] 王品玲：《语文教学中被疏远的另类——现代诗歌教学》，《临沧师范高等专科学校学报》2012 年第 3 期。

雨果曾说过这样一句话，"诗人的两只眼睛，其一注视人类，其一注视大自然。他的前一只眼叫作观察，后一只称为想象"①。儿童诗，由于读者对象的特殊性，所以必须在符合儿童心理和审美特点的基础上，运用丰富想象创造优美的意境，让儿童在多姿多彩的世界里，展开想象的翅膀，感悟诗的深远意蕴。因此，教师在课堂教学中要善于引导学生通过想象揣摩诗人的情感，在联想中领略诗歌独特的艺术魅力。

针对部编版小学语文教材一年级上册的课文《青蛙写诗》，教师可以如此设计：

师：现在你就是小青蛙，你继续作诗，其他朋友知道后，还会对你说些什么呢？（出示PPT）

师：下雨了，雨点儿淅沥沥，沙啦啦。

青蛙说："我要写诗啦！"

_____说："_____。"

_____说："_____。"

_____说："_____。"

青蛙的诗写成了："呱呱，呱呱，呱呱呱。

呱呱，呱呱，呱呱呱……"

这样的设计通过抓住诗中的关键处，引领学生合理运用想象进行有效拓展，帮助学生体味语言中寄寓的情感与意趣，从而真正体会到儿童诗无限的韵味。

三　打破常规，个性表达

《毛诗序》提到，"诗者，志之所之也，在心为志，发言为诗。情动于中而形于言"。在教学中，教师应该创造机会，引导学生去观察生活，

---

① 左岸：《略谈马启代诗歌的"天空"意象——马启代新诗集〈黑如白昼〉初探》，《名作欣赏》2015年第20期。

感受生活，激发他们对生活的热爱，引领他们体味生活中的感人之处，鼓励诗心荡漾的他们大胆地抒发自己的情感。学生抒发诗兴的方式是因人而异的，因此教师要鼓励学生大胆地去尝试，勇于打破常规，实现个性化表达。

（一）说口头诗

儿童诗教学，从不要求人人都会写诗。树才说，"童心即诗"。低年级学生思想单纯无邪，童言稚朴真实，内心自由灵动。每个孩子都是天生的诗人，他们往往出口成诗，脱口而出的多是来自内心的真实感受。因此，教师在课堂上可以提倡学生用诗一般的语言说话。如在执教《听听，秋的声音》时，教师可以这样鼓励学生：爱表达的你，可以"说出"秋天的声音。从说起步，从口头习作开始，这既锻炼了学生的表达能力，又能减轻习作压力。而学生流畅的口头习作恰好能体现"诗是灵光一现的思维成果"。

（二）仿经典诗

古希腊哲学家亚里士多德说过："人从儿童时就有模仿的天性，他们因模仿而获得了最初的知识，模仿就是学习。"[①] 模仿是孩子的天性，儿童在学习语言和多种技能时，最初阶段都是借助模仿作为"阶梯"的。根据孩子的这一心理特点，教师可以充分挖掘文本资源，提供一些优美、可仿性强的经典儿童诗，根据学生的实际情况设计合理有效的仿写训练，让学生从"依样画葫芦"中学到丰富多彩的语言，获得深厚的语感积淀，掌握一定的写作知识，从而提升学生的仿写能力。

如台湾著名诗人林焕彰的《花和蝴蝶》就是一首可供仿写的经典篇目：

花和蝴蝶

花是不会飞的蝴蝶，

[①] 周燕华：《奏响低学段写话三部曲 夯实中高段习作之根基》，《学周刊》2015年第5期。

蝴蝶是会飞的花。

蝴蝶是会飞的花，
花是不会飞的蝴蝶。

花是蝴蝶，
蝴蝶也是花。

在课堂上，教师带领学生充分学习这首诗歌后，引导学生积极探求自己生活中有趣的事，模仿这首诗歌的句式，进行自由表达。

好奇的学生探索美，纯真的眼睛捕捉美，美好的心灵感受美。他们在体验、观察和思考中，感悟真善美，点点滴滴的感动融入诗句，酿成诗情画意。在课堂上，学生有模有样地当起了小诗人，动人的诗句便在笔尖汩汩流淌。以下摘抄两首学生习作，仅供参考：

天空与海

叶怡帆

海是不会下雨的天空，
天空是会下雨的海。

天空是会下雨的海，
海是不会下雨的天空。

海是天空，
天空也是海。

曙光照耀，天空明净，恰似一匹青色素锦，映照着江面。海水涨潮了，海水中的波浪一个连着一个向岸边涌来，有的升上来，像一座座滚动的小山。天空与海同样具有纯净而宽广的特点。这位学生一下子就抓住了天空与海的关联，成功地完成仿写任务。

门和墙

于 泽

墙是不能开的门，
门是能开的墙。

门是能开的墙，
墙是不能开的门。

墙是门，
门也是墙。

这位小诗人抓住"墙不能开而门能开"的明显区别，展开诗歌创作，生动形象地描述出了"门和墙"的特点，出色地完成仿写。

著名语言学家吕叔湘曾指出："语言的使用是一种技能，一种习惯，只有通过正确的模仿和反复的实践才能养成。"仿写的过程，就是扬弃的过程。在课堂上教师应有意识地引导学生借鉴他人的经验，学习他人的知识来成就自己，表达自己的思想和情感。由此，学生便可以从借鉴和模仿开始，大胆地迈出诗歌创作的第一步。

（三）绘有形诗

"诗是无形画，画是有形诗"，色彩鲜艳的图画能够让静止的语言文字跳动起来，让学生在生动形象的感悟中学习运用语言文字。这是最直接、最有效的方法之一。如在执教《听听，秋的声音》时，对于爱绘画的学生，教师可以如此鼓励：爱绘画的你，可以"画出"秋天的声音。通过绘画，学生把对诗歌的感悟，转化成一幅幅栩栩如生的图景，令诗歌成为"无形的画"，意境顿显。

（四）唱有韵诗

梁英老师在《听听，秋的声音》教学中设计了一个"看曲谱，角色扮演"的环节，她先在课件里出示"蟋蟀之歌"的曲谱（见图1），再让学生扮演蟋蟀，唱歌给大家听。这个环节设计得别出心裁，不仅调动了学生的积极性，还提高了他们学习诗歌的热情。

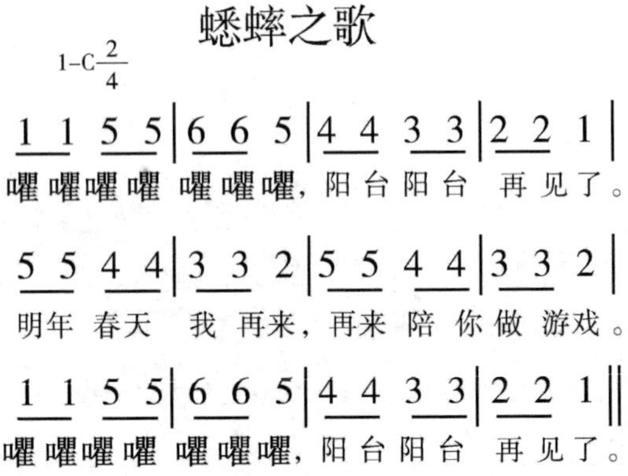

蟋蟀之歌

1=C 2/4

1 1 5 5 | 6 6 5 | 4 4 3 3 | 2 2 1 |
喔 喔 喔 喔　喔 喔 喔，阳 台 阳 台　再 见 了。

5 5 4 4 | 3 3 2 | 5 5 4 4 | 3 3 2 |
明年 春天　我 再来，再来 陪 你 做 游戏。

1 1 5 5 | 6 6 5 | 4 4 3 3 | 2 2 1 ||
喔 喔 喔 喔　喔 喔 喔，阳 台 阳 台　再 见 了。

图1　"蟋蟀之歌"曲谱示意

唱歌的过程是一个赏心悦目的过程。喜欢唱歌的学生，教师可以告诉他们：爱唱歌的你，可以"唱出"秋天的声音。教师可以鼓励学生大胆改编诗歌，使之成为优美动听的歌词，再配以行云流水般的曲调，使一首首动听的乐曲从学生的唇齿间溢出。

通过这一"声图并茂"的输出语言的过程，学生不但能深刻感受到诗句语言的奥妙，还能淋漓尽致地将诗歌的意境表达出来。

（五）创本色诗

牛顿说他的成功是因为"站在巨人的肩膀上"，那么，学生的仿写就是力图站在"他人的肩膀上"，使自己站得高看得远；而学生的创作就是离开"他人的肩膀"，自由翱翔在广袤的苍穹中。蹒跚学步的孩童经过时间的锤炼，羽翼逐渐丰满，他们已经可以丢掉模仿的"拐杖"，开始自己创作了。学生俞晓静的《星星的话》就是一首优秀的本色诗。

星星的话

俞晓静

打开你们的大门吧，
坐在你们的院里吧，
让我看看，让我看看，
看看你们的小院。

我带着半夜的鸣蝉，
我带着皎洁的月光，
我带着希望和未来，
我带着幸福的味道。

快抬头，快抬头，
快从黑暗中抬起头来，
望望你的那颗启明星，
让你看到你的未来。

让你们的心像小小的窗户，
擦掉它满脸的灰尘，
让我把鸣蝉，把月光，
把希望、未来和幸福放到你们的窗前。

如果说这是一幅充满诗情画意的图画，那么再好的笔墨也无法描绘星星随处可见的绚丽。如果说这是一首出神入化的诗，那么再美的言语也无法说清满天星辰带给我们的乐趣。如果说这是一首婉转动听的歌，那么无人能够代替满天星星感受我们心中积淀的幸福。

南宋严羽的《沧浪诗话》云："诗者，吟咏性情也。"这位小诗人已然借助诗歌，开启自我发展之旅，惬意地遨游在诗歌创造的海洋里。

（六）改雏形诗

写诗是门手艺活，它用最凝练的笔触，最传神的语句，表达最真挚的情感。因此，诗中的每一个字词句，甚至标点符号，都需要诗人用心斟酌，以求达到最理想的效果。朱光潜先生说："咬文嚼字，在表面上像只是斟酌文字的分量，在实际上就是调整思想和情感。"找到那个最能表现自己思想和情感的字，便是在接近好的诗歌，有时候甚至还能因此创作出经典的诗句。因此，教师要引导学生在创作完诗歌后，多读几遍，学会咬文嚼字，力求做到"精雕细琢出精品"。

四 结语

王崧舟老师曾经说过，儿童是诗，诗是儿童。儿童写下的是诗一样的美好生活，诗写下的，是比诗更美好的童年。因其独特的语言特征和教育意义，儿童诗成为小学语文尤其是低年级语文教学中的重要内容之一。小学低年级学生只是掌握了一些简单的书面词汇，简洁质朴的口语便是他们最容易接受和掌握的语言。所以，语言简练、节奏鲜明、音韵和谐的儿童诗正好能满足他们学习语言的需求。诗人金波曾说，"诗人的天赋是爱，诗人要用自己的爱让孩子们也懂得爱，爱祖国，爱人民，爱亲人，爱朋友，爱一切美好的事物"。这揭示出儿童诗独到的教育意义。儿童诗中富有教育启发性的内容，不仅有利于培养学生良好的道德品质，还有助于培养学生健康的审美意识。而随着新课程改革的发展，对小学生学习儿童诗的要求不断提高，现今小学语文教学对儿童诗的重视不言而喻，因此，探寻出恰当的教学策略显得尤为重要。

当然，儿童诗教学的目的不是培养小诗人，而是要把世界上最美好的文字和画面呈现给学生。基于儿童诗的文体特点和学生的年龄特征，运用科学的教学策略，启迪学生的智慧，是当下诗歌教学的趋势。这不仅仅是为了提高学生的文学素养，还希望他们能够插上想象的翅膀，在诗歌的殿堂里自由自在地翱翔。

基于文体意识的儿童诗教学探讨
——以孙双金儿童组诗教学为例

范国强

（深圳市石岩湖学校）

摘　要：儿童诗就是专门为少年儿童创作，切合他们的心理特点，抒儿童之情，言儿童之志，因而适于孩子们阅读欣赏并能为他们所理解和接受的诗歌作品。文体意识视角下的儿童诗教学应从关注儿童诗的文体、儿童心理特点及学习规律三方面展开教学。一是整体感知，读出意象之美；二是朗读品味，感受儿童诗的语言之趣；三是勾连对接，感受儿童诗想象之奇；四是积极评价，激活儿童言语之智。

关键词：儿童诗教学；意象；语言；想象；评价

一　整体感知，读出意象之美

儿童诗的写作焦点是意象的组合，意象是"意"与"象"的组合。作者的主观情感即"意"，自然界中的客观存在即"象"。客观与主观的融合，物象与情意的互通就形成了意象。意象可以说是诗的单元、细胞、基本组成部分。儿童诗都蕴含着儿童生活中喜闻乐见的物象，花鸟虫鱼，无所不包。这些物象融入作者的情感后，形成了鲜明的意象，构成了深远的意境。平时，我们评价一首儿童诗像不像诗，主要是看其有无诗味，诗味则源于绝妙的意象；评价一首儿童诗美不美，主要是看其有无意蕴，意蕴则来自蕴含丰富的意境。由诗味到诗美，其实就是由意象到意境的挖掘过程。离开了意象，意境就成了无源之水，无本之木。意象是儿童诗写作的焦点，是儿童诗艺术的灵魂，儿童诗的写作既不要有意无象，也不要有象无意。①

儿童诗的意象有三个特点。一是以小见大。对细小事物的观照是由儿童心理特点决定的，儿童对一切细小的事物细微的变化都极其敏感。二是意象童话化。三是意象描写细腻传神。

教学中，我们应该抓住儿童诗意象的这些特点与儿童心理特点，引导学生通过朗读，整体把握儿童诗的意象之美。著名特级教师孙双金在教学《阳光》时有如下教学片段：

（出示）：阳光在窗上爬着，阳光在花上笑着，阳光在溪上流着，阳光在妈妈的眼里亮着。

（生齐读）

师：字正腔圆，第一遍就能读成这样，真不错！如果能把诗的味儿读出来就更好了。阳光在花上"笑着"，读到这儿，我要看到你们笑了没有，我来听听你们读全诗的感觉。

教师一句"我要看到你们笑了没有"，就是引导学生感受阳光照在花上那种意象之美！诗是不可教的，诗又是必须教的，没有诗意润泽过童年的人生是不圆满的。② 每一位儿童都是一个丰富的生命个体，他们都具备独特的视角，发现诗歌中的伟大与崇高，教师应该充分相信孩子的诗心、诗性、诗情、诗意，相信孩子对诗歌语言敏感性、高尚性的捕捉能力，体味诗歌中的意象之美。

---

① 刘艳玲：《略谈儿童诗的意象与意境》，《淄博师专学报》2006年第3期。
② 孙双金：《情智，在童心中飞扬》，《小学语文教学》2015年第11期。

二 朗读品味，感受儿童诗的语言之趣

《义务教育语文课程标准》（2011 年版）的阶段目标中提出阅读时要"感受语言的优美""品味作品中富有魅力的语言"，而儿童诗的语言具有"优美的""富有魅力的"特点，教学中，只有细细品味，才能感受儿童诗的语言魅力。[①]

（一）在质疑中感受语言的传神

师：孙老师有个疑问，阳光既没有手又没有脚，怎么会在窗上爬着呢？我不明白，谁来告诉我？

生：这句话是拟人句，阳光本来没有手和脚，现在有脚了，会走路了，我好像看见阳光在窗上慢慢地移动，就像孩子在窗上爬动一样。

师：噢，这是你的理解。你们还有不同的理解吗？说说你们不一样的理解。

生：我觉得"爬着"应该就是阳光照在窗子上的，其实并不是在窗上爬着。

师：那如果我把它改成"阳光在窗上照着"，行吗？你们说是"照着"好呢，还是"爬着"好？

生：爬着。

师：那作者为什么用"爬"而不用"照"呢？

生：作者是想让句子变得更活泼，"阳光在窗子上照着"干巴巴的不好听，也不美。……

每一个孩子都是特别的，他们能关注大自然的每一次心跳，教师要相信孩子有一双慧眼，能发现文字背后隐藏的丰富内涵。"爬"字的教

[①] 中华人民共和国教育部制定：《义务教育语文课程标准》（2011 年版），北京师范大学出版社 2012 年版，第 8 页。

学，教师没有简单处理，而是通过三次质疑，层层递进，让学生感受"爬"字所营造的意境，学生在一次一次质疑中，加深了对这首儿童诗的理解和体验。

（二）在运用中体悟语言的魅力

语文课程是一门学习语言文字运用的综合性、实践性课程，语言的品悟应在实践中进行。儿童诗一个显著的特点就是表达特别自由，一个精练的词语能让人读出画面之感。语言的品味除了理解、欣赏外，还包括创造性地使用语言，这正是"个性化阅读"的体现。这样的品味，可以使外在的语言进一步内化为学生自己的语言，从而逐步学会运用语言。

师：……第三句"阳光在溪上流着"，我对这一句不满意，溪水是流着的，阳光照在那个流动的溪水上，我认为这句话可以改一个字，改得比诗人的更好，谁来帮诗人改一改？阳光在溪上____

生：我觉得应该改成"阳光在溪上跳着"，因为小溪上有波纹，在太阳的照射下一闪一闪的，像阳光在跳一样。

师：你看，跳比流好，比诗人高明。谁再来改？

……

生：阳光在溪上滑着。

师：滑？怎么滑？为什么说阳光在溪上滑着呢？

生：因为我从第一句阳光在窗上爬着感觉阳光像个小孩子，阳光在溪上滑着，就像一个小朋友在起伏的山坡上滑雪，忽上忽下，姿态很优美。

师：哦，滑上滑下，姿态优美、轻盈，多好呀！我怎么没想到呢！让我看看你的小脑袋！

一个动词就是一个生命，一个动词就是一种情景，一个动词就是一种情感。动词在孩子们心里飘荡着，在孩子们的脑海里跳跃着，在孩子们的想象中舞动着，因此，诗有了生命，教学有了生命，孩子们的思维和想象有了生命、有了灵性。这是动词开发的最大价值。在孙老师的鼓励下，学生通过恰当运用动词，感受着语言的魅力，感受着儿童诗的魅力，学生在具体的语言实践中发现美、创造美。

三 勾连对接，感受儿童诗想象之奇

想象既是儿童诗的特质，也是儿童思维的特质。[1] 想象是实现诗的特质和儿童的思维特质对接的纽带。想象是自由的，是飞翔的。只有想象尚未抵达的地方，没有想象不可抵达的地方。有人说：你可以限制我的脚步，但约束不了我想象的翅膀；你可以遮蔽我的双眼，但遮不住我心中的想象。想象可以越过高山，越过平原，穿过森林，穿过大江，进入儿童的心灵。想象是诗成为诗的密码和力量，当密码和力量对接的时候，儿童诗教学的生命力就得以绽放。[2]

（一）巧妙设问，激发想象兴趣

西方学者德加默曾说：问提得好即教得好。课堂提问是一种教学手段，更是一种教学艺术，有效的提问能激起学生思想上的波澜，荡起想象的涟漪。教师要善于抓住诗句的关键字眼，巧妙设计问题，点燃学生的探究激情，引发学生的思维活力，激活学生的想象空间。

（出示）：在大海，太阳是从水里跳出来的；在平原，太阳是从土里冒出来的；在山村，太阳是被雄鸡叫出来的；在森林，太阳是被鸟声闹出来的……哦！整个世界，是被太阳照出来的。

师：谁来读？

师：读完这首诗，我就纳闷了，太阳怎么会从水里跳出来呢？

生：我看过夕阳，大海非常大，太阳就像跳出来一样。

师：那看到的太阳不是跳出来，而是一个猛子扎进去了。

（生大笑）生：呵呵，我刚才说错了，大海上波涛起伏，太阳升

---

[1] 丁云：《儿童天生就是诗》，北京师范大学出版社2017年版，第15页。
[2] 孙双金：《情智，在童心中飞扬》，《小学语文教学》2015年第11期。

起时，就像在海面上跳动，给人的感觉就像从海里跳出来的。

师：这次说得有道理，请坐！诗中说太阳从土里怎么出来的啊？

生：冒出来的。太阳从地平线升起，就像是从土里冒出来一样。

（二）仿写创作，享受想象乐趣

模仿是小学生学习的一种重要特征，学习儿童诗亦是如此。学生诵读语言优美的诗句，感受想象丰富的意境，其创作欲望定会在内心萌芽。教学中，教师要抓住时机，鼓励表达，激发孩子诗意的语言，让孩子享受想象带给他们无拘无束、肆意驰骋的快感。

（出示）：在山顶，太阳是被____。在学校，太阳是被____。

生：在山顶，太阳是被吓出来的。（众生笑）

师：为什么是被吓出来的呢？

生：因为山顶有动物在叫，太阳就被吓出来了。（生说完，自己笑了。）

师：哎呀，太阳和你的胆子一样小，你说得完整一点儿，太阳是被什么吓出来的？

生：在山顶，太阳是被狼嚎吓出来的。

师：哦，是被狼嚎吓出来的，这是个胆小的太阳。

生：在山顶，太阳是被风声吹出来的。

师：不是被风声吹出来的，是被风吹出来的。看来这个太阳像气球一样，轻飘飘的，是吗？

生：是。一吹就出来了。

生：太阳是个小懒虫，早上天冷钻在被窝里不肯起床，被妈妈打屁股打出来了。……

（三）勾连生活，丰富想象情趣

语文教学的有效性在很大程度上取决于教学的内容与学生的生活经

验建立的关联程度。小学阶段学生是以直观和感性思维来思考的，教学中，要关注学生的生活经验，将生活引入课堂，让孩子们在已有经验和知识的基础上，打通诗歌学习和言语经验的"任督二脉"。

儿童想象力发展较早，儿童诗教学可以取其所长，把儿童潜在的想象力发展成创造思维能力。教师要充分运用课上已掌握的知识建立新的结构模式，充分引导孩子放飞想象，学习诗歌的语言和表达特点，创造属于自己的童诗。

师：下面我们来看第二句。跟你们有关，"在学校，太阳是被____"

生：太阳是被食堂里的香味引出来的。

师：是被食堂里的香味引出来的，这个妙！如果把"引"字换成一个词，那就更妙了。

生：引诱。

师：不太准确。

生：在学校，太阳是被食堂里的香味馋出来的。（生不由自主地鼓掌）

师：大家的掌声是对你最好的肯定，我们好像看到了，太阳在____

生：流口水了。

师：一个"馋"字，多形象呀！老师感觉我们三（3）班的孩子人人都是诗人，太厉害了！

让学生仿照诗句说一句，由学到仿，学生的思维得到了充分的激发，想象力天马行空，真正让诗的特质和儿童心理、生活方式勾连对接，孩子们诗一般的语言如涓涓细流，源源不断，精彩纷呈，让人拍手叫绝！

四 积极评价，激活儿童言语之智

儿童的诗意语言需要教师的引导与点拨，适切的评价语言能加深学生对诗意语言的理解与感悟，唤醒学生诗意语言的体验与表达。教学中，教师应该在尊重学生的基础上，站在学生的角度，立足儿童视角，蹲下身子，把自己融入孩子的言语世界，用学生的价值观念和思维方法去洞察学生的学习心理，理解他们的情感、愿望。运用多种评价方式，丰富学生的言语体验，激活学生的言语欲望，发展学生的思维能力，延伸学生的想象空间，从不同的角度对学生的诗意表达给予评价，促进言意共生，让学生用"慧言"抒"慧意"。

（一）勤用欣赏性评价语言

欣赏性评价是发现并欣赏学生特质与优势的评价。莎士比亚说过，没有比较，就显不出长处；没有欣赏的人，乌鸦的歌声也就和云雀一样。要是夜莺在白天杂在聒噪里歌唱，人家绝不以为它比鹪鹩唱得更美。多少事情因为逢到有利的环境，才能达到尽善的境界，博得一声恰当的赞赏。儿童诗的教学，教师通过欣赏性的评价语言，能取得良好的教学效果。如：

师："爬着显得特别活泼，照着就不活泼了""大家的掌声是对你最好的肯定，我们好像看到了，太阳在____"

生：流口水了。

……

师：嗯，阳光在窗下留下小脚印，很活泼。阳光像小朋友一样活了，对不对？

……

师：一个"舞"字，多妙呀！你真是个大诗人！

儿童诗的教学，教师应该以欣赏的眼光看待学生的学习，用敏锐的嗅觉捕捉孩子语言的闪光点。

（二）善用激励性评价语言

德国教育家第斯多惠曾说：教育的奥秘不在传授，而在激励、唤醒和鼓励。法国著名作家安德烈·莫洛亚说过：美好的语言，胜过礼物。

好孩子是夸出来的，好诗句也是夸出来的。在儿童诗教学中，教师要乐于鼓励、善于鼓励，通过激励性的语言提高学生的积极性和自信心，激发学习动机，诱发学习兴趣，成为儿童诗教学的点金石。

如孙双金老师激励性的评价语言：

师：你叫什么名字？跟我们小诗人握个手！

再如：

师：葛咏梅，葛诗人。我们的小葛诗人又有了"阳光在溪上跑着"，多好啊！

师：同学们，能写一句是小诗人，写两句也是小诗人，写三句就是中诗人了，如果你能写四句，你就是大诗人了！如果能写到五句，写到六句，就是什么呀？

生：大大诗人！

在孙老师的课堂上，学生都成了小诗人、大诗人、大大诗人，学生兴奋无比，思维活跃，妙语连珠，诗意语言浸满课堂。

（三）巧用点拨性评价语言

《课标》指出：语文课程评价的目的不仅是考查学生达到学习目标的程度，更是检验和改进学生的语文学习和教师的教学，改善课程设计，完善教学过程，从而有效地促进学生的发展。巧用点拨性评价语言，能深化学生对诗歌语言的理解和体验，促进学生的深度思考。如：

生：阳光在溪上滑着。

师：滑？怎么滑？为什么说阳光在溪上滑着呢？

生：因为我从第一句"阳光在窗上爬着"感觉阳光像个小孩子，阳光在溪上滑着，就像一个小朋友在起伏的山坡上滑雪，忽上忽下，姿态很优美。

……

教师抓住时机，一次简单的点拨，让学生对"滑"字所营造的诗歌意境有了深入的感性理解。

（四）妙用纠错式评价语言

学生的个体差异性决定了对诗歌的理解存在差异性，教学时，针对学生理解的程度深浅，教师采取补充式评价，让学生对诗歌的理解形成正确的认识。如教学"跳"字：

生：我看过夕阳，大海非常大，太阳就像跳出来一样。

师：那看到的太阳不是跳出来的，而是一个猛子扎进去了。

生：呵呵，我刚才说错了。大海上波涛起伏，太阳升起时，就像在海面上跳动，给人的感觉就像从海里跳出来的。

……

教师用"一个猛子扎进去了"，幽默诙谐地让学生理解了跳出来的太阳是"朝阳"而不是"夕阳"，没有说教，没有灌输，而是用纠错式的评价语言让太阳升起来的画面形象生动地呈现在学生脑海中。

教学评价语言具有示范、导向、交流等作用，对于学生的行为规范和能力发展有积极的影响。在儿童诗的教学中，教师要突破评价范围的局限性，采用多种形式的评价方式去引导学生加深对儿童诗语言的感悟，丰富其言语智慧，向诗意更深处漫溯。

儿童诗是孩子们眼中的世界和表达方式，是充满生机和意趣的。儿童诗的教学不是让孩子们成为诗人，而是要通过教师的诗意引领让孩子们诗意地生活、诗意地栖居，让他们能有一双慧眼，发现生活的美好；让他们有一颗慧心，发现人性的纯真；让他们有一双慧翅，能在文学的殿堂中自由地翱翔。

叙述性散文教学须有的放矢

——以统编语文教材《北京的春节》为例

杨自成

（深圳市宝安区官田学校）

摘 要：叙事性散文教学的起点需立足于文体特点，依据语言为基、情思为本的理念走进文本，定位主目标。进而涵泳文本，推教学策略：一要咀嚼文本，感受语言美；二要溯源文本，领悟情思美；三要借鉴文本，体验写法美。从而实现叙事性散文教学的语用目标和人文主题目标。

关键词：小学散文教学；叙述性散文；教学策略

散文是文字徜徉书写、思想自由高歌、情感恣意流淌的园地。自语文课程独立设科以来，无数篇名家散文通过语文教材走进我们的课堂，深植于我们的心灵。而这其中不能忽视的一种散文类型便是叙事性散文。毋庸置疑，叙事性散文一直在小学语文教材中占有极大的比重。它篇幅短小、取材广泛、结构灵动、情感丰富，是培养小学生语言文字运用能力、文学审美鉴赏能力，促进小学生情感态度价值体认的重要凭借。鉴于当下小学语文叙述性散文教学中不得要领的现状，本文以国家统编教材六年级下册第一单元老舍先生的《北京的春节》一文为例，结合自己连续几年小学高段语文教学实践，来谈谈叙述性散文教学目标的定位和教学策略的实施。

一 走进文本，定位主目标

"凡事预则立，不预则废。"阅读教学亦是如此，需要首先确定合适的教学目标。语文教学，"少、慢、差、费"的状况，随着课改的深入，正在不断地改善。但要想从根本上改变，还需要从教师的课堂教学进行有效突破。近年来，语文教学理念异彩纷呈。教学手段，更是日新月异。而课堂教学目标的确立，有时仍然会似是而非。因此，确定教学目标，明确一节课要教什么，远比怎么教重要。散文文本介乎小说与诗歌之间，有其文体的特殊性。它是私人化的写作，传达的是作者个人较为独特且隐秘的感情。叙述、说理、写景、状物，其内容多半一看就懂，但要想恰如其分地妙悟其中蕴含的作者个人情感，让文本"还原历史"，就不得不从语言形式这一语文的本体要素入手了。

叙述性散文《北京的春节》是统编版六年级下册的文章，过去的教材也有选用，只是所放的位置和教学目标有所不同。原来同步的教师教学用书给出的目标：1. 会写14个生字，正确读写"腊月、初旬、展览、蒜瓣、饺子、翡翠、杂拌儿、榛子、栗子、爆竹、风筝、逛庙会、走马灯、零七八碎、万象更新、张灯结彩"等词语；2. 有感情地朗读课文，了解老北京春节的习俗，感受节日的热闹气氛，理解节日习俗中的民族文明和传统文化；3. 揣摩文章的表达顺序，体会详写、略写的好处。这篇文章如果把教学目标简单地确定为认识课文中的生字、厘清文章的思路、概括文章的内容、体会文章的详略、感受北京春节的美好等，那就不符合这类文章教学目标确立的基本原则。统编教材把《北京的春节》从老教材的六下第二单元挪到了新教材的六下第一单元，而且编者在单元目标上做了明确规定：人文要素目标是百里不同风，千里不同俗。语文要素目标：1. 阅读时，分清内容的主次，体会作者是如何详写主要部分的；2. 习作时，注意抓住重点，写出特点。这里不难看出，统编教材在单元整体目标上更为明确具体，针对性更强。当下阅读教学理论家王荣生教授的散文教学理论对我们也有着重要的启发。王荣生教授的散文教学目标的确立理念，使我们必须认识到散文教学须有两个统一的目标：从学生学习的角度讲，一是体认作者在散文中所传达的独特经验，进而丰厚自己的人生经验（人文性目标）；二是通过学习散文，提升自己阅读散文的能力，即提升自己的语文经验（工具性目标）。依据王荣生教授关于散文教学目标确立的基本理念和统编教材的单元目标要求，便可梳理出《北京的春节》的主要教学目标应该定为：1.熟读课文，了解北京的春节这一传统节日的民俗特色和文化内涵；2.厘清文章详略，体会作者如何详写；3.感受老舍先生"京味儿"言语形式，感悟他对老北京春节热闹氛围的眷念之情。

二 涵泳文本，推教学策略

（一）咀嚼文本，感受语言美

刘勰在《文心雕龙·神思》中说："登山则情满于山，观海则意溢于海。"这就告诉我们，观察事物必须全身心地投入，充满热爱，才能有感而发。情同此理，我们在散文教学中，要驻足于散文里个性化的言说对象，严防跑到外在的言说对象上，演变为谈论外在的言说对象的活动。所以，散文阅读教学要引领学生细心领会作者对自然、人生的描述与感悟，认真品评作者表达这种感悟所用的形式，引导学生潜心体会作者独特的情感体验，深入挖掘作品独特而深刻的情思，找到作者最想说的那句话，读懂文中的"我"，而不是眉飞色舞地分析文本中的人物。

老舍的语言是京味儿语言，北京方言的白话在老舍的文章中是一个最大的特色，这一篇文章仔细读来，让人感觉就像一个老者在娓娓述说过去的事情，亲切自然，韵味无穷。比如老北京的方言"照老北京的规矩""差不多""家家""闲在"，连用三个"各种"，关联词"不是……而是……"，"杂拌儿、零七八碎儿、玩意儿"等儿化音，"恐怕第三件事""天一擦黑儿""过年的味道""又甜又黏""除夕真热闹""赶做""除非万不得已""除了很小的孩子，没有什么人睡觉""正月初一的光景与除夕截然不同""元宵上市，春节的又一个高潮到了""整条大街像是办喜事，红火而美丽"等，还有为了表达同一个意思分别使用了"一律是""清一色""都是""通通"等不同的词语。表达兴奋惬意的感觉，作者便使用了诸如"这一天大家还必须吃元宵呀！这的确是美好快乐的日子"等句子。

如此多的词语，让人仔细读来倍感亲切，正如李白所言"清水出芙蓉，天然去雕饰"，不加任何修饰，这正是一种朴素的美，一种天然的美，一种不加任何人工雕琢的美。口语化的语言通俗易懂，儿化音亲切舒适，同义词的使用多样化，体现了作者对生活中语言的观察能力，这都是老舍所体现出来的旁人所不能及的大师风格。老舍先生的语言虽然"俗白"，但是却给我们写出来了作者对春节的喜爱，写出了春节期间的热闹气氛。

语言需要风格，这种拉家常、讲故事的口吻让人听起来亲切随和，正如老舍所言，"我不管写什么，总希望能够信赖大白话，即使是说明比较高深一点的道理，我也不接二连三地用术语与名词，我还保持着我的'俗'与'白'"。正是这种态度，才让他真正达到了对语言运用的至高境界，也正是这一点，才真正让艺术作品亲近大众，被人们所接受进而喜爱。言为心声，作者独特的京味儿语言，情不自禁地流溢着对老北京春节民俗风情的喜欢和眷念之情。在《北京的春节》这一类叙事性散文阅读教学中，可以通过反复阅读，品味好词好句，来体会作者独特的情感。这里的好词好句不是堆砌如山的华丽辞藻，而是平白如话的民间俚语。寻找那些有人间烟火味道的语言，连接学生已有的生活经验，让语言之美与生活之真进行碰撞，从而感受艺术的魅力和真谛。领悟语言之美，还可以通过寻找学生语言与文本语言之间的差异，在对比中感悟作者语言之妙，从而丰富学生的语言积累和提升学生的语言表达水平。

（二）溯源文本，领悟情思美

教学《北京的春节》，咀嚼文本，我们会感受到老舍笔下北京春节的热闹、喜庆，呈现出一派欢乐祥和的景象。但是，作者开篇提笔就写"照老北京的规矩……"从中不难看出作者书写的是过去的事情。然而，当下如何？作者并没交代。于是，只能探寻老舍先生写作此文时的历史渊源和背景状况。作者写作前后，国内外发生了什么样的事。写作的前一年，是1950年。这一年国家还不稳定，北京不可能再举办盛大的春节联欢活动。其次是国家实施整风运动，这多多少少影响了春节的"热闹"。到老舍写《北京的春节》时的1951年1月，中国人民志愿军抗美援朝已打了第三次战役。当时全国人民勒紧裤腰带抗美援朝。在这种背景下，北京的春节，当然是"没有以前那么热闹了"。年过半百的作者，对于国内外政治、军事斗争所造成的北京春节"节味"不浓，当然有自己的感受与感叹。在作者看来，春节就应该是热热闹闹的，欢欢乐乐的。

作为文人，当眼前的春节"年味不足""热闹不够"时，自然感慨万端。他使用回忆，来表达着自己的眷念。所以，《北京的春节》中并没有通过新旧社会春节的对比，极其巧妙地赞美新社会人们思想观念的转变，从而使文章具有现实意义；同样，作者也没有像旧版参考书编者所说的那样，流露出的是"作者对新生活的热情的赞美与无比的热爱之情"。相反，作者更加喜欢与留恋的，恰恰是老北京的春节氛围、春节文化。这里有欢乐、喜庆、热闹、团圆的中华传统节日文化内涵，也是一代文人内心深处的真正的向往。因此，写《北京的春节》的原因，至少是眼前的春节"年味不足""热闹不够"。所以，《北京的春节》是老舍给我们留下的老北京春节的历史记录，是老舍对中华传统文化依恋的表现。

溯源文本，我们在开展审美阅读时，才能读出作者对传统春节的浓浓深情和依依眷念的情思之美。在叙事性散文教学中，发掘这种美，需要引导学生查阅资料，纵横比较，然后找出潜藏其中的深层意蕴和主旨。同时，还需要甄别，需要判断，在历史的特殊语境中，作者写文章的意脉和情思必定是吻合的，所以详写的部分，自然是作者情感因子之所在。当然，这种情思之美，还可以用相同题材的诗文互证阅读和勾连比较，让散文充溢着诗意之美，使诗歌流淌着散文的画面。只要引导得法，定能事半功倍。

（三）借鉴文本，体验写法美

语文教学是从听、说、读、写四个方面入手，重在学习、领会、运用典范的语言和文章的结构。诸多专家学者、一线教师都非常认同指向表达的阅读教学观，重视文本，落实语用。《北京的春节》在写法上，有如下几个特点：1. 运用对比，凸显变化。文章随处可见对比手法的运用，大致包括两类：一是春节前后的对比，二是社会新旧风俗的对比。两种对比都是为了体现作者对传统文化的热爱和旧时节日的眷念。2. 时间为序，条理明晰。文章整体结构上，按时间顺序从腊八写起，接着写过小年、除夕前，再写庆新年和闹元宵。具体的节日也是按照时间的顺序，如第一部分的第三层，写"贴对联""扫房""备菜""吃团圆饭""守岁"等。这样，在时间的线条上既次第展现了老北京春节独特的风土人情，又使全文的条理清晰明了。按照时序，有详有略地介绍老北京过春节的习俗，点面结合，突出重点，主次分明，使北京的春节给人留下了深刻的印象。3. 口语风格，朴素直白。文章没有堆砌华丽的辞藻，用的全是老百姓的口头语，即便是对热闹景象的描写，也没有浓墨重彩的铺陈，在轻松愉悦的语言氛围中传达了自己对北京风土人情独特的情感体验，抒发出率真自然的情怀。

《北京的春节》详略结构之美，是本课教学的重点之一。文章以时间为经线、以人们的活动为纬线结构全文。作者先介绍北京的春节从腊月初旬就开始了：人们熬腊八粥、泡腊八蒜、购买年货、过小年……做好过春节的充分准备。紧接着，详细描述过春节的三次高潮：除夕夜家家灯火通宵，鞭炮声日夜不绝，吃团圆饭、守岁；大年初一男人们外出拜年，女人们在家接待客人，小孩逛庙会；十五观花灯、放鞭炮、吃元宵。最后，写正月十九春节结束。显然，高潮部分就是作者详写的内容。详略从字数上就可以判断，但是这样写的意图和好处，则是要引导学生去思考和讨论的。否则，仅仅知道详略也是毫无意义的。

写法之美，美在语言、美在结构、美在详略。叙事性散文的教学，结构之美需要教给学生文章学的基本知识，这是省时省力的事情，但是效果就很难把握。详略之美，需要引导学生走进文本，让学生体会到详写的部分是所写事物特征最为鲜明的地方。这部分的教学可以直接领着学生挖掘详写背后的原因，也可以通过详略互换的假设、口头补白等形式，对比研究"新旧"文章的整体效果，从而加深领悟文本详写部分的重要性。

叙事性散文阅读教学需要做到有的放矢。依据语言为基、情思为本的理念，确定教学目标、教学策略，然后根据已定的教学任务和学生的特征，有针对性地选择与组合相关的教学内容、教学组织形式、教学方法和技术，形成的具有效率意义的特定教学方案，在教学的过程中，达成人文主题目标和语文要素目标。

比较文学视角下小学语文高年级外国整本书阅读的教学策略
——以《鲁滨逊漂流记》的教学为例

李淑君

(深圳市宝安区红树林外国语小学)

摘　要：新课标明确指出让学生"多读书，好读书，读好书，读整本的书"，"读整本的书"是新课标的要求，也是语文阅读教学的发展趋势。整本书阅读有助于学生在阅读实践中提升阅读能力，养成较好的阅读习惯。这就意味着语文教学应突破过去的课堂篇章教学模式，着重对学生开展整本书阅读的指导和训练，特别是与中国文学作品存在较多区别的外国文学作品。本文针对小学高年级学生的特点，以《鲁滨逊漂流记》为研究课例，从不同视角进行比较，探索外国整本书阅读的教学策略。

关键词：整本书阅读；比较文学；《鲁滨逊漂流记》；外国文学；教学策略

叶圣陶先生曾经说过："读整本的书，不仅可以练习精读、速读，有利于养成好的读书习惯；还可以进行各种文学知识与文体阅读的训练；学生阅读的心理会更加专一，阅读效果也会更好。它可以收一石多鸟之效。"[①]由此可知，推动学生"整本书"的阅读，有助于学生素养的全面提升。

---

① 林妍：《活用教材引导学生进行"整本书阅读"》，《爱好者》（教育教学版）2019年第4期。

依据 2011 年版《义务教育语文课程标准》教学建议："要重视培养学生广泛的阅读兴趣，扩大阅读面，增加阅读量，提高阅读品味。提倡少做题，多读书，好读书，读好书，读整本的书。""读整本的书"是新课标的要求，也是语文阅读教学的发展趋势。整本书阅读有助于学生在阅读实践中提升阅读能力，养成良好的阅读习惯。

由于不同年段的小学生阅读经验不同，对阅读的理解也呈现出差异性，高年级的学生已有初步的阅读体验和较成熟的阅读理解，可以尝试外国长篇作品的阅读。然而，外国文学作品有其不一样的写作方式和理念。如何指导学生更容易走进外国文学作品，并激发起浓厚的阅读兴趣，作为教师，需要带着学生结合熟悉的中国文学作品，通过比较、整合，提高学生外国文学整本书的阅读效率。

一 "整本书阅读教学"的教学理念

关于整本书阅读的属性定位，李卫东认为，"整本书阅读应该是冲破语文教学狭小格局的深阅读、深度学习，需要精读、泛读的灵活转换，课内阅读和课外阅读的深度结合，正式学习和非正式学习的对接融通。整本书阅读中的'整'，既是对全书脉络的全面把握，也是对全书内容的深度思考；'本'不仅仅是指单独的一本，也是指相关的许多本；'阅读'是指包含多种方式的阅读过程，可以是泛读、精读、课内阅读、课外阅读等"[①]。由此，姚卿云在《整本书阅读的方法和意义》一文中提出，整本书阅读，是包含在语文课程中的，作为一种正式的学习活动，它应该符合语文课程的特性。

第一，整本书阅读在书目的选择上，首先应该选择经典作品。由于可供阅读的古今中外的作品数量众多，不管是作为教师还是学生，课余时间都是十分有限的，这就要求所阅读的整本书应该是对学生的积极发展和健康成长都具有深远影响的经典作品。

---

① 李卫东：《混合式学习：整本书阅读的策略选择》，《语文建设》2016 年第 9 期。

第二，整本书阅读还应该体现语文课程的性质。语文课程是一门学习语言文字运用的综合性、实践性课程。整本书阅读作为一种学习活动，应该通过各种言语活动来引导学生在各种不同的情境中能够灵活运用语言文字。

第三，整本书阅读还应该突出教学价值。教师在指导学生阅读的过程中，应该立足于作品本身的特性，立足于学生发展的需要，来挖掘核心素养的教学价值。

综上，姚卿云对整本书阅读作出这样的界定："是指学生在语文课程的学习中，采取个性化阅读的方法，根据整本经典作品而展开的，与文本、教师、作者和同伴之间进行对话的过程；阅读的对象是多样的，阅读的过程是综合的和实践的，阅读的目的是养成良好的阅读习惯，探寻阅读的方法，建构阅读经验，发展自身的语文核心素养。"[1]

二 综述外国文学作品整本书阅读的教学策略

（一）知人论世，探索故事的情节

外国作家在不同于中国社会制度的影响下，呈现出不同的世界观和价值观，直接影响其作品的呈现。知人论世，是提高整本书阅读教学效率的有效方法，小学高年级学生虽已有一定的阅读体验，但是对于内涵较深的作品，尤其是不熟悉的外国文学作品，在理解上还是会有一些难度。教学过程中若能让学生做到知人论世，即与作品有关的作者的经历、心境及时代背景、写作意图等，区别于中国文学作品，引起学生的探究兴趣，也就便于学生把握文本思路，更容易走进作品中的人物，理解主人公的言行，领会作者的感情，激发学生深入阅读的兴趣。

因此可以从"知人论世"的角度引导学生进入外国文学作品，同时课堂教学中可以采用以下教学方法对外国文学作品进行整本书阅读教学。

---

[1] 姚卿云：《整本书阅读的方法和意义》，《新课程·下旬》2019年第2期。

1. 比较教学法①

搜集中西主题相同的文学作品并进行比较,从不同作者的生活经历、心态观念,从他们不同的生活态度,从社会发展的不同阶段、不同的文化差异等各个角度以各种方式展开比较,启发学生对作品的内容和情感有更深的理解。比如不同时代背景下丹尼尔·笛福和吴承恩的价值理念的差异,以及对两部作品主人公的不同命运的影响,等等。

2. 提问教学法②

和泛泛而问不同,提问应该以作者的生平和时代的特色为依据,引出有明显关联的情节,设置具体而明确且有一定探究难度的问题,引导学生进行思考、分析,把学生引入作品之中。比如《鲁滨逊漂流记》的写作时间是在资产阶级上升时期,作者也有非常明显的冒险精神及追求财富的思想情绪,这也是鲁滨逊最终踏上航海之旅的根源,作品人物处处体现着作者的价值理念,通过这点设置与之紧密联系的问题,以激发学生的阅读动力。

3. 推演教学法③

拿到一本外国文学作品,因是学生不熟悉的内容,可以让学生一边阅读一边推演猜度,边读边思考,这就是推演教学法。学生边读边猜,怎样为猜度提供有效的线索?知人论世,联系作者及其生活的时代背景来推测,定能引起学生更多的共鸣,激发学生的阅读兴趣。

(二) 灵魂人物,聚焦主角的命运

一部作品中能给读者留下最深刻印象的一定是故事主角的命运,小学高年级学生的阅读关注主要也集中在主人公身上,因此抓住主要人物的变化发展进行教学,也是整本书阅读教学的重要方法。聚焦主人公的各种发展和变化,从这个角度,课堂教学可以采用以下教学方法对外国文学作品进行整本书阅读教学。

---

① 朱自强:《小学语文儿童文学教学法》,二十一世纪出版社2015年版,第270页。
② 同上书,第353页。
③ 同上书,第372页。

1. 思维导图法

思维导图是将放射性思考具体化，运用思维导图图文并重的技巧，可以充分发挥左右脑的技能，提高学生阅读效率。整本书阅读中，学生可以用思维导图绘制主要人物事迹，在绘制过程中，逐步厘清人物发展的思路，辐射出主人公在不同阶段不同的选择和心路历程，以图的形式展示出阅读所得，更深入地走进文本、走进人物的灵魂。

2. 表演教学法[①]

把人物言行放到一个模拟的真实的语境之中，使人物"活"起来，引起学生的同理心，这样做的好处是：第一，学生能够根据自己的理解来分析确定剧本中的人物性格和特征并表演出来；第二，通过表演，能够锻炼学生的反应能力和语言表达以及交际能力；第三，通过表演，还能加深学生的印象，增加阅读的兴趣。比如鲁滨逊在荒岛上28年的变化，有着明显的变化历程，让不同的学生上台表演不同阶段的鲁滨逊，学生可以更直观地感受到主人公在作品中的命运及其坎坷的心路历程。

3. 文本细读法[②]

一百个读者就有一百个哈姆莱特，每个学生对作品中的人物都有自己独特的感受，外国作品也不例外。从作品中找出印象最深刻的情节或者句子，抓住关键词语，分享交流各自的想法，呈现每个孩子心中不一样的人物形象，也是加深整本书阅读理解的有效方法。

（三）写作形式，学习作品的方法

1. 创意写作法

小学高年级的学生对文学作品的写作方法有初步的认识，也有一定的写作经验，外国文学作品的写作形式与中国文学作品相比，也存在不少区别。着眼于独特的写作方式，让学生从文本中学习，结合故事情节的发展，通过续写、改写等方式进行仿写创作，不仅让学生对作品有更深的理解，而且也加入了自己独特的想法，参与到创作中，与作者对接，

[①] 朱自强：《小学语文儿童文学教学法》，二十一世纪出版社2015年版，第382页。

[②] 同上书，第436页。

无疑能激发学生更多的阅读热情。

2. 复述教学法①

阅读中，引领学生整合作品的写作结构，厘清故事的脉络，为学生牵线搭桥，鼓励学生大胆对故事进行复述。对难以复述的部分进行点拨，帮助学生扫清整本书阅读的障碍。

三 结语

整本书阅读教学，对教师提出了更高的要求，尤其是外国文学作品，指导小学高年级学生进行外国文学整本书阅读，教师自身首先应该阅读整本书，不仅要读，而且还要精读细读，运用各种方法厘清该书所蕴含的教育价值，选择不同于我们课内单篇课文的教学方法指导学生进行整本书阅读。教师对整本书的研读过程，也是自身文学素养、学科知识的提升过程，和对整本书教学内容和方法的确定过程，还是自身教育知识不断丰富和完善的过程，只有不断积累外国文学作品整本书阅读，在教学实践中所思所想，不断地提升，才能使教学教育不断地得以丰富和完善。

---

① 朱自强：《小学语文儿童文学教学法》，二十一世纪出版社2015年版，第307页。

小学语文名著趣味引读与校本教材开发实践研究

——以《西游记》为例

梁敏瑜

（深圳市宝安区坪洲小学）

摘　要：在小学阶段开展"四大名著"的整本书阅读应立足"趣味性"，帮助学生减小阅读名著的障碍，激发阅读名著的兴趣，积累阅读名著的方法。教师开发适合各学段的校本教材，为学生自主阅读整本书奠定基础。本文将从以下三个方面谈谈开展名著趣味引读的教学策略：一是以画为窗口，演绎精彩章节；二是以批注为圆心，开展主题阅读；三是以校本教材为载体，引导深入研读。

关键词：趣味引读；批注；校本教材

自从语文新课程标准提出"整本书阅读"以后，一下子就成为语文教学界的热点，相关的课程开发和课题研究也多了起来。但热闹的背后，一些做法也引起了我的思考：导读学案不应为习题集，读书笔记不该是抄写作业。不少导读学案烦琐且零碎，学生不得不苦苦地在书中抄写答案；毫无指向的读书笔记作业，最终导致学生只是为了"写满"，便想办法扩大间距，挑选简单的文段抄写了事。课外阅读本是一件快乐放松的事，却被密密麻麻的选择填空、问答习题捆绑成阅读理解作业，被应付式的抄抄写写弄得疲惫不堪。在小学阶段，课外阅读的目的是丰富学生情感积累，提升语文素养，但同时还应该关注学生"读"的情感体验。

郑朝晖在《"整本书阅读"的狂欢》一文中对"篇章阅读""碎片化阅读"与"整本书阅读"的关系进行了论述，他认为这三者在阅读中并非对立，都是阅读中实际存在的策略。篇章阅读是整本书阅读的基础和提升，碎片化阅读也是快速获取信息的有效策略。作者想强调的是：整本书阅读不是目的，关注学生阅读体验、提升阅读品位和促进阅读深度才是根本所在。

一 以画为窗口，演绎精彩章节

《西游记》虽都是白话文，但对小学生来说，阅读整本原著依然有很大的难度。教师可以在众多版本中，整合原著、缩印本、青少版的部分章节，结合古典壁画、京剧脸谱、连环画、皮影戏、影视作品等，带领学生阅读精彩章节。如：

（一）脸谱建构人物

如一套戏剧脸谱中，孙悟空在"弼马温""闹天宫""偷桃盗丹""安天会""无底洞"等舞台上有不同的扮相，从脸谱的颜色到头饰，表现出这只"石猴"经历、身份甚至个性的转变。从美猴王到孙悟空，再从弼马温到齐天大圣，最后从孙行者到斗战胜佛，学生通过阅读相关经典章节，从而建构多样立体的人物形象。

原著中对人物外貌描写极为丰富，学生读一读、画一画，小组合作绘制脸谱，进一步感知人物形象。

（二）壁画丰富情节

关于《西游记》的壁画有很多，除了可以借壁画了解其中的故事背景，还能拓展故事情节。如《敦煌研究》中展示了莫高窟三层楼南侧山墙上的一幅壁画，很可能是根据《西游记》第15回"蛇盘山诸神暗佑，鹰愁涧意马收缰"绘制出的观音菩萨变玉龙三太子为白马的情节。画中大河从山间流过，河中一匹白马奔跑，马头回望空中腾云而来的龙。孙悟空与猪八戒面向大河打斗，唐僧双手合十，空中有菩萨率弟子乘云而来。画师用白色烟雾笼罩白马,表现龙变白马的变化之相。与吴承恩的《西游记》第15回相比,画面中多了猪八戒,这可能是画师所读的底本不同于现传版本。借此也了解到,唐僧收徒的顺序在不同底本中确实有差异,可找到相关章节补充阅读。同时,也可借此激发学生想象创作:猪八戒会如何配合孙悟空降服白马?

(三) 影视营造情境

丰富的影视资源打开了小学生走进《西游记》的大门,把书中描写的精彩场面展现在学生面前。借助影视资源,将相关文段进行比较阅读,使学生观感和读感相结合。如观看动画《西游记》中猴王出世的片段,让学生分组比赛,写出片中所呈现的动词,并用自己的话为这个片段配旁白。再出示书中《猴王出世》的描写进行对比赏析:"跳树攀枝,采花觅果;抛弹子,邷么儿;跑沙窝,砌宝塔;赶蜻蜓,扑八蜡;参老天,拜菩萨;扯葛藤,编草帓;捉虱子,咬又掐;理毛衣,剔指甲;挨的挨,擦的擦;推的推,压的压;扯的扯,拉的拉,青松林下任他顽,绿水涧边随洗濯。"在这个过程中,将看到的、读到的与想象的画面相互补充,阅读体验不仅有趣,也更为深刻了。

传统皮影戏,也可以成为学生展示个性阅读的舞台。一个鞋盒,几张彩纸,一盒彩笔,"小戏台"就可以上演了。课前布置学生选择某一人物,根据书中对人物的描写,进行绘画。上课后,学生之间带着自己的人物,进行"相认"和自由搭档,演绎经典片段。在这个过程中,既推动了学生课前对人物和相关情节进行深入阅读,又为往后课本剧的演绎打下了基础。

二 以批注为圆心,开展主题阅读

批注阅读虽不是什么新鲜做法,但如何引导学生有效批注,让批注真正成为他们阅读的习惯和策略,是批注教学的难点。一次看到正在读初中的表弟,拿着一本《水浒传》,几乎是一目十行的速度,左翻翻,画几笔,写一行字;右翻翻,再画几笔,再写一行字。没到半小时,书合上就放一边了。我问：你这是批注？这么快就完啦？他说，老师说做五处批注就够了。如此批注的效果，不用看也知道。于是，我刚开始教学生批注阅读的时候，曾以一本书为例，先根据批注的分类进行了"下水批注"，如赏析类、质疑类、评价类等，再让学生仿照后自由批注，但是效果不佳。批注应该能体现读者有价值的思考和发现，甚至是阅读经历的深度和广度。至少，对于小学生来说，批注应该是提升阅读质量的保证。

史家小学的张聪老师在共读《西游记》过程中，通过提出一个主题，来引导学生围绕这个主题进行阅读和思考，取得很好的效果。如"孙悟空该不该被压在五行山下"——在开始批注前，还可围绕这些问题让学生进行一番讨论：孙悟空的"闹"是否"无理取闹"？他追求的是怎样的自由？围绕一个主题进行批注，带着问题进行深入阅读，做到有的放矢，学生的兴趣自然也会被激发出来。如有学生对第三回中龙王向玉帝进表的一段：欺虐小龙，强坐水宅，索兵器，施法施威……写下这样的批注："龙王分明是添油加醋，有污蔑孙悟空之嫌！那兵器在龙宫本是闲置，孙悟空能使得上，也是龙王同意了才拿去。没想到龙王在孙悟空面前客客气气，反倒在玉帝前告状。真是两面派！"也有学生抓住孙悟空天性顽劣的特点进行了批注，得出了"天性如此，唯五行山可引其正道，成就其大业"的感受。这样的批注，课堂上师生交流、生生讨论也更有收获。

三 以校本教材为载体，引导深入研读

根据年段学情特点和课标要求，借鉴统编教材的设计思路，初步设计了低、中、高三个年段校本教材教学内容（见表1、表2、表3）。1. 精读篇：重在深入阅读经典章节，丰富阅读积累；2. 主题篇：以主题为牵引，与民间艺术融合，开展有趣多样的阅读活动，丰富阅读体验；3. 策略篇：以导促读，运用一定的方法进行名著阅读，激发阅读思维。

表1　　　　　　　低年段名著趣读《西游记》校本教材课程内容

序号	精读篇 （章节、主要内容）	主题篇 （主题名、教学目标）	策略篇：复述 （章节、策略）
1	《西游记》第五回讲述了孙悟空大闹天宫的故事。通过观看影视作品中的"大闹天宫"相关片段，进行欣赏阅读，回答孙悟空交战的情况，分析孙悟空性格。	《"画"说西游记》 　　结合连环画、皮影戏阅读相关的故事，分角色讲述故事。尝试创作自己的《西游记》脸谱绘。	《西游记》第二十七回至第二十九回讲述了孙悟空三打白骨精的故事，通过借助图画、抓关键词等方式，抓住三变，引导学生学会复述故事。 　　通过表演课本剧，引导学生应抓住人物的神情、动作、语气等展现人物性格。
2	《西游记》第七回讲述了孙悟空八卦炉炼火眼金睛的故事。通过阅读，回答孙悟空共与哪些神仙交战，又分别使用了哪些技能，引导学生注意名著的细节。	《西游记人物大聚会》 　　学生选择《西游记》中喜爱的人物（神仙、妖怪等）进行扮演，可以从头饰、服装、兵器（金箍棒、九齿钉耙、月牙铲）等进行扮相，引导学生抓住人物特点，以自我介绍或者人物猜一猜等形式，演绎精彩人物。	《西游记》第五十九回至第六十一回讲述了孙悟空三借芭蕉扇的故事，通过让学生画连环画的方式，让学生厘清脉络，学会生动复述故事。
3	《西游记》第二十四回讲述了孙悟空偷吃人参果的故事，让学生圈画概括人参五"奇"（生长、模样、功能、摘取方法、有效）的语句，发现平中之奇。	《戏说歇后语》 　　让学生课前积累关于《西游记》的歇后语，进行歇后语大比拼，还可以自创歇后语。 　　如：孙悟空的金箍棒——能大能小；孙悟空遇唐僧——有理说不清；孙悟空守桃园——自食其果	

表2　　　　　　　中年段名著趣读《西游记》校本教材课程内容

序号	精读篇 （章节、主要内容）	主题篇 （主题名、教学目标）	策略篇：预测 （章节、策略）
1	《西游记》第十八回、第十九回，讲述了在高老庄收猪八戒的故事： 　1. 截取影视作品中的"计收猪八戒"相关片段，进行对比欣赏阅读。 　2. 阅读猪八戒自报家门的打油诗，仿照自述自己在高老庄的所作所为。	《三徒档案录》 　　结合名著中对孙悟空、猪八戒、沙和尚的自述、他述、外貌描写文段，再加入取经之途的故事，制作档案卡。	《西游记》第二十四回至第二十六回讲述了孙悟空偷吃人参果的故事，由于原著阅读难度较大，可以结合青少年版的章节，抓住故事中的多次冲突和转折，引导学生根据人物性格特点、剧情发展等进行预测。

续表

序号	精读篇 （章节、主要内容）	主题篇 （主题名、教学目标）	策略篇：预测 （章节、策略）
2	第二十五回讲述了红孩儿使计擒三藏，孙悟空救师父的故事。分析孙悟空败于红孩儿的原因。赏析菩萨收红孩儿的片段，并让学生进行表演，通过表演体会红孩儿的心理变化。	《西游记中的"三十六计"》 漫漫取经之路，师徒和众妖怪斗智斗勇，聪明的孙悟空更是妙计多多。结合兵书《三十六计》阅读那些精彩的故事片段。	第六回讲述了孙悟空与二郎神战斗的"七十二变"的故事。根据故事的发展脉络，引导学生根据剧情的发展预测孙悟空和二郎神的每次"变身"。
3	《问答接力赛》 第二十八回讲述了弄神通使者呼风雨，比绝技孩儿现原形的故事。阅读此回故事，分别找出三位国师的问题，并回答孙悟空是如何解决问题的。	《人物日记：孙悟空两次被赶走的事儿》 第二十八回、第五十六回讲述了孙悟空两次被师父赶走的故事，请总结唐僧、猪八戒、沙僧的反应，帮孙悟空写日记。	第三十五回至第三十六回讲述了真假大圣辨身份的故事。根据他们所去地点、所见之人预测。一边读一边预测："法官"是否能辨出哪个是真孙悟空？

表3　　　　高年段名著趣读《西游记》校本教材课程内容

序号	精读篇 （章节、主要内容）	主题篇 （主题名、教学目标）	策略篇：速读、创造性复述 （章节、策略）
1	《西游记》第五十九至第六十一回讲述了孙悟空三借芭蕉扇的故事。 简述故事内容；任选其中一个故事，用孙悟空的口吻介绍故事，对故事中的人物形象进行分析。	《西游记人物小传》 《西游记》中的人物数不胜数，取经师徒三人，途中所遇各类神仙、妖魔鬼怪等，每一个人物都有其性格特点，功夫能力各异，也有其背后耐人寻味的故事。这个主题活动通过学生自选感兴趣的人物，对人物的外形、武器、攻击力、背后故事等写人物小传，形成人物图谱。	《西游记》第二十二回"八戒大战流沙河　木叉奉法收悟净" 速读：用较快的速度默读课文，记下所用的时间，并说出故事的主要内容。 创造性复述：故事中有提到"猪八戒和妖怪来来往往，战经二十回合，不分胜负"，请发挥想象，丰富故事情节，详细写出二人是如何打斗的，只需写出一个回合。

续表

序号	精读篇 （章节、主要内容）	主题篇 （主题名、教学目标）	策略篇：速读、创造性复述 （章节、策略）
2	《西游记》第三十一回"猪八戒义释猴王，孙行者智降妖怪" 简述故事内容； 用猪八戒的口吻介绍故事； 紧扣题目中"义"和"智"，体会故事的精妙之处。	《西游记》我来演 《西游记》的故事家喻户晓，深入人心，小学生对其中的情节也是耳熟能详。这个主题活动，通过引导学生在熟悉某个故事情节的基础上，进行剧本创作，由故事到剧本，也需要进行转换，引导学生综合考虑表演这个剧本需要哪些场景、人物、服饰、道具、旁白。在前期剧本准备完善后，还需要对学生的表演提出要求，比如动作的要求、神态的要求以及场景转换的衔接等。	《西游记》第一百回"径回东土 五圣成真" 速读：用较快的速度默读课文，记下所用的时间，并能说出故事的主要内容。 创造性复述：大胆想象，为故事增加合理的情节。
3	《西游记》第五十七回"真行者落伽山诉苦 假猴王水帘洞誊文" 简述故事内容； 任选其中一个情节，把情节讲具体； 讨论：假猴王的真身是什么？为什么孙悟空要靠佛祖才能打败假猴王？	《西游记地域文化知多少》 师徒四人从长安（今西安）出发，途经兰州、秦州、高昌、跋禄迦国、素叶城、巴基斯坦、印度等城市、国家，最终取得真经。所经之处地域特点、人文风情、习俗都各异，对学生来说，取经之路既是古代丝绸之路，同时也是一条可以研学地域文化知识之路。这个主题活动将由学生自由选择章节和一个地方，先从书中找到相关的地域描写，再通过网络查找更丰富的地域知识，以手抄报或PPT的形式来介绍。	

跟着诗词去旅行

——小学中高段古诗词主题式教学研究

崔利纯

（深圳市宝安区海旺学校）

摘　要："跟着诗词去旅行"是以古诗词为媒介，以小学统编版教材为基点，撷取一山、一江、一河、一湖、一城、一塞外为景点，整合统编版教材中的古诗词，以统编版教材的古诗词为圆心，多角度拓展课外古诗词，带着学生进行读诗赏景的古诗词主题式教学校本课程。

关键词：古诗词；旅行；主题式教学

古往今来，旅行一直是诗词创作的重大题材。在中国的诗词作品中，旅行诗词占很大比重，许多诗词名篇与旅行密切相关。以唐宋诗词为例：王之涣、王昌龄、岑参、李白、杜甫、刘禹锡、白居易、苏轼、陆游、辛弃疾等的许多脍炙人口的名篇佳作，是在旅行途中和漫游生活中创作出来的。旅行为诗人发挥诗词创作的聪明才智打开了广阔的天地。林从龙同志说得好："山水给诗词以养料，诗词给山水以灵魂。"有人曾戏改刘禹锡《陋室铭》中的名句为："山不在高，有诗则名；水不在深，有词则灵。"正所谓"江山之美，赖之文章！"很多昔日诗人眼中充满诗情画意的美景，历经千年，世代变迁，早已不复当年风姿，抑或没有当年诗人的情境，也无从探寻当年那惊世骇俗之美，故有人登黄鹤楼后，会感慨：一座随处可见的楼登之何益？殊不知黄鹤楼之美美在文化，一句"黄鹤一去不复返，白云千载空悠悠"承载多少思绪，蕴含多少想象呀！

近年来"游学"成为一种时尚，很多家长每个假期都会有计划地带领孩子游览祖国的大好山河，"行万里路"正在追上"读万卷书"的脚步，可是如若没有"读万卷书"的支撑，没能了解"万里路"上的沧桑变化、历史沉浮，那么山还是山、水还是水，"万里路"也只能是走马观花式的行程而已。

在近年来纷纷兴起的"游学"背景下，我以古诗词为媒介，以小学统编版教材为基点，撷取一山、一江、一河、一湖、一城、一塞外为景点，整合统编版教材中的古诗词，以统编版教材的古诗词为圆心，多角度拓展课外古诗词，带着学生读诗赏景，构建"跟着诗词去旅行"的古诗词主题式教学校本课程。

一 立足学情精选"景点"

古诗文在小学语文教学中发挥着重要作用，它是我国文化发展史上的一颗璀璨的明珠，包含了我国古典文化的文化结晶。据《全唐诗》记载，唐诗作品存世约57730首。据《全宋词》记载，宋词留世词作约20000首。如何从浩瀚的诗海中撷取经典诗词来教给我们的学生呢？

"景点"如何选？是本课程最关键的问题。小学生形象思维能力强，逻辑思维正在发展中，根据小学生的学习特点，本课程将着眼点放在小学部编版教材上，翻阅全套统编小学语文教材，收录古诗词112首，这些古诗词不但在难度上符合小学阶段的学习水平，而且还考虑到作家作品的经典性和丰富性，所选篇目几乎能覆盖古代文学的所有重大主题。有了部编版教材选材的方向性引领，不至于给孩子们的学习留下太大的压力。我们在部编版教材所选古诗词篇目的基础上寻找目标，选取有名度，有热度，经典（诗词）多的古城、名山、灵水作为我们此次的游览景点，确定了一山：庐山；一江：长江；一河：黄河；一湖：西湖；一城：苏州；一塞外：边塞，作为"跟着诗词去旅行"的旅游景点。

二　围绕"景点"巧设计

庐山、长江、黄河、西湖、苏州、边塞这些出现在部编版教材诗词中的典型景点，在古今都有着很高的知名度，引无数文人志士争相前往，留下墨宝无数。就庐山来说，它以雄、奇、险、秀闻名于世，素有"匡庐奇秀甲天下"之美誉，风景秀丽，文化内涵深厚，集教育名山、文化名山、宗教名山、政治名山于一身。从司马迁"南登庐山，观禹所疏九江"，到陶渊明、昭明太子、李白、白居易、苏轼、王安石、黄庭坚、陆游、朱熹、康有为、胡适、郭沫若等1500余位文坛巨匠登临庐山，留下4000余首诗词歌赋的文化名山。相传李白还曾五次到庐山，在这里写下的诗有15首之多，还留下了被称为诗中极品的《望庐山瀑布》。一个景点背后是一方中国文化呀！

在定好"景点"后，我们便以"景点"为核心，在教材诗篇的基础上，广泛搜集课外经典诗篇，作为"旅行"中的"辅食"，这样教材"主食"与课外"辅食"相辅相成。

（一）美景为线，赏心悦目

滔滔长江水，滚滚黄河浪，奇秀庐山，美丽西湖，这四个景点很美，整体看美，细节看美，不同角度看有不同角度的美，古今中外，文人墨客无不被它们的美所陶醉。在带着同学们"游览"这些景点时，我们紧扣"美"这条主线，带着学生寻美、诵美，从一组组诗词、从不同的角度，多方位地感悟这些景点的美。例如：在进行"跟着古诗词游西湖"这一组诗词教学时，我们围绕着西湖十景：苏堤春晓、断桥残雪、曲院风荷、花港观鱼、柳浪闻莺、雷峰夕照、三潭印月、平湖秋月、双峰插云、南屏晚钟，一景一看（视频、图片），一景一诵（诵读诗词），让美丽的景色与诗词融为一体，赏心悦目。

（二）典故引路，扣人心弦

江山之美，赖之文章。很多景点之美，美在其中的历史，美在其中的故事，带着同学们"穿行"这些景点时，我们更多的是采用板块式教学，充分挖掘这两个"景点"中的典故，利用小学生爱听故事的特点，让故事牵住学生的心，以故事带诗词，借故事了解历史、了解文化。例如：在进行"跟着古诗词游边塞"教学时，我们就从"边塞地理""边塞风俗""边塞诗人""边塞战争"四个板块教学，广泛搜集历史故事，我们讲昌龄与辛渐兄弟情深，江边送别的故事；我们讲喝葡萄酒，弹琵琶的边塞风情；我们讲"白骨乱蓬蒿"的残酷边塞战争……从边塞的地理环境、名胜古迹、风俗习惯、历史风云进行了解与认识，既从地理位置上游览了边塞"十关"，又从文化角度了解了边塞的几经沧桑，无论是视觉欣赏，还是精神洗礼，都给学生留下了深刻的印象，具有深远的教育意义。

（三）多方联结，让景点更立体

苏州，自古繁华，姑苏在历史上是一个诗意的存在。姑苏的这个名字源于一个美丽的传说。相传，在夏代有一位很有名望的谋臣叫胥。胥不仅有才学，而且精通天文地理，因帮助大禹治水有功，深受舜王的敬重，封他为大臣，并把吴地册封给胥。从此，吴中便有了"姑胥"之称。年代久了，"胥"字又不太好认，而在吴语中，"胥""苏"两字相近，于是"姑胥"就渐渐演变成"姑苏"了。古代诗人写苏州，无非两大类。一是感叹苏州的历史，苏州最重要的历史就是西施和吴王的故事，因为这样的红粉悲剧，最适合怀古；二是写姑苏美丽的风光，毕竟苏州是秀美江南的代表。因此，我在带领学生在苏州这个"景点"旅行时，在《枫桥夜泊》（五上）、《题临安邸》（五上）、《四时田园杂兴》（五下）这一组教材"主食"的基础上，再从以下两个角度拓展课外古诗词作为"辅食"：

1. 以西施和吴王的故事作引子，描写苏州的怀古和咏史诗。如《乌栖曲》《江城子·晚日金陵岸草平》《姑苏怀古》《吴越怀古》。

2. 描写苏州秀丽的江南景色。如《忆旧游》《正月三日闲行》《送人游吴》《青玉案·凌波不过横塘路》。

如此一来，就形成以苏州一组古诗为原点，将四面八方的知识进行联结，构成一个学习的"圆"，让学生从诗里到诗外，从地理、历史、古迹、名人等多触角深入了解苏州这座城市。

就这样，学生在老师的引领下，跟着诗词在一个个经典中穿行，难懂的诗词因多变的课堂而变得灵动起来，美丽的景点，美妙的诗词随着课堂浸润到学生的心间。

表1　　　　　　　　　　　教材古诗词整合

景点		旅行"主食"
一山	庐山	《望庐山瀑布》（二上）、《题西林壁》（四上）
一江	长江	《望天门山》（三上）、《早发白帝城》（三上）、《暮江吟》（四上）
一河	黄河	《登鹳雀楼》（二上）、《凉州词》（四上）、《浪淘沙》（六上）
一湖	西湖	《晓出净慈寺送林子方》（二下）、《饮湖上初晴后雨》（三上）、《六月二十七日望湖楼醉书》（六上）
一城	苏州	《枫桥夜泊》（五上）、《题临安邸》（五上）、《四时田园杂兴》（五下）
一塞外	边塞	《出塞词》（四上）、《塞下曲》（四下）、《送元二使安西》（五下）

三　借助活动，连通课外

生活有多广阔，语文世界就有多广阔，语文本就是一门工具性与人文性相统一的学科，学好语文更重要的一点是为了用好语文。我们的诗词与生活联系更加紧密，很多诗篇名作都是在旅行途中和漫游生活中创作出来的，要学好诗词我们必须打通课堂与生活之间的通道，通过多种多样的实践活动，让诗词真正走进学生。

（一）景点"飞花令"

每个景点，历经千年，走过的诗人无数，留下了众多诗篇，课堂的时间是有限的，加之学生的学习有差异，课堂只能是保底工程，如何激励"吃得快"的孩子，再多吃一点儿呢？每个景点的课堂讲授完成以后，我将中国诗词大会中的"飞花令"稍作改变，在班级中开展以景点名称为关键词的"飞花令"活动，两名选手轮流背诵与关键词有关的诗句，直到一方背不出来，则另一方获胜。获胜者直战擂主。这种"飞花令"考验选手对景点与诗词的熟悉程度与诗词的储备量，激励选手在老师教学的基础上，自主收集诗词、整理诗词，选手对诗词的掌握程度有了很大的提升。

（二）诗词导游图

布鲁纳曾说：学习的过程，不是一个知识的"堆积"的过程，而是一个不断构造的过程。课程的学习，应该是学习者在现有的知识经验的背景下，通过对外部信息进行积极主动的选择、加工和处理，进而对原有知识进行重新建构的过程。因此课程结束后，我鼓励孩子画一张诗词导游图，让学生将游历的景点和学习的古诗进行"定点""定位"。这样对原有知识进行了有效的巩固。

（三）选题游学

"选题游学"是让学生借助假期，选择自己感兴趣的地方实地游历，在游中学，在学中游，将古诗与生活相融合，增强实践体验，学会古诗运用；在游中悟，感受祖国山河的壮丽，祖国文化的悠远。在"选题游学"这项实践活动中，学生自己确定地点—设计游程—实地游学—写游记，在这个过程中，学生的综合能力得到了很大的提升。很多家长表示，在我们的"跟着古诗词去旅行"校本课程结束后，同一个地方再游时孩子们的感悟更深刻了。甚至有的学生即使旅行的地点不是我们课程中的景点，学生也能尝试着自己围绕着景点去收集古诗词。例如有个学生今年暑假去了扬州，在去之前他先找了十多首关于扬州的古诗词，然后熟记于心，每到扬州一个景点，他都能结合古诗词帮父母讲解，俨然一个小导游，父母都特别激动。一次旅行、一次成长，记下成长过程，留下最美回忆。

就这样，我们立足于统编版教材，紧扣主潮流，带着孩子们"跟着古诗词去旅行"，让人文历史、名胜古迹融情于景，学习和娱乐两不误，神游祖国大好河山，体验灿烂中华文明，赋予经典作品以新意，不断提升学生对古诗词的热爱，从量变到质变，语文素养的积淀悄然进行。

小学语文阅读教学中古典小说的价值及施教策略

彭 飚

(深圳市宝安区建安小学)

摘 要：古典小说历经千年传承和发展，内容博大精深，是我国优秀传统文化的重要组成部分，其本身所蕴含的文化价值、文学价值不仅能很好地提升学生的文化内涵、语文素养，还能帮助学生塑造健全的人格。但对于小学生有限的认知和理解能力来说，要让古典小说发挥其应有的价值，指导教师需要从小学生的认知特点和语文学习规律两个方面准确拿捏尺度。

关键词：小学语文；阅读教学；古典小说；价值；施教策略

中国古典小说从先秦时期的神话传说中孕育而出，历经两千多年，从"街谈巷语之说"发展成"文学之最上乘"，经过历史洪流大浪淘沙，流传至今的著作大都具有非凡的价值。而从小学五年级开始，不管是以前的人教版教材还是最新的统编版教材都专门编排了一个古典小说阅读的单元。虽然古典小说在小学阶段教材中只是初次涉及，但从其编排意图上看颇有为学生打开古典名著阅读之门之意，古典小说在学生语文学习中的分量和地位亦可见一斑。

一 小学语文阅读教学中古典小说的价值

古典小说是我国经典文学的重要部分，代表了特定历史时期的人文情怀和时代精神,其中蕴含着大量的文化精髓和传统文化精神,对提升学生的文化内涵、语文素养,塑造健全人格都大有裨益。

(一) 提升学生的文化内涵

梁启超在《什么是文化》一书中说:"文化者,人类心能所开积出来之有价值的共业也。易言之,凡人类心能所开创、历代积累起来,有助于正德、利用、厚生之物质的和精神的一切共同的业绩,都叫做文化。"古典小说经过千年传承和发展,孕育了丰厚的民族文化,可以说就是提升学生文化内涵的经典。

在小学高段,学生有了一定的阅读积累,理解力和认知能力都达到了一定的程度,这时为他们打开古典小说阅读之门,正当其时。钱理群先生说:"要读名著,就是因为每一个民族、每一个时代的精神的精华都凝聚于其中,人类最美好的创造都汇集于其中,人类精神文明的成果就是通过各学科名作、经典的阅读而代代相传。"[①] 部编版五年级下册语文教材第二单元选编的四篇课文《草船借箭》《景阳冈》《猴王出世》《红楼春趣》出自"四大名著"。四大名著的文化价值自不必赘述,如果老师能充分引导学生、激发他们的阅读兴趣,为他们打开的就不仅仅是一扇新的阅读之门,更是一扇中华优秀传统文化之门。再比如读《鲁提辖拳打镇关西》一文,学生就会感受到鲁智深路见不平拔刀相助的侠义精神,这是我们历代推崇、赞扬的民族精神;读《红楼梦》可以了解特定历史时期的礼仪制度、衣食住行、社会人伦等方面的内容。

(二) 提升学生语文素养

语文素养是语言积累、思维发展、审美提升、文化理解等多方面的综合体现。古典小说在语言上采用半白话文半文言文的形式,追求简洁、凝练;故事情节大都曲折复杂,很多还具有传奇色彩;另外还有结构安排巧妙、人物形象刻画细腻等,总之古典小说在语言、表现手法、文化传承等方面都拥有着高超的艺术和成就,是提升学生语文素养的经典

[①] 钱理群:《语文教育外谈》,广西师范大学出版社2003年版,第23页。

素材。

儿童的语文学习离不开大量的模仿和借鉴，古典小说正是他们学习的良好范本。精彩、曲折的故事不仅能成为他们课余谈论的有趣话题，还能增长学生的见识，培养他们的想象力，让他们的思维空间不断放大；书中的诗词也能成为学生摘抄本上最常见的内容，潜移默化地实现对中华优秀传统文化的理解和传承；古典小说读多了，文言味道的语言就能出现在学生的作文本上，语言的建构和运用能力不知不觉就得到了提升。

（三）塑造学生健全人格

巴金曾说："我们有一个丰富的文学宝库，那就是多少代作家留下的杰作。它教育文明、鼓励我们，要我们变得更好、更纯洁、更善良，对别人更有用。文学的目的就是要使人变得更好。"[1] 这句话简明扼要地阐明了优秀文学作品的价值。古典小说积累了中国几千年的文明，提倡仁义道德，爱国爱民，这些文化思想对学生潜移默化的作用不容小觑。

10—12岁的学生正处在性格形成期，文学作品中的很多英雄形象、正义化身正是学生崇拜和模仿的对象，这正如很多男孩子小时候看了武侠小说之后就会怀揣着一个侠客梦，希望自己成为一个武艺高强、主持道义的侠士一样。《三国演义》中"过五关斩六将"的关羽，他的勇武、忠义学生就特别喜欢；《水浒传》中打虎英雄武松的勇敢、豪放也让学生津津乐道。

除了各种人物形象会在学生的精神世界里打下烙印外，古典小说还会触发学生对世事、人生的全方位认识和深度思考，可以让他们的认知体系得到进一步丰富和健全。在《警世通言·王安石三难苏学士》一文中，苏轼在王安石面前三次弄巧成拙，暴露出自己的无知。而在平时的学习中学生所了解到的苏轼却是诗、词、散文、绘画、书法无一不精的"全才"，这种"引发冲突"的内容只要得到老师稍微点拨，学生就可以学会多角度地审视和评价一个人。虽然"王安石三难苏学士"只是小说

---

[1] 钱理群：《我们为什么要读经典》，《基础教育月刊》2006年第12期。

里的情节，与真实的情况有出入，但也不妨碍将其用作训练的素材，让学生学会在"冲突"中思考，明辨是非，形成正确的价值观和人生观。

古典小说的价值当然远不止以上三点，还有诸如培养学生审美情趣、提升学生的表达能力等，但笔者认为以上三个方面最为重要，故其他在此不多言。

二 小学阅读教学中古典小说的施教策略

古典小说是中国传统文化经典，从上古时代到明清时期，记载着每段历史最精彩的故事，吸收着每个时期最精华的成果，其中所蕴含的知识不可谓不博大，包含的思想、文化不可谓不精深，是小学生学习语文不可或缺的优良读物。但如此包罗万象、博大精深的知识宝库对于小学生来说，我们该如何拿捏教学的尺度呢？

（一）符合小学生认知规律，趣字当头

小学生的注意力不稳定、不持久，且常与兴趣密切相关。孔子也说"知之者不如好之者，好之者不如乐之者"，兴趣始终是最好的老师。古典小说对于小学生来说最大的困难是小说的语言，文言文、白话文在小学阶段接触甚少，再加上他们的认知和理解能力有限，读起来有一定的难度。根据笔者的调查，在一个自然班级，平均约有18%的学生会因为语言难而丧失对古典小说的兴趣，但也有将近66%的学生认为"虽然语言有点难但能大概读懂"，这66%的学生让我们看到了指导学生阅读古典小说的可行性，这18%的学生则需要我们老师来给予他们一定的学习动力。

1. 激发学生的好奇心，由课内向课外延伸

叶圣陶先生曾说："教材，无非是个例子。"课文的主要功用是培养学生学习能力和激发学习兴趣，它本身所具有的营养非常有限，真正能让学生语文素养得以大幅提升的则是课外浩瀚的知识海洋。统编版语文五年级下册教材第二单元的四篇文章是从"四大名著"中各选一篇，这种编排的目的就是想借这几篇课文来引发学生对原著的阅读兴趣，以一

个单元的教学内容为引线点燃学生读中国古典小说"四大名著"的热情。笔者以前在执教《临死前的严监生》一文时，通过指导学习让学生深刻体会到了严监生的吝啬，但最后我告诉学生：在原著中严监生为了摆平胞兄的官司花了两千钱；严监生为了给妻子王氏治病，"每日四五个医生用药，都是人参、附子"，从不吝惜。学生马上对严监生到底是一个怎样的人产生了浓厚的兴趣，借此我就顺势推荐了《儒林外史》，组织全班开始阅读。儿童的好奇心特别强，只要老师给一点儿火星，学生心中就会燃起一团火苗，那么把课外延伸阅读开展起来也就非常容易了。

2. 开展形式多样的阅读分享活动，激发学生的持续性阅读兴趣

古典小说一般都是大部头，章节多内容长，情节复杂，很多学生会因为"难啃"而半途而废，这时就需要老师从两方面出手相助。首先，要帮助学生制订一个保底的"强制性"阅读计划，比如每天读一章或每天读15页。任何习惯的养成一开始都需要一点"强制措施"，这样才能保证阅读活动进入预定轨道。其次，需要凭借老师的智慧，在班上开展丰富多彩的阅读分享活动。如果简单机械地执行阅读计划，再加上语言有点"难啃"，那么想要学生始终保持阅读兴趣是比较难的。当学生学有所获并能在别人面前展示，特别是能受到赞扬和肯定时，他们内心的成就感能让他们获得源源不断的动力，让他们持续地保持阅读兴趣。笔者在指导五年级学生阅读《三国演义》时前后持续了两个多月时间，其间有十多位同学跟不上阅读进度，还有将近十名同学"偷工减料"只读每一回的开头和结尾，眼看阅读活动越来越"不得人心"，我决定增加分享课的频率，丰富分享的形式，最后收到了良好的效果。首先把分享活动从两周一次调整为一周一次，还在小组故事会的基础上增设了创作连环画、人物画报及争议话题辩论会、精彩段落朗诵会等，每次活动还让学生投票打分，为优胜者颁发奖状和奖品。特别是私下鼓励和帮助那些跟不上进度和有所懈怠的学生，专门给他们机会在活动课上展示自己，他们的积极性马上就重拾了回来。学生喜欢活动，也喜欢在活动中展示自己，只要老师有办法，就不怕学生的兴趣不能持续。

（二）符合语文学习规律，注重积累和运用

著名特级教师于永正说："语文就是教学生识字、写字、读书、背诵、表达（包括口头表达和书面表达）。"[①] "12 岁以前的语文要'重积累'，读和背最重要。"[②] 儿童阶段是人一生记忆力最强的时间段，正是积累语言的黄金期，此时阅读古典小说，只要有意加强积累，书中很多精华都会深深地印在学生脑海里。根据笔者多年指导阅读的经验，最有效的方法是根据阅读进度制订符合语文学习规律的学习单（见表1）。学习单可以包含以下部分：

表 1　　　　　　　　　　阅读指导学习单

《警世通言·俞伯牙摔琴谢知音》学习单
一　摘抄 1. 文中有一处写伯牙"览胜探奇"，游览江山，心情大好的句子，请找出并摘录。 2. 文中描写樵夫子期和其父外貌的句子很精彩，请找出来并摘录。 3. 文中有很多描写友情的诗词，请摘录下来。 二　诵读 文中子期和伯牙江边道别一段甚是感人，请你细细品读两遍。 三　思考 1. "导读"中有一句话说"他们友情超越门第、生死，至死不渝"。其实，在两人初次见面时伯牙待子期并不太友好，子期是怎么就逐渐获得了伯牙的信任和赞许，并最终两人在船舱"顶礼八拜"了？请你概括地谈一谈他们见面后子期所说的话和所做的事。 2. 有人说伯牙在子期死后"破琴绝弦，终身不复鼓琴"完全没有必要做得这么极端，你怎么看？ 四　延伸阅读 开头第一段中说："古来论交情至厚莫如管鲍"，请你找出管夷吾和鲍叔牙的故事读一读。

1. 摘抄精彩句段

摘抄就是要学生去发现和积累。很多古典小说每章的开头都有优美且含义深刻的诗词，小说对人物的描写也往往语言凝练，生动传神，只要学生带着一双发现的眼睛，则能摘抄的素材非常丰富。这些摘抄的内容再利用早读课让学生进行朗读和记忆，就会逐渐沉淀在学生的语言储备之中。

---

① 于永正：《我的教育故事》，上海教育出版社 2018 年版，第 127 页。
② 同上书，第 150 页。

2. 朗读精彩片段

江西师范大学余应元教授说："朗读法是教语文的根本大法。"[①] 朗读融语言的吸纳与表达于一体，既是内化语言的途径，也是训练表达的有效手段，同时，朗读还是培养语感的最好方法。古典小说中有太多精彩故事情节和精练的表达值得挑出来让学生朗读，而且重点文段的朗读还可以加深学生对全文的理解。在教授《伯牙鼓琴》一文时，有学生提出伯牙在子期死后没有必要极端地"破琴绝弦，终身不复鼓琴"。我当时就让学生朗读了《警世通言·俞伯牙摔琴谢知音》中子期和伯牙江边道别的一段，伯牙对子期的情谊在学生的朗读声中自然地流露了出来，学生的疑问也就不讲自明了。

3. 提炼开放性话题

"语文是一门学习语言文字运用的综合性、实践性课程"，"思维的发展和提升"是语文的核心素养。我们对学生的阅读要求不能仅停留在机械式输入层面，还要注重激发学生思考，提升他们的思维水平。《警世通言·吕大郎还金完骨肉》卷的最后说"今日夫妻重会，一家骨肉团圆，皆天使之然也"。吕玉好运连连，真的是靠天意吗？此问题一提出，学生马上各抒己见，思维的火花由此呈现。再比如，古典小说的很多内容是在特定历史环境下创作的，与当今社会看待事物的观念不太一致，这些就是很好的训练学生思维的素材，老师只要稍加点拨，就会激发出学生的辩证思考。

4. 鼓励延伸阅读

阅读的目的是丰富知识、培养学习能力。老师在指导学生阅读的过程中，遇到值得进一步探究的知识点，要积极鼓励学生去查找资料，一探究竟。古典小说中往往会提到一些名人或历史事件，在指导学生阅读的过程中可以让学生去了解相关名人或历史事件，以丰富学生的见识。

总之，从小学生的认知特点出发，从语文的学习规律出发，扎扎实

[①] 于永正：《我的教育故事》，上海教育出版社2018年版，第104页。

实地积累和练习,就能很好地实现古典小说自身的价值,提升学生的语文素养。

　　古典小说是一座知识宝库,但它的内容毕竟带着时代烙印,其中有些封建礼教观念在现代社会已经被世人抛弃,有些内容也不适合儿童阅读,需要老师加以筛选和引导,弃其糟粕,取其精华,让学生接受优秀的传统文化熏陶。

追寻一首词的前世今生
——《渔歌子》文本解读

李海蓉

（广东省深圳市宝安区罗租小学）

摘　要：《渔歌子·西塞山前白鹭飞》是唐诗中的上乘之作，清新的诗风，隽永的画卷，洒脱的风骨，传诵至今。以此诗为例，对于小学高年级的古诗词教学，应该关注古诗所描绘的画面美，走近作者探寻其写作背景，尝试感受诗中意境，走近逝去的时代，追寻文化的根源。

关键词：古诗词教学；画面美；写作背景；意境；文化根源

《渔歌子·西塞山前白鹭飞》是唐代诗人张志和大约于公元772年所作。当时颜真卿任湖州刺史，张志和驾舟往谒，正值暮春时节，桃花盛开，春水东流，鳜鱼肥美，他们即兴唱和，张志和首唱，作词五首，这首词是其中之一。此词吟成后，不仅唱和者甚众，还远播海外，如东邻日本的嵯峨天皇及其臣僚的《渔歌子》唱和之作，都是以此词为蓝本创作而成。清代刘熙载在《艺概》中评论道："张志和《渔歌子》'西塞山前白鹭飞'一阕，风流千古。"这些唱和之作、诗歌评论以及流传至今的事实，都印证了这首词的独特艺术魅力。本词入选人教版小学语文第十册第六单元田园生活主题单元，关于这首词，笔者对其及古诗词教学有以下几点思考。

一 走近一首古诗，还原写境的艺术表现

"渔歌子"是词牌名，又名"渔父""渔父乐""渔父词"等，起先是唐教坊曲，后用作词调。张志和以此调所撰的五首词，对后世影响深远。其中，《渔歌子·西塞山前白鹭飞》流传甚广。作者通过描绘湖州西塞山的暮春之景，表达了自己寄情山水，享受无忧无虑、自由自在隐居生活的人生姿态。全词二十七个字，除"不须归"三字，其他字句均写景。每读，脑海即有画面感。教学时可出示：朱景玄在《唐朝名画记》中评价张志和"人物、舟船、鸟兽、烟波、风月"都可以画得很好。董其昌在《画旨》中云："昔人以逸品置神品至上，历代唯张志和可无愧色。"两则史料，巧妙地引导学生关注张志和"画家"这一身份，同时引导画家笔下的诗就是一幅用文字描绘的山水画，引导学生读想画面，要读得历历在目，通过读出音韵、读出画面来品味由语言文字构成的绝妙山水画。张志和应颜真卿之邀，前往湖州拜谒，看到眼前之景，便抒胸中之意，作者极富写景状物之才，"能与花鸟共忧乐"，运用现实主义的表现手法将9处景物连字成句、连景成诗。进而拓展李白的《山中问答》："问余何意栖碧山，笑而不答心自闲。桃花流水窅然去，别有天地非人间。"学生通过前面读出音韵、读出画面的引导，现在又由此及彼地对比阅读，引导学生感悟"桃花流水"的美景就是世外桃源、人间仙境。因此，古诗词教学的一条重要渠道，应是引导学生读出古诗词中的画面，尽可能还原作者眼中的情景，尝试凭借诗歌这一媒介，穿越时空，回到那些诗人所见的景物之前、所在的时空之中，尝试体验诗人创作时灵光乍现的瞬间。或许这样，古诗词离孩子们就不会太遥远。

二 走近一位诗人，探寻独特的生命个体

每一位诗人都是一个独特的生命个体，他们的诗作是他们独特的生命体验。单纯去读一首诗，是无法洞悉其中细腻的情感、微妙的情愫以及写境与造境的绝妙的。因此，在学诗词时，教师应当引导学生了解诗

人的生平，了解诗人的境遇。张志和是大才子，三岁就能读书，六岁做文章，过目成诵，十六岁就考中科举开始做官，是书法家、画家、诗人，通音律，还非常善于表演。他还当过大将军，享正三品待遇，皇帝亲自给他改名"志和"。学生了解了诗人，进而对他的诗作充满了期待。的确，张志和少年得志，可谓顺风顺水。但《渔歌子》的创作却是在张志和失去亲人，宦海沉浮归隐江湖之时。据《唐书·张志和传》载："志和居江湖，自称烟波钓徒，每垂钓不投饵，志不在鱼也。宪宗图真，求其人不能致。尝撰《渔歌》，即此词也。单调体，实始于此。"这段文字告诉我们《渔歌子》创作的背景，有助于我们走近作者，探寻诗人作为独特个体的精神世界。志和垂钓不设饵，似太公钓鱼，愿者上钩。太公志不在钓，而在谋求出世；志和亦志不在钓，却是享受归隐。作者作为生命个体独特的经历、遭遇、阅历，造就了诗人在诗歌的世界中，个人话语的体系里，独特的感受，才有了写境之后"不须归"旷达超然的点睛之笔、艺术展现与人生表达。

三　走近一种意境，感悟人生的丰盈姿态

《渔歌子》词中有画，画中有词。张志和在拜谒颜真卿时，分别歌咏了渔父在西塞、钓台、雪溪、松江、青草湖的渔钓生活。在引导学生体会诗人享受怡然自得的归隐生活而"不须归"的心境后，适时引出其余四首渔父词，引出一组词，引出一组艺术创作，让学生窥见诗人的那一片渔隐的湖水，那一方心灵的庇护所，那一种隐士的快乐。即便哥哥张松龄写《和答弟志和渔父歌》、建草堂、植青松劝弟弟志和回家，诗人也依然纵情山水，小隐于野，沉醉于无我之境中，才有了"不须归""不曾忧""不叹穷""不觉寒""不用仙"的非凡意境与人生境界。"诗人对宇宙人生，入乎其内，故有生气；出乎其外，固有高致。"以"有我之境，以我观物，故物皆著我之色彩"。诗人虽少年成名，早年仕途顺遂，但因遇政治风波，又遭逢母妻离世，人生无常，遂归隐山水，但仍以乐观向上、积极进取的人生态度创作诗词、体悟人生。"一

切景语皆情语"，诗人所见眼中之景、心中之情都化作一首又一首脍炙人口的诗作。词中的"惬意的风景图卷"代表了诗人的隐居生活，诗人即渔父，头戴青箬笠，身披绿蓑衣，手持竹竿，脚踏芒鞋，在桃红柳绿的映衬下，在斜风细雨的吹拂下，自然乐而忘返。因此，诗人的生命是有厚度的，有温情的，有温度的，自然充满丰盈与张力，流泻于诗人笔端的自然是绝世佳作。

四　走近一个时代，体认历史的多彩绚烂

张志和是唐代诗人群体中不可多得的全才，多才多艺，许多门类颇有建树，例如他潜心撰写道学著作《玄真子》，后人称之为"著作玄妙，为神仙中人"。这也反映出一个时代的风貌。唐朝时道教为国教，许多诗人如孟浩然、李白也深受影响。反观之，崇尚道教的，受时代风气影响的张志和，具有一种仙风道骨的气质，诗作也更显潇洒不羁，乐观旷达。课堂中，老师可将诗人的多个面展现给学生。张志和自《渔父》成，因境高韵远，艺术魅力深厚，因此广为传诵，亦有传入日本，嵯峨天皇也曾拟《渔歌子》创作了《杂言渔歌》。更有吕岩赋有《渔父》词十八首，其句式格律全依张志和《渔父》。此后的李煜、苏轼、黄庭坚都有作渔父词，可见对后世的词人影响之大。一首词，描绘出清新脱俗的风景剪影，更让我们看到历史的源流；一位诗人，勾勒出时代的风貌，更让我们烛照诗人内心世界的丰盈。因此古诗词教学，不是因循守旧地理解诗意，应该还原诗的本真，探寻源头，引导想象，体会意境，追求其本来的模样。

古代诗词，或恢宏，或婉转，或高亢，或沉郁，在今人的低吟浅唱中，我们诵诗经，读楚辞，吟呦呦鹿鸣，食野之蘋；我们歌李白，咏志和，诵对酒当歌，人生几何……我们在诗词中寻找当时的明月，觉知"今人不见古时月，今月曾经照古人"，但我们终将锲而不舍地追寻那一首首古诗词的前世今生，追寻、追寻……

基于"还原"特征的古诗词教学实践初探
——以《渔歌子》为例

曾定辉

（深圳市宝安区下十围小学）

摘　要：古诗词在中国文学史上有清晰的脉络，作品具有独特的音韵美与意象表达，展现作者的精神内核，反映作者所处时代的历史风貌。在小学阶段古诗词的教学实践中，有必要在学生内心建构诗词所呈现的意象及作者的情感表达。本文总结可行的"还原"策略有五点：一是还原文学、文化发展脉络；二是还原音韵之美；三是还原意象表达；四是还原作者生平情感；五是还原时代背景。

关键词：古诗词教学；还原；策略

古诗词的"语象"都是有源头的，从汉文化源头而来，从诗人内心而来，从诗人生活而来，从诗人所处的时代而来。所谓"还原"，是指通过教学的形式，把诗词的文本本身所带的音韵美感、意象内涵、文化意味再现在学生心中，并且透过文字挖掘作者的创作背景，进而还原作者作为"人"的存在的理解，探求作者内心精神状态的理解，继而结合诗人所在的时代大背景对作者潜在的影响的理解。

一　"还原"概念释义

用"还原"的方式进行古诗词教学，纯粹是为了引起学生对古诗词的兴趣，属于在现场教学过程中灵感突现的不自觉状态，这种状态出现在一次教《题西林壁》的过程中。

如果按"百度"介绍作者："苏轼（1037年1月8日—1101年8月24日），字子瞻，号东坡居士，世称苏东坡，汉族，眉州眉山人，北宋文学家、书法家、画家……"这样的教学，可能在学生心中只能记住一个人名，教学效果不佳。

如果用一种口语化的引导，用学生可以理解的方式进行教学，就可以进入学生内心：

师：说到唐朝，一定会想到唐诗，说到唐诗，一定会想到谁？

生：李白、杜甫、白居易……

师：说到宋朝，一定会想到宋词，说到宋词一定也会想到一个人，是谁？

生：……

师：那就是苏轼，他是曾老师最佩服的一个诗人，想知道为什么吗？想了解他吗？

师：他是宋朝最伟大的词人之一，唐朝和宋朝加起来有八个人写的散文最好，被称为"唐宋八大家"，单他们家就占了三个，厉害吧？

他是画家、书法家，他写的字被称为"苏体"；他还是美食家，发明了杭州一道名菜——东坡肉，吃过吗？厉害吧？

他做官所到之处，为老百姓谋福祉，杭州西湖上到现在还有叫"苏堤"的堤坝，是"西湖十景"之一呢。

对比以上两种教学，第二种更能激发学生的学习兴趣，给学生留下深刻的印象，是更有效的教学。以一种灵活的、用学生听得懂的方式，口语化、互动式地介绍作者，出于"好玩"，"有利于激发学生兴趣"的单纯目的，是基于教学经验的行动自觉，并没有从古诗文教学策略层面、文化传承的大视野下去思考。

与"还原"相印证的是诸多著名专家的讲座及论述中所体现的这一思想。康震老师讲"床前明月光"的"床"为什么选"井栏"而不是马扎或其他意思？引领学生追根溯源：有井，意味着在庭院里，意味着家，如此也才能进入诗人为什么"思乡"的精神世界。康教授的书《李白》《李清照》，及百家讲坛《康震讲唐宋八大家》等都强调了解诗人的人生才能更好地理解诗本身，读懂诗，更要读懂人。诗人是活着的，才有诗；反过来读诗要读到活生生的人，才是真读诗。所谓知人论世，"还原"特征的古诗词教学就是在孩子心中建构诗词本来蕴含着的音韵美、意象重构，了解诗人的人生经历，进而共情诗人的情感表达，从时代环境中加以辨析。这种教学实践就是要给孩子种下人文的种子，打下"人性"的基本底色。

二 "还原"特征古诗词教学的实践意义

认识中华文化的丰厚博大，汲取民族文化智慧。西方是以自然科学为基础的文化，而中国文化的教育目的是传道。在中国，老师，特别是语文老师肩负着"传道授业"的使命。语文老师的担当是对人的影响。"还原"教学的意义在于以下三点。

1. 文化的认同。通过梳理文化的脉络，让孩子们浸润中华优秀文化，让文化的血液流进孩子们心中，从心理上认同、热爱这一文化。让孩子们或多或少地感知，自己是从哪里来的，要到哪里去。

2. 语言的学习。流传千年的中国古诗词是汉语言的精华，是古汉语重要的呈现形式。吸收、内化优美的语言，用中国的方式表达中国人的思想，实现语文课程语言学习目标。

3. 塑造健康完满的精神的"人"的存在。这是语文教学的人文目标，意在培训学生对美好情感的感悟与共情。诗的背后有人的存在，要在课中还原诗人的精神世界，从历史的角度去解读作者、理解作者，塑造"完全而复杂的人"，并在这一过程中影响学生形成正确的世界观、人生观。

三 "还原"特征的古诗词教学策略

如何"还原",是本文探索的核心问题,现从以下五个方面来阐述。

(一)摸文学、文化发展之脉

1. 词的发展线:《渔歌子》是唐词的典型代表,是宋词的最初雏形缩影,影响后世文人词的创作,后世苏东坡、黄庭坚也推崇备至。这是文学之脉。因此,在学生充分学习了词、了解了作者的生平及精神世界后,这样结课:好个张志和!好个《渔歌子》!同学们真正读透了这首词,知道吗?这首词开创了唐朝词的先河,被誉为词的祖宗,连大词人苏东坡都推崇,甘拜下风地说道:"玄真子《渔父》云……此语妙绝恨莫能歌者。[①]"为了弥补这种"恨",还写了一首《浣溪沙》,崇敬之情不言而喻。由此学生对词的发展,对《渔歌子》的文学地位有了初步的认识,以后再读这首词的时候就会比单纯理解词的意思有了不一样的高度和体验。

2. 姓名文化的暗线:课程开始,先跟学生聊一些关于自己的名字与父母的期望的话题,让学生关注取名这一文化现象,有意识地为在后面的课中引导学生关注作者的名字做铺垫。第一次是作者原名叫张龟龄,皇帝为其改名张志和,明了其才,及皇帝对他的重视。第二次认识张志和又叫"烟波钓徒",明了其志向。第三次出现作者名字,并联系他两个兄弟的名字"张松龄、张鹤龄"猜度"松""鹤",联想"松鹤延年",再顺势而导探知作者道教的渊源,张志和又号"玄真子",知其道学方面的长处与高度。课的设计从中国独特的姓名文化去贯穿,使学生不断加深对作者精神世界的理解。

3. 渔翁文学意象的明线:中国文学的长河中,向来不乏渔翁的意象,从"姜太公钓鱼"开始,到屈原的《渔父》,再到张志和的《渔歌子》、

[①] 出自苏轼词《浣溪沙·西塞山边白鹭飞》前序。

柳宗元的《江雪》，大量渔夫题材的诗文意象是隐逸题材的代表。因此在课的设计上也体现了这一点，从姜太公开始，到对《渔歌子》的深入理解，渔夫题材的中国画，再到对《江雪》的对比阅读。

（二）竭尽所能还原音韵之美

古诗词的音韵美是古诗词教学不可回避的重要内容，因为诗歌从源头开始就是且歌且唱的，再发展到平仄、押韵。如何"还原"并让学生感知到音韵美？一是尽可能地利用古诗词平仄规律吟诵还原诗词的韵味。二是在古诗教学中，配上适合的曲调，让学生随着音乐吟诵诗词，不仅可以增加学生学习古诗的情趣，还可以帮助学生理解古诗中特有的韵味和情感。

（三）整体而有重点地解读符号化的意象表达

在《渔歌子》这首词里，写景的部分可以说都是一个意象。"西塞山、白鹭、桃花、流水、鳜鱼、箬笠、蓑衣、斜风细雨"，这首词所描绘的意象如果换成任何别的都会觉得不合适。

比如，有教师上课是这样引导学生感受"白鹭"这一意象的："还有同学问：为什么是白鹭飞？难道燕子不飞吗？麻雀不飞吗？"补充动画展示：白鹭飞翔。"这白鹭给你什么感觉？（高雅、纯洁、悠闲、舒适、舒展、自由……）原来，作者写'白鹭飞'，是要告诉我们——他就如这白鹭，是如此的悠闲自得。"这样对比，学生就能感受到"白鹭"这一意象的文化表达。同样，对于"斜风细雨"，也可以问："如果不是斜风细雨，换成狂风暴雨行不行？"但是，我认为这样单一的意象解读比单纯地说意思进了一步，但仍然是割裂的、不完整的，是"断气"的，是破坏整合美感的。

所以我在感受意境这一环节中选择整体想象的方式：

> 师：连明代大画家董其昌都说他的画是"神品"，可见一斑，可惜他没有绘画作品传世。有人给张志和的词与王维类似的评价"词中有画、画中有词"，你赞同吗？老师认为这首词就是用文字描述的

一幅《春日垂钓图》，我们再读一读，"历历在目"地读！（板书：历历在目）什么叫"历历在目"地读呢？

生：读着读着，就好像亲眼看到了一样！

师：读了那么多遍了，你看到了什么，能一口气一个不落地数出来吗？

生：1白鹭，2西塞山，3桃花，4流水，5鳜鱼，6箬笠，7蓑衣，8斜风，9细雨。

师：你看，短短27个字的一首词，诗人就给我们描绘了那么多景象！完全就是一幅画啊！让我们一起来享受这样的画面。请闭上眼睛，想象，跟老师一起走进去。

师配乐范读，连播音乐。引导：你一定会看到西塞山，它有着怎样的颜色？它有多高？白鹭飞翔的姿态你看到了吗？白鹭的声音你听到了吗？桃花的颜色又是怎样的？它开得有多热闹？也许，还有些桃花随着风儿在舞蹈呢！流水的声音你听到了吗？水底的鳜鱼，你看到了吗？还有那坐在船头的渔翁！还有斜风，还有细雨！

师：我相信你一定看到了！慢慢地睁开眼睛，来，把你刚才看到的最美的景象，或者听到的最美的声音告诉大家。

以上教学以画面去统领，引导学生想象，感受词的文字所表达的整体的"气场"，而不割裂地去分析一个个词语，让学生感受整体的画面美感。但这样仍然是不够的，还需有重点地把握能牵引整首词的情感基调的个别意象，在这首词的教学中，我重点把"桃花流水"作为写景部分的精华去处理。"桃花流水"本来就是一个整体，而不是分开来"桃花""流水"，来自《桃花源记》的典故，也可理解为"桃花水"，意为桃花盛开的季节，春水涨潮的时候，花瓣飘落、随水流动的景象。而进一步引出李白的《山中问答》，通过以诗解诗的策略去解构"桃花流水"的意象表达。

师：这样"桃花流水"的美景，李白也曾写过，请读：李白的《山中问答》。

生读："问余何意栖碧山，笑而不答心自闲。桃花流水窅然去，别有天地非人间。"

师：别有天地非人间，那不是人间啊，那是什么样的美景呀？

生：——世外桃源呀！

师：请你写在黑板上。

生：还是人间仙境！（板书：景：人间仙境、世外桃源）

"桃花流水"就是写景部分的"眼"，是"魂"，必须点出来。在拓展学习的同时，又升华了学生对整体意象的景的认识，而自然地生成"世外桃源""人间仙境"的感知，进而为下一步的教学作了较好的铺垫。

（四）"知认论世"，明了诗人志趣表达

所谓"诗言志"，解读的时候，需抓住关键词即"诗眼"去读懂诗人的情感表达，是读好诗词的良好途径。《渔歌子》中"不须归"是词眼，就是诗人的情感的集中表达。因此，探求"不须归"的原因，进而剖析诗人"乐山好水""归遇之趣""求仙问道"的追求并对其进行层层解读是课的重中之重。

教学中从三个层次去还原学生心中"活"的诗人：第一次"活"：引出作者的哥哥张松龄的《和答弟志和渔父歌》，让学生读起来就好像哥哥和弟弟在对话，读出生活的真实；第二次"活"：引出作者的生平境遇，从而引出陪伴作者的两个侍者的名字——"渔童、樵青"，自号"烟波钓徒"，去认识作者的志趣；第三次"活"：拓展另外四首《渔父》，点出"长江白浪不曾忧""笑著荷衣不叹穷""醉宿渔舟不觉寒""乐在风波不用仙"的人生志趣。

这样去认识人的存在，认识"活着"的作者，就不单纯是在教词，而是开始引导学生透过词去感知词背后的人、背后的生活。经导师指导后，李教授指出，还可以再进一步，聚焦到"不须归""不曾忧""不叹穷""不觉寒""不用仙"这五个否定词，读出作者对俗世、对官场的拒绝态度之坚决。思之，确有道理。

（五）扩展诗人所在时代的大视野

所谓知人论世，知道诗人的志趣还不够，还要再进一步追问：为什么张志和会有这种出世的心态？这仅仅是个人志趣，还是跟家世、跟时代有关？也许我想得过深过多，但又不能不去想，不能不去思考。在那个大唐盛世，人才辈出、道学盛行的时代，李白、白居易等不也是受道教影响吗？通过文献资料以及适度的猜测，以尽量还原诗人所处环境对他所产生的影响。

四 "还原"特征的古诗词教学的适应性与局限性

"还原"特征的古诗词教学的主张对于知名作者与经典作品可以通过不断"还原"的方式在教学过程中实现上述的教学目的，有其现实的意义和可操作性，也存在一定的局限性。其一，出现在小学教材中的某些作品并不能做过多解读，如《迢迢牵牛星》，作者不知其我，但内涵丰富，读起来朗朗上口，适合小学生语言积累，但不适合做过多解读；其二，基于小学生的认知水平与生活阅历的局限并不是诗词中所有内涵都能理解到位，同时也与课标要求不相符，因此教学中需把握一定的"度"，避免掉进"无限解读，无度拓展"的泥潭而舍本逐末，忘记语言学习的根本。

小学高段古诗体验式教学策略探析

陈玉姣

[深圳市宝安中学（集团）第二外国语学校]

摘 要：体验来源于实践，是个体参与实践获得的经验和感受。它从个体出发，依靠个体的自主体验。"体验式古诗教学"从学生的认知特点出发，通过创设各种古诗体验场景和体验活动让学生在充分"亲历"中理解感悟。主要从以下方面展开教学：一是花样吟唱，感受诗韵；二是画面再现，还原诗境；三是情境表演，融入诗境；四是以文解文，领悟诗情；五是多元评价，续写诗情。

关键词：小学高段；古诗；体验式教学；教学策略

一 体验式古诗教学的定义

1984年美国的大卫·库伯在《体验学习：让体验成为学习发展的源泉》一书中提出了体验式学习理论，他认为体验学习是一个体验循环的过程：具体的体验—对体验的反思—形成抽象的概念—行动实验—具体的体验。学习者主动地参与学习体验，并及时地总结、反思，形成抽象概念或观点，然后又将这些观点和概念指导新的行动，开始新的体验活动[①]。

结合文献综述，笔者认为：体验式古诗教学就是根据学生的兴趣和特点，依据一定的教学目标，创设各种古诗体验情境和实践活动，

---

① 汪小燕：《体验式教学法在小学语文教学中的应用》，硕士学位论文，福建师范大学，2015年。

引导学生身临其境地感受古诗画面和意境,并通过想象、揣摩、移情等方式努力获得作者创作时的真实感受,最后将其内化形成自己的理解和认识。

二 古诗体验式教学的动因

(一) 理论推动

1. 源于建构主义理论

建构主义理论最早是由儿童心理学家、认知心理学家皮亚杰提出的。它以学生为中心,强调学习环境的四要素——情境、协作、会话、意义的建构,认为学习不是教师传递知识、学生被动接受的过程,而是学生以已有经验为基础,通过与外部世界的相互交流、相互作用主动获得知识、建构意义的过程。[①] 皮亚杰还将儿童的思维发展分为四个阶段,小学五、六年级学生在皮亚杰的儿童认知理论中处于具体运算阶段与形式运算阶段之间,也就是具体形象思维到抽象逻辑思维的过渡阶段。[②] 由此可见,小学高年级学生在学习过程中仍然需要具体的形象作为支撑。凝练深邃的古诗与学生生活有一定的距离,不容易被学生理解和吸收。如果教师根据教学内容借助多媒体创设不同的古诗场景,将深邃难懂的古诗变成一个个具体的音符,一幅幅生动的图画,一段段可感可知的视频,让学生身临其境地体验,学生仿佛穿越时空,沉醉在诗人的遭遇中,与教师平等对话,与同伴互相启发,与诗人相知相遇,对古诗的理解也将悄无声息地内化于心了。综上所述,建构主义理论中蕴含着丰富的体验式教学思想。

2. 基于课程标准的要求

2011 年版的《义务教育语文课程标准》对五、六年级学生的古诗教

---

① 何克抗:《建构主义——革新传统教学的理论基础》,转引自钟浩祺《小学低年级古诗支架式教学探论——以沪教版教材为例》,硕士学位论文,华东师范大学,2017 年。

② 皮连生:《教育心理学》,转引自钟浩祺《小学低年级古诗支架式教学探论——以沪教版教材为例》,硕士学位论文,华东师范大学,2017 年。

学提出了具体要求:"对优秀诗文进行诵读,并注意韵律化及语调,并由此对诗词的情感以及内容加以体会。"[①] 由此可以看出,小学高段古诗教学不仅要注重对字词的理解、诗文的翻译,更应该强调在多元诵读中,体会古诗的意境和诗人的情感。新课标的要求对体验式古诗的教学起到了强有力的助推作用。

(二) 教与学现状分析

为了摸清目前高年级古诗教与学的现状,笔者通过问卷的形式对高年级400余名学生进行了抽样调查。调查发现,学生比较喜欢古诗,但他们学习古诗的态度比较被动,大部分学生是在老师和家长的逼迫下学习;学习的方式也比较机械,大都是洗耳恭听、奋笔疾书,笔记做得满满当当,缺乏亲身体验和积极主动的思考,对古诗的理解停留在表面,对诗人的情感难以体会。可见,这样的学习效果也不容乐观,需要老师和家长反复地抓背诵、抓默写,考试时背诵和默写类的基础题才能不丢分。但赏析和理解类的题目失分率仍然比较高,在实际生活中,积累的古诗也很少会运用。

教师是教学活动的引导者,学生的学习状况与老师的教学方式息息相关。凝练难懂的古诗要引起学生的共鸣具有一定难度,为了高效地完成教学任务,老师基本是从介绍作者和时代背景入手,再解释重点字词的意思,然后逐句翻译,最后总结古诗的思想感情和写作特色。可见,整个教学过程是围绕基础知识而展开的,然而却忽视了情境创设和意境感悟,忽视了学生的主观感受。总之,考试怎么考,老师怎么教,无论哪种题材的古诗都是按照既定的环节进行的。

三 体验式古诗教学的特点

(一) 亲历性

只有亲身经历,才能走进诗人的内心,感受诗人的情感,体会古诗的魅力。亲历性是指教师创设特定的古诗情境,引导学生在亲身经历中,

---

[①] 中华人民共和国教育部制定:《义务教育语文课程标准》(2011年版),北京师范大学出版社2012年版,第13页。

借助自己已有的知识经验,通过想象、移情等方式感悟诗人的情感与经历,体会古诗的情感和意蕴。体验式古诗教学不仅仅只局限在课堂中创设情境,也注重在课后创设古诗体验的场景,引导学生在生活中感受古诗、学习古诗。

(二) 灵活性

灵活性是指体验式古诗教学方法不局限于一种教学模式,它要求教师根据学生的兴趣爱好和不同题材古诗的需求,通过图片、视频、音乐、绘画、表演、文本等方式创设不同的教学情境,运用不同的教学方法,引导学生主动积极地参与古诗教学。

(三) 过程性

一般古诗教学重视学习的结果,忽视学习的过程,教师常常只关注学生是否会默写古诗,是否会翻译诗文,古诗常识是否记牢。而体验式古诗教学重视学生的体验及感悟。学生通过教师创设的古诗情境和实践活动,不断地体验、揣摩、感悟、内化,进而提高自己的认识,并在与其他同伴的交流学习中,碰撞出新的思维火花,最后深化自己的理解和感悟。

总之,体验式古诗教学尊重学生认知特点,从学生的主观体验出发,通过多种教学方式引导学生感悟古诗的情感和意境。

四 体验式古诗教学的有效策略

(一) 花样吟唱,感受诗韵

《毛诗序》曰:"诗者,志之所之也。在心为志,发言为诗。情动于中而形于言,言之不足故嗟叹之,嗟叹之不足故咏歌之。咏歌之不足,不知手之舞之,足之蹈之也。"从古至今,"诗""歌"本是一家,诗美而歌,歌妙亦诗。古往今来,"唱"也是最能打动人心的形式之一。中国古代第一部诗集《诗经》和汉代乐府诗都是通过"歌"的形式表达出来的。[1] 由此可见,古诗是一门综合的文化艺术形式,具有鲜明的音乐性。

---

[1] 杨莉声:《新课标视野下的小学高段古诗教学的现状与对策研究》,硕士学位论文,四川师范大学,2014年。

在教学过程中，应该充分发挥古诗的乐曲功能，通过多种方式的吟唱，引导学生在抑扬顿挫中把握古诗的意蕴，感受诗人的情感，体会古诗语言的平仄美与韵律美。教学时，除了开展传统意义上的吟唱诵读外，还可以将现代音乐的元素融入古诗学习中，将古诗改编成通俗的流行歌曲，通过"演唱"的方式将古诗表现出来，拉近学生与古诗的距离，提高学生学习古诗的兴趣。

（二）画面再现，还原诗境

小学高段学生的思维发展处于具体形象思维到抽象逻辑思维的过渡阶段，在学习过程中仍然离不开具体形象的支撑。教学时，老师通过图片、视频、绘画等方式还原诗人创作的情境，引导学生走进古诗的情境，用生动的语言将凝练抽象的古诗改写成一篇篇通俗易懂的现代文；抑或通过多彩的画笔，将言简意赅的古诗画成一幅幅直观形象的图画，学生在一笔一画中与诗人邂逅，走进诗人的内心，体会古诗蕴含的情感。例如：杜甫的《江畔独步寻花》是一幅春意盎然的风景图，教师通过出示"花团锦簇，莺歌燕舞"的图片引领学生走进成都锦江江畔，与作者一同感受春天，用自己的语言书写春天，学生的情感被唤醒，思维被激活，一篇篇精彩的文段喷薄而出，字里行间是学生与杜甫的畅游，是对美好生活的热爱与向往。又如：在王安石的《泊船瓜洲》教学时，学生对"京口瓜洲一水间，钟山只隔数重山"一直停留在对字词层面的理解上，诗人思乡的情感不能引起学生的共鸣，教学过程中先在地图上标识出"京口、瓜州、钟山"三个地名，再让学生结合时代背景尝试着画简笔画，一笔一画之中是学生对古诗意境的体验，是对诗人遭遇的认同和理解，画着画着，学生不知不觉已经融入画面之中，仿佛自己就是王安石，面对乡途遥远，归期漫漫，乡情难抑。

（三）情境表演，融入诗境

正如毕加索所说："每一个孩子都是天生的艺术家。"只有当学生把自己想象成古诗中的主角时，才会尽可能地体验其所见所闻所感，才能体验到古诗所想要表达的情感。在古诗教学中，可以将古诗改编成剧本，让学生扮演古诗中的人物，感受人物的喜怒哀乐，体会古诗的内涵。在讲授《闻官军收河南河北》时，通过学生对杜甫听说收复失地后的动作、语言、神态的模仿演绎，感受诗人欣喜若狂的心情。课堂上，他们刚才还是泪流满面，不一会儿就开怀大笑，放歌纵酒，继而诗兴大发，挥毫泼墨，举手投足之间将杜甫的狂态表现得淋漓尽致，而他们浮夸的表演背后，是对古诗的深刻理解。

（四）以文解文，领悟诗情

古诗是中华民族的瑰宝，经历了三千年的发展和沉淀，每一首古诗都不是孤立的。小学高年级的孩子已经积累了一定数量的古诗，在教学时，教师可选择题材相同的古诗进行对比阅读，在通过内容、情感、写法三方面的比较之后，学生不仅能同时掌握多首诗，而且对古诗的理解也更深刻了。例如，在教学毛泽东的《卜算子·咏梅》时，引入陆游的《卜算子·咏梅》进行对比，学生发现同是咏梅诗，同样运用了托物言志的写作手法，但两首诗的情感截然不同。毛泽东笔下的梅花是乐观、向上的，"已是悬崖百丈冰，犹有花枝俏""待到山花烂漫时，她在丛中笑"是毛主席的乐观与豪迈；而陆游笔下的梅花则是寂寞、孤独的，"驿外断桥边，寂寞开无主""无意苦争春，一任群芳妒"是陆游的孤傲与清高。为了让学生能将这两种感情正确区分开来，课后再引导学生将毛泽东的《卜算子·咏梅》改编成写景散文，一词一句、一言一语都是学生与诗人的相知相惜，字里行间涌动的是学生对毛主席的敬仰与赞叹。

除了横向对比阅读，还可以进行纵向对比，将同一个作者在不同时期的古诗放在一起补充阅读，让学生对诗人有更立体、更全面的了解，学生也更容易把握古诗的情感和意境。例如，在教学《闻官军收河南河北》时，可以先引杜甫的《春望》导入新课，让学生充分感受国破家亡、颠沛流离的游子那份伤心和痛苦之后，再读《闻官军收河南河北》，学生对杜甫"喜欲狂"的心情就体会得更深刻了。

（五）多元评价，续写诗情

当前，小学高年级古诗教学采取的主要评价方式还是考试和笔试作业。虽然通过这两种方式进行教学考查，可以直观地反映教师的教学情况和学生的学习情况，但是，这种考查方式侧重于对基本知识的考查，体验式古诗教学呼吁多元的评价方式，从多个角度考查学生的学习效果。

1. 诗歌大舞台

以学校的舞台为展台，一学期举办一次"诗词大舞台"，让学生将积累到的古诗通过吟诵、演绎、歌唱、绘画等方式展现出来，既能考查学生古诗的掌握情况，又让不同特长的孩子都得到了展示，充分地调动每个学生的积极性。

2. 诗歌创作赛

俗话说："熟读唐诗三百首，不会作诗也会吟。"高年级的孩子已经积累了一定数量的古诗，对古诗的韵律和节奏也有了一定的了解，通过六年级第六单元综合性学习——《轻叩诗歌的大门》的教学，学生对诗歌有了更系统的了解，此时教师可以引导学生进行简单的诗歌模仿创作，并开展网络投票和网络评选活动，激发学生学习诗歌的热情。

3. 诗歌游学日

每学期选择一天为诗歌游学日，带领积累了一定数量古诗的学生走进自然，感受自然，举行古诗吟诵和诗歌创作比赛。在大自然的舞台里，学生领略了诗境，激发了诗情，陶冶了性情。

体验式古诗教学充分尊重学生的认知特点，通过学生的亲身经历和实践活动，激发学生学习古诗的兴趣，让学生在亲身体验中感受古诗的韵味，体会诗人的情味，体验古诗的趣味。

小学高段古诗词主题阅读
——以苏轼主题阅读为例

夏 萍

(深圳市宝安区新安街道海旺学校)

摘 要：古诗词主题阅读从作者、文体、意象三大主题出发，选取代表性作品，欣赏不同诗人与不同风格的古诗词。以苏轼为例，课前准备采用小组划分阅读作品，重视介绍诗人的生平经历，为学生理解古诗词创作背景做铺垫。具体课堂将深度解读苏轼《水调歌头》，让学生初步感知诗人的创作情感。辅以《定风波》《记承天寺夜游》等被贬诗和诗人传记拓展阅读，进一步阐释苏轼词风的形成，以期达到学生能更全面地领略诗词之美，从中汲取文化营养的目的。

关键词：小学教学；古诗词教学；古诗词主题阅读

"词之为体，自有其特质所形成之一种境界。"[①] 唐诗宋词是我国历史文化的瑰宝，是研究中国古代文学和历史的重要资料。学习古诗词，能够提升学生的审美能力、鉴赏能力，是对中国传统文化的传承。在小学高段开展"古诗词主题阅读"活动，有助于推动古诗词的基础教育。针对目前的教学工作来说，唐诗宋词虽然在语文课本中多次出现，但教育的深入程度仍然有所不足。一些人甚至误解"熟读唐诗三百首，不会作

---

① 叶嘉莹：举办唐诗宋词系列讲座之演讲记录。

诗也会吟",认为古诗词只要读就行,这是片面的。学生需要在熟读作品的基础上,进一步了解诗词的内涵,领略诗词的神髓,这需要对诗词进行更深入的学习。对古诗词进行主题阅读,不失为一个深入学习古诗词的策略。

一 古诗词主题阅读的具体开展策略

古诗词主题阅读是对某一主题的古诗词作系统性的阅读。主题的选择,可以从多个角度入手。

一是阅读单一作者的古诗词,选择其不同时间节点的作品,分析和了解作者的写作思维与相关思想变化,最后完成相关知识的内化,进而提升自己的古文阅读能力。

二是对文体的统一阅读,我国作为历史文明古国有着较为悠久的历史,所以其整体的文化也是较为多样的,主题阅读可以围绕唐诗、宋词、元曲等多个文体进行阅读研究,掌握相关知识。对于主题阅读来说,其能够满足学生多元化提升的要求,最大限度地保证教学质量的提高。

三是可以围绕某个意象进行学习,如月意象。月在中国古代诗词中所代表的含义相当广泛,既是对现实人生的不懈努力与追求,也是怀念家乡与亲人的人生感叹,还是让心灵澄澈的明镜、为人处世的人生哲理。因此,能抓住某一种意象把诗人们的经典诗篇融汇在一起,让学生能更好地体会一种精神价值的提升,进而对生命、对人生、对追求有更清醒的认识和主动的把握。[1]

本文将以苏轼主题阅读为例,探讨古诗词主题阅读的展开方式。

二 课前准备

苏轼主题阅读,是以宋代著名作家苏轼为主题的阅读。需要以苏轼其人为引子、以其诗词作品为核心,针对相关内容进行综合性的准备。

---

[1] 傅异星:《论苏轼诗文中的月意象》,《云梦学刊》2003 年第 3 期。

应汇集教材中出现过的所有苏轼作品,再搜集一些适合小学高段学生阅读的其他苏轼诗词作品,依据苏轼生平创作阶段,作出编排。同时可以将班级学生进行小组划分,为主题阅读过程中开展的相关活动做准备。

三 组织形式

之所以选择苏轼进行主题阅读,是因为苏轼是北宋最伟大的文学家,唐宋八大家之一,他是北宋乃至整个中国文学长河里一颗最璀璨的明星。他代表的是宋朝最高的文学成就,以诗词来表达自己的生命情怀和人生追求,他三次被贬谪的人生遭遇造就了他非凡独特、乐观向上的性格,同时也将他的思想境界推至空明澄澈的审美境界。他那流传千古的美文名句数不胜数:"大江东去,浪淘尽,千古风流人物""但愿人长久,千里共婵娟""竹杖芒鞋轻胜马,谁怕?一蓑烟雨任平生"。那么,这些流传千古的诗词名句背后究竟有着怎样的传奇故事,苏轼究竟是一个什么样的人,这些都是特别值得我们研究的问题。一个胸有报国大志且才华横溢的诗人却在宦海沉浮,人生的大起大落、大喜大悲,与他本人的个性与为人到底有着怎样的关系?因此整体的组织形式可以以讨论形式开展,《水调歌头》是苏轼较为有代表性的作品之一,同时作品的传唱度较高,所以适合作为本次活动的主要作品之一。既然是主题阅读活动,第一就是相关的阅读工作,首先从苏轼的作品《水龙吟·雁》《阳关曲·中秋作》《水调歌头·昵昵儿女语》《浣溪沙·旋抹红妆看使君》《念奴娇·中秋》《念奴娇·赤壁怀古》《减字木兰花·空床响琢》《浣溪沙·照日深红暖见鱼》和《水调歌头》开始,完成整体的第一步阅读,了解苏轼的词风。第二就是对其被贬谪之期所作的著名作品进行相关阅读,了解其在贬谪的过程中心境的变化和积极乐观的人生哲理。第三就是对单一宋词的展示,每个学生都可以进行相关的阅读展示,调动整体的学习积极性,然后在教师的带领下开展相关的研究活动,主要以学生发言为主,让学生积极参与进来,保证活动开展的热度。

四　具体展开

(一)《水调歌头》研读

水调歌头分为前后两阕,所以,在阅读研究的过程中也可以分为两部分进行。

> 上阕:"明月几时有?把酒问青天。不知天上宫阙,今夕是何年?我欲乘风归去,又恐琼楼玉宇,高处不胜寒。起舞弄清影,何似在人间?"

首先要了解和讨论此词的创作背景,《水调歌头》是苏轼在1076年(宋神宗熙宁九年)中秋于密州所作。小注:丙辰中秋,欢饮达旦,大醉,作此篇,兼怀子由。文章借月思亲,表达了苏轼对其弟苏辙(子由)多年未见的思念之情,儿女情长,此篇可见。所以整个诗词的格调较为伤感,诗人借景思人,展开想象,表达期盼人们没有离别,期待与家人团聚的想法。此时教师也可以要求学生对诗词进行翻译和理解,此过程的主要目的是让学生能够加深印象,借助此段内容可以完成引申工作,让学生对自己多年未见的亲人表达思念之情。当前虽然信息技术高度发达,但是虚拟技术与现实生活仍然有所不同,所以良好的情感调动能够让学生积极地进行语言表达,对后续的活动开展有着较好的帮助。

> 下阕:转朱阁,低绮户,照无眠。不应有恨,何事长向别时圆?人有悲欢离合,月有阴晴圆缺,此事古难全。但愿人长久,千里共婵娟。

如果说词的上阕更多的是表达想念亲人的伤感之情,那词的下阕则是对团圆生活的向往,对人生盛境不常在的领悟是他永恒的悲哀,通过对中秋月的咏叹，把一种无法解脱的伤感传递给了后人。① 如"但愿人长久，千里共婵娟""人有悲欢离合，月有阴晴圆缺"等都是流传度较广的佳句，所以每个学生都要了解其准确的含义，日后在语言表达上能够进行良好的运用。因此在进行此段落的阅读过程中教师需要进行阅读展示，通过多种形式的阅读、理解让学生能够掌握相关的表达语气，同时更好地和作者的思想感情产生共鸣。通过对诗词的整体研究，能够保证学生对《水调歌头》这首词有一个更深入、更加全面的了解，保证学生可以掌握整体知识，初步了解苏轼词风，为进一步学习苏轼的诗词打下基础。

（二）拓展阅读

在走近苏轼的过程中，我们看到了苏词为豪放派代表，"豪放"的词风不仅仅体现在《水调歌头》中，拓展诵读苏轼的其他作品，充分感受其作品特点，从词意、词境、词情等方面批文入境，用所学的方法赏析诗词，学以致用，增加学生阅读的深度、广度和厚度。

1.《定风波》《记承天寺夜游》被贬黄州之作：

（小注）三月七日，沙湖道中遇雨。雨具先去，同行皆狼狈，余独不觉，已而遂晴，故作此词。

莫听穿林打叶声，何妨吟啸且徐行。竹杖芒鞋轻胜马，谁怕？一蓑烟雨任平生。

料峭春风吹酒醒，微冷，山头斜照却相迎。回首向来萧瑟处，归去，也无风雨也无晴。

——《定风波》

当时苏轼因"乌台诗案"被贬至黄州，他倍感孤独，穷困不堪，脱下长衫官服，穿上农民短打开垦"东坡"荒地。但是，诗中的他在风雨

---

① 胡朝雯：《月光辉映下的宋词——谈宋词里"月"的意象》，《中国韵文学刊》1998年第9期。

忽至时，朋友深感狼狈，词人却毫不在乎，泰然处之，吟咏自若，缓步而行。这又何尝不是"豪放""宁静""大彻大悟"的典型代表呢？

  元丰六年十月十二日夜，解衣欲睡，月色入户，欣然起行。念无与为乐者，遂至承天寺寻张怀民。怀民亦未寝，相与步于中庭。庭下如积水空明，水中藻荇交横，盖竹柏影也。何夜无月？何处无竹柏？但少闲人如吾两人者耳。

——《记承天寺夜游》

如水空明的月色，纤纤可爱的竹柏影，心境澄明的"闲人"。在饱受打击、机关算尽、争斗不堪的旋涡中，他还能为心灵辟一片净土，与天地万物相融相依。①

2. 在走近苏轼的过程中，还适时补充学习《惠州一绝》苏轼被贬惠州之作：

  罗浮山下四时春，卢橘杨梅次第新。
  日啖荔枝三百颗，不辞长作岭南人。

——《惠州一绝》

3. 《自题金山画像》苏轼被贬儋州之作：

  心似已灰之木，身如不系之舟。
  问汝平生功业，黄州惠州儋州。

——《自题金山画像》

在这组诗的主题阅读中，我们看到了一个备受后人敬仰的文学巨匠，

---

① 傅异星：《论苏轼诗文中的月意象》，《云梦学刊》2003 年第 3 期。

一个命途多舛，心忧天下，满腹经纶，却屡遭闲置的"闲人"，虽饱经沧桑，历尽排挤、打击和屈辱，却依然洒脱的苏轼！逆境中，依然保持自我，笑看人生，这种豁达乐观又何尝不是看透人生、豪放生活的一种状态呢？教师通过引导学生了解苏轼的坎坷经历，领悟"景语"中的"情语"和词人产生思想上的共鸣，在阅读中完成知识的积淀和人格的影响，积极乐观、坦荡豁达地面对生活中的各种艰难困苦完成人生飞跃。

在学习了苏轼的代表作之后，再进行补充学习，教师在完成知识学习的过程中需要对整体的知识进行全面的掌握，以保证学生能够持续地掌握知识。所以，在整体学习过程中教师可以使用联词学习方法，让学生对同一作者、同一词风的诗词进行联词学习，让学生在整体学习过程中得到全面的提升。

(三) 名家传记补充阅读

要了解苏轼，除了学习他的诗词，在诗词里感受他的豪迈和大气，同时我也推荐了林语堂先生的《苏东坡传》，让学生去读，站在名人的高度去审视苏轼的人生，对走近苏轼、走近宋词有很大的促进作用。正如林语堂先生在序言里说："苏东坡是一个不可救药的乐天派，一个伟大的人道主义者，一个百姓的朋友，一个大文豪，大书法家，创新的画家，造酒实验家，一个工程师，一个假道学的憎恨者，一个瑜伽术修行者，佛教徒，巨儒政治家，一个皇帝的秘书，酒仙，心肠慈悲的法官，一个政治上的坚持己见者，一个月夜的漫步者，一个诗人，一个生性诙谐爱开玩笑的人。"[①] 他认为苏东坡比中国其他诗人更具有多面性天才的丰富感、变化感和幽默感，智能优异，心灵却像天真的小孩。这无疑是对苏东坡的最为精妙的概括。孩子们读完传记，再走进苏轼的其他作品的时候，就更容易走进作者的内心和情感天地，对其作品的领悟也会更澄澈。

(四) 后续古诗词主题阅读

以苏轼来激发学生学习宋词的热情，接下来我们也以著名作家的经

---

① 林语堂：《〈苏东坡传〉原序》，张振玉译，湖南文艺出版社2016年版，第1—2页。

典诗词为主题、以风格流派为主题或者以某种意象为主题等进行古诗词的学习。如：婉约派词人，有"千年第一才女"之称的李清照，她是一位勇敢而心思细腻的词人，她的词最大的特点就是用细腻的笔触把细微的感受精准地表达出来。可以以李清照为主题进行诗词阅读。还可以根据宋词的流派：豪放、婉约、清雅等风格特点，一段时间集中阅读一种风格的作品，便于学生对宋词的风格流派形成较为清晰的概念。

五 总结

古诗词主题阅读活动的开展，能让小学高年级学生在一学年中精读四十篇左右的经典作品，能够对作品的内容、情感、风格、境界等几个方面有很好的把握。

对学生来说，这是一个奇妙的课程，是一种全新的阅读体验。学生通过这些带着温度和独特气息的长短句子，通过带着词人鲜明个性的词句，来认识文学史上苏轼、辛弃疾、李清照、晏殊、李煜等词人。让孩子们触摸到先人的忧伤和豁达，领略文字穿越时空传递的意蕴，并与这些文字产生奇妙的共鸣。如在《虞美人》里，学生们读到了李煜"问君能有几多愁？恰似一江春水向东流"的亡国之痛；在《满江红》里，感受到的是岳飞的"壮志饥餐胡虏肉，笑谈渴饮匈奴血，待从头、收拾旧山河，朝天阙"家国情怀；在《渔家傲》里，"羌管悠悠霜满地，人不寐，将军白发征夫泪"，心头也缠绕着范仲淹忧国思家的情绪。这样的阅读活动，就像一颗种子，在孩子们的心田里发芽，带给学生的是一种别样的学习体验。

试论"意象"在小学古诗词教学中的作用

杨木易

(深圳市宝安区安乐小学)

摘　要：古诗词教学是小学语文教学的重要组成部分。部编版小学语文收录了不同内容的古诗词：或是描写童年趣事，或是赞美自然风光，或是阐述人生哲理，或是表达思乡与爱国情怀。诗人用诗词诉说心事、抒发情感，诗词中的各种典型的、生动的意象就成了诗人感情外化的载体。这些充满了寓意的意象使诗词产生了特别美感，让读者在品读时产生审美的愉悦，从而与作者形成情趣上的共鸣。部编版语文教学，要求教师加强文体意识，在此视角下的古诗词教学以意象为突破口，更加符合诗词的文体、儿童的心理特点及认知规律，对中华传统文化的传承、小学生感知规律的发展、诗词的解读与赏析、古诗词教学方法的创新有着积极与不可替代的促进作用。

关键词：意象；古诗教学；作用

一　古诗词中的意象

古诗词中的意象通常是指自然意象，即取自大自然的借以寄托情思的物象。许多古诗名句如"野火烧不尽，春风吹又生""秋风吹渭水，落叶满长安""春色满园关不住，一枝红杏出墙来"，其中的意象，都是自然意象。有时，诗中所咏叹的社会事物，所刻画的人物形象，所描绘的生活场景，所铺陈的社会生活情节和史实，也是用来寄托情思的，这便也是意象。即相对于物象的事象，相对于自然意象的社会意象。中国古代诗文一向重视"意"与"象"的关系，亦即"情"与"景"的关系，"心"与"物"的关系，"神"与"形"的关系。这方面的论述很多。如刘勰指出，诗的构思在于"神与物游"；谢榛说"景乃诗之媒"；王夫之说"会景而生心，体物而得神，则自有灵通之句，参化工之妙"。直至王国维所谓"一切景语皆情语也"。移情于景，存心于物，凝神于形，寓意于象，实际上只是中国传统诗学关于诗的意象手法的不同表述。

二 小学阶段古诗词中常见的意象

小学语文部编版教材中的古诗词按题材可以分为写景诗、抒情诗、哲理诗、叙事诗等。常见的意象有树木类、花草类、风霜雨雪云月类、动物类、器物类等。每一类风格的诗都有自己独特的意象，如在抒情诗中经常出现"月""柳""梅花"等典型的送别与抒情意象。这些都是一些象征性意象，都是历史沉淀的公共文化内涵，以下列举几种常见意象。

柳：以折柳表惜别。汉代以来，常以折柳相赠来寄托依依惜别之情，由此引发对远方亲人的思念之情以及行旅之人的思乡之情。由于"柳""留"谐音，古人在送别之时，往往折柳相送，以表达依依惜别的深情。这一习俗始于汉而盛于唐，汉代就有《折杨柳》的曲子，以吹奏的形式表达惜别之情。柳永在《雨霖铃》中以"今宵酒醒何处，杨柳岸，晓风残月"来表达别离的伤感之情。

梅花：梅花在严寒中最先开放，然后引出烂漫百花散出的芳香，因此梅花与菊花一样，是诗人歌咏与赞美的对象。宋人陈亮《梅花》："一朵忽先变，百花皆后香。"诗人抓住梅花最先开放的特点，写出了不怕打击挫折、敢为天下先的品质，既是咏梅，也是咏自己。王安石《梅花》："遥知不是雪，为有暗香来。"诗句既写出了梅花的因风布远，又含蓄地表现了梅花的纯净洁白，收到了香色俱佳的艺术效果。陆游的著名词作

《咏梅》："零落成泥碾作尘，只有香如故。"借梅花来比喻自己备受摧残的不幸遭遇和不愿同流合污的高尚情操。元人王冕《墨梅》："不要人夸好颜色，只留清气满乾坤。"也是以冰清玉洁的梅花反映自己不愿同流合污的品质，言浅而意深。

月：沉寂的夜空，一轮明月挂在天边的一角，在这无眠的夜晚，这轮明月与诗人相伴，无疑成了诗人倾诉心事的最佳对象。诗人常常将自己思念的情绪诉说给明月，希望它能将情感传达给所思之人。例如，李白的"举头望明月"，翘首凝望着月亮，不禁让诗人想起，此刻他的故乡也正处在这轮明月的照耀下。王昌龄的"秦时明月汉时关"一句即展现出一幅壮阔的图画：一轮明月，照耀着边疆关塞。诗人只用大笔勾勒，不作细致描绘，即让思绪由此时空穿越到过去。月有阴晴圆缺，这些自然现象常常引发诗人的思考，人生的悲欢离合也同月亮的圆缺一般，月亮这一意象充满着哲理的色彩。但月在古时又有另一种意思，由于古代没有时钟，往往是通过大自然的自然规律来表示时间。例如，"鸡声茅店月""月落乌啼霜满天"则是一些表示时间的意象。

三　意象在古诗词教学中的作用

（一）有助于中华优秀传统文化的传承

《课程标准》中指出"语文课程对继承和弘扬中华民族优秀文化传统和革命传统，增强民族文化认同感，增强民族凝聚力和创造力，具有不可替代的优势"。在具体学段要求中，强化了古诗文教学积累、初步理解、掌握初步学法、读诗文展开想象、领悟诗文大意、初步体会诗歌情感等学习和情感目标。根据以上要求，教师只有在诗词教学中以"意象"为切入点，运用意象分类和组合的规律，才能使学生在学习时想象描写的画面，体会诗文大意，通过"意象"理解作者的情感寄托，感受诗词背后所包含的深厚意蕴，从而真正有效落实课标要求。

（二）有助于促进小学生感知规律的发展

小学生的感知规律正在逐步发展，诗词教学中诗词的解读以意象入手符合小学生的思维和感知规律。古诗词中的"意象"以物象为载体，这些形象鲜活的物象经诗人重新组合排列，蕴含着深刻的思想内涵，教学中教师以意象教学为切入点，感受诗中各种鲜活的形象，符合学生认识事物直观性的特点。从听觉、视觉、触觉等感觉器官调动学生已有的认知经验，建构学生新的知识观，从而生成学生对"意象"深层次的理解。如在教学《静夜思》时，可以让学生根据所见、所思、所想把对古诗的理解画成一幅画。有的同学可能会画出以月夜为主题的风景画，也可能会画出以举头望月为主题的赏月画，更可能会画出以低头思念为主题的思乡画。当然也还有可能画出中秋节家乡亲人共庆佳节，儿童嬉戏玩耍的欢乐团圆景象，以此来表达诗人不同的思乡之情。但不管是怎样的画，学生终究还是以诗为依据而展开的，这样的意象教学有效地活跃了学生的思维，丰富了学生的想象，使学生增加了对学诗词的兴趣。

（三）有助于诗词的解读与赏析

意象是解读诗词的切入点：一首诗中所包含的直接意象和间接暗示意象都蕴含着某种固定的含义，并在古诗词中占有较为突出的地位，在诗词中不论出现一个意象还是多个意象都会对诗词的理解产生较大的影响。小学阶段的学生刚刚接触中国古典文化，很难体会到诗词意象所蕴含的深刻含义。这时在古诗词教学中应有策略地、有目的地引导学生学习诗词意象，加深对古诗词的理解。如《忆江南》《丽春》《望洞庭》《四时田园杂兴》四首诗词中诗人运用丰富的自然色彩，形成一幅幅使人身心愉悦的意象群，自然艳丽的色彩衬托诗人舒畅的心境，自然界植物和动物色彩的丰富性构成了诗人视觉意象，表达出对自然景色的赞美之情。在实际教学中许多老师都以此为解读诗词的切入点，如：瞿娟老师的《江南春》、孙国平老师的《望洞庭》教学设计，在初读感知环节，都首先设置问题：诗中描写了哪些景物？你看到了什么呢？[1] 在学生对画面有了深入的感知，形成了视觉想象画面后再

---

[1] 瞿娟：《〈江南春〉的创意教学设计》，《语文天地》2016 年第 27 期；孙国平：《〈望洞庭〉教学设计》，《七彩语文》（教师论坛）2017 年第 9 期。

进入诗歌的内容解读。在咏物诗《咏柳》中,周益民老师围绕"柳"这一中心设计填空,"画面的主体是一株枝条(低垂)的(柳树),它的形态(高大),颜色是(嫩绿)"①。由此可见,意象是古诗词教学的切入点。

意象是鉴赏诗词内容的桥梁:每一首诗都是诗人凝练的心血,表达着不同的境遇与情感,在抒发内心情绪时会借助所见之物委婉而含蓄地道出,正是这样的创作过程产生了诗词的意象,而意象就是诗人的托物言志的载体。小学古诗词教学中首先以一种意象为基点,激发学生的思维,待学生产生丰富的想象后,再带领学生寻找更加鲜活的意象,从而鉴赏诗歌的内容。如李康永老师在《饮湖上初晴后雨》一课中首先通过释题诗人写了西湖晴天和雨天的景色,接着引出了西湖的山和水。由"水"和"山"这单一的意象,再带领学生通过寻找意象前后的修饰语"潋滟"与"空蒙",帮助学生感悟诗中更加具体鲜活的意象,从而产生与诗人共鸣的情感内涵。②

(四) 有助于古诗词教学方法的创新

创新的古诗词教学设计无不渗透着意象教学方法的运用,以意象为基点,采取比较阅读的方法,设计同一意象的不同主题和同主题不同意象的古诗教学内容与形式,使得小学古诗词教学的课堂真正回归到文本。

如,边玉春老师在《江雪》《滁州西涧》比较阅读教学设计中分"意象—意境—情感"三步,设计了赏"江""涧"之绝景、悟"钓""横"之佳境、探"独""自"之幽情三个板块。以"朗读两首诗,把文字转换成电影画面在头脑中回放一下,令你最难忘的镜头是什么?评析两诗画面的相同点和不同点。""《江雪》《滁州西涧》两首诗又是在怎样的境况下诞生的呢?""赏析'寒江独钓图',探究《江雪》所寄寓的作者情感"③ 三个问题为提领,带领学生比较两诗画面意象的异同、意境的异

---

① 周益民:《〈咏柳〉教学设计》,《教师之友》1995 年第 2 期。
② 李康永:《〈饮湖上初晴后雨〉教学设计》,《新课程》(小学) 2015 年第 9 期。
③ 边玉春:《〈江雪〉〈滁州西涧〉比较阅读教学设计》,《中学语文教学》2014 年第 2 期。

同,探究两诗"独"情之异同等内容,以前两个板块为最后"情"的品味服务,层层铺垫,让学生在不断深入的思考中感悟"独"之情感,作者遗世独立的意趣。

再如,周乐老师在教学古诗《渔歌子》时,也采用比较阅读法,引入同一意象的不同主题《江雪》,以同一意象"渔父"为出发点展开教学。设计了"对比画面,把握特点""对比渔翁,理解形象""对比诗人,体会诗情"三个板块。以"从'有声、有色、有味'三个角度对比《渔歌子》与《江雪》的画面异同。""两首诗中唯一的人物'渔翁'分别在想些什么?"[①] 两个问题让学生比较感受生机勃勃、鲜艳明丽与冷冷清清、黑白二色的画面,感受"渔翁"的自由快乐与寒冷孤独的人物形象。这种阅读比较中的冲突使学生头脑中的平面画转变成立体的、鲜活的独立形象,引发了学生的思辨:为什么两位作者会有如此不同的感受?自然而然地由景到情,过渡到体会诗情这一思想深处,从而了解两位诗人的不同志趣。

综上所述,意象教学对于小学古诗词教学是至关重要的。它不仅承载着诗人要表达的思想感情和其所处的时代背景,更在文化上起着承前启后的作用,对学生继承和发扬中华民族先进的传统文化,真正感受到古诗词的文化魅力,培养人文精神具有重要意义。

[①] 周乐:《〈渔歌子〉与〈江雪〉的比较阅读》,《小学教学》(语文版)2013年第12期。

基于小专题形式的古诗词教学初探

吴永冬

（深圳市宝安区航城学校）

摘 要：经典古诗词是中华文化的璀璨明珠，有其深厚的情感意蕴和文化内涵。中小学古诗词的教学，不应仅停留在理解诗意、背诵、默写这样的浅层次上，而是要对它的来龙去脉做一番横向或纵向的考察。要引领孩子们追寻它的过去，理解它的文化内涵，体会它的现实意义。小专题的教学形式，可以很好地扩充和拓宽我们的教学内容，便于引领学生从诗意的理解走向文化的浸润与情感的熏陶，帮助孩子们更好地熔古铸今，更全面地理解中华文化。

关键词：古诗词教学；小专题教学；纵横联系；文化探寻

任何事情都不是无缘无故的存在，一定有它产生、发展和演变的过程以及它对后世的影响，古诗词也不例外。现在中小学的古诗词教学，大多停留在理解诗意、背诵、默写这一层面，很少有人领着孩子们对一首诗词的前世今生（来龙去脉）去做一番横向或纵向的考察，让孩子们去追寻与体悟诗词的过去、情感意蕴、文化内涵以及对于我们当今的意义。

中小学语文教材中的古诗词，比较零散，不成体系，一首诗词孤零零地出现在某个位置，有点"前不着村，后不着店"的感觉，诗词的横向和纵向联系很不明显。古诗词教学，教授的内容也比较单薄，就某一首诗（词）教某一首诗（词）的现象非常普遍。很多老师教古诗词，大概都遵循这样一个流程：朗读—掌握字词—理解诗词的意思—分析中心思想—体会作者情感—背诵—默写，有的甚至连意思也不用理解，直接让学生背诵默写即可。这样的教学，只教了知识，却缺少文化的味道，学生"只见树木不见森林""知其然，不知其所以然"。古诗词其实很讲究文化的传承，一些意象和典故的运用都有很深的渊源，有丰富的含义，诗词中蕴含的情感有很强的穿透力，对我们现在还有很大的影响……如果我们不注意这些，我们的教学就会停留在比较浅的层面上，这无异于把每一首诗词当作一个文化孤岛，隔断了与当今的有机联系，在一定程度上造成了文化的断层。

现在的孩子能背诵很多的诗词，却很少知道其中蕴含的文化脉络，很少去体会诗人的情感、情怀，很少知道诗中的文化内涵，这跟我们内容单薄地去教古诗词有很大的关系。

其实，每一首古诗词都包括意思、意象、意境、情感、风格（诗人个性）等层次的内容，每一首古诗词都是一个立体的文本，有着丰富的情感和文化内涵，需要我们去探究、理解和体会。而小专题形式的教学，就能很好地帮助我们解决这些问题，方便我们对诗词教学的内容进行重构、组合，进而达到更好的立体解读的效果。

我们所讲的小专题形式的教学，是指在古诗词教学过程中，围绕某个主题引导学生进行专题学习的一种教学方式。它以教材内容为切入点，对教材内容进行扩充与延伸，有利于学生更集中、更立体、更全面、更深入地学习。小专题教学的对象可以是某一首诗，某一位诗人，也可以是诗中的某一种意向或某一类诗歌。例如，在学习苏轼的《题西林壁》时，我们可以以庐山为专题，集中更多有关庐山的诗词进行学习；在学习毛泽东的《七律·长征》时，可以以毛泽东为专题，集中更多毛泽东有代表性的诗词进行学习。小专题教学最大的好处是：主题集中，容量更大，视野更广，知识的纵横联系更加紧密，让学习更有文化气息。

下面，根据笔者的教学实践，就古诗词的小专题教学举几个例子。

一　以作者为主题，进行小专题教学

《清平乐·村居》是统编版小学语文教材四年级下册第一单元第一课《古诗词三首》中的一首词，这首词是这样的：

清平乐·村居

（宋）辛弃疾

茅檐低小，溪上青青草。醉里吴音相媚好，白发谁家翁媪？

大儿锄豆溪东，中儿正织鸡笼。最喜小儿亡赖，溪头卧剥莲蓬。

在教学过程中，可以结合课文中的另外两首以乡村为主题的诗词进行教学，带领学生走进这三首诗词，体会乡村的闲适与美好。也可以以"辛弃疾词人词作"进行小专题教学。这里主要介绍后者。

在中国词坛上，辛弃疾是一个绕不过去的词人。但是，小学语文教材中对辛弃疾的介绍却很少，所选的作品也只有《清平乐·村居》这一首。所以，想让学生对辛弃疾这样一位举足轻重的大词人有更多的了解，仅有《清平乐·村居》是远远不够的。而且辛弃疾是一个著名的豪放派词人，而《清平乐·村居》是辛弃疾闲居江西期间所写的一首描写田园风光的风格婉约的词，仅仅以此，学生很难体会到辛弃疾的豪放词风。所以在教学的过程中，我们可以采取小专题的教学方式，加入一些关于其人、其词的补充材料，加入一些豪放词，让学生对辛弃疾有更全面、更立体的了解。

《清平乐·村居》这首词，加上辛弃疾的生平事迹以及《永遇乐·京口北固亭怀古》《南乡子·登京口北固亭有怀》《菩萨蛮·书江西造口壁》《清平乐·独宿博山王氏庵》《破阵子·为陈同甫赋壮词以寄之》等极具代表性的词作，就可以组成一个很好的"辛弃疾词人词作"的小专题，引导学生去读、去理解、去体会辛弃疾的人格和词的不同风格。

当然，小专题形式的教学，由于内容的扩充与拓展，一个小专题的课程内容，往往不是一节课就能上完的，它需要几节课甚至更长的时间才能完成。需要老师根据课程的教学计划进行科学安排。但这样学习的效果是很明显的，其广度、深度都远远超过单纯地学习某一首诗或某一首词。

二 以诗词中的文化母题为主题，进行小专题教学

古典诗词中，有很多文化母题，这些母题在很多作品中会反复出现，我们可以就某一个文化母题进行小专题教学。

统编版小学语文教材五年级上册第三单元语文园地的日积月累，是唐代诗人林杰写的《乞巧》这首诗：

> 七夕今宵看碧霄，牵牛织女渡河桥。
> 家家乞巧望秋月，穿尽红丝几万条。

第三单元是民间故事单元，通过对本单元第 10、第 11 课牛郎织女故事的学习，学生对七夕节和牛郎织女的故事都有了一定的了解，对于理解《乞巧》这首诗也就没有什么难度了。但如果让五年级的孩子们仅仅停留于此，文化层面的学习就未免太单薄了些。

教学中可以以"牛郎织女"为小专题，通过补充古今有关牛郎织女的诗歌和故事，给孩子们做多一点文化意义上的补充和梳理，帮助孩子们学习和理解七夕这一主题在古今诗词中的传承、演变与发展过程，让孩子们可以更清楚地了解牛郎织女文化的脉络以及与现今的关联。这样的资源是很多的。

先秦时期，有这样的描写：

> 跂彼织女，终日七襄。虽则七襄，不成报章。睆彼牵牛，不以服箱。

需要说明的是，这里提到的牵牛和织女最早都是指星座的名称。

到了汉代，牛郎织女的故事慢慢流传开来了，汉代有诗云：

> 迢迢牵牛星，皎皎河汉女。纤纤擢素手，札札弄机杼。终日不成章，泣涕零如雨。河汉清且浅，相去复几许。盈盈一水间，脉脉不得语。

这时候的牛郎织女已经演变成人和仙女的故事了。

唐宋时期，描写七夕和牛郎织女的诗词就更多了，除林杰的《乞巧》外，杜牧的《秋夕》、刘禹锡的《浪淘沙》、秦观的《鹊桥仙》等都很有代表性，都可以补充给学生。

秋 夕
（唐）杜 牧

银烛秋光冷画屏，轻罗小扇扑流萤。
天阶夜色凉如水，坐看牵牛织女星。

浪淘沙
（唐）刘禹锡

九曲黄河万里沙，浪淘风簸自天涯。
如今直上银河去，同到牵牛织女家。

鹊桥仙
（宋）秦 观

纤云弄巧，飞星传恨，银汉迢迢暗度。金风玉露一相逢，便胜却人间无数。柔情似水，佳期如梦，忍顾鹊桥归路。两情若是久长时，又岂在朝朝暮暮。

到了现代，郭沫若写了《天上的街市》：

远远的街灯明了，
好像闪着无数的明星。
天上的明星现了，
好像点着无数的街灯。
我想那缥缈的空中，
定然有美丽的街市。
街市上陈列的一些物品，
定然是世上没有的珍奇。
你看，那浅浅的天河，
定然是不甚宽广。
那隔着河的牛郎织女，
定能够骑着牛儿来往。
我想他们此刻，
定然在天街闲游。
不信，请看那朵流星，
那是他们提着灯笼在走。

以上内容都与七夕、牛郎、织女有紧密的关联，通过以上内容的补充和呈现，学生很容易明白，七夕、牛郎、织女这些内容从古到今是怎样发展、演变的。同一个文化主题，从古至今一脉相承，从未断过，直到现在，我们还以传统的方式过七夕节，牛郎织女的故事还在口耳相传，这就是中华"文脉"最好的证明。

三 以诗中的意象为主题，进行小专题教学

诗词中有很多意象，如风、花、雪、月、柳等是古诗词中经常出现的，一些生活的场景也常常出现在古诗词里。下面就以"目送"这一场景（意象）为例，谈谈古诗词的小专题教学。

在小学语文课本里，有一首李白的《送孟浩然之广陵》：

故人西辞黄鹤楼,烟花三月下扬州。
孤帆远影碧空尽,惟见长江天际流。

这首诗的意思并不难懂,诗中写到的"孤帆远影碧空尽,惟见长江天际流"的意象在其他诗人的作品中也经常出现,我姑且把这种意象称为"目送"的意象。

王维在《送元二使安西》中写道:

渭城朝雨浥轻尘,客舍青青柳色新。
劝君更尽一杯酒,西出阳关无故人。

高适在《别董大》中写道:

千里黄云白日曛,北风吹雁雪纷纷。
莫愁前路无知己,天下谁人不识君。

白居易在《赋得古原草送别》中写道:

离离原上草,一岁一枯荣。
野火烧不尽,春风吹又生。
远芳侵古道,晴翠接荒城。
又送王孙去,萋萋满别情。

这几首都是送别诗,"西出阳关无故人""莫愁前路无知己,天下谁人不识君""又送王孙去,萋萋满别情"都是"目送"的情景。

这种情景,古人有,现代人也有。在现代人的文章中也经常出现这样的场景。

朱自清在《背影》这篇文章中,多次写到父亲的背影:

我看见他戴着黑布小帽，穿着黑布大马褂，深青布棉袍，蹒跚地走到铁道边，慢慢探身下去，尚不大难。可是他穿过铁道，要爬上那边月台，就不容易了。他用两手攀着上面，两脚再向上缩；他肥胖的身子向左微倾，显出努力的样子，这时我看见他的背影，我的泪很快地流下来了。

目送着自己的父亲，作者禁不住热泪盈眶。
龙应台的《目送》也写过自己"目送"的情景：

　　我慢慢地、慢慢地了解到，所谓父女母子一场，只不过意味着，你和他的缘分就是今生今世不断地在目送他的背影渐行渐远。你站立在小路的这一端，看着他逐渐消失在小路转弯的地方，而且，他用背影默默告诉你：不必追。

苏州十中柳袁照校长的《清明》这篇文章写得很感人，他写自己年迈的母亲，经常在小巷的石板路上目送自己，后来母亲去世了，母亲目送自己的情景却永远定格在他的心里。在文章的最后，他写道：

　　现在我每次路过那里，都会向她曾经坐过的地方望去，依稀还能看见她坐在那里目送我的样子……

可见，一些生活场景和情感，古人和今人都是相通的，不同的时期、不同的人或许表现的具体方式不一样，但都一脉相承，心灵相通。
通过补充以上材料和专题学习，学生的学习就不是仅仅停留在对《送孟浩然之广陵》这首诗的学习上了，而是对一种文化、一种人类情感的理解与体悟了。
除了以上的三种形式，我们还可以以诗的类别（如送别诗、边塞诗、田园诗、咏物诗）、某个节日（如清明节、重阳节、除夕）等进行小专题教学，还可以就某个诗派或诗词中某个具体的意象（如日、月）等进行小专题教学。

总的来说，以小专题的形式进行古诗词教学，可以让我们的教学内容更加丰富、厚重，教学形式也更加灵活，便于引领学生从诗词学习走向文化探寻和理解。

康震老师曾说："古诗词教学，不仅要注意知识的溯源，还要进行情感的溯源。"小专题教学就是一种行之有效的"知识溯源"和"情感溯源"的好方式。它能更好地熔古铸今，让诗词教学焕发出文化的生机和活力。

附：《清平乐·村居》小专题教学的教学设计

以作者为主题，进行小专题教学的教学设计
——以《清平乐·村居》为例

【教学目标】

1. 理解《清平乐·村居》这首词的意思，体会乡村生活的美好。

2. 了解辛弃疾的生平，体会词人婉约、豪迈的不同词风，走进词人复杂的内心世界。

【教学过程】

第一部分 学习课文《清平乐·村居》

1. 出示辛弃疾《青玉案·元夕》中的名句"众里寻他千百度，蓦然回首，那人却在灯火阑珊处"，让学生谈谈自己的感受，初步感知作者的形象和心情。接着进入《清平乐·村居》的学习。

2. 朗读课文。

3. 思考与讨论：

（1）你认为词中哪个字很重要？为什么？

（2）这首词兼具音韵美、生活美和人情美，请说说哪些地方体现出了这些美？

（3）从这首词中，你看到了什么？又听到了什么？

4. 练笔与分享：

请把你从这首词中看到的、听到的，用完整、流畅的语言描述出来。可以这样开头：

在一个幽静的村庄，住着一户人家，他们的茅屋虽然比较低小，但是干净、整洁。一条小溪从门前流过，溪水潺潺，绿草茵茵……

5. 讨论：通过这首词的学习，你体会到作者怎样的心情？你感受到了一个怎样的辛弃疾？

（以上部分主要是针对《清平乐·村居》这首词的内容的学习，学生分享完了之后，进入第二部分的学习。）

第二部分　拓展延伸，了解词人词作

过渡：历史上有一个很有名的学者，他叫王世祯，他在《花草蒙拾》里说："婉约以易安为宗，豪放惟幼安称首。"王世祯说辛弃疾是一个豪放派的大词人，可是，大家在这首词里读到辛弃疾的豪放了吗？那他的这个评价是不是错了呢？好，接下来我们来看看辛弃疾的几首其他的词。

根据学生情况选择补充阅读材料：《永遇乐·京口北固亭怀古》《南乡子·登京口北固亭有怀》《菩萨蛮·书江西造口壁》《清平乐·独宿博山王氏庵》《破阵子·为陈同甫赋壮词以寄之》等代表性的词作。

永遇乐·京口北固亭怀古

千古江山，英雄无觅孙仲谋处。舞榭歌台，风流总被雨打风吹去。斜阳草树，寻常巷陌，人道寄奴曾住。想当年，金戈铁马，气吞万里如虎。

　　元嘉草草，封狼居胥，赢得仓皇北顾。四十三年，望中犹记，烽火扬州路。可堪回首，佛狸祠下，一片神鸦社鼓。凭谁问：廉颇老矣，尚能饭否？

南乡子·登京口北固亭有怀

　　何处望神州？满眼风光北固楼。千古兴亡多少事？悠悠。不尽长江滚滚流。

　　年少万兜鍪，坐断东南战未休。天下英雄谁敌手？曹刘。生子当如孙仲谋。

菩萨蛮·书江西造口壁

　　郁孤台下清江水，中间多少行人泪？西北望长安，可怜无数山。青山遮不住，毕竟东流去。江晚正愁余，山深闻鹧鸪。

清平乐·独宿博山王氏庵

　　绕床饥鼠，蝙蝠翻灯舞。屋上松风吹急雨，破纸窗间自语。

　　平生塞北江南，归来华发苍颜。布被秋宵梦觉，眼前万里江山。

破阵子·为陈同甫赋壮词以寄之

　　醉里挑灯看剑，梦回吹角连营。八百里分麾下炙，五十弦翻塞外声。沙场秋点兵。

　　马作的卢飞快，弓如霹雳弦惊。了却君王天下事，赢得生前身后名。可怜白发生！

接下来的教学作如下设计：

1. 反复朗读。

2. 思考与交流：

（1）以上的几首词哪些句子让你体会到了辛弃疾词豪放的风格？

（2）哪些句子让你体会到了作者一腔热血却报国无门的愤懑、苍凉和惆怅？

3. 补充辛弃疾的生平小传：

  1140 年生于南宋。武艺高强，胸怀大志。21 岁参加抗金大军，作战英勇，曾率领五十多人闯入几万人的敌营，捉拿叛贼。

  25 岁开始了仕宦生涯。曾任江西安抚使、福建安抚使等职。积极主张抗金，上书《美芹十论》，条陈抗金之策。42 岁时，被弹劾落职，从此退隐山林。

  当朝廷再次启用辛弃疾时，他已病重，卧床不起。1207 年 10 月，68 岁的辛弃疾带着忧愤和满腔的爱国热情离开人世，临终时还大呼"杀贼！杀贼！"

4. 回到开头的那个问题："众里寻他千百度，蓦然回首，那人却在灯火阑珊处"，再次体会一下作者的心情，你又感受到了一个怎样的辛弃疾？

5. 播放《铁血名将辛弃疾》中的一段总结性的音乐，让学生跟着音乐再次体会和感受辛弃疾其人其词……

"知人论世"法运用于小学高年级古诗词教学的实践研究

周艳桃

(深圳市宝安区滨海小学)

摘 要：针对小学高年级学生的特点，探索"知人论世"法在古诗词教学中的教学策略和实践方式；从课堂教学、课外活动两方面入手，初步构建以"知人论世"为主线、全面提升语文素养的一套小学高年级古诗词教学体系。

关键词：小学语文；知人论世；古诗词教学

"知人论世"是中国文学传统中文学批评的重要方法，由孟子最先提出："以友天下之善士为未足，又尚论古之人。颂其诗，读其书，不知其人，可乎？是以论其世也，是尚友也"(《孟子·万章下》)。[1]

孟子说，善士与同自己道德水准相一致的人交友，结交当世的善士还嫌不足，就追慕古代善士。吟咏诵读他们的诗歌和著作，不可不了解其为人，不可不了解他所处的时代和社会。后世从他的这段话中提出了"知人论世"的文学批评方法。

"知人论世"是中国古代文学批评的重要传统，我们都耳熟能详，但如何贴合小学生智力发育和思维方式的特点、切实应用到小学古诗词教

---

[1] 李春青主编：《中国文学批评史》，高等教育出版社2014年版，第45页。

学中去，仍然值得进一步思考和探索。

一般的小学古诗词教育，多以背诵为主。这种做法当然有其合理性，毕竟少儿正处于记忆的黄金时期。不过，一味强调机械背诵、忽略对作家作品的理解，则是不可取的。"知人论世"有助于学生更好地理解作品写作的情境，深入作家的内心世界，从而提升学生的思维能力和审美能力。尤其是对小学高年级学生来说，机械记忆已不能满足他们的发展需要，非常有必要引入"知人论世"法，以拓展他们的视野、丰富他们的识见。

因此本文将"知人论世"法作为主线，全面渗入小学高年级古诗词教学，充分考虑小学高年级学生的智力和心理特点，在此基础上寻找"知人论世"的有效实践方式。小学生的理解能力和思辨能力毕竟还处于发展阶段，应注重"体验式"教学，为其创设具体可感的情境，让学生走入作品，从感性认识自然而然地过渡到理性认识。

一 "知人论世"法在课堂教学中的贯穿

（一）课前准备

课前阅读相关书籍，查阅作者生平资料，搜集诗人的逸闻趣事，了解古诗词的写作背景、作者所处的时代背景等，做好知识储备。

古诗词距离学生的时代比较久远，课前的知识储备就显得特别重要。执教杜甫《梦李白》（其二）一诗前，让学生事先查阅杜甫与李白的友情和诗歌往来，了解两人的逸闻趣事，知晓这首诗的写作背景：

> 李白与杜甫于天宝四年（745）秋，在山东兖州石门分手后，就再没见面，但彼此一直深深怀念。至德二年（757），李白因曾参与永王李璘的幕府受到牵连，下狱浔阳（今江西省九江市）。乾元元年（758）初，又被定罪长流夜郎（今贵州省桐梓县）。乾元二年（759）二月，在三峡流放途中，遇赦放还，回到江陵。杜甫这时流寓秦州，地方僻远，消息隔绝，只闻李白流放，不知已被赦还，仍在为李白忧虑，不时梦中思念，于是写成这首诗。

在体会"梦中形象"这个环节时,让学生找出关键诗句体会李白的遭遇和诗人的心情。如学习"江湖多风波,舟楫恐失坠。出门搔白首,若负平生志"时,选择的是出示李白的人生遭遇图,再结合阅读《康震讲诗仙李白》和《康震讲诗圣杜甫》等传记,让学生介绍李白相关故事,如他的两次重大的政治挫折,体会李白的怀才不遇、潦倒失意和壮志难酬。这里的船不是简单的船,它是李白人生的船,理想的船。他的理想抱负、人生志向难以实现。所以杜甫说他"冠盖满京华,斯人独憔悴",表达诗人对李白的同情与关切。

(二)情境体验

采取学生喜闻乐见的形式,让学生走入作品情境。课堂上采取让学生上台讲故事介绍、学生情景剧表演、教师用形象生动的语言讲故事或播放相关影视片段等形式,增加直观感受,促进学生的感性认知。

如在阅读完《康震讲诗圣杜甫》这本传记后,再来学习杜甫的《春夜喜雨》《闻官军收河南河北》《江畔独步寻花》等诗歌,在教学诗歌背景知识介绍时,就可以让学生上台介绍,为接下来深入走进文本做准备。

又如执教杜甫《梦李白》(其二)一诗,在体会"梦之由来"——"浮云终日行,游子久不至。三夜频梦君,情亲见君意"这个环节时,采用的是播放两人交往友谊的短视频,增加学生的直观感受和感性认知,让学生在情境体验中学习诗歌,唤起学习古诗词的兴趣。

而在执教张籍《秋思》这一首诗时,学生结合张籍写这首诗的背景创编了一个诗歌情景剧,将诗人写诗时的思绪"意万重"和"复恐"演绎得惟妙惟肖。"行人临发又开封",用动作描写"打开信封"来体会诗人对家人的思念。

对于小学生来说,结合诗人的生平经历和写作背景,让学生用情境体验的形式走进古诗词文本,能够缩短学生与古诗词的心理距离,更好地体会古诗词所表达的诗人情感。

(三)小组讨论

围绕古诗词,教师提出一个需要探讨的问题,让学生结合诗人生平经历、时代背景等展开思考，再进行小组讨论，以加深理性认知。

小组讨论的方法在小学阶段经常使用，在古诗词教学中也不例外。"古代儿童诗中的游戏"拓展课中，在第一个环节"猜一猜古代儿童有哪些游戏"后，过渡到第二个环节"体会儿童游戏诗中的乐趣"。在出示了关于杨万里和白居易等诗人的诗歌后，学生采用小组讨论的形式，结合课前查阅的诗人的人生经历和诗歌写作背景，如杨万里诚斋体诗歌的特点：取法自然，形式活泼，再聚焦到关键诗句，就能从诗句表面的描写儿童游戏的乐趣，上升到诗人对这种无拘无束的童年生活的喜爱与向往。

阅读完杜甫的传记，背诵积累了很多杜甫的诗歌后，在"诗成为圣亦为史"的杜诗汇报课中，第一个环节是让学生来介绍杜甫的人生经历和相关诗歌代表作，通过画杜甫人生轨迹图来了解杜甫的一生。第二个环节出示了杜甫不同人生阶段的诗歌代表作品，学生采用小组讨论的形式，抓关键诗句，谈一谈为什么杜甫是一位诗圣？为什么他的诗歌被称为"诗史"？在经历思维的碰撞后，再以小组分工合作汇报的形式朗读诗歌、赏析诗歌、背诵诗歌，进一步加深了学生对杜甫的理性认知和审美评价。

（四）读写结合

读写结合在小学阶段是非常实用的方法，学完一首诗或词，学生想象自己即为作者，结合作者的人生经历和写作背景，写一段内心独白，深入走进作者的思想和情感世界，达到与诗人作品精神内涵相契合的目的。

在学习完《牧童》《舟过安仁》《清平乐·村居》后，学生想象牧童的心理活动，此时吕岩看到这样的牧童后的想法（可以结合吕岩的生平经历来进行联系）；想象两小童在撑伞这个过程中的语言、神态、动作等细节，杨万里看到这样的两小童后说了什么，做了什么，想了什么（这里也需要结合杨万里的性格特征和写作背景来进行合理的想象）；辛弃疾看到大儿、中儿、小儿的不同做法，尤其是"最喜小儿无赖，溪头卧剥莲蓬"一句，诗人在退居江西上饶农村后的心境，都是可以想象的。

二 "知人论世"法与课外活动的拓展

（一）传记阅读

老师鼓励学生阅读一些篇幅较短的作家传记，并尝试写读后感、绘制作者人生经历及代表作品思维导图等，以此为基础开展班级阅读和交流活动。

完成杜甫的传记阅读后，在此基础上进行诗歌的学习就显得特别从容了。在一些重要章节的阅读时，学生概括诗人的人生经历，重点结合这一章节中出现的重要诗歌代表作，抓关键诗句来体会诗人的情感。学生给重要章节拟了小标题，如：长安十年潜悲辛，现实主义诗歌风格初形成（第二章）；烽火连三月，史诗般诗歌风格进一步形成（第三章）；"三吏三别"忧国忧民，成就千古"诗圣"美名（第四章）；宁静平和，心系天下苍生——成都草堂时期杜诗（第六章）；诗成为圣亦为史——我眼中的杜甫和杜诗（第七、第八章），学生的优秀文章集结成册为《"知人论世"话杜甫现实主义诗歌风格》。

传记阅读是学习相关诗人作品的前提和基础，在此基础上再来学习诗人不同人生阶段的诗歌，学生更容易走进作者的内心世界与情感天地，对作品的精神内涵也会体悟得更透彻。

（二）班级布置

班级文化墙设置"古诗词作家作品介绍"、"诗人一诗一画"手抄报、"我手写诗词"等板块，让班级的每一面墙壁都会发声，创设"知人论世"的文化氛围。

在阅读了李白与杜甫的传记、学习完他们的诗歌后，学生大胆创作相关手抄报粘贴在班级墙上。无论是杜甫的一诗一画手抄报，还是苏轼或李白的诗歌软笔书法作品，都让班级变得古色古香。在这样的氛围下学习古诗词，学生会受环境的熏陶与感染，激发心中对中华优秀传统文化的热爱。"知人论世"的文化氛围有助于学生更好地理解作品写作的情境，深入作家的内心世界，从而提升学生的思维能力和审美能力。

（三）假期游学

如果将课堂内的学习和课外的游学实践结合起来，对于学生了解古诗词的作者和写作背景，乃至理解整首诗的情感与内涵会有所帮助。

带领学生参观与古诗词相关的历史遗址（如名人故居、名山名水等），开展"重走文人来时路"等文化体验活动。游学完毕，要求学生采用上传视频、制作幻灯片等形式，在全班展示自己所了解的名人逸事、风土人情。如参观杜甫成都草堂、李白诗中的名山名川、苏轼眉山故居等地方，开展"跟着诗人诗歌去旅行"活动，诗词背后的故事、诗人的人生经历、诗词的情感与心志，都与游学实践巧妙结合，学生在实践活动中与诗人诗作融为一体。

（四）比赛表演

小学生的理解能力和思辨能力还处于发展阶段，比赛表演的"体验式"教学，为其创设具体可感的情境，让学生更容易走入作品，走进诗人创设的意境之中。

如杜甫诗歌情景剧的表演，学生各组人员自由分工：剧本创作者、课件制作者、组织排练者、衣服道具准备者等角色，全部由学生体验完成。

这里附录学生的部分剧本如下：

课本剧《茅屋为秋风所破歌》（吴佳奇组）

第一场　八月秋高风怒号，卷我屋上三重茅

（旁白：唐肃宗上元二年即公元761年，狂风怒号，从成都郊外的浣花溪畔一座普通的茅屋内走出一位五十多岁的老者，他就是伟大的诗人杜甫。常年的颠沛流离和岁月沧桑已折磨得他白发苍苍，步履蹒跚）

杜甫：好大的风！啊，这茅屋在摇晃，我出去看看，看来要出事了！

杜妻：子美，可要小心点！

杜甫：我知道了。

（杜甫走出茅屋，看到茅草遍地、枯叶乱飞……忽然一铺茅草带着泥土落下来，用手遮着头，向屋顶仰望）

杜甫（惊叫）：不好了，夫人，屋上的茅草全飞了！我的茅草，我的茅草……

（叫着，弯腰想抓住它们，慌忙四处乱抓，可它们有的飞到树上，有的沉到泥塘里）

群童（探头，齐叫）：刮大风喽，刮大风喽！

群童甲（指着有茅草的地方）：你们看那边，刮来好多茅草……嘿茅草，都来抢喽，抢了烤火去！

群童乙：给我点，给我点……看那儿的树上还有哪，池塘边也有，快点！

杜甫：孩子们，那是我家的，不要抢，那是我家屋顶上的茅草，不要抢……（孩子不理）

杜甫（气得咳嗽，顿足，拿拐杖指之，开始追）：小兔崽子们，回来，给我回来！

孩子们（跑，停下来，举着手里的茅草挑逗地）：糟老头，你追啊，追啊！你追上，就还你，来呀！

杜甫（气极了，脸色铁青）：你们给我回来，快回来，你们！你们怎么忍心，唉！（跌坐在地……气喘吁吁）

第二场　安得广厦千万间，大庇天下寒士俱欢颜

（傍晚，风停了，阴云密布，雷声隐隐，雨声不断。杜甫家的孩子蜷缩在屋角，屋里盆盆罐罐都在接着屋顶漏下的雨水，叮叮当当）

杜妻：子美，睡吧，明天我再到邻居那里借点米，孩子们又没吃东西。夜长着啊！这几年来，你夜夜苦熬着，当心身子呀！

杜甫：夫人，你睡吧，我睡不着，这屋里没一点儿干的地方，孩子们冷啊。唉，几年来，我们四处逃命，你和孩子们成天吃不饱穿不暖，都怪我无能，我对不起你们几个啊……（捶胸顿足、老泪

纵横）

　　杜妻：子美，甭这样，这年月兵荒马乱的，我们能活着就不错了！这都是安禄山、史思明两个老贼造成的啊，唉……

　　杜甫：安得广厦千万间，大庇天下寒士俱欢颜，风雨不动安如山。呜呼！何时眼前突兀见此屋，吾庐独破受冻死亦足！

　　由此可见，开展诗人故事大赛、年级诗词大会、诗歌情景剧大赛，让学生在表演中了解诗人生平经历，走进诗歌的世界，并达到积累背诵的目的，也是小学古诗词教学实践的重要方式。

附录："知人论世"法教学效果之问卷调查分析

　　前面我们分别就"知人论世"法在课堂教学中的贯穿与课外活动中的拓展做了详细叙述，笔者自制了一份调查问卷，通过一些具体的数据来展示"知人论世"法运用于小学高年级古诗词教学实践所取得的突出效果。

　　通过问卷调查与统计，进而得出"知人论世"法运用于小学高年级古诗词教学实践所取得的效果是比较突出的。

　　第一，在我们收上来的219份问卷中，78.54%的学生是从老师这里了解到"知人论世"这个概念的，只有16.89%和4.57%的学生分别是从书籍和网络上了解的。这说明对于小学五、六年级的学生来说，老师教学的渗透影响作用还是非常大的。因此针对第2题学生对"知人论世"这个概念的解释才能理解得比较透彻。

　　第二，学生对"知人论世"法的作用把握得比较准确。91.78%的学生认为其有助于自己更好地理解作品写作的情境，深入作家的内心世界。84.47%的学生认为引入"知人论世"法可以避免一味机械背诵而忽略对作家作品的理解。79.45%的学生觉得可以提升他们的思维能力和审美能力，拓展他们的视野，丰富他们的见识。77.17%的学生认为"知人论世"法注重"体验式"教学，为其创设具体可感的情境，让他们走入作品,从感性认识自然而然地过渡到理性认识。

第三,师生围绕"知人论世"法与小学高年级古诗词教学实践,开展了一系列积极有效的活动,这些活动注重小学生的"体验式"教学,比较符合小学高年级学生的智力发育、心理和思维方式的特点。93.15%的学生阅读了李白、杜甫、苏轼等诗人的传记,了解了他们的生平经历和所处的时代背景,为学习古诗词提供了前期知识积淀。63.47%的学生结合"知人论世"法学习赏析相关古诗词,完成了一系列手抄报、书签、书法作品等创新性作业,创编了学生优秀古诗词赏析文集,并在此基础上进行积累背诵。76.26%的学生观看了相关诗人的纪录片,加深了他们对其人生经历和诗词背景的理解,进而更深层次走进诗人心境,体悟诗人的情感和作品的内涵。53.88%的学生参加了诗人诗歌情景剧表演或诗词大会等比赛活动,或假期进行"跟着诗人去旅行"等社会实践活动,在实践中践行"知人论世"法并实现了与古诗词学习的有机结合。71.69%的学生在老师的古诗词公开课或社团课中继续进行古诗词教学实践。

第四,学生古诗词学习进步明显。90.87%的学生积累背诵了更多的古诗词,提高了古诗词的理解与赏析能力。86.76%的学生加深了对古诗词等传统文化的喜爱程度。80.37%的学生认为拉近了古诗词与自己的生活之间的联系。73.06%的学生认为培养了他们"关注古诗词背后的人"这个习惯,让他们深刻感悟到"文学"即"人学"。

综上所述,将"知人论世"法引入小学高年级古诗词教学,不但是对传统的继承,而且高度符合当前语文教学的基本理念。新课标明确指出,语文学科的核心素养包括四个方面:语言建构与运用、思维品质与发展、文化传承与理解、审美鉴赏与创造。"知人论世"法对于这四方面素养的培养都有重要意义:以"知人论世"为教学主线,有助于回归历史现场,实现对诗词作者的共情,加深对历史文化的理解,在此基础上,学生能够更好地把握作品内涵,领悟诗词语言的意义,并实现审美鉴赏。

总之,探讨小学高年级古诗词教学中运用"知人论世"的新途径,开拓小学语文教学的新领域,对语文教学研究的推进具有重要意义。

浅谈诗教对小学生品格浸润的重要性

周 瑶

(深圳市宝安区文汇学校)

摘 要：诗教，就是以《诗》为教，是将《诗》作为教化国人、改造人心的重要方式。在小学语文教学中，诗词是打开中华民族优秀传统文化的一扇窗。在诗词的学习中，学生诵读经典，传承经典，腹有诗书气自华。诗教，对学生修身养性、浸润人格有着独特的重要性。

关键词：诗教；小学生；品格

从《诗词大会》到《经典咏流传》，一时间，全国上下掀起了一股"诗词热"。这股热情，点燃了弘扬中华优秀传统文化的燎原之火。中华诗词是我们中华民族传统文化中的一朵奇葩，其中的文化底蕴自是十分深厚。传承民族文化之根，学习传统诗词文化成为小学语文教学改革的大势所趋。现今，随着新课改的不断深入，对小学生的诗词学习也提出了更高的要求。在培养学生语文核心素养方面，笔者试从诗教入手，探寻诗词对学生品格浸润的重要性。

一 何为"诗教"

诗教，就是以《诗》为教，儒家以《诗经》三百篇作为政治教化之工具，将《诗》作为教化国人、改造人心的重要方式。"诗教"最早见于《礼记·经解》，"孔子曰：'入其国，其教可知也。其为人也，温柔敦厚，《诗》教也。'"又说："温柔敦厚而不愚，则深于《诗》者也。"①

这种"温柔敦厚"的品格和气质，来源于诗，却作用于人。从这点上说，《诗》对于人的品行方面是有积极作用的。徐复观先生曾言，"温柔敦厚都是指诗人流注于诗中的感情来说的。诗人将其温柔敦厚的情感，发而为温柔敦厚的语言及语言的韵律，这便形成了诗的温柔敦厚的特点"②。梁启超先生也指出，温柔敦厚的《诗》培养了温柔敦厚的人，"《诗经》的性质，温柔敦厚，乃是带有社会性，用以教涵养性灵、调和情感的，所以称之为诗教"③。

在早期的诗教研究中，狭义的诗教即儒家诗教，而文中所谈论的诗教是广义上的诗歌教化。

二 诗教的作用意义

（一）诗教的作用

诗教，即美育之大者，承载着美育的职能。蔡元培在《以美育代宗教说》中指出："纯粹之美育，所以陶养吾人之感情，使有高尚纯洁之习惯，而使任我之间、利己损人之思念，以渐消沮者也。盖以美为普遍性，绝无人我差别之见能参入其中。"④

诗有思想，有温度，有风骨。对儒家而言，诗能齐家治国平天下。正如《毛诗正义》中所言，诗能"经夫妇，成孝敬，厚人伦，美教化，移风俗"⑤。

孔子以诗育人，认为诗歌可以帮助人立志。"好之""乐之"都是志之所向。

孔子曾经教导弟子说："小子何莫学夫《诗》？诗，可以兴、可以观、

---

① 李慧玲、吕友人：《注译〈札记〉》，中州古籍出版社 2011 年版，第 192 页。
② 徐复观：《中国文学精神》，上海书店出版社 2006 年版，第 44—45 页。
③ 梁启超：《梁启超讲国学》，吉林人民出版社 2008 年版。
④ 蔡元培：《以美育代宗教说》，1917 年 4 月 8 日北京神州学会演说词。
⑤ 夏静：《"教化"新论》，《中国文化研究》2014 年第 4 期。

可以群、可以怨。"①《尚书·尧典》指出"诗言志,歌咏言"②。不难发现,圣人贤者的共识就是诗歌为表达志向、抒发情感的重要工具。

诗的语言是形象的、精粹的,多读诗,则文采斐然。《论语·雍也》讲道:"质胜文则野,文胜质则史。文质彬彬,然后君子。"③ 所谓"有境界则自成高格"。学诗可以"情飞扬、志高昂、人灵秀",能提高品位,净化人的思想,形成良好社会风气。"兴于诗,立于礼,成于乐"④,也可以说,诗教的终极目的在于培育人才。

(二) 诗教的意义

英国哲学家培根在《随笔集》中说道,"读书使人明智,读诗使人聪慧,演算使人精密,哲理使人深刻,伦理学使人有修养,逻辑学使人善辩。总之,知识能塑造人格"⑤。在培根眼里,诗歌的重要意义不言而喻。

1. 诗教有利于涵养文化精神

中华民族文化内涵丰硕,蕴意深远。唐诗宋词元曲,都是滋养我们文化精神的一片沃土。重义轻利、助人为乐、善良为本、家国情怀、忧患意识、和谐思想以及对亲情、友情、爱情的表达与追求,无不在诗词中得到凸显,可以说古典诗词就是中华数千年文化精神的一个缩影。

在诗词中,同诗人们驰骋于美丽中原的疆土之上,看"大漠孤烟",赏"黄河之水",和词人们相约月下小酌,畅谈"金戈铁马",立志"精忠报国"……经典诗词能带领我们走回遥远的过去,回到文化精神的本源之处。了解华夏历史,重温文化精神的积淀,更激起学生的民族自豪感,使他们更有自信地看待自我,看待民族,热爱国家。

---

① 钟韵、孟琢:《孔子是如何学习〈诗经〉的?——从孔门"诗教"说起》,《团结》2019年第6期。
② 刘成纪:《中国传统诗教如何达至公共阐释》,《社会科学战线》2019年第2期。
③ 陈晓芬译注:《论语》,中华书局2016年版,《雍也第六》。
④ 杜婕欣:《以诗为教——论先秦儒家的诗教途径》,《成都师范学院学报》2018年第2期。
⑤ [英] 弗朗西斯·培根:《随笔集》,曹明伦译,人民文学出版社2006年版,第50篇《论读书》。

2. 诗教有利于提升学生审美

古诗的语言美，在于它的音韵之美。拟声、叠词、双声、叠韵等形式，形成了节奏鲜明、音韵和谐、抑扬顿挫的特点。诗词语言相对于其他文学作品而言，更具有形象性、动作性、色彩性。如"银烛秋光冷画屏，轻罗小扇扑流萤""闲敲棋子落灯花"，美在细致入微。

古诗的意境美。诗词是诗人词人的所见与生发的感情、心与物的交融，交织出诗人的独特的感性认知与情感体验。王国维在《人间词话》中所言"境非独景物也，喜怒哀乐亦人心中之境"①，说的便是诗词所蕴含的意境。

语言美、音韵美、意境美，这些古诗词所独有的特点，带给学生的是一种对美的体会与享受，能大大提升学生的审美能力。

3. 诗教有利于培养学生想象力

诗词中有大量的意象，学生在诵读古诗时，需要用想象对头脑中贮存的丰富表象进行有条不紊的重组，从而在脑海中勾勒出一幅幅鲜活的画面去感悟诗的意境。所以，学习积累古典诗词，能够拓展小学生想象力的空间，激发他们的创造力，为艺术的再创造奠定坚实的基础。

三　"诗教"与小学语文教育

（一）小学语文课程的要求与变化

1. 小学语文课程的要求

诗教对小学诗词教学最直接的影响就是引起了课程要求的变化。《义务教育语文课程标准》提出："语文课程还应通过优秀文化熏陶，提高学生的思想道德修养和审美情趣，使他们逐步形成良好的个性和健全的人格，促进德、智、体、美、劳诸方面的和谐发展。"培养学生的审美情操、审美素质和审美能力是语文教学的一个重要风向标。而这正是源于古诗词——这一中华民族博大智慧和美好情感的结晶，蕴含着自

---

① 王国维：《人间词话》，古吴轩出版社2012年版，第8页。

然美、社会美和艺术美。诗教，在这个层面上承担的不仅仅只是知识的传递，更是培养学生一种审美能力，提升人生认识、树立正确价值观，逐步浸润出良好品格的一种有利途径。

2. 小学语文课程要求的变化

现在部编版小学语文教材有一个非常明显的变化，即增加传统文化的篇目。小学一年级开始就有古诗文，整个小学 6 个年级 12 册共选优秀古诗文 124 篇，占所有选篇的 30%，比原有人教版增加 55 篇，增幅达 80%，平均每个年级 20 篇左右。可见，古诗文在语文教材中所占的比重在增加，且增加幅度非常大。这充分体现出诗词学习在小学语文教育中的地位有显著提高，这无疑也传递出一个信号——优秀传统文化对提升小学生语文素养有着重要作用。

（二）诗教对小学生身心发展的影响

1. 诗教能树立学生自信心

小学生处于心理发展的初期，注意力以无意注意和有意注意为主，但总的来说，注意力集中的时间长度和稳定性是比较差的。小学积累的大多数古诗词篇幅短，基本是以五言诗、七言诗为主。能在较短的时间内通读全诗，在这点上是能契合学生注意力集中时间短的特点的。

诗的语言对于学生来说，读起来朗朗上口，这都得益于诗歌独有的节奏、韵律。同时，诗兼具有形象性、动作性、色彩性，充满画面感，这也非常符合中低段小学生处于具体思维阶段的现实要求。因为诗的这些不同于其他文学作品的特点，学生乐于熟读并背诵积累，在一定程度上有助于树立学生学习的信心。

2. 诗教能提高学生学习兴趣

古诗中不乏七岁小儿的诗作，堪称经典，更是学生学习的榜样，如《鹅》，"鹅，鹅，鹅，曲项向天歌。白毛浮绿水，红掌拨清波"。贴近学生生活，又能引起学生观察的兴趣。又如《山村咏怀》，"一去二三里，烟村五家。亭台六七座，八九十枝花"。学生一眼就能瞧出这首诗的别致之处——数字的使用。这些颇有童真童趣的诗句，都是生活的写照，引导学生去发现生活中的别有情趣。

3. 诗教铺垫小学生语言发展关键期

小学时期正是学生语言发展的关键期，与此同时记忆力也在迅猛发展。一方面，正所谓"熟读唐诗三百首，不会作诗也会吟"，大量地积累古诗词，是学生语言积累的一个重要途径；另一方面，著名美学大师朱光潜曾言："要养成纯正的文学趣味，我们最好从读诗入手。"诗教，奠定文学涵养的基础，为学生走进更广大文学世界助一臂之力。

4. 诗教对学生形成人生态度与提高品位修养的积极影响

小学六年，是学生形成人生观、世界观、价值观的雏形时期。语文教学在价值导向上显得尤为重要，尤其是诗教。诗教，承担着发扬中华优秀文化精神，传送经典，滋润心灵的重任。小学生的生活阅历较为单一，对社会和人生的体验也比较肤浅。诗教是认识世界、认识自己的一面镜子。诗中内容丰富多彩，涵盖了从增长见识到礼乐教化，从个体的修身养性到社会的和谐治安，从社会交往应对的辞令到社会伦理的建构，潜移默化中有助于学生汲取民族文化的养料，树立正确的价值观，注重修身养性，提高个人素养，获得精神层面的成长。

四　诗教对小学生品格浸润的重要性

诗教的"温柔敦厚"就是一种品格和气质。可以说，诗教对于促进人的品格的形成是有积极作用的。

关于"品格"一词，古希腊哲学家赫拉克利特曾提出"品格即命运"。斯宾塞也认为，教育的目的就是品格形成。对于品格的定义，从教育学角度来说，品格是体现出了一定道德规范（如核心价值和美德），内在于个体的，包含了认知、情感和意志成分的道德习惯。

在小学语文教学目标设计中经常会提到"三维目标"，即"知识和能力""过程和方法""情感态度和价值观"，这其中也涵盖了品格中的认知（知识学习）、情感态度、价值判断。换言之，语文教学对于学生品格浸润与塑造有着重要作用。所以，三维目标的设计初衷，是来自品格的个性特点——品格是可塑的，是不断生成、提升的，具有发展性。"浸润"意为滋润，熏陶，所谓润物无声、耳濡目染。品格浸润则是实现在教学中帮助学生品格发展的一种途径。

综上所述，诗教的终极目的是培育人才，更可以说，是培养温柔敦厚而不愚，具有高尚品格的人才。

（一）用经典诗词奠定学生的人生底色

优秀传统文化是人生的底色，只有打好了中国人的这个底色，人生奠基才会厚实。"腹有诗书气自华"——诗教，告诉我们不积跬步，无以至千里。

"不学诗，无以言。"[1] 人教版教材中，三年级课本里所列出的诗词并不算多，基本上是以唐诗为主，所以，在实际教学中，我对学生背诵诗词方面提出了新的要求。比如：根据单元主题来收集唐诗宋词，将课前整理好的《春》《惜时》《月》等主题诗词发给学生，要求每天熟读或背诵一首，以增加诗词储备量。在上课的前几分钟，复习巩固，比如齐诵或者抽背。在周末，检查学生的背诵视频，玩飞花令。学生在超市看到芦蒿，能立刻想到"蒌蒿满地芦芽短，正是河豚欲上时"的画面，和家人一起分享诗词；说起周末踏春时，看到河边的柳树，暗自感叹"碧玉妆成一树高，万条垂下绿丝绦"……孩子们在生活中找到诗的踪迹，或者说孩子们的生活开始变得诗情画意。

在诗词积累到一定量的基础上，为了让学生逐步学会自主学习诗词，我尝试把班级所有学生分为十组，并以诗人命名，如李白组、苏轼组等，并特意打造了各组的专属印章，交由组长保管。各组学生整理出和诗人有关的诗词，最终形成本组诗人代表作 50 首。组内竞争积累，组间竞争效率，学生为了得到专属印章也是铆足了力气，营造出了班级学习诗词的浓烈气氛。

学生通过对经典诗词的不断积累，充实了自己，一步一步朝着"腹

---

[1] 钟韵、孟琢：《孔子是如何学习〈诗经〉的？——从孔门"诗教"说起》，《团结》2019年第 6 期。

（二）联结情感：古—今情感，相互映射

朱熹《诗集传》序云："诗者，人心之感而行于言之余也。"[①] 诗，是文人墨客们表达情感的直接体现。中华民族历来重视人际关系的伦理常情，强调以仁爱为本，重情重义，这些无一不体现在诗词之中。王维的《九月九日忆山东兄弟》如"独在异乡为异客，每逢佳节倍思亲。遥知兄弟登高处，遍插茱萸少一人。"除了表达出了诗人的思乡之情外，更多地表达了对兄弟思念的手足之情，以及对亲人的挂念和想念之情，让人感动至极。诗人孟郊的《游子吟》："慈母手中线，游子身上衣。临行密密缝，意恐迟迟归。谁言寸草心，报得三春晖。"表达了对母爱的由衷赞美和深深眷念，将孝悌思想表达得淋漓尽致。

古诗词中讴歌真挚友情的也不少，其中不得不提的就是李白的《赠汪伦》。

设计李白的《赠汪伦》时，先讲述收集来的故事：汪伦用计诚邀李白到桃花潭做客——汪伦是当时有名的歌手，隐居在安徽泾县西南的桃花潭畔，对李白佩服得五体投地，日夜吟诵他的诗。有一回，汪伦听说李白来了安徽，就修书一封。信中写道："先生好游乎？此地有十里桃花。先生好饮乎？此地有万家酒店。"李白早知汪伦是一方豪士，便欣然前访。见面后，李白方知"受骗"，所谓桃花，只是桃花潭，并无"十里桃花"；所谓"万家酒店"，只是店名，并无酒店万家。但李白哈哈大笑："临桃花潭，饮万家酒，会汪豪士，此亦人生快事！"于是，两人的友情从此成就了千古佳句"桃花潭水深千尺，不及汪伦送我情"。将学生从古诗背后的故事，逐步置于诗中的情境之中。读一读，演一演，在充分感受诗人与朋友之间深厚的情谊时，诗就走进了学生的内心，埋下了一颗重友情的种子。

从古至今，自然界的花开花落，人世间的悲欢离合，每个人的内心和

---

① 朱熹：《诗集传》，中华书局1985年版，第1页。

外物都会有所感应，尤其是在童年时期。古诗词中细腻的情感映衬在学生当下的学习生活中，对丰盈学生内心的世界有着无可替代的重要作用。

（三）感悟与践行：知行合一

《义务教育语文课程标准》指出："语文课程致力于培养学生的语言文字运用能力，提升学生的综合素养，为学好其他课程打下基础；为学生形成正确的世界观、人生观、价值观，形成良好个性和健全人格打下基础；为学生的全面发展和终身发展打下基础。"

古诗词拥有强烈的艺术感召力，能够潜移默化地感染学生。在诵读、理解诗词的过程中，潜移默化地会受到心灵触动，从而产生一定的情感变化，进而有了一定的对生命的感悟。

古诗词里的大量内容都体现出了国人在人格修养上有着独特的主张，倡导自强不息、积极进取，表现出家国情怀以及心怀天下的爱国主义精神。如王昌龄《从军行》中的"黄沙百战穿金甲，不破楼兰终不还"，南宋名将岳飞《满江红》中的"壮志饥餐胡虏肉，笑谈渴饮匈奴血。待从头、收拾旧山河，朝天阙"。激情励志，热血沸腾。而陆游的绝笔之作"王师北定中原日，家祭勿忘告乃翁"，更是将这种爱国主义热情常驻在诗中，从诗中走进学生心中。

古诗词能传达诗人们超越世俗、追求自由的豁达胸怀，凸显对山水田园风光的热爱，对人与自然的和谐追求，面对人生低谷直面挫折、自立自强、积极奋进的精神。比如曹操《龟虽寿》中的名句"老骥伏枥，志在千里。烈士暮年，壮心不已"，还有苏轼的"老夫聊发少年狂，左牵黄，右擎苍"，都表达了诗人不因年龄的衰老而停止奋斗、报效祖国、征战沙场的脚步。诗仙李白在《行路难》中有云"长风破浪会有时，直挂云帆济沧海"，还有"千里之行，始于足下；百尺高楼，始于垒土"都教育我们要志存高远，自强不息。

诗人们的这些精神对学生品格的浸润，在刘禹锡《浪淘沙（其一）》这一课中得到了很好的体现。

课例节选

知诗人：看完这些资料，你又读到了什么？

刘禹锡（772—842），字梦得，河南洛阳人，自称"家本荥上，籍占洛阳"。有"诗豪"之称。刘禹锡及其诗风颇具独特性。他性格刚毅，饶有豪猛之气，在忧患的谪居年月里，感到了沉重的心里苦闷，吟出了一曲曲孤臣的哀唱。但他始终不曾绝望，有着一个斗士的灵魂。

1. 提炼"斗士"：他斗的是什么？

学生齐读：九曲黄河万里沙，浪淘风簸自天涯。

他斗的是多次贬官所带来的人生挫败感；

他斗的是命运的不公，时运的不济；

他斗的是阻挠他齐家治国平天下的滚滚浊流。

2. 你想对刘禹锡说什么？请你写一写，此刻你想对他说的话。

（截取了部分学生发言）

学生1：刘禹锡您虽然多次被贬官，却用不屈不挠的精神改写了人生。您是一位斗士，就像诗中所说的一样，"九曲黄河万里沙，浪淘风簸自天涯"，您的这种品质值得我们铭记在心。

学生2：刘禹锡多次被贬，旁人都敬而远之，但是他并没有抱怨命运的不公，而是选择和命运作争斗。我看到一位有着斗士精神的刘禹锡。

学生3：刘禹锡是一位不屈不挠、有着坚强斗志的诗人。他一生遇到了很多困难，但他一直勇敢面对，追求自己的人生理想，最后写下了许多首优秀的诗，创建了自己独特的风格，跟李白的诗风不尽相同。在他写的这首诗中提到的"同到牵牛织女家"，这正是他所追求的理想，表达了他对美好生活的向往。"九曲黄河万里沙，浪淘风簸自天涯"也体现了他想有着黄河自强不息的远大斗志。

通过学生当堂学习反馈，不难发现，通过指导诵读、品味语言、想象联想、引领升华，带领学生分别去感受诗的艺术美、语言美、意境美、精神美等。学生能达到的思想高度是令人有意外之喜的，这一点完全源于诗教"言有尽而意不尽，意有尽而情不尽"的意境。

诗教，如春风拂面。陶冶学生情操，涵养"先天下之忧而忧，后天下之乐而乐"的家国情怀；"山重水复疑无路，柳暗花明又一村"，引领学生用一颗敏感的心感受生活之美；"天行健，君子以自强不息"提醒自己遇到困难时要不屈不挠；在诗经《蓼莪》中学会爱人，懂得感恩；在诵读《长歌行》中，鼓励自己勤奋求学，格物致知……这些充满正能量的精神食粮，正浸润着小学生品格的形成。

诗教，以诗育人，浸润品格，奠定孩童的人生底色。

总而言之，诗教在李山教授看来——不仅可以"兴观群怨"，可以提升品格、净化精神世界，更可以通过今天所提倡和大力加强的"美育"与"德育"，复兴这一传统文化精神。

四

听说教学

提高小学语文朗读能力的实践研究
——以深圳市宝安区宝民小学为个案

陈颖琪

（深圳市宝安区宝民小学）

摘　要：朗读是目前语文教学中最重要、最常用的阅读方式之一，当前不同年级的小学生在朗读方面均存在不同的问题。笔者通过对深圳市宝安区宝民小学各年级学生进行朗读测评并分析数据得出，小学生朗读能力的提高与教师素养和学生自身有着密切关系。教师除了要严格要求自己，在教学中还应因文而异指导学生，对学生的朗读评价要遵循赏识性、导向性和发展性原则。课内要教给学生正确、流利、有感情地朗读课文的方法，课堂上要为学生创设良好轻松的朗读氛围，课外要提倡举办丰富多彩的朗读活动，并适时开展公平公正的朗读测评，从多层面、多角度来提高学生的朗读水平，让无声的文字变成动听悦耳的语言，让学生从放声读书中感受无穷乐趣。

关键词：语文教学；小学生；朗读能力

朗读就是清清楚楚地高声读诵，使得诗文语气连贯而见情意。在语文教学中，朗读就是把书面的文字转化为有声语言的一种创造性活动，也就是一种出声的阅读方式。2011年《义务教育语文课程标准（修订稿）》（以下简称新课改）明确指出："各个学段的阅读教学都应该重视朗读和默读，朗读则被认为是最重要最经常的阅读训练，是理解课文的重要方式。"

现如今，用"标准普通话正确、流利、有感情地朗读课文"[①]，几乎是每位小学教师在给课文制定教学目标时必须要确定的目标之一，朗读在课堂教学中的重要性可见一斑。朗读作为阅读的起点，是学生理解课文的重要手段，它有利于学生发展智力、熏陶思想、传递情感，对教学起着事半功倍的作用。学生朗读能力的强弱直接影响其语文素养的全面提升。所以，教师在阅读教学中必须要加强对学生朗读的全面训练，逐步提高学生的朗读能力。要解决这个问题，必须要正视目前小学生的朗读现状。

一　目前小学生在朗读方面存在的问题

2009年9月29日，在中国教师研修网学科频道组织的主题为"语文课堂中朗读指导的艺术"的视频研讨会中，全国著名特级教师于永正老师提出，虽然课堂上读书声不绝于耳，但是学生对于课文的理解并不深刻，教师对学生朗读目的的指导也不够明确。笔者在着笔此文前曾在深圳市宝安区宝民小学，以各年级学生为研究对象，进行了为期一周的朗读测评调查研究，结果发现课堂上小学生在朗读方面存在诸多问题，颇具普遍性。

（一）畏惧朗读，不愿开口

部分学生对朗读存在畏惧心理，不轻易开口。往往出现教师在讲台上"热血沸腾"，下面却是鸦雀无声，大眼瞪小眼。通常情况下，学生缺乏胆量，不愿表达，即使会读也不愿意表达。

（二）"一字一拍"，拖腔拉调

对于低年级学生而言，让他们竖起书本凭眼睛扫视读出整篇文章是有很大困难的，于是，刚入学我们常常让学生点着字读，而点着字读其实只是做到了一字一句读，不加字不漏字，但是无法做到注意标点停顿、

---

① 中华人民共和国教育部制定：《义务教育语文课程标准》（2011年版），北京师范大学出版社2012年版。

节奏以及情感的表达。中高年级学生则出现拖腔拉调，全班齐读时，容易出现跟读情况。

（三）有口无心，有声无情

当学生能正确、流利地朗读，甚至熟练地背诵课文时，往往缺乏感情。表现为不管文章类型，遇到抒情就直接把声调提高，注意了轻音重音、语速快慢的处理，但是没有经过理解和用情体会，只能是有口无心、有声无情地朗读，即"目视""口诵"没有和"思维"结合。

（四）范读缺失，机会不均

当今课堂，多媒体技术得到了广泛运用，教师的范读越来越少，许多教师以各种理由，或是普通话不够标准，或是感情不够充沛，或是声音不够完美为借口，轻易就是"请听录音"或者是点几个朗读水平较好的学生朗读，几乎每节课都是那几名学生，一人读，众人听，朗读水平越高的锻炼机会越多，越是朗读水平低，反而锻炼机会越少。

二 如何提高小学生的朗读能力

教师不能忽视小学生朗读现状所具有的普遍性，任课教师和学生自身都应该正视这个问题。学生的朗读水平与本班教师特别是语文教师有着密切关系，包括语文教师的普通话标准程度，对朗诵的指导方式，对朗读的评价准则，同时，学生朗读能力与学生课内朗读氛围，课外活动学生的朗读兴趣的培养也是分不开的。学生的朗读兴趣得不到培养，就会慢慢失去学习语文的兴趣，所以，我们要找出相应的对策才能有利于提高学生的朗读水平。

（一）教师的朗读指导方式要因文而异

目前语文课堂上教师的朗诵指导方式基本如下：当课文有适合朗读的段落和句子，教师会让学生找出来并朗读。读的形式有指名读、小组读、男生女生读、角色表演读、比赛竞争读、自由选择读等，但不是所有的文章都适合学生朗读。在课程改革中，我们提倡学生以自己喜欢的方式读课文，灵活地选择"读"的方式。小学阶段，一般以记叙文为主，还有童话故事，诗歌谚语。针对不同的文体，选用不同的朗读方式。

1. 记叙文和说明文

这类课文篇幅较长，教学的主要目标是让学生达到了解课文内容和掌握文章写作方法这一层次，这类课文的朗读教学建议采用以默读为主、朗读重点段落为辅的方法。如《颐和园》[①] 这篇课文，可以让学生反复默读，在文中标出表示时间和方位的词语，制成路线图，而后选择一个景点采用当小导游的形式进行介绍，效果远比领读、齐读、指名读要好得多。

2. 童话故事

这类课文的朗读教学建议采用分角色朗读和男女生混合读的方式。这些故事的感情基调多样，适合学生在角色朗读中体会特定情境的语调，有助于对文章内容的了解。如《丑小鸭》[②] 和《奴隶英雄》[③] 这两篇课文，采用分角色朗读的方法，让学生在不同语调朗读中体会丑小鸭的变化过程的童趣和奴隶英雄的情感，这样可以充分调动学生的学习兴趣，让枯燥的课堂变得灵活多样。

3. 诗歌和谚语

这类课文的朗读教学建议采用精读的方式。先让学生画出节奏和重音词，然后跟学生讲解为什么要这样画，再让学生选择自由读、领读，甚至采用摇头晃脑站起来读的方式，多读、精读，关键是刺激学生想象的思维，边读边想象诗歌谚语所描写的场面。如在《望岳》[④] 中，让学生在读中体会"阴阳割昏晓"的"割"的场景，在高大的山脉中，阳光是如何照射到山峰的不同侧，使得整座山出现阴阳两面。教师先对重点词语"割"进行形象讲解，同时一边示范读诗句，一边画出这句诗所呈现的情景，通过图像直观向学生讲解，然后学生再反复诵读，激发学生思

---

① 《义务教育课程标准实验教科书语文四年级下册》，人民教育出版社2016年版，第88页。
② 《义务教育课程标准实验教科书语文二年级下册》，人民教育出版社2016年版，第126页。
③ 《义务教育课程标准实验教科书语文六年级下册》，人民教育出版社2016年版，第135页。
④ 同上书，第140页。

维,让他们在头脑中有画面感,帮助理解诗歌和谚语。

根据课文的类型特点,灵活恰当地选择不同的读法,会有意想不到的效果。

(二) 教师对学生的朗读评价要遵循一定的原则

在许多学生心目中,教师有着神圣不可侵犯的地位,教师简单的一句话都容易在直面学生的过程中,直达学生内心深处,在学生心里举足轻重,起到激励导向的作用。一个心里装着学生的教师会时刻以学生为主,以学生是否接受为标准,所以对学生的朗读评价是非常考究的。笔者认为在教师的评价方面要遵循以下原则,使得朗读评价具有针对性和指导性。

1. 赏识性原则

学生天性就喜欢被赞美和鼓励,特别对于胆小而且朗读水平较差的学生,教师鼓励的话语,善意的眼神,浅浅的微笑,都是对他们的肯定,教师的话甚至让学生感到关怀与器重,体会到成功的喜悦。从心理学角度分析,学生在鼓足勇气、尽心尽力地读过后,都是迫切希望得到教师的评价的。学生没有读好,或者读得很用心但仍然不满意时,教师应该学会发掘其闪光点,有耐心,不能拿大人的要求来要求孩子,毕竟每个孩子都有各自的长短处,心里一定要相信,迟开的花也有灿烂的一面,我们这个世界需要共性来完美演绎,也需要个性来锦上添花。比如在《田忌赛马》[①] 一文的学习中,指名读第二自然段,其中一位学生把"由于齐威王各个等级的马都比田忌的强,三场比赛下来,田忌全输了"这句话读破了,教师耐心地说:"这句话比较长,难读,请你再读一遍。"没想到学生读了四遍,还是没有读对,但是,每次他都比之前有了进步,声音变大了,更有感情了。虽然他一直没有读对,教师也看到了他进步的地方,表扬了他:"××同学很勇敢,在他的努力下,声音越来越响亮,也越来越有感情,应该学习他的这种不怕困难直面困难的精神。"话

---

① 《义务教育教科书语文五年级下册》,人民教育出版社 2019 年版,第 85 页。

音刚落,全班学生再一次鼓掌,因势利导,在读第五遍时,教师抚摸了他的头,鼓励他:"你深吸一口气,放松放松,然后默读一遍,再试一次,我相信你一定可以把漏字读出来的。"果然,再试一次,他成功了,全班同学都一起鼓掌鼓励。这一案例说明,只要教师有足够的耐心和爱心,赏识每一个孩子,把每一个孩子都当作可塑之才,一定会点燃他们内心的希望之火,扶植自信之树,让孩子们都体验成功的喜悦。当然,赏识性评价也不是盲目赏识,赏识的前提必须是以事实为依据,评价是中肯的而不能毫无根据地表扬,更不能是在两个学生都朗读后通过贬低一个来褒扬一个。应该杜绝"你比××好多了"这样的评价,我们提倡赏识性评价,这是正面鼓励但并不反对或者排斥指出错误。我们在突出学生优点时也应该看到其朗读中的不足。虽然只是简简单单的几句评语,但同样要恰到好处,这就要求我们教师要有赏识的眼光,用赏识性的语言进行点评,相信简单的几句话也会激发学生自信,让他们有信心开口朗读。

2. 导向性原则

评价是对前一阶段训练的再认识、再学习的过程,它既是前期活动的终结,也是新的活动的开端,评价起承上启下的作用,因此,评价要体现导向性。一是通过评价前期朗读过程找出存在的问题,提出改进和改善的意见,让学生知道怎么改进自己的朗读问题,同时知道为什么要这么改;二是读得好的,好在哪里,哪里该发扬,今后该发扬什么。目前大部分教师的口头语言表达水平有待提高,教学的口头语应该尽量贴近学生、贴近课堂,做到及时有效评价,而非简单、形式上的点评,我们在课堂上听到教师对学生朗读完毕通常简单地加上一句:"好""很好""不错""继续加油""你读得很有感情",也或者是"你读得不好"。假如听到表扬自己的点评,学生听完充其量就是开心高兴,也不清楚为什么老师会表扬我或者好在哪里;假如听到的是自己读得不好,慢慢就会失去自信心,更多的是不敢开口读,长此以往,就会不愿意再开口进行朗读,对语文学科的学习也失去兴趣。我们可以改简单的"朗读—评价"二元模式为"朗读—评价—再朗读—再评价"模式,如有教师在讲《美丽的小路》①一课时要求学生用读来表现小路的美丽，第一个学生读得不够好，老师是这么评价的，"你读得非常响亮，可老师还没有欣赏到美丽的小路呢，你再试一次！"学生第二次读完，有进步，老师评价道："呀，这下我看到美丽的小路了，路上铺着花花绿绿的鹅卵石，路旁开着五颜六色的鲜花。"这样一来能够让学生意识到自己的不足，同时表扬学生时老师简单地有意识地依着学生的样子重复朗读，既像是模仿，又像是示范，更重要的是强化朗读要领。在这种形象生动的语言诱导下，每个学生都会心领神会，明确努力的方向。

3. 发展性原则

发展个性这一重要原则必须贯穿整个教学的始终，并且融入教学环节中。朗读评价也不例外。"一千个读者就有一千个哈姆雷特"这句话也告诉我们，不能忽略每一个读者的感受，因此，朗读评价应该在尊重学生个人独一无二的情感基础上进行点评。每一个学生的存在都是独一无二的个体，每个孩子的家庭背景、生活经历等都不一样，不同的感受，不同的体验，不同的解读，面对相同的文本，有不同的演绎方式是正常的，教师要珍视学生的独特体验，引领学生深入走进文本，实现和文本的深层对话。在一次古诗课上，任课老师让一名学生站起来读，这位学生读的节奏明快，并且表情显得比较愉悦，与刚才教师讲解的诗人和写作背景等都不符合，教师满脸疑惑，于是，向学生提问"请问你在读这首诗时，你想到了什么？"原本只是简单安静的课堂顿时活跃了起来，这位学生马上高声说道："我想到了在去年暑假时，爸爸妈妈和我一起去美丽的凤凰旅游的情景，当时细雨蒙蒙，我们走在不整齐的石头路上，看着路边矮矮的小房子，虽然也不整齐，但是却有一种诗意的感觉，我们不由自主地放慢了步调，轻轻地抚摸着石头墙壁，没走几步，一棵大树弯着它的身体，探身下来，仿佛在与我讲话。"原来古诗里出现的情景和学生自己的经历联系在一起，旅行的愉快记忆根深蒂固地留在学生的脑

---

① 《义务教育课程标准实验教科书语文一年级下册》，人民教育出版社2016年版，第45页。

海里，相反，在另外一位学生的朗读中，我们听起来有一种由衷的苍凉悲伤感。所以，我们在评价学生的深情朗读时，我们不可以标准化，也不可能把有感情朗读变成生硬的"感情+朗读"，也就是不可以让学生必须带着某种生硬的情感去朗读，或者也不可以用某种语气去演绎课文，不能把自己的意志、自己的理解强加在学生身上，那样只会把学生变成朗读机器、简单的复读机，这样对于提高学生朗读水平没有益处。

（三）课内教给学生正确、流利、有感情的朗读方法

都说兴趣是最好的老师，假如学生对朗读产生兴趣，朗读对于学生而言就是一个开心快乐轻松的活儿了。让学生发自内心地对朗读产生浓厚的积极性和主动性，这是朗读的第一要务。

能正确、流利、有感情地朗读课文，是提高学生朗读能力的根本。从学生入学第一天起，教师就应该采用各种教学手段，循序渐进地教会他们正确、流利、有感情地朗读课文，从而使学生从朗读中体会汉语言的音韵美，挖掘文章文字背后潜在的内涵。

1. 正确

把音读准了，是朗读最基本的层次，也是语文教师在语文课上对学生提出的朗读初级阶段的要求。

教师首先要起示范作用，讲标准规范普通话。因为这里的"正确"是指用普通话标准音读准字音。学生要认识这个字，才会读出正确读音，要求学生会读出这个字，教师就要发音标准。笔者在调查中，针对一年级的测评结果，学生的"吐字清晰"这一项目的得分是偏低的，只有0.86分（满分为1分），在"吐字清晰"这一项的考评中，尤其是儿化音，轻读，平翘舌这些音发音不清楚，所以，教师应该重视生字词的读音的教学。其次，要注意标点符号，用法，确定停顿时间长短。标点符号是帮助读者确定停顿时间长短的，每个标点符号都有自己固有的用法。在测评中，一年级学生在"停顿恰当"这一项的得分是所有项目的考查中最低的，只有0.85分（满分为1分），我们在教学过程中要教学生逗号、句号、省略号等标点具体应该停顿几拍，这样才可以使学生在朗读

中学会停顿；此外，还要注意对重音部分的处理，加深对课文的理解。一句话中的重点词句一定要做重音处理，这起到强调的作用。一个语句中重音的确定首先要深入领会作品的思想内容，找准应该特别突出的概念，即在意思上、感情上最重要的词或者词组。只有学生真正理解了课文，找准课文中的要重音的词语，才不会偏离作者原意。注意了重音的语音技巧处理，还要恰到好处，切忌过分强调，叫人感到矫揉造作。

2. 流利

朗读的第二个层次。

文本的朗读以及在表达自己观点时是否做到流利与其对文本的熟悉程度有关，对文本越熟练，朗读起来就会越流畅。但是笔者在调查中发现，在已经学过的文本中抽取一段进行朗读测评，低年级学生的"表达流利"这一项得分很高，达到 0.88 分（满分为 1 分），而中高年级则相应地比较低，在朗读过程中一般会出现漏字、多字、反复读的情况，并不能做到流利朗读。相比低年级，高年级学生认识字明显比低年级学生认识得多，但是不能流利朗读，说明中高年级学生对文本越来越不重视。所以作为教师，针对难读的词语和学生不容易把握的句子，仍应该起到示范作用，让学生从简单的模仿入手，带着读，等达到一定程度，教师再放手，让学生独立朗读。平时进行绕口令训练，让学生感受中国语言文字的内在魅力，体会文字的博大精深，激发他们读准字音，既做到发音字正腔圆又做到朗诵正确流利，表现好的学生可以在班里进行展示，一段时间也可以进行绕口令比赛，激励学生。

3. 有感情

朗读的最高层次。

有感情朗读最直接的表现就在于对句子的语速和语调的处理。语音的高低、强弱、长短和轻重称为语调，说话或者朗诵的每个音节长短或音节之间的连接的紧松则为语速。说话的速度是由说话人的感情决定的，朗诵的速度则与文章的思想内容有关，对思想情感的表达起决定作用。如在《桂林山水》一文中，有这样的一段话："漓江的水真静啊，静得让我感觉不到它在流动；漓江的水真清啊，清得可以看到江底的沙石；漓江的水真绿啊，绿得仿佛那是一块无瑕的翡翠。"[①] 这是一个排比句，主要是赞美漓江的水静清绿。从语音上来看，读起来节奏是明快的，学生在反复朗读中也可以找到感觉，"静"读起来语调是轻和弱的，语速慢，给人一种安静的感觉；"清"读起来应该比"静"短促些，因为漓江的水给人的特点是没有拖泥带水的感觉；"绿"则读起来是响亮、明快的，因为这美丽的山倒映在清清的安静的水里给人感觉是明快的。通过教师讲解和示范，学生自然会慢慢进入情境，也会读出感情。

（四）为学生创设良好轻松的朗读氛围

当前语文课本选编的诗文大多文质兼美，语言生动，感情丰富，具有很强的表现力和感染力，非常适合从朗读的角度去感受、揣摩和领会文章的内容和中心思想。教师在课堂上要努力为学生创设良好、轻松的朗读氛围，这样才可以尽最大可能激发学生对朗读的兴趣，挖掘其朗读潜力，提升其朗读能力。

1. 鼓励学生，及时表扬

合理的朗读评价是提高学生朗读能力的金钥匙，都说"好孩子是夸出来的"，教师的鼓励比什么都重要，这是培养学生朗读兴趣、树立朗读自信心的重要方法和途径。作为语文教师，一定要熟悉自己的学生，坚持以鼓励为主的原则，甚至需要夸大表扬，比如："你读得太好了，继续坚持下去，你就是未来的央视主持人了！"如果教师只是简单、廉价地给予概述性评价，单纯地说出好坏反而就失去了评价的意义，而最后被表扬的学生就高兴一会儿，没有得到表扬的学生会更加不愿意开口，教师美其名曰的评价就完全失去评价的意义。对于一些朗读不到位的，教师不妨采取幽默巧妙的点评，让学生清楚自己的问题所在，在下次朗读中改正。

2. 创设情境，唤醒情感

多元智能理论认为："充分提供情节背景下的学习是最有效的。"学

[①]《义务教育课程标准实验教科书语文四年级上册》，人民教育出版社2016年版，第6页。

生接触社会少，知识面窄，缺乏对生活的认识和感悟，所以教师要有效利用有限的教学资源，特别是多媒体课件，化抽象为形象，化静态为动态，将文字背后的画面直观生动地呈现在学生面前，这就缩短了学生的自我感知过程。比如《安塞腰鼓》这篇课文，作者采用写实的笔法描绘了气势磅礴的腰鼓表演，塑造了可触可感的艺术形象，豪迈粗犷的动作变化充分体现了陕北高原民众的憨厚、朴实的个性，感受到安塞腰鼓所宣泄的生命力量。这时采用表演式的朗读，教师播放背景音乐，学生就仿佛置身于陕北高原，一些学生用手势动作进行模仿，一些学生进行旁白描述，学生全身心地进入课文，不仅感受到了朗读的快乐，也给同伴带来了视觉冲击和声觉的刺激。

3. 肢体语言，深化朗读

低年级的学生大多活泼好动，控制能力差，注意力容易分散，在教学过程中，教师应该结合教材内容，寻找学生的兴奋点，恰当采用游戏的方式，利用身体体态语言和丰富的面部表情来朗读教学。在《荷叶圆圆》[①] 一文的教学中，当讲解到课文最后一个自然段"小鱼儿在荷叶下笑嘻嘻地游来游去，捧起一朵朵很美很美的水花"时，小鱼儿在荷叶下游来游去学生是可以理解的，但是"笑嘻嘻"一词是怎么表现的呢？教师可以让学生活动双手，做出小鱼游来游去的动作，一边朗读，一边做动作，学生自然也就加深了对课文内容的理解。在教学《田忌赛马》[②] 一文时，田忌如何选用不同的马匹进行比赛是他赛马成功的关键，简单的画表格对比显得枯燥单一，教师不妨用大拇指、食指、中指分别对应上、中、下三种马匹，方便学生记住赛马的顺序，用手指比作马匹这一举动就化抽象为直观，学生一边读一边用手指参与赛马，兴趣盎然，其乐融融。

当然，在教学中，除了上述多种方法可创设朗读氛围、有效调动学生朗读的积极性外，教师在平日的指导中也可采用多样、变化的朗读方

---

① 《义务教育课程标准实验教科书语文一年级下册》，人民教育出版社2016年版，第62页。
② 同上。

式来激励学生开口朗读,包括师生范读、齐声朗读、指名朗读、"找朋友"朗读、小组合作朗读、"彩虹"读、自由朗读、分角色朗读等,教师在课堂上因文而异采用不同的朗读指导方式,可以让学生不再抗拒并开口朗读,如此下去,自然会变"你要读"为"我要读",这样的学生就可以自由驰骋在有声文字的世界里,尽情感受文字带来的无穷魅力。

(五)提倡丰富多彩的课外朗读活动

朗读不应该只是停留在 40 分钟的课堂中,华特·科勃涅斯指出:"语文学习的外延与生活的外延相等。"语文的外延与生活的外延相等,所以我们要将朗读延伸到课外,让朗读成为学生们生活的一部分,让学生课余生活因为朗读而变得多姿多彩。

1. 组建兴趣小组,促使朗读自律

学生坚持独立朗诵是有难度的,毕竟学生自控能力差,我们可以组建兴趣小组,促使学生朗读自律。深圳市宝安区宝民小学就组建了朗读兴趣小组,在组长的组织下,学生都会自觉或者不自觉地在读。另外,还可以发挥人多的作用,互相监督,互相促进,也能避免往日单调的个人阅读,促使朗读自律。

2. 举行多样比赛,激起朗读兴趣

比赛是存在竞争的,通过竞争就会找到差距,培养竞争意识,找到差距才会意识到不足,促进学习。同时参加比赛还可以塑造勇敢的个性,消除恐惧,学会欣赏他人,开阔视野,增长见识。所以我们可以举办多样的朗诵比赛,激发学生朗读兴趣。如举办课本情景剧表演、诗歌朗诵比赛、故事大王比赛等,内容选择既可以是课内的也可以是课外的,积极向上的内容即可。学生只有积极参与了,他们的兴趣才会被激发出来,而比赛正是最容易激发学生参与的一种方式。

3. 聆听名人诵读,开拓学生视野

我们也可以引导学生聆听名人的诵读,组织学生到现场去聆听名人名家诵读,让大家感受朗读带来的文学美、声音之美和情感之美,这样不仅可以激发学生的朗读热情和兴趣,而且可以让学生开阔视野,心胸开阔，获得进步。加里宁指出，教师在任何时候都不能忘记，自己不单单是一个传授知识的教师，更应该是一个教育家，是人类心灵的工程师。教师应树立鲜明的"育人"目标，教书就是为了育人。就培养课外朗读兴趣而言，可以通过聆听，感受一种美的氛围，激发学生的兴趣，同时引导学生在以后的生活中养成心胸开阔、乐观向上的心理品质，这就是教育的成功。

4. 开展亲自阅读，激发朗读热情

家长是孩子的第一任老师，所以，家长对培养孩子有感情朗读也是非常重要的。家长对孩子的培养不能仅仅停留在买一些适合朗读的书籍，播放优秀的朗读视频，这有可能适得其反，使孩子的内心产生抵触心理。家长不妨和孩子一起朗读，走入唯美的朗读殿堂，洗涤心灵。亲子阅读可以增进父母和孩子的情感交流，及时了解孩子的心理活动，可以进行正面引导，也可以有效培养孩子的注意力，提高孩子的倾听能力和语言理解能力，还可以培养孩子阅读的兴趣，养成读书的习惯，提高阅读能力。"儿童的智力取决于良好的阅读能力，阅读能力形成越早对孩子综合发展效果自然越好。"

（六）适时开展公平公正的朗读测评

教学中朗读测评的范围可大可小，形式多样。如可以在小组内进行朗读比赛，班级内部进行朗读评选，每个学生都参与其中，他们既是参赛者也是组织者。低年级活动的举办，老师和家长都要配合，高年级老师要学会放手，全面调控，对整体大方向进行把握即可。下面以笔者在深圳市宝安区宝民小学的调查为例进行分析。

1. 测评前

首先要对人员进行分配，并且明确各自的活动职责。在一个活动中一般要准备以下资料：每个年级要准备不同的朗读材料，这些朗读材料必须有6—10组难度相当的朗读片段，时间控制在1分钟内。低年级一般选择对话或者变化较多的片段，高年级则以有感情表达的篇目为主，这个部分由指定的语文教师进行选择，并做好保密工作，保证测评公平、公正进行。

在学生中选出1—2人担任主持人，掌控整个测评工作的整体运行。小主持人通过班级选拔而产生，具备一定主持能力，应变能力强，音、形都较佳，这是测评工作得以顺利进行的保障。

还要选出一个计时员，提示时间，方便在测评中测出学生的语速的快慢。在准备工作中还要对评比规则进行敲定，不同测评目的可以有不同的评比规则。

2. 测评中

活动开始，主持人宣布规则，计时员做好记录，老师根据评分细则，做好评分。

（1）规定评分细则。针对不同年级有不同的评分细则，但是同一年级的评分细则必须是相同的，测评班级的语文老师不能在测评中进行提示，这样会明显影响测评结果，如老师说了要站直，声音要响亮，一旦提醒，学生就会有意识，在朗读时就会有所注意，放大声音，这就影响测评。

（2）固定测评地点。建议选择在原来的课室讲台或者座位上，如果选择讲台，要固定讲台具体的某一个点，同时测评人也要固定位置，不要将学生带到特别的地方进行，如果让学生去了一个新的地方，他们会精神紧张，特别是去礼堂或者会议室。

（3）强调学会倾听。待测评的学生必须学会倾听，保持安静。在待测评的学生中要有"倾听"这一项目，学生在活动中除了参与，还要学会倾听。倾听也是我们日常生活中的重要组成部分，不是每一个人都是生活的主角，都有话语权，那么这时候倾听就显得尤为重要。倾听是一种能力，更是一种素养，一种思维习惯，良好的倾听是学习知识的主要途径，只有倾听才知道问题所在，懂得倾听才能深刻了解他人，同时也了解自己，只有客观辩证地看待自己，才能取人之长补己之短。让学生学会倾听的最好方法就是教师学会倾听学生，因为单纯让好动年龄的学生学会倾听，这是比较难的，但是教师学会倾听学生却是必要且重要的，倾听是一种教师修养，是一门教学艺术，是提高朗读课堂质量的重要保证。倾听是教师和学生都应该共同培养的习惯。

在测评过程中还应对测评工作人员提出以下几点要求。

（1）自身熟悉测评的内容，不仅仅包括对文本的熟悉，而且要清楚其中的考点。新课改对低年级学生朗读的基本要求是学习用普通话正确、流利、有感情地朗读课文，朗读要求比较低。例如在《画家与牧童》一文中，戴嵩听了牧童的话是这么说的："小兄弟，我很愿意听到你的批评，请你说说什么地方画错了？"[①] 低年级学生在朗读中一般会在"我很愿意听到你的批评"这句中出现停顿，不知道在哪里停顿，或者完全不懂怎么停顿时，干脆一字一拍，拖腔拉调地唱读，因为低年级孩子的注意分配能力差，识字不多所以他们把注意力集中在如何读准字音上，那么就忽略了对句子意思的表达，所以这是我们在朗读教学中特别需要指导的，朗读不能唱读。我们可以把低年级的朗读教学分为以下三个层次：正确读—流利读—理解读（亦叫有感情读），分阶段培养目标，这样针对性就会强一些。

（2）测评人员要做到对每个测评学生负责，切实做到公平公正公开，只有这样才能发挥测评的意义。

（3）对测评人员进行提前培训。因为在测评中，学生读的文本一般很短，如果遇上朗诵快的学生，也许学生读完测评人员还没来得及关注到相关的测评选项的细节，无法正常给出客观的分数，所以需事先对测评人员进行培训，做到可以正确地记录。

3. 测评后

测评结束后，数据的分析以及对学生和指导老师的反馈必须及时有效。对于学生而言，他们认真地参与，不仅仅是想得到一个分数，或者一句点评，主要是想通过这次测评知道自己的朗读水平在班级或者整个年级属于哪个档次。另外，从平均水平的对比中，看出自己的问题所在，

[①]《义务教育课程标准实验教科书语文一年级下册》，人民教育出版社2016年版，第62页。

具体是哪里做得不到位,在接下来的朗读中就可以改进。对于教师而言,全班的整体效果是对自己教学水平的一个检测,不仅仅可以知道全班的平均水平,更重要的是要清楚班级中存在的普遍问题,进而在教学中做出改进。如学生的声音不够响亮,就有意识地在以后的朗读教学中指导学生要站直,并且声音要响亮,在朗读中要多加提醒。如果发音不准,那么就必须进行反思,自己在课堂教学中,字音是否发音准确,针对当地方言易错常错的字音是否有重点讲解和指导,这也要求语文教师,不仅教学中要教学有方,平时的口头语也要注意,从细节出发,从小处着手,学生自然就会慢慢受到影响,注意自己的发音。

朗读测评的每一个数据都是具有研究意义的,不能随意更改,一定要做好对学生的反馈工作,做到对学生负责,促使学生在朗读中学会感悟,形成人人朗读、互相帮助、互相学习的良好氛围。同时,测评对任课老师也是一种鞭策,是对学校教学质量的一次评估。

三 结语

总而言之,提高学生的朗读能力不是一蹴而就的。语文教师应从学生入校的第一天起就要有目的地设计循序渐进的培养方案。教师要针对班级学生的基本情况以及学生的年龄特点,营造良好的朗读教学氛围,鼓励学生多开口、多朗读,调动学生的学习积极性,激发学生朗读欲望,这样才能使学生情感发于内心,又能溢于言表。同时严格要求自己,讲流利标准的普通话,采用多样的朗诵指导方式、灵活的评价原则进行指导,多进行朗读测评,家长也要积极配合参与其中,有耐心,有恒心,相信学生的朗读能力一定是可以提高的。

语文教学必须加强朗读训练
——浅谈新课改下语文教学中有效提升朗读能力的重要性

李 辉

（深圳市宝安区红树林外国语小学）

摘 要： 口语表达是人们在交际中最常用的一种方式，而口语表达提升训练的基础就是朗读。影响小学生口语表达能力的因素，有自身素质、学校教育方法、家庭环境和生活的语言环境等方面。如何从提高小学生日常朗读能力入手，培养好的语感，从而提高口语表达能力，是每个教师都应当重视的问题。对此，教师需要从课堂出发，着力于学生的听、说、读、写等方面，从多方面帮助学生提高朗读能力，从而提高口语表达能力，有效地促使他们口语表达，提升语文素养，让他们感受到母语的魅力，感受到中华传统文化的美，感受到语言表达的美。提高学生朗读能力，提升学生口语表达能力既能让学生有效地表情达意，又能够让学生形成好的表达习惯，充分利用语文工具性的同时砥砺品行，完美人格，陶冶情操，培养审美情趣。用美的表达，创造人生不同的美景，做到各美其美，美美与共。

关键词： 小学语文教学；口语教学；朗读训练

一 小学语文课堂教学中朗读训练的现状

语文的教学其实就是语言的教学，语言指的是平时说的话。口头上交际使用的语言叫口头语言，写到纸面上的叫书面语言。把语文拆分来看，"语"指的是口头语言，"文"指的是书面语言，二者的结合就构成了语文。口头语言涵括说和听，书面语言涵括读和写，两者都同样重要。但是不管是口头语言还是书面语言，它们提升的基础都是语感的培养。而语感培养的基础就是朗读。新课标强调语文的人文性和工具性。其中工具性是指思维的工具、交际的工具和学习其他学科的工具。人文性具体表现在砥砺品德、完美人格和陶冶情操，以及培养审美情趣两个方面。语文教学中，人文性的品德人格和情操审美形成方面是一个长期润物细无声的过程，而思维和交际的工具性则是显现的。现今的语文教学中，尽管在素质教育的大旗下，学生的口语表达水平有了一定的提升，但是，从学生一提到写作文就犯愁，到大部分在口语交际中仍然是开不了口，或者表达不清晰，学生的课堂口语表达以及生活中的口语交际等都仍然停留在一个初级阶段。尤其是在朗读方面，在学术研究方面关注得相对较少，在研究领域上面比较薄弱。而我们的课后练习的第一题基本上都是要求正确、流利地朗读课文。但现在的语文课堂，有不少教师，课堂上为了追求所谓的整齐而导致学生朗读的格式化或者唱读的现象，生活中连最起码的问好、打招呼以及节日的问候、祝福都羞于开口，或者开口词穷。国内亦有相关的一些研究，课本上也在每一单元都安排了相关的口语交际等，但如何让口语交际真正地从书本走向生活，从课堂走向实践，从母语学以致用的角度来服务于生活交际，从情感信息传递的深度来真正达到精准的表情达意，确实是我们一线教师应该关注的。

二 小学语文课堂教学中朗读训练的重要性

在语文学习的不同阶段，有不同的教学任务，对于小学生，语文教学就是为了指导他们识字和用字，培养他们听、说、读、写的能力，并在语文学习的过程中，发展他们的智力，锤炼他们的品格，养成优秀的学习习惯。听、说、读、写是语文教学的四个方面，但由于考试的形式主要是写，所以大多数语文老师平时课堂教学的侧重点都一直放在写上。

作为语文老师,应该清楚地认识到只有锻炼学生的听、说、读、写四个能力,才能提升学生的语文能力,进而提高其综合素养。朗读的训练对于学生语文学习是必不可少的。从孩子牙牙学语时,便是通过读来掌握语言。小学时期正是语言学习的重要时期,必须充分运用好朗读这一工具。学生在背诵、熟读文章后,可以将书本的内容内化为自己的知识,从而能够更好地学习和运用语言。因此,在小学语文课堂教学的过程中,朗读的训练是重中之重。

何为朗读,便是将书本上的内容转化为有声语言,它的核心在于读出声。朗读贯穿于学生学习语言的整个过程。阅读是锻炼小学生语言表达能力、提高语文综合素养必不可少的一个手段,而与阅读相比,朗读显得更为重要。朗读作为阅读的起点,对于学生课文理解有很大的促进作用。除此之外,朗读还有助于学生思想品格的形成,有助于智力的发展。朱熹在他的文章中介绍了学生语文学习必须运用好朗读这一工具,逐字逐句地朗读文章,不断地揣摩,才能深刻体会到文章的真正用意。而且在朗读训练中,可以着重突出某个字,让学生更加能理解读的文字的意思。就语文学习的信息获取渠道及习惯培养而言,朗读亦是重要的。朗读,不仅要用眼睛读,还得会用耳朵听。因此,培养听的能力是朗读必不可少的环节。要善于听,只有听明白了才能进行愉快的表达与交流。朗读能力的培养不能省略"听"的环节,听就是朗读起步与进步的基础。在教学过程中,一方面要让学生去读,在读中理解,在读中感悟,在读中收获,在读中进步;另一方面要使他善于听。其实听也是读,用耳朵来读。培养学生听的能力很重要,听的过程也是思维训练的过程,朗读模仿能力提升的过程。只有把听、说、读、写连起来,才能有效地进行朗读能力的提升训练。

三 语文教学中朗读训练的作用

(一) 朗读训练有助于学生形成好的语言表达

很多教师重视培养小学生的阅读能力、写作能力,往往最容易被忽视的就是朗读能力。小学生的朗读便是能大声地、规范地去读。汉语本身具有其独特的节律、韵律、旋律。朗读对于学生语感的形成至关重要。由朗读切入,可以提高学生的阅读能力、语言表达能力,进一步带动写作能力。以学生的听和朗读为基础,落脚于写和阅读,从小处立意,以点带面,让学生受益,获得成就感。同时,基于语文学科的人文性和工具性,结合语文的综合素养提升目标,通过教师长期的朗读训练和具体方法指导,让学生能正确、流利地朗读,不唱读,不格式化读。通过开展适合学生的语文素养活动,让孩子在活动中锻炼,打开话匣子,在生活中养成好的表达习惯。

(二) 朗读训练有助于学生形成美的语言积累

课文的朗读有三大注意事项:不读破词句、不添字、不漏字,核心要义在于读通句子。一次又一次的朗读,能够使学生和字词多次接触,从而加强他对字形、读音的把握,更加有效地学习字词。朗读训练要求一篇文章必须朗读多次,这样才能读对、读顺,增强学生的语感。教师给予适当的教学指导,使学生更加喜欢朗读,养成朗读的良好习惯。

能够编进语文教材的文章,都是经过精挑细选的,其中很多是来自名家名篇,文质优美,朗读这些文章会使学生受益良多。语文教学中,要充分地利用教材,指导学生朗读课文,从而掌握规范的用语,并加深他们对文字的理解,朗读对于方言区的学生的教学作用会更加凸显。

语言的学习是一个感性的过程,是不断感受和积累的过程。朱自清的《匆匆》是一篇非常唯美的散文,文章中,作者从追问中开篇,在追问中结束。教师指导学生不断阅读此文,让这看不见摸不着的时间,随着作者的笔触去身临其境地感受:于是——洗手的时候,日子从水盆里过去……但是新来的日子的影儿又开始在叹息里闪过了。随着作者去追问:我们的日子为什么一去不复返呢?读着读着,不仅感受到了作者珍惜时间的情怀,还学习到了他散文的写作方式,做到了写作技巧与底蕴积淀的有机统一。又比如在《桂林山水》这篇课文的学习中,文中有很多描述桂林山水的美句,通过对这些句子的朗读,更加深刻地认识到了桂林的奇、秀、险，也感受到了漓江净、清、绿的水，最重要的在于学会了此种描述方式，对学生的作文写作大有裨益。记忆力好是小学生最突出的一个特色，而在语文教学中如何运用好这个特色是一门功课，小学生进行朗读、背诵往往更加容易，充分地运用好朗读这一教学手段，能够让学生真切地感受到语言的魅力，认识到语言表达方式的多样性，在语言材料的积累下学会用语言表达思想、抒发情感。

（三）朗读训练有助于学生形成好的语言审美

在小学语文课文中，对自然景物及场景进行描写的文章不胜枚举，比如《草原》《观潮》《窃读记》等，用一段段文字描写了一幅幅优美的画面。在语文教学时，老师充满感情地朗读这些文章，使学生有身临其境之感，感受文章描述的事物的颜色和形状，学会欣赏大自然的美丽风光。《窃读记》一文中这样写道："我跨进店门，暗喜没人注意。我踮起脚尖，从大人腋下挤过去。哟，把短发弄乱了……啊！它在这里，原来不在昨天的地方了……"通过朗读这篇文章，品析"踮""挤" "哟" "啊"等字词，学生能够身临其境地感受到作者暗喜的心情，"急忙打开书，一页，两页，我像一匹饿狼，贪婪地读着"。使学生在领略作者写法的同时也学会了比喻的修辞手法。在教学过程中，教师的朗读示范十分重要，必须融入自己对作品的理解，将书本的情景再现，使学生仿佛身临其境，感受自然的壮观。优秀的朗读示范不仅能够使学生更加深入地了解课文，引起他的共鸣，更能激发学生对祖国山河、美好自然的向往和热爱。

在或慷慨激昂或深情沉浸，或悲痛或喜悦的朗读中将书中描绘的情景和情感再现，激发学生的想象力，感受自然的美丽和壮观，有利于学生形象思维的培养。语言美更是一种美，要培养他们欣赏美的能力，树立正确的审美观。

诗歌也是语文教材的重要组成部分。诗歌的特点在于音乐美和节奏感，对于语言运用的要求更高，能够通过音乐美和节奏感的语言表达出作者深藏的感情，耐人寻味。在学习诗歌的过程中，必须要在理解的前提下,反复地朗读和背诵,使学生能够深入作者的内心,品味领略诗歌的深层含义,培养他们爱美的情操。

(四) 朗读训练有助于学生形成好的语言思维

"口诵心维"是古人读书的信条。"诵"不单单是"读",意即饱含深情地朗读,以窥探作者的内心情感和思维活动。教师指导学生朗读,目的在于使他们能够品味语言、学习语言。比如在《地震中的父与子》的教学时,找出父亲和众人对话的文段,发现他几乎在重复一个意思:"你是不是来帮我的……"还有罗列父亲挖掘时间的文段,指导学生朗读,使他们想象、体会父亲为了救儿子,不顾众人劝说,争分夺秒在废墟中坚持挖的心情。再指导学生通过朗读,体会当时情况的紧急,以及挖的时间之长,体会到浓浓的父爱,让学生从中受到深刻的教育。学生在朗读学习中不仅认识了语言,而且拓展了思维。在学习的过程中,学生会自然而然地联想到生活中的情景,从而形成是非观和善恶观。在这个时候,教师要善于将思想教育渗透在语文教学中,帮助学生去明辨是非,区分善恶,实现真正意义上的"教书育人"。

不同的学生心理特点和认识水平会有差异,这跟他们的年龄息息相关,因此需要针对不同的年级制定不同的教学方案。不过从训练手段的角度来看,"读"始终是小学语文教学最为重要的教学手段,其中更应该突出的是"朗读"。通过朗读指导,可以锻炼学生的思维,充分调动其学习的积极性,养成优秀的学习习惯。叶圣陶曾言道:"多读作品,多训练语感,必将能驾驭文字。"由此可见,朗读训练在语文课堂教学中的重要地位。另外,在母语环境里学习口语,主要有两条途径——生活与书本。事实上,婴儿从出生发出声音开始就已经开始学习口语,在成长过程中,其口语习得一则来自父母及教师等,二则就是通过语文学习习得的。因此,在教学过程中将采取组织学生话剧表演、相声、小品、朗诵、吟唱、演讲及辩论等活动来提升学生口语表达水平。现今教学中出现各种各样的口语教学方法,只要符合学生实际、对学生口语训练有利的,我们都可以积极去尝试、去探索。

朗读，始于开口，在声音中启迪，在情感中传递，在人们心头落地。朗读，让白纸黑字变得立体、有生命力，让作者的情感有了一批又一批的共鸣者，让作者的情怀有了穿越时光的魅力，有了比一生更长的岁月。而小学语文课堂教学中对朗读训练的重视，更是让学生在浓厚的氛围中，张开嘴，打开心扉，受教于课堂，提升在交往中，绽放在生活中，受益于人生的旅途之中，让其在平时的课堂教学中落地生根。

浅谈指向口语表达的低年级阅读教学策略

王 爽

（深圳市宝安区孝德学校）

摘 要：口语表达能力是当今社会每个人必备的基本技能和核心素养。小学阶段特别是低年级是发展学生语言的黄金时期，语文老师必须重视学生口语表达能力的培养，做好阅读与口语表达教学的统整，在阅读教学中渗透文体意识。学生在童话、古诗、儿童诗、寓言的学习中，通过看图说、想象说、模仿说、创编说，其言语表达能逐步朝有序、有物、有情、有理的方向发展。

关键词：口语表达；文体阅读；教学策略

　　口语表达能力是当今社会每个人必备的基本技能和核心素养。小学阶段是发展学生语言的黄金时期，低年级更是学生系统学习语言表达的起始阶段。作为一名语文教师，必须把学生的口语表达能力训练贯穿在语文教学的每一领域中。其中，阅读教学为培养和锻炼学生的口语表达能力提供了最经常、最适切、最行之有效的场域。从低年级课文的文体来看，有童话、古诗、儿童诗、寓言等不同种类，不同文体的阅读教学以及融入其中的口头语言训练，都需要教师具有文体意识。因此，教师应该根据低段课标要求，做好阅读与口语表达教学的统整，努力实现读和说的结合，进而解决学生在日常口语交际中言无所依、无话可说、套话连篇的问题，使学生做到言之有序、言之有物、言有所感、言之有理。

下面笔者以童话、古诗、儿童诗、寓言为例，谈谈指向口语表达的低年级阅读教学的操作策略。

一　读前看图说，在童话教学中引导学生言之有序

低年级统编教材中的选文大多以童话故事为主，这些童话故事情节有趣、语言生动、结构反复，教材还配以精美的插图，符合低年级学生的认知特点，深受学生们的喜爱。根据儿童对童话故事爱听、爱看、爱讲的特点，课前指导学生通过观察插图讲故事，不失为训练学生言之有序的良策。

如在学习《小蝌蚪找妈妈》这篇课文前，先出示课文的第一幅插图，并用泡泡出示小蝌蚪、鲤鱼妈妈说的话。然后，指导学生从左到右仔细观察画面，说说图上都有什么，它们都是什么样子，想想它们都在说些什么。插图以其丰富的色彩、生动的角色形象，打破了时空的限制，把学生的视野引向广阔的思维空间，学生有图可依，有法可循，有话可说，一个个兴趣盎然，争相描绘。在学生说的过程中，我及时引导他们注意按照一定的顺序，同时把话说通顺、说完整。说完之后再让学生读读课文第一、第二自然段，然后与课文进行对比：看看自己说的哪些话和文中是一样的，以此培养学生的成就感；再看看文中哪些话是我们没想到的、值得我们学习的。在对比中，引导学生发现课文语言表达的精妙，意识到自己的不足，再逐步完善。由此可见，通过引导学生观察课文的插图，不仅训练了学生有序观察、仔细观察的方法，还培养了他们有序表达、完整表达的能力，可谓是一举多得。

二　读中想象说，在古诗教学中引导学生言之有物

古诗文字简练，意境深远，给学生提供了非常广阔的想象空间。就古诗教学而言，理解诗句意思是最基本的要求，也是说话训练的重点。

如在学习《敕勒歌》时，我设计了这样一个环节：

出示文中插图，请学生借助填空的提示，用自己的语言说说诗句的意思：_____的敕勒川，在_____的阴山下，天空_____，笼罩着_____的原野。

有了前面充分的读和适当的填空提示，学生说得非常具体，不仅准确把握了诗句的意思，也通过想象画面感受到了大草原的苍茫与辽阔。

又如《小池》一文的教学，在朗读课文、欣赏画面的基础上，我以"读着这些美妙的诗句，你的眼前仿佛出现了怎样的画面？"为话题，让学生轻轻地闭上眼睛，一边听老师声情并茂地配乐范读，一边自由地展开想象，然后出示填空：我仿佛看到了_____。让学生描述想象的画面。有的学生说："我仿佛看见清澈见底的池水，在阳光柔和的照耀下，美丽极了，大树把小池当作一面大大的镜子，你看，它正在梳洗打扮呢！"有的学生说："我仿佛看见一只小蜻蜓飞来了，它轻轻地落在尖尖的荷叶上面，展开双翅，踮起脚尖，好像在跳芭蕾舞呢！"所谓情动而辞发，读真而意切，从学生充满个性化的语言里，我们可以验证：无声的泉水似乎在学生的心中缓缓流淌，尖尖的小荷、轻盈的蜻蜓等景物，如一幅多姿多彩的画卷，清晰地展现在他们的面前。

实践表明，课堂上为学生巧设语言支架，加重语言实践的比例，既加深了学生对诗文的理解，又促进了语言的运用。学生能够真切感受到自己语言的成长，增强了学习语文课程的内驱力。

三 读中模仿说，在儿童诗教学中引导学生言之有情

文章不是无情物，低年级儿童诗大都形式短小、富有情趣、韵律感强。在教学时，应特别注意开展形式多样的诵读，引导学生触摸儿童诗句，感受诗句温度，积累语言范式，并在模仿中提升口语表达能力。

如统编教材一年级下册《荷叶圆圆》的教学，在学习结束时，我鼓励学生模仿文章句式，进行个性化表达：小水珠躺在摇篮里，眨着亮晶晶的眼睛，多么幸福啊！还有哪些角色，也喜欢碧绿的荷叶？它会把荷

叶当成什么呢？随机出示句式：_____喜欢碧绿的荷叶，_____把荷叶当成_____。于是，学生在想象中放飞思维，在模仿句式中学习表达："小蚂蚁喜欢荷叶，它把荷叶当成自己的运动场""小蝴蝶喜欢荷叶，它把荷叶当成自己的舞台"。如此，既让学生的想象力、创造力、语言能力有效衔接，又沟通了语文学习与生活的关系，使得儿童诗课堂充满浓浓的情趣。

《我们去远足》是一首充满童趣的儿童诗，通过对儿童远足前夜的动作和心理描写，展现了儿童因期盼远足而情绪起伏、难以入眠的情景。全诗共三小节，一、二两节句式相同，"唉"字反复三次，读起来朗朗上口，富有韵律。在理解诗歌内容的基础上，我引导学生发现文本密码，继而模仿诗歌段式结构，开展诗歌口头创作：

  翻过来，
  唉——
  睡不着，
  那地方的_____，
  真的像_____说的，
  那么_____吗？

充分利用优美的儿童诗，引导学生解构诗歌语言，积累诗歌典型的语言范式，并连接学生的实际生活，进行句式、段式的模仿迁移，既激发了学生的自我表达、个性化表达的热情，提高了语言表达能力，同时又让童诗融入了学生的心灵世界。

四　读后创编说，在寓言教学中引导学生言之有理

寓言，作为一种古老的文学形态，一般假托一个短小故事形象地说明一个深刻道理。在低年段统编教材中，寓言故事篇幅短小、语言凝练、浅显易懂，比较贴近儿童心理。因此，在寓言教学中，应注意结合文体

特点，创设情境让学生开展创造性故事续编，使学生的思维在语文课堂上自由驰骋。

在学习了《坐井观天》这篇寓言后，引导学生续编故事：听了小鸟的话，青蛙终于跳出井口，它看到了什么，和小鸟之间又说了些什么呢？注意用上对话的形式和积累的词句。在想象与续编故事时，孩子们进入故事情境，课堂情趣盎然。于是，呈现出这样的精彩——青蛙听了小鸟的话，终于跳出了井口，它看到大大的、绿绿的草原，羊儿在草原上吃草，马儿在草原上奔跑。青蛙不好意思地说："小鸟，原来你说的都是真的！天真的无边无际，大得很哪！""当然啦！你早跳上来就好了！"小鸟拍着翅膀，高兴地飞走了。学生的表达情真意切，正确运用了文本的对话形式和"无边无际"等文本词句。

又如在《揠苗助长》这篇寓言的教学中，引导学生通过反复阅读课文后展开讨论：你想对文中的种田人说点儿什么呢？学生从语文学习的认知特点出发，在理解的基础上，联系上下文和自己的体验表达了对种田人的劝说，提出诚恳而又合理的建议："我说农民伯伯啊，心急吃不了热豆腐，禾苗有自己的生长规律，急于求成不会成功啊！你以后可要记住这个教训呀！"

从这些教学案例可以看出，寓言故事的创编，实现了消极语用向积极语用的转化，同时顺应寓言教学要求，深化理解了其中的道理。

以上是我在阅读教学中，培养低年级学生口头表达能力的一些探索。实际上，这几种策略并非彼此对立而是互相兼容的，完全可以灵活运用。比如寓言教学也可以让学生"看图说""想象说""模仿说"，让学生的表达朝言之有序、言之有物、言之有情的方向发展。只不过寓言故事具有阐明事理的特性，所以本文就想强调通过创编故事，深化事理的理解，同时训练学生的理性思维。又如儿童诗、古诗、童话，其写作都有一个共同特点，都讲究用形象来熏陶感染学生，所以"看图说""想象说""模仿说""创造说"等方式都可以通用，从而追求表达的有序、有物、有情、有理。"语言是存在的家园"，从低年级开始，呵护学生言语生命的生长，激活儿童表达沉潜的力量，是语文教学的必然追求。实践证明，只有我们立足课堂教学主阵地，实现阅读教学与口语交际教学的整合，紧扣文体特点，找准说话训练点，激发学生兴趣点，才能有效提高学生的口语表达能力，才能为学生语文核心素养的发展奠定良好的基础。

五

作文教学

低段写话引导式教学的实践与探索

舒菊香

(深圳市宝安区弘雅小学)

摘 要：低段写话引导式教学，即着手于改革传统的低段语文课堂教学，在小学低年段以"写话"为支点，以"抄写—填写—仿写"为基本起点，以"情境—需要—表达"为平台，以"实践—开放—表达"为阶梯，紧紧围绕"写话"这一中心点，带动拼音、识字、词汇、阅读教学，形成相互呼应、勾连及融合的多元结构。

关键词：小学低段；作文教学；写话引导

一 低段写话引导式教学的内涵

写话引导式教学，是以"写话"为日常教学载体，以学生的表达与交流为实践平台，以贯穿学生一生的语文能力发展为最终价值取向，充分激发学生的学习兴趣，以学生内在的学习需求为教学起点，以学生的日常认知体验为基础，构建一种全新的低段语文写话的教学模式，切实提高学生的写话能力及语文素养。

写话引导式教学与传统语文写话教学的区别在于：将原来"拼音—识字—词汇—阅读—写话"单一的线性结构改变为多元、螺旋状的融合序列。这样一来，我们就会发现，传统的语文写话教学从拼音开始，而后按照识字—词汇—阅读—写话的序列进行教学，将写话教学分解成了各自缺乏有机联系的内容板块。可事实上，拼音、识字、词汇、阅读、写话之间是一个有机的整体，水乳交融，不可分割。

二 低段写话引导式教学的策略

（一）以"抄写—填写—仿写"为基本起点

书面语言相比于口头语言，是要通过语言文字、通过符号来表达的。因此所写的每一个句子的意思就必须表达清楚、通顺、连贯、完整。低年级学生的"写话"虽篇幅不长，但写话时，从用字到组词，到连词成句，再至连句成段，一词一句必须根据要表达的内容，通过思考去组织语言，再用文字写下来。所以写话是一项具有一定难度的作业。对学龄初期的儿童来说，要其掌握，绝非易事[①]。根据低年段学生的年龄特点及年段特点，学生在写话的起步阶段，教师要提供优美且规范的语言范式供学生模仿，在此基础上再进行连词成句、连句成段的训练，这样可以降低直接写话的难度，让学生由易到难，有坡度地进行训练。这样的训练，消除了学生对写话的畏难情绪。

以部编版一年级语文下册教材语文园地一"和大人一起读"板块中的文章《谁和谁好》为例（见图1）。《谁和谁好》是一首优美的儿歌，通过一问一答的方式揭示了事物间的逻辑关系。

在学生熟读的基础之上，引导学生抄写自己喜欢的小节，并说说自己为什么喜欢这一小节。抄写的目的就是让学生了解诗歌的行文格式，感受语言的魅力。随后进行一个填写练习：

谁和谁好？
（　）和（　）好，
它们（　　　）。
　　（　　　）。

[①] 教育部基础教育课程教材专家工作委员会组织编写：《义务教育语文课程标准（2011年版）解读》，高等教育出版社2012年版，第188页。

图1 《谁和谁好》

这样的填写练习符合低年段孩子的认知特点,孩子们在各自生活经验的基础之上,填写的内容充满童真。最后,仿照课文,仿写一小节诗歌,在以"我是小诗人"为主题的分享课上,孩子们体会到了创作带给他们的快乐。

叶圣陶先生曾说:"语文教材无非是个例子,仿这个例子要使学生能举一反三,练成阅读和语文的技能。"① 低年段学生生活经验贫乏,语言积累不丰厚,让学生模仿课文说话、写话,不失为写话起步阶段一种行之有效的好方法。现行教材中课文语言丰富多彩,表达规范得体,教师在教学中要有文字的敏锐性,及时发现可供仿写训练的文本,抓住契机,以"抄写—填写—仿写"为基本起点,引导学生充分尝试写话及创作,培养学生对写话的兴趣。

---

① 中央教育科学研究所:《叶圣陶语文教育论集》,教育科学出版社1980年版,第152页。

（二）以"情境—需要—表达"为平台，唤起学生内在的写话需求

《义务教育语文课程标准》（2011年版）对第一学段（1—2年级）学生写话的要求是："1. 对写话有兴趣，留心周围事物，写自己想说的话，写想象中的事物。2. 在写话中乐于运用阅读和生活中学到的词语。3. 根据表达的需要，学习使用逗号、问号、感叹号。"[①] 新课标首先提出学生"对写话有兴趣"，就要"有话可写""有话要写"。新课标提出的"留心周围事物"正是提示写话题材的源泉问题。让低年级儿童学习写话，必须把他们带到语言和思维的源泉中去。

引导式教学的创新之处，是在教学中创设"情境—需要—表达"这样一个虚拟的操作平台，借助这一平台的运作，唤起学生内在学习的需求，以这个需求为机制，从而激发学生自愿表达、主动表达的欲望，进而实现多种语文知识与能力的有机整合。实施的基本思路是：教师创设一个情境，可以是正在学习的课文中的上下文情境、日常生活情境、社会化情境等，这样，学生就有了写话的题材，针对这一题材，引导学生进行表达和交流，使学生在自主活动中产生识字、积累词汇、阅读、提高表达能力的需求，从而把拼音教学、识字教学、词汇教学、阅读教学、写话教学等有机结合，提高学生运用语言文字的能力。

以写话教学《介绍一种水果》为例。在这一主题教学之前，第一环节布置学生观察自己最喜欢的一种水果，包括外形、气味、味道等，并查找这种水果的相关资料，然后用一课时创设情境，向同学介绍你最喜欢的这种水果，采用带实物上台介绍、表演、猜谜语等多种形式，交流个体的观察体验，激发学生的学习及表达的欲望。第二环节安排参观果园，该果园位于广东省，盛产香蕉、火龙果、芭乐、杨桃等多种水果。孩子们在技术员的带领下，认真听讲解，了解每种水果的生长过程，并咨询自己感兴趣的问题。在这个交流的过程中，孩子们了解到了更多的知识，并且在与讲解员对话的过程中，口语交际能力也得到了锻炼。第

[①] 中华人民共和国教育部制定：《义务教育语文课程标准》（2011年版），北京师范大学出版社2012年版，第8—9页。

三环节为你喜欢的水果写说明书，通过尝试写话让学生发现自己书面表达存在的问题，如不会写的字词，如何组织语言可以表达得更通顺等，从而激发学生的识字、积累词汇、阅读的欲望。在这个恰当的节点上，老师推荐几篇介绍水果的名篇佳作，以供学生学习。在学习中认识生字新词，学习句式句型，为自己的习作提供丰富的语言材料。第四环节是"评析与定稿"，扎扎实实地完成《介绍一种水果》的写话训练。第五环节是带上你最喜欢的水果，在学校体育馆召开一次"水果博览会"，向前来参观的家长和同学介绍你喜欢的水果，这样，就将写话与表达有机融合，大大提升了学生积累语言、运用语言的能力。

（三）以"实践—开放—表达"为阶梯，激发学生的语言思维

基于学龄初期儿童的阅历浅，书面表达能力刚开始培养，儿童写话的内容宜浅近且是儿童感兴趣的。关于"写话"的内容，新课标明确提出"写自己想说的话、写想象中的事物"。这意味着低年级儿童写话内容是自由表达。事实上，只有自由表达，才能快乐地表达。在学习活动中，学生是以主体出现的，具有不可替代性，学生自主性越强，其创新品质就越得到充分锻炼。自主与创新两者整合构成了儿童高层次的心理活动结构，从而真正实现"以人为本""体现学生主体性"。这就要求教师应关注儿童的生活，选取、创造题材时要充分考虑到儿童的生活经验及主观需求。

教学中，教师要学着制造"事件"，提供学生可以实践的机会。通过丰富多彩的语文实践环境，引导学生进行表达和交流，如教室里闯入的小鸟、老师不经意丢在玻璃缸里的大蒜等。我班学生就在给班级绿植浇水时发现了一颗大蒜，于是在我的引导之下，我和他们一起写下了《蒜苗发芽记》，孩子们用眼、用笔记录下了一颗大蒜神奇的蜕变过程。

为铺就学生的创新之路，教师要为学生营造开放的教学空间，创造表达的广阔天地。在教学中，我们创造性地开展各种活动，增强学生学语文、用语文的意识，多方面、多渠道提升学生的语文思维能力。如精心安排好每个节日、学会制作小手工艺品、我给妈妈写封信等，学生兴

致勃勃地参与，欢天喜地地描述，一篇篇小文章在他们手中诞生。在开放的教学时空里，在广阔的实践天地里，孩子们的语文素养在不断提升，儿童的创造性得以发展。

三　写话引导式教学的意义

（一）有效激发了学生的学习热情及对语文学科的兴趣

写话引导教学将"任务学习"理论融入其中，"任务学习"就是将学生的学习过程转化为完成某项任务或解决问题的过程，学生在完成这项任务的过程中始终保持一种主动积极的心理状态，以达到完成既定学习任务的目的。这种学习方式能激发学生的学习热情和主动性。写话引导式教学根据学生熟悉的生活设计一个个表达主题，其实是给出了明确的写话任务，这些写话任务将拼音、识字、词汇、阅读、口语交际等各项任务有机融合为一个整体。由于这些主题密切结合学生的生活，学生十分感兴趣，他们积极主动参与其中，在开放的实践活动中获取语文知识，在获取知识的过程中收获成功的体验。

（二）将训练语言与发展思维有机结合

写话，是一种训练书面语言的简单形式，其核心就是通过写话训练进一步发展思维能力，又通过发展思维能力来促进语言能力的发展。在写话引导式教学中，教师选取美的景、有趣的事、可爱的动植物，为儿童提供他们感兴趣的写话题材和形式，力求新奇有趣，使儿童感受写话之乐。当儿童兴致勃勃、思维积极活跃时，观察贮存在大脑中的映象及所掌握的词语也随之迅速排列组合，语言训练成了儿童的主动需要。这种需要一旦产生，训练语言与发展思维便有机结合。

（三）深刻落实"学语文、用语文"的课程方针

现代语文课程以"阅读为核心"，表达能力的培养还有待加强，这种失衡的结构有待改变。将主要时间和精力放在阅读上，口语表达和书面表达的训练很容易被"边缘化"，从而造成孩子书面表达能力弱化。写话引导教学按照学生的语文学习规律，以口语交际和书面表达串起拼音、

识字、词汇、阅读、写作各个环节，融合为有机整体。教学过程从生活中来，引导学生观察生活，表达自己的真情实感，在学习有困难并产生学习动机时再因势利导进行阅读、口语交际、写话的指导。这样的教学设计，符合学生的认知规律，不仅能提高学生的口语交际、写话能力，同时还提升了学生的识字、词汇、阅读理解的能力，很大程度上平衡了表达与阅读的关系。

以文学作品为范本,引导个性化的习作表达

——以小学三—六年级作文教学为例

曾文花

(深圳市宝安区宝安小学)

摘　要:不同文学作品有不同的风格,这为学生习作提供了大量范本和真实的写作情境。根据"有趣为先""联系生活""启发思维"等原则,立足于三—六年级不同的习作目标,设计相应的习作主题。指导学生在阅读文学作品时体会和发现不同的写作风格,借鉴写作技巧,在阅读与写作间搭建桥梁,实现从模仿性习作到创造性习作的跨越。

关键词:文学范本;习作表达;三—六年级

小学阶段,习作指导是教学重点,亦是教学难点。对于单元习作,绝大部分学生兴趣寥寥,举笔困难。另外,习作指导在提高学生习作能力的同时,却又不可避免地导致学生的作文千篇一律、千人一面。因此,如何在保留儿童本真个性的基础上促进其习作能力的提高成为亟待解决的问题。教学实践发现,当习作主题与学生喜爱的书籍相联系时,学生的习作兴趣会大大提升。于是,笔者试图搭建起文学作品阅读和个性化习作的桥梁,引导学生表达真实自我。

一　文学作品与个性化习作的关系

（一）使文学作品的写作风格成为学生个性习作的范本

写的前提是读。从儿童阅读的书籍中，选择一些片段，作为范本让孩子去仿写、续写，再将通过仿写、续写获得的能力迁移到自主写作中去。这是符合孩子认知水平，也是符合教学规律的。首先，孩子读完一本书后，对其中的经典情节既有整体的认识，又有个性化的体验。孩子的写作兴趣会相对浓厚。其次，这样的习作相对开放，没有太多的刻板评价，孩子的写作压力较小。最后，书籍中的内容和技巧也是写作的参照，降低了写作难度。因此，从读到写，从文学作品中发掘仿写、续写的主题，让孩子走向自主写作，是能够实现也是相当有意义的。

（二）使文学作品的情境成为学生的习作情境

周子房教授在《写作教学设计的基本策略》中提出："中小学写作教学面临诸多问题中基本问题主要有三个：写作情境的缺失、学习目标的失当和过程指导的缺位。"[1] 周教授说，我们不能要求学生无缘无故地开始写作，一定要创设真实或拟真的写作情境，让他们知道为谁写和为何写。总体而言，自我表达情境和与人交流情境无法截然分开。理想的写作任务设计需要的是二者的融合，让"外来的使命和内在的表现欲望恰好一致"[2]。《义务教育语文课程标准》关于写作的要求也提出"懂得写作是为了自我表达和与人交流"。反观我们学生的写作，既没有自我表达情境，又没有与人交流的情境。孩子们其实是被迫完成一个叫作"作文"的作业。失去了写作欲望和写作热情，又怎能写好作文呢？

但是，真实的写作情境毕竟不是学生生活的常态，那么从文学作品的章节内容或者情节出发，发掘并设计拟真的情境，进行迁移写作，这是有效的读写结合的方式。

---

[1] 周子房：《写作教学设计的基本策略》，《中学作文教学研究》2018年第3期。
[2] 同上。

二 三—六年级不同习作目标下的个性化习作引导

（一）习作表达阶段目标

表1　　　　　　　　　各年级习作表达阶段目标

年级	个性化的习作表达养成阶段目标
三年级	从关注和培养学生想象能力出发的模仿性习作
四年级	从关注和培养学生观察能力出发的自发性习作
五年级	从关注和培养学生分析能力出发的功能性习作
六年级	从关注和培养学生综合能力出发的创造性习作

（二）习作主题设计研究

1. 从关注和培养学生想象能力出发的模仿性习作

从三年级孩子的心理特点和表达能力出发，将培养学生想象能力的模仿性习作设定为此阶段的写作目标（见表1）。根据不同文学作品的表达特点，设计不同的写作主题。这些主题以模仿性写作为主，力图激发孩子的想象力，提高他们的仿写能力。例如，《绿野仙踪》中对于翡翠城堡、瓷器城堡的描写既生动又奇妙，因此针对本书设计的习作主题就是《神奇的城堡在哪里？》。孩子们通过奇思妙想，模仿书中的写法，让想象诉诸笔尖，设计自己的神奇城堡。事实证明，孩子们的想象力是无限的，水滴城堡、饼干城堡、垃圾城堡、云朵城堡、幻想城堡等各式各样的城堡出现在他们的习作中。更重要的是，他们能够模仿《绿野仙踪》中的描述，把这些奇幻的城堡用自己的语言惟妙惟肖地呈现出来。我们班新一期的作文报其中一个主题就是《神奇的城堡在哪里？》，收录了众多作品，孩子互相传阅，似乎进入了《绿野仙踪》的二次阅读。

阅读了《宝葫芦的秘密》后，我设计了这样的习作主题：《我有一个宝葫芦》。孩子在分享阅读感受时发现，有这样一个宝葫芦并不是一件幸福的事。因此，当自己变成宝葫芦的主人时，他们的写作欲望喷薄而出。虽然他们的情节设计大部分仍是依照《宝葫芦的秘密》，但是自转换了角色以后，孩子们就能感受到王葆的内心。此时的习作就是兴趣推动下的个性表达。通过这种方式的习作模仿，孩子的想象力得到了肯定和发展，而且他们慢慢学会把想象的事物具体化、形象化，而不再仅仅是天马行空。

2. 从关注和培养学生观察能力出发的自发性习作

四年级的学生，除了想象力的培养外，观察能力的稳步提高也是重点，习作能力也要从模仿性写作过渡到自主习作。因此，根据这一能力目标，习作设计侧重于从培养观察能力出发的自发性习作。

《一百条裙子》的习作主题是：猜猜旺达去了一个怎样的学校？她在那里会过着怎样的学习生活？这个主题表面上是写旺达，其实是引导孩子把书中的情节迁移到生活中来，观察身边的同学，同时察觉自己在同学心中的形象。同时，《一百条裙子》的第三人称叙述方式是此书不可忽视的写作特色，因此，此次习作也要求孩子学习用第三人称进行叙述。虽然学生的习作呈现的多是自己在学校的生活状态，但因为站在了第三人称的角度，描述就变得客观而细致。

《女儿的故事》中，梅子涵以一个普通父亲的身份和口吻，讲述了女儿真实的生活，表达一个父亲在女儿成长过程中体会到的焦虑和期望。以此为范本，设计了"从自己身为儿子（或女儿）的角度出发，写一写自己的爸爸"这一习作主题，目的是引导孩子去观察父亲。因为各种原因，不少父亲在孩子生活中常常缺席，孩子们也缺乏观察和了解父亲的一双慧眼。《女儿的故事》这本书没有特别高深的文字表达，似乎就是闲话家常，但梅子涵的一双眼睛从未离开过女儿，因此其塑造的女儿形象仿佛就在身边。这样的表达方式，四年级的孩子容易接受也容易模仿。事实证明，虽然有些父亲在孩子学习和生活中确实是缺席的，但孩子们通过模仿《女儿的故事》，用朴素、真实的语言去表达时，我依然看到了语言背后的理解和关爱。

3. 从关注和培养学生分析能力出发的功能性习作

五年级的学生有了一定的分析能力，或者说需要具备一定的分析能力。因此，这个阶段的习作表达需要培养学生的分析能力，同时也要让学生明白习作的真正目的是表达自己。因此，在选择文学范本和设计习作主题时，将关注和培养学生的分析能力作为重点，试图让学生明白表达自己的真实想法就是习作的目的。比如在《不老泉》中，书中人物对生和死有着不同的看法和理解。很多学生不能真正理解温妮做出的选择，这其实是符合他们认知特点的。于是，我设计了一个改写结局的习作主题：假设温妮18岁时喝下了不老泉水，故事将如何发展？这需要学生沿着故事的主线去思考、去分析，在这过程中，他们会发现不老、不死并不是人生最好的选择。同时这样的设计会让学生愿意去表达，也给了他们表达的空间和自由。表达的欲望和乐趣就会在这样的习作主题中产生。

4. 从关注和培养学生综合能力出发的创造性习作

六年级的孩子具备了以分析能力为主的各项综合能力，如想象力、观察力、判断力、初步的逻辑思维能力等。此时，创造性的习作目标更能激发他们的习作欲望。因此，立足于关注和培养学生综合能力的创造性习作就是这个阶段的目标。以《狼王洛波》为例，该书描写了一个人与狼较量的精彩故事。对此，习作主题确定为：请你为狼王洛波写一个墓志铭。这样的主题设计，旨在让学生从旧有的"人类是万物的主宰"这个观念中走出来，从另一个角度去思考问题。只有在发现狼的生存之道和人类的生存之道，以及自然法则之间的深层关系后，学生才能完成创造性表达。

《林清玄散文集》记录了林清玄对生活琐事的各种感悟。林清玄善于观察生活中的人和事，写出自己独特的感悟。这本书给学生最大的启发就是关注生活中的小事，学会从更多、更广的角度去思考问题。出于锻炼和考查学生综合能力的目的，特将习作主题确定为：为这本书设计新的封面，并阐明设计理念。这一习作设计形式新颖别致，又不露痕迹地对本书主旨进行归纳总结，从而更加让学生体会到习作就是表达自己的真实想法。

三 三—六年级个性化习作指导设计理念

（一）有趣为先

阅读是一件有趣的事。很多孩子之所以喜欢阅读，是因为阅读是自由的，没有其他强制性的要求。因此，如果阅读直接指向习作而没有符合儿童年龄特点的引导性设计，那么再好的文学作品，也无法成为孩子习作的范本。作为小学生，阅读及写作的趣味性，是习作指导中首先要考虑的因素。以三年级习作指导设计为例，在阅读这些文学作品时，习作指导设计会从孩子的年龄特点出发，往往利用作品中的某一章节，把习作主题的范围缩小一些（见表2）。如《魔法师的帽子》中，孩子们对"麝鼠的假牙变成了什么"这一小部分的内容充满好奇，那就把这部分的内容作为习作主题进行设计。再比如孩子们特别喜欢《长袜子皮皮》中"皮皮上学"这一章，于是，我们就设计让皮皮出现在我们的教室里。这些设计使习作变得有趣起来，当然，也只有这样，才能引发孩子表达的欲望。

表2　　　　　　　文学作品范本及习作表达设计（三年级）

文学作品	范本	习作主题	习作方式
《乌丢丢的奇遇》	章节内容：重返童年的晚会	《我的玩具复活了！》	仿写
《绿野仙踪》	奥兹国的各种城堡：翡翠城、瓷器城	《神奇的城堡在哪里？》	仿写
《时代广场的蟋蟀》	塔克老鼠和亨利猫结尾说要去乡下找蟋蟀柴斯特	《寻找柴斯特》	续编
《夏洛的网》	夏洛的孩子出生了，和威尔伯成为了朋友	《威尔伯有危险！》	续编
《宝葫芦的秘密》	王葆得到了梦寐以求的宝葫芦之后，经历了一连串欢乐、尴尬、苦恼的遭遇。最后，他终于明白"幸福要靠自己的双手来创造"这一道理	《我捡到一只宝葫芦！》	创编
《长袜子皮皮》	章节内容：皮皮上学了	《我的同桌是皮皮》	创编
《魔法师的帽子》	章节内容：帽子的神奇魔法。书中并没有直接描写麝鼠的假牙变成了什么	《天！可怕的麝鼠假牙！》	补白

（二）联系生活

孩子在阅读文学作品时，会不自觉地把文学作品中的世界和现实生活中的世界联系在一起。他们对书中的世界充满向往，甚至深信不疑。当然，如果文学作品对学生而言只是单纯的文字中的世界，那么孩子就不会喜欢阅读了。同样地，要学习和借鉴文学作品的写作手法，当然是要把书中的世界和自己的生活联系起来。在此基础上的习作，就是文学作品的延续。以四年级习作指导设计为例（见表3），把《窗边的小豆豆》中那个让人向往的巴学园"搬"到我们自己学校怎么样？《佐贺的超级阿嬷》中的佐贺总是被阿嬷置于一个尴尬的地步，事情却总有意外的结局。生活中自己是不是也常常发生这样的事情？是的，那就也来写一写吧！谁又愿意看到《克拉拉的箱子》中让人喜欢的克拉拉老师真的要离开我们呢？那我们就改写这个故事的结局吧！所以，当我们的习作设计和孩子的生活联系起来时，孩子们的习作就会变得更加主动和积极。而且，写作本身就是表达生活，这样的方式会提醒孩子关注生活，表达生活。

表3　　　　　　　　文学作品范本及习作表达设计（四年级）

文学作品	范本	习作主题	习作方式
《爱的教育》	书中发生了许多关于"爱"的故事	写写身边关于"爱"的故事	仿写
《王子与贫儿》	贫儿最后把王位还给了王子	如果贫儿没有把王位还给王子，故事会发生什么改变呢	改写
《窗边的小豆豆》	书中巴学园的特别之处	描绘一个你心目中美好的学校	自主习作
《查理和巧克力工厂》	巧克力工厂中各种神奇的巧克力	神奇的巧克力	仿写
《小王子》	各种特别的星球及星球上生活的各种各样的人	一个（　）的星球	仿写
《女巫》	书中关于女巫的各种怪癖的描写，荒诞又有趣	《我笔下的女巫》	自主自作
《克拉拉的箱子》	书中克拉拉最后闭上了眼睛	请你改写一个结局，想想故事会怎么发展呢	改写

续表

文学作品	范本	习作主题	习作方式
《一百条裙子》	旺达的转学原因	猜猜旺达去到了一个怎样的学校，她在那里过着怎样的学习生活	续写
《草原上的小木屋》	一家人如何面对困难，一一克服的过程	劳拉一家告别了草原，又会经历怎样的生活呢	续写
《女儿的故事》	以爸爸的口吻和角度写女儿	从自己（儿子或女儿）的角度写写爸爸	仿写
《会飞的教室》	同学们之间发生的许多事情	写写和同学的故事	仿写
《35公斤的希望》	多多给校长写的一封自荐信	尝试写一封自荐信给他人	仿写
《亲爱的汉修先生》	鲍雷伊给汉修先生写的信	写一封信给自己的好朋友	仿写
《佐贺的超级阿嬷》	书中发生的许多让人尴尬而又有趣的事	写写生活中尴尬而又有趣的故事	仿写

（三）启发思维

从阅读文学作品过渡到个性化习作，如果只有形式的模仿，这样的习作是程式化的，是没有生命力的。只有启发孩子进行多维度的思考，才能真正实现表达的个性化。因此，在习作指导设计中，孩子们在阅读文学作品时，需要先通过各种问题及讨论方式，启发孩子的思维，再设计让孩子乐于、善于、敢于表达自己想法的主题，引导孩子进行个性的表达。以五、六年级习作指导设计为例（见表4、表5）。读了《西游记》后，孩子们说，书中的唐僧怎么总是哭哭啼啼，真没想到唐僧竟然是这样一个懦夫。显然这样的想法过于片面了。那么，我们就来讨论一下：唐僧究竟是不是懦夫呢？当思维得到碰撞，答案就不那么单一了。于是，辩论稿特别适合作为本书的习作主题，当表达观点需要论据时，思维的个性就得到了彰显。《三国演义》中的战役看得同学们热血沸腾，跃跃欲试的有，扼腕叹息的有，甚至骂骂咧咧的都有。于是，习作主题设计为——如果你是指挥官。让孩子们过足一把"纸上谈兵"的瘾。孩子的思维方式不同，指挥战斗的方式也不一样，于是各种指挥官隆重登场。

表 4 文学作品范本及习作表达设计（五年级）

文学作品	范本	习作主题	习作方式
《永远讲不完的故事》	故事里现实和书籍之间循环往复的手法	选择书中的一个留白，把这个没有讲完的故事讲出来	自主习作
《城南故事》	《爸爸的花儿落了》的写法	模仿这一章节，向别人介绍自己的父亲	仿写
《呼兰河传》	《祖父的园子》	写写自己童年生活过的一处地方	自主习作
《俗世奇人》	书中描写"奇人"的独特手法	模仿书中的写人方法，写写班级的"奇"人	仿写
《不老泉》	书中人物对生和死的不同理解	给故事另一个结局：温妮18岁的时候喝下了不老泉的泉水……	改写
《蓝色海豚岛》	第一人称方式平静叙述的方式	写一次自己生活中的"历险"	自主习作
《山居岁月》	文章的结尾出乎意料	再给这本书编一个意外的结局	自主习作
《世说新语》	书中的名士风流	你认为21世纪的名士应该是怎样的？写下你心目中的现代名士	自主习作
《西游记》	唐僧的角色认识	有人说唐僧是一个懦夫，你同意这个观点吗？请你根据自己的观点写一篇辩论稿	自主习作

表 5 文学作品范本及习作表达设计（六年级）

文学作品	范本	习作主题	习作方式
《林清玄散文集》	林清玄对生活中小事的感悟	为这本书设计新的封面，写下设计理念	自主习作
《狼王梦》	书中的紫岚为了自己的狼崽当上狼王，历经各种磨难	有人认为紫岚为了完成自己的梦想，让孩子遭受各种不幸，是非常自私的，请你写一份辩论稿，为紫岚辩护	自主习作
《狼王洛波》	狼王洛波与人类斗争的"英雄"事迹	请你为狼王"洛波"写一个墓志铭	自主习作
《寄小读者》	冰心以书信体的方式向小读者表达生活感悟	请你给冰心写一封信，说说你对美景的欣赏、生活的思考，或对某本书籍的喜爱	自主习作

续表

文学作品	范本	习作主题	习作方式
《朱自清散文集》	朱自清给丰子恺写的《子恺画漫画代序》	模仿《忆儿时》中丰子恺的语言风格给《朱自清散文集》写序	仿写
《忆儿时——丰子恺散文集》	丰子恺以朴素、真诚的笔调写出自己的童年故事	模仿《忆儿时》这篇文章的叙述方式,写写儿时不能忘记的事情	自主习作
《绿山墙的安妮》	感受作者蒙格玛利的写作风格	如果蒙格玛利到学校应聘语文老师,请你帮她写一份简历,你会怎么写	自主习作
《汤姆索亚历险记》	马克·吐温幽默风趣的写作风格	假设汤姆成了你的同桌,接下来会发生什么?模仿马克·吐温的语气写下你和汤姆的"历险记"	自主习作
《三国演义》	书中涉及的战役中对作战双方及指挥者的描写	选择书中一次战役,以一名指挥官的角色,请你梦回三国,写下自己辉煌的战绩	自主习作
《鲁滨逊漂流记》	书中关于荒岛生活的描写	假设你要出发去荒岛生活十天,请你写下一份周全的计划书(包括准备工作、随行人员等)	自主习作
《西顿动物故事》	书中对动物习性的细致描写	选择书中任何一个动物作为主角,以它的名义向人类发表一份控诉书	自主习作

四 结语

从孩子阅读的文学作品出发,研究不同年级的不同习作指导方式,提高三—六年级孩子的习作能力,是我在陪着学生阅读文学作品时,发现其可行性并一直希望进行实践研究的事情。在北京师范大学博士生导师张国龙教授的指导下,我不断调整思路,改进研究方式。实践证明,以文学作品为范本,引导孩子个性化的表达是值得长期坚持研究并付诸实践的。当然,在实践过程中,有些文学作品作为范本时,也会出现孩子不能很好地借鉴其中的写作手法,以及主题设计不合理,孩子习作过于程式化或者积极性不高等问题,而这些问题将促使我在后续的实践研究中不断改进方式和方法,以真正促进孩子的写作能力为研究目标。